广东科技年鉴

2020

广东省科学技术厅 编

U0913571

南方出版传媒
广东人民出版社

图书在版编目（CIP）数据

广东科技年鉴．2020年卷 / 广东省科学技术厅编．— 广州：广东人民出版社，2021.11

ISBN 978-7-218-15315-5

Ⅰ．①广… Ⅱ．①广… Ⅲ．①科学研究事业—广东—2020—年鉴 Ⅳ．①G322.765-54

中国版本图书馆CIP数据核字（2021）第207742号

GUANGDONG KEJI NIANJIAN（2020 NIAN JUAN）

广东科技年鉴（2020年卷）

广东省科学技术厅 编

版权所有 翻印必究

出 版 人：肖风华

责任编辑：段太彬
封面设计：李 苹
责任技编：周星奎

出版发行：广东人民出版社
地 址：广州市海珠区新港西路204号2号楼（邮政编码：510300）
电 话：（020）85716809（总编室）
传 真：（020）85716872
网 址：www.gdpph.com
印 刷：广州市快美印务有限公司
开 本：889mm × 1194mm 1/16
印 张：27.25 字数：793千
印 数：600册
版 次：2021年11月第1版 2021年11月第1次印刷
定 价：300.00元

《广东科技年鉴》编辑部（广东省科技创新监测研究中心）
地址：广州市连新路171号3号楼5楼508室
电话：（020）83163342 网址：www.gdstic.cn

如果发现印装质量问题，影响阅读，请与承印公司（020-61300400）联系调换。

编 辑 说 明

一、《广东科技年鉴》是广东省科学技术厅主编的综合性科技年刊和资料性工具书，其编辑部设在广东省科技创新监测研究中心。该年鉴1992年创刊，每年出版一卷，旨在全面、系统、准确地记录广东省的科技工作、科技进步情况，为各级政府制定科学决策、科研企事业单位制定发展战略提供依据和参考，为广大读者了解和研究广东科技事业提供信息资料和数据。

二、《广东科技年鉴》采用分类编辑法，以篇目、分目、条目组成框架结构的主体部分，2020年卷共设12个篇目。全书条目的标题统一用黑体加【 】表示，个别包含多方面资料的条目则在文内用楷体标题表明各段资料的主题。

三、《广东科技年鉴》（2020年卷）主要载录2019年度广东科技工作的进展，所刊载的内容和资料，由有关省直单位、高等院校、科研院所、企业、各地级以上市科技局、省科技厅机关各处室及厅属各单位撰写，并经撰稿单位和部门负责人审核。

四、本年鉴统计数据均经撰稿单位与统计部门核对，某些对应指标数据在上卷刊出后作了调整的，以本卷刊载的数据为准；根据科技部要求，自2019年度起不再单独发布县以上政府部门属研究与开发机构数据，故从本年卷年鉴开始，所附的“科技统计表”中的数据口径调整为科学研究和技术服务业事业单位，均采用科技部要求的数据模板；标点符号、数字用法、计量单位和各种专业术语等，均依照国家最新编辑出版规范和行业规定。

六、本书编纂得到各有关单位的大力支持，在此深表谢意。本书疏漏之处，敬请读者指正。

《广东科技年鉴》编辑部

2021年8月

《广东科技年鉴》（2020年卷）
编辑委员会

主　　任： 龚国平

副 主 任： 肖　叶　杨　军　劳帜红　李旭东　吴世文　周木堂　何棣华　安建光　温则伟　龚建文

编　　委：（按姓氏笔画为序）

王新忠　卢景昌　史盛兰　邝华彪　冯文胜　伞景辉
刘文华　刘亚平　刘志斌　刘　鑫　严会超　李长虹
李志斌　李迪云　李春梅　李政访　杨慧芳　肖驰宇
邱长奕　何克军　何国华　张冬蕾　张志良　张展生
张　彬　陈国庆　陈振权　陈楚祥　陈慧钦　范创奇
林艺文　林光美　欧阳仕文　周　成　周舟宇　赵劲松
胡胜春　钟东文　洪镇海　莫小玲　夏奇峰　夏　倜
涂礼俊　黄江康　梁宇宁　梁勤儒　蔡　庆　蔡曼如
廖江陵　樊建平

编辑部

主　　编： 张展生

副 主 编： 段　飞　邱舟强

执行主编： 潘子欣　唐敏珊

编　　辑： 梁洁莹　张　莉　陈锡强　陈丽敏　丘文尉　李　嘉

目　　录

特　载

科技政策与投入

基础研究与条件建设

科技创新体系

科技协同创新

科技成果与知识产权

农业和农村科技

行业科技发展

科技社团及科普、科技宣传

地市科技发展

科技统计资料

大事记

附　录

Table of Contents

Special Features

Scientific and Technological Policy and Inputs

Basic Research and Condition Construction

Science and Technology Innovation System

Scientific and Technological Coordination and Innovation

Scientific and Technological Achievements and Intellectual Property

Agriculture and Rural Technology

Trade Scientific and Technological Development

Scientific and Technological Associations and Popularization and Exchanges

City Level Scientific and Technological Development

Statistical Materials of Science and Technology

Chronicle of Events

Appendix

特载

综　述

【概况】　2019年，全省科技综合实力和自主创新能力实现新突破，区域创新综合能力继续保持全国第1，全省研发经费支出3 098.49亿元，占GDP比重达2.88%，提前一年完成“十三五”规划目标。有效发明专利量、PCT国际专利申请量及专利综合实力持续位居全国首位。获得国家科学技术奖50项，比2018年增长11.11%，获奖项目数占全国比例达16.23%，再创新高。粤港澳三地创新合作更加紧密，高新区、高企、成果转化等工作相继取得新突破，国内外高层次创新人才和创新资源加快汇聚广东，为全省经济高质量发展提供了强有力支撑。

【关键核心技术攻关和基础研究】

实施省重点领域研发计划　聚焦“卡脖子”问题，系统梳理九大重点领域研发计划，在量子通讯、核心芯片、5G等领域布局“先手棋”项目，省财政投入约60亿元，在推动“芯片+软件”国产替代，努力实现EDA工具、电子束曝光机、聚酰亚胺等核心零部件及材料打破国外垄断方面取得积极进展。围绕5G、人工智能、集成电路、高端装备制造等主要领域，启动30个快速响应项目。

加强基础研究和应用基础研究　启动实施首批13个省基础与应用基础研究重大项目，财政资金总投入5.6亿元，平均资助强度约4 300万元。启动NSFC—广东联合基金新一轮合作，签署广东省加入国家自然科学基金区域创新发展联合基金协议。全面启动实施省市、省企联合基金，已完成粤穗、粤深、粤佛、粤莞及温氏集团共5支联合基金组建，带动地市财政及企业投入1.9亿元，资金总盘达2.53亿元。着力发挥省自然科学基金的引导作用，2019年资助面上项目1 651项，杰出青年项目65项，资助总金额约2.3亿元。

承接国家重大科技项目　省科技厅与科技部联动推进实施国家重点研发计划“宽带通信和新型网络”重点专项，广东省承担了一半的科研攻关和应用示范任务，合作构建“中央财政和地方财政共同出资、社会资本和企业跟进投入”的多元出资模式，带动社会资本投入超过100亿元，不断完善部省协同推进国家重点研发计划的决策管理和组织实施工作机制。通过接续支持、联合支持、补齐支持、补充支持等方式，联动中央、省、市财政资金大力支持国家布局且可落地广东的重大科技项目。

【高端创新平台建设】

加快实验室体系建设　按照“一室一策”“核心+网络”等新模式启动组建第3批3家省实验室，全省10家省实验室布局基本完成。截至2019年年底，省实验室已吸引高水平人才4 000余人，聚集院士近200位，自主设立科研项目数超200项。在实验室管理上，出台首个省实验室建设管理的规范性文件，通过“放管服”和去行政化改革，赋予省实验室自立项目视同省科技计划项目、正高职称评审权、进口科研设备备案制采购、社会化用人模式和市场化薪酬等多项自主权限。大力推进与科技部在广东共建“中医湿证”国家重点实验室，填补我国中医技术领域国家级创新平台的空白，全省国家重点实验室总数达30家。

高水平创新研究院建设　按照前沿产业、未来产业发展需要，省市协同，由省领导带队到全国高水平大学和院所去逐家筛选对接，成建制、成体系、机构化引进中科院空天信息研究院、中科院苏州纳米所、北京协同创新研究院、中科院微电子所、沈阳自动化所、中科院力学所等14家国家级大院大所在广东省落地建设高水平创新研究院，吸引了一批高层次人才和团队汇聚广东。

重大科技基础设施布局　加快推进一系列大科学装置落地广东建设，中科院在粤重大科技基础设施建设已初步实现体系化布局并取得突破性建设进展，截至2019年年底，全省已建成1个（东莞中国散裂中子源），在建4个（惠州强流重离子加速器、加速器驱动嬗变研究装置、江门中微子实验站、新型地球物理综合科学考察船），筹建及拟建7个（脑解析与脑模拟、合成生物研究、南方光源、冷泉生态系统观测与模拟装置、人类细胞谱系、动态宽域飞行器试验装置、大型水下智能无人系统）。

【培育壮大各类创新主体】

培育壮大创新型企业　落实国家减税降费等惠企政策，强化财政资金、高端成果资源、金融资本、科技人才、科技计划对高企的有效供给，多措并举促进高企高质量发展，2019年新认定高企1.7万家，全省高企存量超5万家，进一步扩大在全国的优势。系统检视高企认定管理各个环节，先后取消125家高企和65家高企培育入库企业资格，对291名不尽职专家清除出专家库并标注信用记录。编制《标杆企业遴选方案》，评选发布高企综合实力百强、高成长千强、瞪羚企业。开展科技型中小企业评价工作7批次，入库科技型企业近2.8万家，继续位居全国第1。

高新区高质量发展　推动以省政府名义出台《关于促进高新技术产业开发区高质量发展的意见》《广东省省级高新技术产业开发区管理办法》，通过制度创新、技术提升、产业发展等多项举措推动高新区焕发新一轮创新发展活力。积极推动国家高新区地市全覆盖，配合科技部做好阳江、韶关高新区考察，推动梅州、揭阳高新区进入考察名单。新布局一批省级高新区，已经完成9家省级高新区考察。推动高新区产业结构优化，韶关、清远、顺德高新区成功获批国家级高新技术产业化基地，广州、清远高新区成功获财政部1亿元打造特色载体、推动中小企业创新创业升级专项资金扶持。

各类创新平台和新型研发机构建设　积极推进粤港澳大湾区新兴产业国家技术创新中心、国家新型显示技术创新中心、国家第三代半导体技术创新中心3个国家技术创新中心建设。在智能金融、智能视觉、智慧交通、机器人智能交互等技术领域建设第2批人工智能开放创新平台。启动中国—乌克兰焊接技术、中国东盟海水养殖技术2家“一带一路”联合实验室组织工作。新增1家国家临床医学研究中心，新认定15家省临床医学研究中心。优化布局建设新型研发机构，2019年新认定广东省新型研发机构53家，其中粤东西北地区13家；全省新型研发机构共251家，其中粤东西北49家，占总数19.5%。

孵化载体提质增效　加快完善全省创业孵化政策体系，制定《广东省大学科技园管理办法》《广东省科技企业孵化载体管理办法》。全年新增加国家级孵化器42家，达152家；国家备案的众创空间超270家。全省共建有科技企业孵化器989家、众创空间986家，数量均位居全国第1。全省孵化器和众创空间内创业团队和企业带动就业总人数超56万人，其中吸纳应届大学生就业人数达6.6万人，大学生创业率达3%。引导全省科技企业孵化载体国际化、专业化、生态化发展，全省共有25家孵化器建立海外孵化基地，超半数的众创空间开展了国际合作，全省专业孵化器占比达1/3。

加快科技成果转化　推动国家科技重大成果转化基金落户广东。加快绿色技术银行申报和筹备建设，成立30亿元规模的大湾区绿色技术创业投资基金。发布《示范区建设监测评估指标体系》。开展科技成果转化政策试点，鼓励高等院校、科研机构开展职务科技成果权属改革试点。大力发展技术市场，2019年全省技术合同认定登记项数33 797项，增长41.23%；合同成交额2 273亿元，增长63.89%，在全国继续稳居第2并扩大与第3名的差距；技术交易额1 960亿元，增长46.37%。改革省级创新券模式，率先在全国实行“全国使用、广东兑付”，全年接受创新券订单1 854张，受惠企业2 060家，推动省内各类科技服务合同签订金额多达1.9亿元。

【科技创新开放合作】

深化粤港澳创新合作　开展“钱过境、人往来、税平衡”等政策创新，推动重大科学基础设施、实验动物平台、科普基地向港澳开放，把港澳原始创新资源与广东产业资源融合起来。省科技厅会同省财政厅制定了港澳高等院校和科研机构参与广东省财政科技计划的若干规定，重点领域研发计划、省自然科学基金计划指南和粤港澳科技创新合作专题逐步向港澳高校、科研机构开放申报，全省陆续实现财政科研资金过境拨付港澳项目承担单位总额累计超亿元。启动粤澳联合资助计划，继续实施粤港联合资助计划，三地同时发布2019年度联合资助计划指南。启动建设首批10家粤港澳联合实验室。

深化多层次国际科技合作机制　积极发展与世界创新型国家、“一带一路”沿线国家及“关键小国”的科技交流与创新合作。重视民间国际科技交流，开创性单独设立科研人员国际交流资助专题，加强外籍青年科研人员来粤开展学术交流与研发合作的引导和组织，面向16个发展中国家的高级官员与学者举办“促进可持续发展的科技创新战略与政策培训班”。通过参与组织高交会、海交会、人工智能大会等系列高端交流活动，大力将国际高端资源“引进来”，推动广东省企业和科研机构“走出去”。

优化外国人才服务管理　积极实施外国人来华工作许可制度和外国人才签证制度，截至2019年年底，全省持有效的“外国人工作许可证”的外国人共47 444人，其中A类外国高端人才10 688人，占22.5%；B类外国专业人才32 055人，占67.6%。贯彻落实粤港澳大湾区个人所得税优惠政策，政策“虹吸效应”显著，全年全省新增A类外国高端人才3 297人，新认定的外籍和港澳台高层次人才94人。组织2019年中国友谊奖推荐工作，全省共有7名外国专家获得殊荣，入选人数为历年之最。

开展新一轮省部院产学研合作　推动中科院相关研究机构深度参与省实验室建设，中科院明珠科学园在广州南沙开工建设，中科院沈阳自动化所广东智能无人系统研究院、中科院力学所广东空天科技研究院、中科院南海海洋所、中科院广州分院、中国科大广州学院5个重点项目正式启动，中国科学院深圳理工大学筹建工作进展顺利。广东省政府与工程院共建战略研究院、筹备成立粤港澳院士专家创新创业联盟，与国家自然科学基金委签署《广东省加入国家自然科学基金区域创新发展联合基金协议书》，双方5年内共投入8亿元开展有区域特色的基础研究。

【科技创新治理】

加强高质量综合性创新政策供给　制定完善“科创12条”配套政策和实施细则，为政策落实提供具体路径指引。高质量、系统性完成《广东省自主创新促进条例》修订，在立法层面对产权激励进行原则性规定、对科研伦理进行规范等，为广东省创新驱动发展工作提供了坚实的法制保障，为科技立法提供了经验和范例，在全国引起热烈反响。制定广东省“三评”改革实施方案，全面推动中央“三评”改革和科研诚信建设要求在广东落实落地。

发挥科技支撑作用坚决打赢污染防治和精准脱贫攻坚战　重点针对茅洲河水体综合治理与生态修复、珠江流域水生态保护、珠三角PM2.5和臭氧污染协同防控、珠三角城市黑臭水体治理、农田重金属污染防控等方面开展技术攻关和应用示范，并纳入练江、茅洲河的治理方案。启动实施“非洲猪瘟”科技应急防控专题，为广东应对重大疫情提供技术支持。深入实施农村科技特派员计划，2019年新选派农村科技特派员团队267个，新对接749个省定贫困村，成立农村科技特派员工作站1 143个，覆盖全省1 300多个乡村产业。开展农村科技特派员暑期大下乡活动，全面推广“农村科技特派员下乡发现问题凝练科技助农项目”重要改革创新模式，精准解决农业农村发展难题。

科技监督管理和科研诚信建设　推进《广东省科技计划监督规定》研究制定工作，构建科学规范、纵横联动的科技监督体系。在广州等16个地市以及中山大学开展作风学风建设系列宣讲活动，强化正向价值引领，努力推动构建重视作风学风建设，守规矩、讲诚信的浓厚氛围。全面实施科研诚信承诺和信用审查制度，对科技咨询专家信用进行分级管理约束，加强对严重失信行为记录与惩戒。建立特邀监督员制度，委聘党代表、人大代表、政委员、知名专家学者等22名特邀监督员，对科技创新工作、党风廉政建设、政风行风进行监督，发挥民主监督、建言献策、桥梁纽带、舆论引导等作用。

（陈锡强）

重大会议和科技活动

【全省科技创新大会】　3月27日，全省科技创新大会在广州召开。会议深入贯彻落实习近平总书记对广东重要讲话、重要指示批示精神和全国“两会”、国家科学技术奖励大会精神，按照省委十二届六次全会要求，抓住粤港澳大湾区建设重大历史机遇，部署推进本省科技创新工作。中共中央政治局委员、广东省委书记李希出席会议并讲话，省长马兴瑞主持会议，省委副书记、深圳市委书记王伟中在分会场出席会议。

李希指出，习近平总书记对广东重要讲话和重要指示批示，赋予广东在加快建设创新型国家中的光荣使命，指出广东推动高质量发展、建设现代化经济体系的根本之策，为广东实施创新驱动发展战略、建设科技创新强省提供了根本遵循、指明了前进方向。我们要认真抓好贯彻落实，全力推进粤港澳大湾区国际科技创新中心建设，努力开创广东创新发展新局面。

李希强调，要着力深化对新形势下本省科技创新重大问题的认识，不断增强思想自觉和行动自觉。一要坚持科技创新和制度创新“双轮驱动”，在激发科技人员和科研机构创造力主动性、促进资源要素高效配置等方面优化制度设计，强化制度执行。二要把自主创新与开放创新协同起来，心无旁骛推进自主关键核心技术攻关，携手港澳加强国际科技创新合作，积极融入全球创新网络。三要把人才“第一资源”作用更好发挥出来，为提高科技创新能力、推动高质量发展提供有力人才支撑。四要把珠三角与粤东粤西粤北创新发展统筹起来，结合实际找准定位、发挥优势、突出特色、一体联动、相得益彰。五要把锐意创新和笃定守正紧密结合起来，克服急功近利，弘扬科学精神，始终坚持创新发展的正确方向。

李希强调，要牢牢把握粤港澳大湾区建设重大历史机遇，紧紧围绕建设国际科技创新中心，聚焦重点攻坚克难，加快推动本省从创新大省向创新强省转变。一要大力推进“广州—深圳—香港—澳门”科技创新走廊建设，打造一批高水平科技创新平台和产业合作载体。二要突出抓好综合性国家科学中心创建工作，高标准建设国际一流的重大科技基础设施集群，大力谋划推进省实验室建设，推动“双一流”大学和学科建设。三要咬住关键核心技术攻关不松劲，把企业创新主体作用充分发挥出来，持续推进高水平产学研合作，加快推动军民融合深度发展。四要着力建设国际化人才高地，大力引进高层次创新人才，注重培养本土创新人才。五要打造一流的创新生态，瞄准科研管理、知识产权、科技金融等重点领域，持续深入推动体制机制创新，打造具有国际竞争力的创新创业环境高地。六要进一步强化产业创新，着力推动传统优势产业提质增效，加快发展壮大战略性新兴产业，把高新区打造成为产业创新的重要引擎。

李希强调，要狠抓工作落实，确保省委、省政府加快建设科技创新强省的各项工作举措落地见效。一要提高各级领导干部抓科技创新的能力水平，深化科技创新“深调研”，持续优化完善科技管理，在抓战略、抓规划、抓政策、抓服务上有新举措新作为。二要形成协同推动科技创新的强大合力，推动部门协调配合、政策衔接对接、区域协同共进。三要坚持创造性抓落实，结合实际精准施策，优化考核评价机制，确保取得实实在在的成效。

马兴瑞强调，各地各部门要切实把思想和行动统一到习近平总书记对广东重要讲话和重要指示批示精神上来，把这次会议精神迅速传达到基层和社会各个领域，狠抓贯彻落实。要聚焦重点领域，围绕粤港澳大湾区国际科技创新中心建设，聚焦基础与应用基础研究、九大重点领域研发计划攻关、高水平开放创新合作，全面提升自主创新能力。要狠抓改革创新，以更大的决心和力度深化科技领域“放管服”改革，激发创新创造强大动能。要弘扬良好作风，确保各项工作落地见效，推动广东科技创新工作上新台阶。

大会颁发了2018年度广东省科学技术奖，省委常委、统战部部长黄宁生宣读通报。

会议以电视电话会议形式开至各地级以上市。省领导张硕辅、张义珍、傅华、郑雁雄，省委有关部委、省直有关单位、省有关人民团体、中直驻粤有关单位主要负责同志，省实验室及部分科研院所、高等院校主要负责人，高新技术企业、新型研发机构代表，部分省科学技术奖评审委员会委员及获奖代表等在省主会场参加会议。

（摘自广东省科学技术厅官网）

【广东省社会发展科技协同创新中心启动会】　8月20日，广东省社会发展科技协同创新中心启动会在广州召开。会上，19个省协同创新中心获授牌。省教育厅、省公安厅、省卫生健康委、海关总署广东分署等18个省直有关部门、中直驻粤有关单位分管领导和科技业务处室主要负责人，以及19家省协同创新中心负责人等100人参加会议。广东在教育、公安、司法行政、海洋、绿色技术、交通、水安全、疾病防控、安全生产、生物医药、防震减灾等19个领域布局建设省协同创新中心，初步实现行业领域全覆盖，构建起较为完整的领域科技协同创新体系。

【第二届中国（广东）人工智能发展高峰论坛】　10月23—24日，由广东省科学技术厅、南沙开发区管委会、华为技术有限公司、科大讯飞股份有限公司主办，广东省科技合作研究促进中心、广州国际人工智能产业研究院承办的“第二届中国（广东）人工智能发展高峰论坛”（下称“峰会”）在广州南沙举行。省政府、科技部战略规划司、广州市南沙区、省科协等相关领导出席会议。英国皇家科学院院士、国际计算机学会（ACM）前主席达梅·温迪·霍尔（Dame Wendy Hall），华为公司高级副总裁、科大讯飞公司高级副总裁，以及国内外人工智能产业领域的知名科学家、学者、产业界代表约1 600人参加了会议。

本届峰会以“AI&ALL”（人工智能无处不在）为主题，通过1场高级别主题大会和5场专业平行论坛，围绕AI 2.0和工业经济发展智能化、智慧交通、智能金融、智能教育等专题，分别从基础层、技术层、应用层等方面全面展开研讨，为推动广东省人工智能产业发展分析把脉、建言献策。

23日，召开了“广东省推进新一代人工智能发展专家咨询会暨2019广州人工智能工作交流会”闭门圆桌会议，邀请了中国工程院潘云鹤、高文、李国杰、吕跃广等院士，中国科学院何积丰院士，新加坡国家工程院李德紘院士，英国皇家科学院Dame Wendy Hall院士等近30名专家，共同为广东人工智能发展建言献策。会上为新成立的“广东省推进新一代人工智能发展战略咨询专家委员会”专家颁发了聘书。

24日上午，举行了峰会的主题大会。会上，中国工程院院士潘云鹤、美国电子电气工程师学会（IEEE）会士Pascal Fua、中国工程院院士郑南宁等多位人工智能领域顶尖的科学家进行了主旨演讲；正式启动深圳国家新一代人工智能创新发展试验区建设；公布第2批“广东省新一代人工智能开放创新平台”；举行“鹏城实验室和华为共建鹏城生态—鲲鹏联合创新实验室”等一批项目签约仪式；华为、科大讯飞、佳都科技发布了最新人工智能产品。同时，会议现场展区还展示了多家知名企业的创新产品。

24日下午，分别由广电运通金融电子有限公司、科大讯飞股份公司、佳都新太科技股份公司、云从科技（广州）有限公司举办4场专业平行论坛，围绕智能金融、智慧教育、智能场景应用及智能交通等专题进行讨论。

本次峰会的成功召开，让广东省以此为契机学习借鉴境内外的发展经验，为广东省抢占人工智能技术和产业发展制高点奠定了基础。

（摘自广东省科学技术厅公众信息网）

【第21届中国国际高新技术成果交易会】 11月13—17日，第21届中国国际高新技术成果交易会（以下简称“高交会”）在深圳举行。

该届高交会以“共建活力湾区，携手开放创新”为主题，展览总面积达14.2万m^2，共有3 315家展商参展，展示的高新技术项目达10 216项，涵盖了人工智能、智能家居、智能制造、物联网、智能驾驶、智能+、车联网、5G商用、8K超高清、区块链技术、新一代信息技术、大数据、云计算、应急安全等领域。

该届高交会设有国家高新技术展、创新与科研展、外国团组展区、“一带一路”专馆、初创科技企业展、创客展、高技术服务展、信息技术与产品展、节能环保展、新能源展、建筑科技创新展、新材料展、智慧医疗健康展、光电显示展、智慧城市展、航空航天科技展、先进制造展、军民融合展、传感技术及物联网应用展，以及人才高交会、应急安全科技展、科普展3个分会场。

该届高交会有44个国家和国际组织、共148个团组参展。北京、上海、广东等33个省市（含新疆生产建设兵团）及港澳台组团参展。共举办各种高层次论坛、专业技术论坛、行业沙龙、技术会议等活动256场。来自108个国家和地区的57.6万人次观众参观了大会，专业观众人气指数达到246，即平均每个展位每天接待246位专业观众。306家海内外媒体的1 253名记者参与了该届高交会的报道。

该届高交会除华为、中兴、富士、平安科技、同方、兄弟、大族激光、华星光电、英飞拓、恩梯梯数据（NTT DATA）、香港电讯等龙头企业外，还有登陆科创板的第一家AI公司虹软，国内人工智能芯片领军企业寒武纪、地平线、云天励飞、奥比中光、青云、裹动（AUTOX）、物灵等独角兽或准独角兽企业参展。海内外参展展商带来了工业级无人机、机器视觉、5G+8K智能安防、超快激光、区块链、智慧工厂、智能语音控制与交互技术、智能感知识别一体化指纹AI芯片等一大批高精尖产品和技术，共有2 077项新产品和701项新技术首次亮相，总计比上年增加400多项。在世界经济增速放缓、外贸环境更趋复杂严峻的背景下，外国展商参展热情不减。有阿根廷、澳大利亚、奥地利、巴林、日本、韩国、美国、欧盟等44个国家和地区及国际组织、68个境外团组参展，参展国家地区数和境外团组数均创历史新高。同时，顺应区域协调发展战略，积极将粤港澳大湾区发展规划和展会相结合，专设粤港澳大湾区展示区，汇聚香港、澳门、广州、深圳等大湾区各城市创新资源，展现区域协同发展新机遇。

该届高交会除了企业外，还有近400家海内外科研机构、高校、创新中心和创客参展。大会开展了采购商洽谈会、项目融资培训、项目融资路演等在内的一系列交易促进活动，会期共进行了500余次项目配对洽谈活动，为项目方和资金方提供快速对接的平台。深创新投、深高新投、深圳天使母基金等投融资机构、技术转移服务机构和相关中介机构，以及一批有融资意向的科技初创型企业、海内外创客参加了展览及对接活动。

该届高交会采用人脸识别入场模式、实行电子车证等电子信息技术，全面提高智能化水平。经过21年的发展，高交会打造科技成果交流交易平台的步伐愈加稳健，努力发挥在提升科技创新能力、深化创新开放合作、促进创新成果转化、营造良好创新环境等方面的积极作用，打造科技成果交流交易平台，推动新时代科技创新工作高质量发展。

（摘自中国国际高新技术成果交易会官网）

【2019年第八届中国创新创业大赛暨第七届“珠江天使杯”科技创新创业大赛现代农业省级专业赛决赛】 11月17日，2019年第八届中国创新创业大赛暨第七届“珠江天使杯”科技创新创业大赛现代农业省级专业赛决赛在华南农业大学举行，投资人、企业家、媒体记者、参赛企业代表等500余人共同参与赛事。

为深入贯彻习近平总书记视察广东重要讲话精神，加快构建省委、省政府“一核一带一区”区域发展新格局，推进乡村振兴战略实施，助力粤东西北经济协同发展，2019年，在双创国赛、省赛原有六大行业常规赛事基础上，首次新增设现代农业领域省级赛事。现代农业省级专业赛自2019年4月底启动以来，共吸引全省152家企业报名参赛，有66家企业晋级决赛，最终梅州市金绿现代农业发展有限公司摘得桂冠，并有2家企业获得二等奖、3家企业获得三等奖、18家企业获得优胜奖。

10月以来，2019年第八届中国创新创业大赛全国行业总决赛常规赛已完成了生物医药、电子信息、先进制造和新材料前4场赛事，广东企业凭借出色发挥，获得了3个一等奖、2个二等奖、1个三等奖和2个第4名的佳绩。其中，前3场全国行业总决赛的一等奖获奖企业中，广东企业占据了一半席位。在接下来的互联网、新能源及节能环保2场全国行业总决赛中，广东企业有望获取更好的名次。

现代农业省级专业赛决赛现场

（摘自广东省科学技术厅公众信息网）

【广东省实验室建设工作现场会】 11月29日，广东省实验室建设工作现场会在深圳召开，深入贯彻习近平新时代中国特色社会主义思想，全面落实习近平总书记对广东重要讲话和重要指示批示精神，总结交流省实验室建设进展情况，研究部署下一步工作。

网络空间科学与技术广东省实验室（鹏城实验室）、再生医学与健康广东省实验室、材料科学与技术广东省实验室（松山湖材料实验室）、先进制造科学与技术广东省实验室（季华实验室）首批4家省实验室领衔科学家代表对推动省实验室建设情况作了介绍，并提出意见建议。

推动省实验室建设是广东省贯彻落实习近平总书记关于科技创新的重要论述、深入实施创新驱动发展战略的重要举措，对广东省提升原始创新和基础研究能力、加快转型升级、实现高质量发展具有重要意义。要牢牢把握粤港澳大湾区建设和支持深圳建设中国特色社会主义先行示范区、推动广州实现老城市新活力的重大历史机遇，充分发挥省实验室富集科技创新资源、承担重大科技攻关、推动科技成果转化的重要作用，加快建设粤港澳大湾区国际科技创新中心，为广东实现“四个走在全国前列”、当好“两个重要窗口”提供有力支撑。

会议强调，全省各承建地市、各有关部门要瞄准新一轮创新驱动发展需要，聚焦重点领域和关键环节持续发力、久久为功，推动省实验室建设取得突破性进展。要进一步解放思想，大力推进科技领域“放管服”改革，努力破除制约实验室建设发展的体制机制障碍，探索推进组织模式和治理结构创新，改革运作管理模式、资金投入机制和成果转化机制。要构建创新要素自由流动、高效配置的创新生态，汇聚全国乃至全球高端创新资源，加强各类资源整合，强化关键核心技术攻关，超前布局一批前沿关键核心技术基础与应用基础研究，打造科技创新高地。要压实各方责任，形成齐抓共管、共同推动省实验室建设的合力。

与会人员参观了省实验室建设工作综合展览，对鹏城实验室近两年取得的显著成果及发挥的示范效应给予了高度评价。

（摘自广东省科学技术厅公众信息网）

【2019年高端外国专家广东行活动】 11月23–30日，科技部引智司组织了近60名中国政府友谊奖获奖专家等高端外国专家及其配偶开展广东行活动，先后到广州、肇庆、东莞等地调研考察。专家们通过所见所感，亲身感受广东实现“四个走在全国前列”、当好“两个重要窗口”的努力和决心，进一步加深了对广东的了解，积极为粤港澳大湾区建设、“双区驱动”、科技创新发展等建言献策，纷纷表示愿意为广东发展贡献力量。

参加此次广东考察活动的外国专家40多人，遍及亚洲、欧洲、大洋洲、非洲、北美等地19个国家，其中外籍院士8位，获得中国政府友谊奖专家11位、地方友谊奖专家11位，主要涉及智能制造、生物医学、新材料、基因工程、环境科学、教育传媒等领域，是近年在华工作外国专家赴省市考察国别最广泛、人数最多、领域最宽的一次专家构成。

参观松山湖生态科普馆

活动期间，通过参观自然人文景观、走访高新园区及企业、召开建言献策座谈会等多种形式，专家们深入了解广东省历史人文、产业发展、经济建设等方面的情况，并就如何推进粤港澳大湾区建设、深化国际科技合作、引进高端创新人才、优化创新环境等提出了诸多中肯的意见和建议。

参观散裂中子源

（摘自广东省科学技术厅公众信息网）

【第八届中国创新创业大赛港澳台赛及广东省赛暨广东省普惠性科技金融推广会】 12月14日，第八届中国创新创业大赛港澳台赛及广东省赛颁奖暨广东省普惠性科技金融推广会在佛山举办。

该届赛事共有7 031家企业报名参加，报名总数位居全国第1。经初赛、地方赛和行业决赛角逐，共推荐176个优质项目参加全国六大行业总决赛，有121家企业获奖，获奖比率高达68.75%。其中，本省参赛企业在生物医药、先进制造、电子信息行业3个组别摘得桂冠，一等奖数量占全国四分之一强。为让“双创”进一步激发农业农村发展新动能、新活力，该届赛事聚焦现代农业重大科技问题，还新增了现代农业省级专业赛，为加快现代种业、精准农业、食品安全、智能农机装备等领域技术攻关做了有益的探索。此外，中国创新创业大赛港澳台赛在海峡两岸的知名度越来越高，近年来不仅报名数量连连翻番，而且参赛的精英创客也越来越多。该届有效项目参赛总数413项，同比增幅达46%，其中香港分赛区95项，澳门分赛区40项，台湾分赛区278项。

此次活动第二环节是广东省普惠性科技金融推广会。省科技厅相关负责同志做了全省普惠性科技金融工作的情况报告，并就下一阶段重点工作做了部署；为鼓励更多的银行深入持续开展普惠性科技金融工作，大会还为省内5家银行颁发了“2018年度普惠性科技金融优秀服务机构”奖励，获奖单位代表中国建设银行广东省分行有关负责同志发言并推介了建设银行科技企业“技术流”2.0分析系统。最后，省生产力促进中心发布了由广东省科技金融智库团队完成的两项研究成果：《2018广东省科技金融发展报告》和《广东省创业投资行业发展报告2018》。

省直及佛山市相关单位，各有关地市科技局、高新区管委会相关负责同志，大赛各分赛区承办单位、地市科技金融服务中心负责人，大赛获奖企业、银行、投资机构和媒体代表近800人参加了活动。

（摘自广东省科学技术厅公众信息网）

【2019中国海外人才交流大会暨第21届中国留学人员广州科技交流会】 12月18日，2019中国海外人才交流大会暨第21届中国留学人员广州科技交流会（以下简称“2019海交会”）在广州开幕。

巡馆环节，科技部、教育部、省科技厅、省教育厅和广州市有关领导视察了粤港澳大湾区展区，仔细了解本省科技创新、人才服务政策措施，向再生医学与健康省实验室、季华实验室、南方海洋科学与工程实验室等招聘单位互动了解当前的建设进展情况。

为进一步夯实参会成效，广东团首次在展位上举办了省内重点科研单位人才招聘活动和专场推介活动，助力本省高水平科研院所引进吸纳高层次人才，取得积极成效。现场集中了第1、第2批启动建设的省实验室和部分高水平创新研究院等共计16家科研单位，面向海内外公开招聘近400名科研人员，岗位需求涵盖生物医药、电子信息、先进制造、新材料、海洋科技等重点领域。同时，江门市科技局、东莞市科技局、中山留学人员创意园、再生医学与健康省实验室、鹏城实验室5家单位在展会上重点推介各地市及各单位的发展趋势、人才环境、招聘需求等，吸引大批海内外人才现场了解，充分利用海交会这一国家级引智引才平台，扎实推动广东省科技人才对接交流。

（摘自广东省科学技术厅公众信息网）

【广东省基础与应用基础研究重大项目系列启动会】 12月19日，广东省基础与应用基础研究重大项目系列启动会在广州召开。

会议通报了本省首批省基础与应用基础研究重大项目、国际应用数学中心、区域创新发展联合基金协议、粤港澳联合实验室等方面的工作进展情况，向首批省基础与应用基础研究重大项目负责人颁发了证书，并为粤港澳联合实验室授牌。首批启动实施的13个省基础与应用基础研究重大项目，主要面向世界科技前沿，聚焦国家经济社会发展关键领域和广东优势特色产业的重大科学问题，全面覆盖了基础研究八大学科领域，着力突破重大科学问题，持续产生引领性原创成果；项目承担单位均来自于省内“双一流”建设高校、省实验室及大科学装置依托单位等，其中高校牵头的5项，省实验室牵头的5项，科研机构牵头的2项，龙头骨干企业牵头的1项。同时，为统筹发挥粤港澳科技和产业优势，启动建设了首批10家重点领域粤港澳联合实验室，由粤港澳三方或粤港、粤澳双方的高校、科研机构、企业等法人单位联合建设。

此外，会议还对进一步加强基础与应用基础研究提出工作要求，明确要不断完善多元化投入机制，健全符合基础研究特点的评价机制，加强中青年和后备科技人才培养；要大力弘扬科学家精神，瞄准世界科技前沿，引领科技发展方向，勇做新时代科技创新的排头兵。

省直有关部门及广州、深圳等有关地市同志，首批省基础与应用基础研究重大项目、国际应用数学中心、粤港澳联合实验室负责人，部分高校科研院所及企业代表近150人参加了会议。

（摘自广东省科学技术厅公众信息网）

科技政策与投入

科技政策法规

【科技政策法规研究与制定】

《广东省自主创新促进条例》修订 2019年，省科技厅在省人大常委会指导下，与省司法厅等部门密切协作，扎实开展《广东省自主创新促进条例》修订工作。2019年9月25日，《广东省自主创新促进条例（修订稿）》在省十三届人大常委会第十四次会议上高票表决通过。新修订的《广东省自主创新促进条例》于2019年12月1日起施行。本次《条例》修订是一次系统性的重大修订，在自主创新的立法目的、立法导向、基本概念、思路定位和工作重点等方面都作了较大调整，深入贯彻落实近年来党中央、国务院关于科技创新的重大决策部署和省委、省政府的改革创新举措，适应了广东新时代自主创新的迫切需要，为本省创新驱动发展工作提供了坚实的法制保障，为科技立法提供了经验和范例。

《广东省科学技术普及条例》立法 2019年，省科技厅联合省科协全面推进《广东省科学技术普及条例》立法研究工作。在省内外前期调研和深入研究的基础上，起草形成《广东省科学技术普及条例（草案）》。《广东省科学技术普及条例（草案）》主要包括科普要求和重要方向、规范科普工作的职责和权限、社会主体科普责任、科普资源与科普基础设施开发利用、科普组织发展和人才队伍建设等方面的内容。

【科技政策法规宣传与落实】

《关于进一步促进科技创新的若干政策措施》宣贯落实 2019年，省科技厅协调推动省有关部门制定完善“科创12条”配套政策和实施细则，并会同省公安厅、省财政厅等8部门联合编制印发《“科创12条”实施指引》，为有关政策落实提供了具体路径指引。按照省委、省政府关于做好“科创12条”贯彻落实的指示要求，省科技厅牵头会同有关部门，制定配套政策和实施指引，扎实推进“科创12条”宣贯落实。一方面，积极协调推动省有关部门和各地市制定完善“科创12条”配套政策和实施细则，制定出台《关于深化项目评审、人才评价、机构评估改革的实施方案》《关于省级财政科研项目资金的管理监督办法》等10余个政策文件，编制印发《“科创12条”实施指引》，大部分地市出台配套政策文件。

另一方面，深入广泛开展政策宣传解读。3月27日，组织召开“科创12条”新闻发布会，向媒体介绍“科创12条”及配套政策和实施指引相关情况。同时，持续推动“科创12条”政策宣贯工作，面向高校、科研院所、新型研发机构、高新技术企业、科技型中小企业、港澳台资企业等各类创新主体举办60多场专题宣讲会，精准推送“科创12条”相关政策，受众约2万多人。注重多方联动，联合省委组织部、省商务厅、省侨办、省科协、省工商联等部门和群团组织，充分利用粤港澳大湾区国际科创中心建设培训会、高层次人才国情省情专题研修班、粤港澳经济技术贸易合作交流会等各类平台和时机开展政策宣讲，提高创新主体及公众对政策的知晓度和获得感。

《广东省自主创新促进条例》宣贯 2019年9月25日，《广东省自主创新促进条例》（修订稿）经省人大常委会会议表决通过，于2019年12月1日起施行。省科技厅扎实推进《条例》宣贯工作，抓紧拟制宣传贯彻工作方案，编印《条例》单行本、重点条款解读、《条例》宣传手册、《条例》配套政策汇编等宣传材料，并通过《科技日报》、《南方日报》、政府网站、“广东科技”微信公众号等各类媒体进行宣传解读。2019年12月30日，省科技厅积极配合省人大常委

会召开《条例》新闻发布会，省人大法制委、省人大教科文卫委、省科技厅负责同志介绍《条例》修订情况及贯彻落实思路举措并回答记者提问，各主流媒体纷纷报道，产生了广泛影响。

“岭南科学论坛·双周创新论坛”系列活动　2019年，省科技厅共举办20期系列论坛活动，其中岭南科学论坛10期、双周创新论坛10期。该系列论坛活动围绕创新驱动发展、粤港澳大湾区建设等重大议题，搭建政产学研常态化交流平台，解读科技创新政策，推介重大科技创新成果，提升科技决策水平。论坛邀请到詹启敏、李培根、侯凡凡等“两院”院士在内的100多位国内外及港澳知名专家开展主题演讲和对话交流，《科技日报》、新华社广东分社、《南方日报》等主流媒体广泛参与报道，产生了较大的社会影响力。

（史利兵　邓少慧）

科技人才

【外国和港澳台专家服务与管理】

优化外国人才服务管理　2019年，省科技厅认真实施外国人来华工作许可制度和外国人才签证制度，加强对来粤工作外国人才实行分类管理。鼓励支持引进境外高端人才和急需紧缺人才，为高端人才开辟绿色通道，积极宣传外国人才签证“含金量”，推动引才政策落到实处。3月、4月分别举办两期“外国人来华工作许可”业务培训班，解读外国人来华工作分类标准和服务指南，做好对各地市相关业务的指导和监督；5月、8月分别参加大韩民国驻广州总领事馆“就业洽谈会及说明会”和中国法国工商会“关于外国人在华工作许可政策法规解读会”，对外国人来华工作许可进行政策宣讲。进一步加强与公安、外事、教育、统战等部门和用人单位的协同联动，高度重视人才安全和意识形态工作。

截至2019年12月，全省持有效“外国人来华工作许可证”的外国人共47 444人，其中A类外国高端人才10 688人，占22.5%；B类外国专业人才32 055人，占67.6%；C类其他外国人员4 701人，占9.9%。全省共核发《高端人才确认函》231份，《外国专家来华邀请函》446份。

境外高端人才认定　为贯彻落实粤港澳大湾区个人所得税优惠政策，推动珠三角九市开展境外高端人才认定工作，2019年7月，印发了《广东省科学技术厅（广东省外国专家局）关于贯彻落实粤港澳大湾区个人所得税优惠政策做好境外高端人才认定工作的通知》。珠三角九市结合当地实际，先后出台了相应的实施粤港澳大湾区个人所得税优惠政策财政补贴管理暂行办法等。个税优惠政策“虹吸效应”显著，全省外国人来华工作许可证、外国高端人才确认函、外籍和港澳台高层次人才认定数量等大幅增长。2019年7—12月，持A类外国人来华工作许可证的高端外国人才新增1 206人，B类专业外国人才新增2 234人，外国高端人才确认函新增61份，外籍和港澳台高层次人才认定新增69人，分别比上半年增长11%、7.6%、34.7%和176%。新认定的外籍和港澳台高层次人才103人。

集聚全球创新人才资源　2019年，积极实施高端外国专家引进计划，全省有61个项目获科技部批准，获得项目资助总金额达1 949万元，获批项目数和资助经费分别是2018年的1.9倍和2.5倍。组织做好2019年中国政府友谊奖推荐工作，全省共有7名外国专家获得殊荣，入选人数为历年之最。

11月23—30日，全力协助做好科技部组织的外国专家来粤考察休假活动。来自全国各地的近60名外国专家及其配偶参加了活动，其中外籍院士8位、获中国政府友谊奖专家11位、获地方友谊奖专家11位等。

11月26日，结合双周创新论坛，召开建言献策座谈会，外国专家就如何推进粤港澳大湾区建设、深化国际科技合作、引进高端创新人才、优化创新环境等提出了诸多中肯的意见和建议。12月，将外国专家广东行活动情况和专家建言献策梳理形成专报，呈报省领导参阅。

外国人才数据监测分析　2019年6月，启动开展本省外国人才数据统计分析工作，全面梳理外国人来华工作许可制度在本省实施后的成效，从人才层次、地区分布、行业就业分布、来源国等多维度对在粤创新创业的外国人才进行数理分析，动态模拟各来源国人才在本省的分布特征，为相关人才政策的制定和评估等提供数据支撑。2019年，编辑印制6期《广东外国人才监测月报》，7条相关信息报省委、省政府，其中3条刊登在《每日汇报》。12月，受科技部引智司委托编制《2019外国人来华工作数据报告》，全面摸清掌握全国外国人才底数，为领导决策提供参考。

（杨慧芳）

【博士后平台建设】 深入贯彻落实《关于加快新时代博士和博士后人才创新发展的若干意见》。组织实施2019年广东省博士后人才引进计划，海外博士后引进项目入选550人，东西两翼和北部生态发展区博士后扶持项目入选172人。圆满完成广东“众创杯”创新创业大赛博士和博士后专场赛。2019年，广东省新增博士后3 800多人，远超上海、江苏、浙江等地，稳居全国首位。

【专业技术人才队伍建设】 截至2019年年底，全省专业技术人才达670万人，其中高层次人才79万人，比2018年新增专业技术人才58万人。推动出台全省性专业技术人才队伍建设综合性文件，出台《中共广东省委办公厅、广东省人民政府办公厅关于加强新时代专业技术人才队伍建设的通知》，文件共8个部分21条，以解决问题为导向、以构建机制为抓手、以创新服务国家和省重大发展战略为出发点和落脚点，指出了本省新时代专技人才队伍建设的发展方向和道路。

按照国家和省深化职称制度改革的总体部署，推动本省工程技术、自然科学研究、会计等系列职称制度改革。创新职称评价机制，在机电、轻工、食品、电力等领域开展高技能人才工程技术人才与高技能人才职业贯通试点，开展科技型企业家职称评审试点，遴选出省内首批89名高级职称科技型企业家。加大职称评审权下放力度，深入实施全省高校教师职称自主评审工作，积极开展企事业单位职称自主评审试点。强化职称评审监管服务，建立完善核准备案制度和信息公开制度，2019年起在全省全面实行职称电子证书。

深入推进粤港澳大湾区职称评价和职业资格认可，经省政府同意，省人社厅、教育厅等9部门联合出台《关于推进粤港澳大湾区职称评价和职业资格认可的实施方案》，会同省文化和旅游厅出台《香港、澳门导游及领队在珠海市横琴新区执业实施方案（试行）》，首批60名港澳导游及领队经培训认证领取横琴新区专用导游证，至年底认证培训人数已增至300人。

深入实施专业技术人才知识更新工程，举办国家级和省级专业技术人才知识更新工程高级研修班共15期，培训省内外高层次专业技术人才1 050人次。向人社部推荐华南理工大学申报第9批国家级专业技术人员继续教育基地，并成功入选。开发制作继续教育公需科目网络课件，为全省专业技术人员提供公需科目免费学习服务，全省专业技术人员193万人参加公需科目免费学习，全省享受政府特殊津贴专家5 132人。

【人才服务保障】 全省人才驿站服务体系初具规模，已在肇庆、汕尾、清远、潮州、茂名、湛江、揭阳、云浮、阳江、汕头、梅州、韶关、河源、佛山14个地市建成市县镇村四级“人才驿站”364个，实现粤东西北地级市全覆盖，并逐步向珠三角地区延伸。2019年共举办海内外高层次人才地市行活动13场次，累计邀请476名海内外院士等高层次人才与780多家企事业单位进行接洽，现场达成人才项目合作意向180多项，累计合作资金逾30亿元。各市人才驿站共组织人才活动1 539场，柔性引才3 554人，签约合作项目432项，合作金额超56亿元，技术交易促进额超21亿元。

（蒋　波）

【科技干部教育与培训】 2019年，省科技厅共举办各类管理培训班40期，培训科技干部、专业技术人员3 542人次，开展科技创新政策法规巡回宣讲35场，8 000余人参加现场学习。

“科技兴藏人才培养工程”西藏科技管理干部培训班　2019年4月13—27日，由科技部主办，广东省科技厅、西藏自治区科技厅、广东省科技干部学院联合承办的“科技兴藏人才培养工程”科技管理干部培训班在广州举办。来自西藏自治区各厅委、地方科技局及科技院所、高校和各行业40多个单位的73位领导干部参加为期15天的学习。

本期培训班突出政治引领、改革创新和实干导向，党性锤炼、专题学习、考察调研多种形式相结合。邀请了科技部9个司局、业务处室负责同志授课，讲授出国（境）培训组织管理、科研诚信建设、科技重大专项组织与管理等热点话题，组织安排参观港珠澳大桥、东莞散裂中子源、深圳国家基因库、科技产业创新载体等现场教学活动。为西藏的干部们开阔视野、拓宽思路提供借鉴，推动思想再解放、改革再深入、工作再落实，进一步推动了两省区的科技交流与项目合作。

科技部“促进可持续发展的科技创新战略与政策培训班” 2019年9月16—29日，科技部与联合国科技促进发展委员会（UNCSTD）共同举办的“促进可持续发展的科技创新战略与政策培训班”在广州开班，来自埃塞俄比亚、尼泊尔、伊朗、巴西等16个发展中国家的17名高级官员与学者参加本次培训。

培训班为期两周，内容包含课堂授课、研讨会、实地考察等。邀请了联合国科技促进发展委员会、科技部国际合作司、国家科技评估中心、广东省科技厅、中山大学、华南农业大学、广东省农科院、科大讯飞华南公司等机构的专家，就中国科技创新政策、科技金融的发展经验、广东可持续发展与乡村振兴、人工智能发展等主题进行授课；组织学员前往深圳、佛山、中山、江门、珠海等地进行实地考察，交流体验广东省在科技创新战略与政策方面丰富的经验成果。

促进可持续发展的科技创新战略与政策培训班开班仪式

促进可持续发展的科技创新战略与政策培训班合影留念

新时代广东科技创新发展专题培训班 2019年11月25—29日，由中共广东省委组织部、省科技厅联合主办的“新时代广东科技创新发展专题培训班”在广州举行。各地级以上市分管科技工作的副市长、市科技局（委）、高新区管委会主要负责同志共计60名学员及广东省科技厅系统80余名业务骨干参加培训。

培训班围绕广东科技创新工作形势与任务、科技创新政策、创新人才、创新资源、农村科技工作、新技术革命与产业变革等内容作专题辅导报告，并安排了人工智能最新技术发展和产业应用现场调研。通过培训进一步强化科技干部的职业素质和业务能力，打造熟悉科技、懂得科技、熟悉创新及服务创新的专业化、高素质化干部队伍，更好地服务于科技创新强省和粤港澳大湾区国际科技创新中心建设。

新时代广东科技创新发展专题培训班开班现场

广东省科技金融研修班 2019年6月23—26日，由省科技厅主办，省生产力促进中心承办，省科技金融促进会、省投资风险促进会协办的“广东省科技金融研修班”在资本市场学院举办，省科技厅资管处、实验室处、厅属单位以及各地市科技局、高新区管委会、省实验室、省内高校院所、新型研发机构、风险投资机构、部分行业龙头企业和香港在粤科研机构等单位的相关负责同志80多人参加了培训。

研修班以专家授课、案例剖析、经验交流和现场教学等形式，围绕当前宏观经济发展形势与挑战、资本市场服务实体经济发展、科技金融驱动产业转型升级及创新发展、金融反腐与防范金融风险、科创板政策解读等主题进行授课，针对科技金融政策、多层次资本市场发展、金融工具运用等内容进行了交流，有效增进了科研管理者对经济发展形势和金融工具运用的了解，提升科技管理干部科技金融专业化认知水平和服务能力，取得了预期的效果。

广东省科技金融研修班开班现场

广东省县（市）级科技局长培训班　2019年6月10—12日，为贯彻落实《粤港澳大湾区发展规划纲要》和《关于进一步促进科技创新若干政策措施》，促进县域基层科技管理干部深入了解国家和全省科技创新工作部署，由省科技厅主办、省生产力促进中心承办的“广东省县（市）级科技局长培训班”在广州举办。来自全省各县（市）的科技局长及分管科技工作的负责人116人参加培训。

本次培训邀请省科技厅政体处、资管处、农村处相关领导分别介绍了《关于进一步促进科技创新若干政策措施》的重点条款要义和具体实施要点、“科技创新战略专项资金‘大专项+任务清单’管理计划”和科技金融系列政策、2019年全国农业农村科技创新会议精神和具体科技推动手段。同时，邀请了台山市科工商务局、广东省科学院生物工程所分别分享了国家创新型县建设与农村科技特派员工作制度等经验。

广东省县（市）级科技局长培训班开班典礼

黑龙江省提升科研院所创新发展能力专题培训班　2019年11月10—16日，黑龙江省“提升科研院所创新发展能力专题培训班”在广州举办。

本次培训是受黑龙江省委组织部委托，在广东开展的针对黑龙江省科技系统干部进行的为期一周的集中培训。培训方式包括集中学习、交流研讨和实地考察，培训班学员约60人。培训期间，广东省科技厅有关同志分别作了题为《科技创新工作进展及粤港澳大湾区国际科技创新中心建设布局考虑》和《广东省科研院所改革发展情况及有关创新扶持政策简介》的专题讲座，广东省农业科学院、广东省科学院、广东省林业科学院、广州中国科学院工业技术研究院、广东华中科技大学工业技术研究院等机构的专家重点就广东科技体制改革和政策创新、科技服务模式创新和科技成果转化等进行专题授课和交流，组织前往广州、东莞、深圳等地进行考察，参观第21届中国国际高新技术交易会。

黑龙江省提升科研院所创新发展能力专题培训班开班典礼

西藏林芝市科技创新驱动发展研修班 2019年4月21—27日，由省科技厅主办、省科技干部学院承办的“西藏林芝市科技创新驱动发展研修班”在广州举办。来自林芝市发展和改革委员会、市科技局、市政管理和综合执法局、市教育局、市自然资源局、市农业农村局等单位的19名学员参加了培训。本期研修班采用专题讲座和现场教学相结合的形式，使学员们进一步增强科技意识，提振精神，开阔视野，拓宽思路，为今后的工作提供借鉴。

广东省第一期创新驱动乡村振兴发展专题研修班 2019年5月19—24日，由广东省专业镇发展促进会主办，广东省科技干部学院承办的广东省第一期创新驱动乡村振兴发展专题研修班在福建举办，全省各级科技管理部门、科创平台、科技服务机构、行业协会等相关人员共30人参加了培训。

培训班主要目的是贯彻落实科技部创新驱动乡村振兴发展专项规划重要精神，学习外省市创新驱动乡村振兴发展工作经验，推动专业镇在本省乡村振兴发展中发挥重要作用，安排了福建省乡村振兴发展情况介绍、特色农业生产基地和特色产业企业实地调研、座谈交流等活动。

广东省生产力促进机构主任培训班 2019年5月7—8日，由省科技厅主办、省生产力促进中心承办的广东省生产力促进机构主任培训班在广州举办。来自全省各地市、县（区）的生产力促进中心、科技金融服务中心和高新区创业服务中心等相关科技服务机构的负责同志120多人参加了培训。

培训班邀请了省科技厅人事处、政体处相关同志作《省科技厅机构改革与职能优化》《关于进一步促进科技创新的若干政策措施》《新时期广东省生产力促进机构面临的形势与任务》专题报告，并组织研讨交流，参训学员围绕现状、发展需求和联动合作提出了意见和建议。

【专业技术人员继续教育与培训】 2019年广东省科技干部学院举办专业技术人员继续教育与培训班31期，累计培训3 012人次，主要包括：高职院校、中等职业院校中层干部管理执行力、教学管理、课堂教学法、职业核心能力、电子商务、计算机专业技能、企业管理、继续教育公需课、投资建设项目管理师考前培训、管理咨询师考前培训、计算机专业技能、会计专业资格、出版专业技术人员资格培训、房地产经纪职业资格培训等。培训班的举办促进了专业技术人员技能水平的提高。

（曾煜洲）

科技计划项目

【项目申报与评审】 2019年1月起，省科技厅面向社会公开征集、发布2019年度省级科技计划项目指南内容及相关建议，并分批次发布各个专项指南，组织申报。采用竞争择优、定向委托、滚动支持、后奖补、“大专项+任务清单”模式等多元化方式组织实施。其中竞争择优类项目主要采用网络评审与会议评审结合的方式进行，定向委托类项目主要采用咨询论证方式进行。截至10月31日，2019年度归口省科技厅主管的财政科技专项资金均已下达至各地市或用款单位。

（司圣奇）

【科技报告】 截至2019年年底，全省共享科技报告13 121篇，名列全国第1。全年新增改写审改3 616份，在系统优化升级、宣传培训、地市科技报告建设、研究开发应用等方面进行全面探索。2019年9月，启动对广东省科技报告服务系统升级改造工程，完善与广东省科技业务管理阳光政务平台数据对接功能，实现和解决用户一平台全流程完成科技报告呈交工作，实现科技报告共享服务全省统一平台共享需求。

科技报告共享服务　开展日常审改、技术保障、后台数据维护、解答用户来电咨询等管理与服务工作。全年新增审核、共享省级科技报告3 616份，累计完成收录科技报告13 121篇（含本省承担的国家项目2 810篇、地市级科技报告806篇）位居全国第1，成为本省重要的地方特色科技数据库信息资源。

优化资源整合，实现科技报告一体化管理　新呈交系统可以自动对接共享阳光政务平台中的信息，自动生成科技报告证书并对接至阳光政务平台，无需项目负责人手工填报资料、上传科技报告证书，极大简化了操作流程，为项目负责人提供便捷服务。新共享系统可以自动识别、实时新增省级科技计划专项，实现与阳光政务平台无缝衔接，便于后期运维管理工作。

加强内容审核，提升科技报告质量　新呈交系统可以根据实际情况配置管理角色，比如新增项目承担单位、项目管理专业机构等对科技报告进行内容审核，有效提升科技报告质量。

推进精准管理，实现按需灵活配置　新呈交系统可以根据省级科技计划专项、立项金额等情况灵活配置是否需要提交科技报告以及提交何种类型的科技报告，实现对科技报告的精细化管理。

加强开放共享，构建全省统一的科技报告管理体系　新共享系统是全省统一的科技报告管理系统，实现省级科技计划项目科技报告资源的实时导入，将与国家科技报告管理系统、各地市科技报告服务系统互联互通，实现全省统一的科技报告呈交、收藏和管理，便于广大科技工作者、社会公众了解本省科研成果，推动科技报告开放共享。

地市级的科技报告试点工作　为建成全省统一的科技报告呈交、收藏、管理、共享体系，根据国家需要及时呈交广东省科技报告数据，构建全省统一的科技报告共享服务平台。各地市（深圳除外）科技报告数据呈交至新共享系统，实现全省科技报告数据统一管理，实现科技报告资源开放共享，便于科研人员共享科研成果，便于社会公众了解国家成果，促进成果转化应用。

制定《科技报告管理服务工作职责分工》　制定了科技报告管理服务工作责任制度，把科技报告管理服务工作责任落实到人，并细化了工作流程。该职责分工包括了组织管理机制、工作管理规范、职责描述、责任分工、岗位设置、流程管理、服务标准等内容。

（廖　杨）

【重点领域研发计划】　截至2019年年底，省科技厅围绕全省重点行业产业实际科技创新需求，结合经济社会发展实际需要，在重点领域研发计划共组织实施了4批次项目，包括13个重大专项、16个重点专项以及2个应急专题，其中2018年度1批次、2019年度3批次，共立项204个（部分项目含子课题），项目总投入133.6亿元，其中省财政资金44.2亿元，财政带动比为1∶2.02。项目布局既面向量子通讯、材料科学、信息科学等前沿领域，又涵盖EDA开发工具、电子曝光机等，同时涵盖练江、茅洲河污染治理技术、水源地生态保护与修复等民生工程，项目整体进展顺利，在“芯片、软件与计算”“新一代通信与网络”“智能机器人与装备制造”等专项攻克了一批关键核心技术，部分技术打破了国外垄断，部分产品实现了国产替代，部分科研成果为应对社会突发事件提供了技术支撑。

产学研合作领域　重点组织实施了省重点领域研发计划“新能源汽车”“激光与增材制造”“智能机器人和装备制造”等重大专项，共受理了122个项目申报，其中，“新能源汽车”专项支持11个项目，“激光与增材制造”专项支持14个项目，“智能机器人和装备制造”支持11个项目，项目总投入23.9亿元，省财政投入共5.5亿元。2019年该领域的重大科技专项申报质量有明显提升，大部分申报项目均有高水平研发机构及专家团队参与申报，其中由院士领军的申报团队超过30个。

生物医药领域　2019年，组织实施省重点领域研发计划精准医学与干细胞重大专项及新药创制、高端医疗器械、岭南中医药现代化重点专项，省财政科技资金投入2.79亿元，带动社会资金投入9.97亿元。其中，由南方医科大学与广州知易生物科技有限公司等单位联合开展的新药创制重点专项项目已研发出国际原创、完全拥有自主知识产权的国内首个1.1类活体生物药SK08；由中山大学与中科院深圳先进院等单位联合开展的精准医学与干细胞重大专项项目在人类疾病灵长类动物模型创制研究方面取得重要成果，并在国际学术期刊《自然》（*Nature*）主刊发表，模型的建立为解析自闭症发病机理以及发展临床干预方法奠定了重要基础。

（司圣奇　柯思异　罗宇恒）

【基础与应用基础研究】　2019年，面向世界科技前沿和高质量发展的重大需求，启动实施首批基础与应用基础研究重大项目。重大项目参考借鉴原国家重点基础研究发展计划“973计划”、国家自然科学基金重大项目及国际通行做法，集成省内外及港澳地区的优势创新资源和科研团队，努力打造原始创新重要策源地。

首批共受理285项申报项目，经专家初审、同行评议、咨询论证、预算评审、综合评议等严格规范流程，从中优选出13个项目进行立项支持，财政资金总投入5.6447亿元，平均资助强度约4 300万元。项目全面覆盖了基础研究八大学科领域，特别是围绕目前中美科技竞争的前沿必争领域及“卡脖子”技术的前端科学问题，重点布局电子信息、材料科学、资源环境等领域项目。首批支持的13个项目中，院士牵头7项，45岁以下中青年科学家牵头3项，女性科学家牵头1项，申报单位主要来自省内“双一流”建设高校、省实验室及大科学装置的依托单位等。

信息领域　该领域立项项目2个，分别为鹏城实验室的“基于国产CPU的云计算操作系统”项目及暨南大学“抗量子计算攻击的公钥密码体制研究”项目，着力研究自主可控的国产云计算操作系统和抗量子计算攻击密码体制的基础理论。

材料领域　该领域立项项目4个，分别为：华南理工大学的“有机光电材料与器件的基础科学问题研究”项目，将重点研究解决非金属有机光电材料的电子结构调控基础问题，实现突破自旋统计限制的新一代高效有机光电材料；化学与精细化工省实验室的“有机金属发光材料激发态精确调控的基础与应用研究”项目，将重点研究非铱金属配合物的发光性能调控，有望降低OLED产业成本；松山湖材料实验室的“新一代非晶合金的设计、制备与先进制造基础研究”项目，着力构建非晶合金形成能力的基础理论，将使非晶合金的材料尺寸由毫米级提高到分米级，有望大大提升非晶合金的成型性能与规模制造能力；中广核检测技术有限公司的“基于材料基因

工程的先进能源装备材料服役性能评价技术及其应用研究”项目，重点研究核电能源装备安全高效运行的新评估方法与理论体系，有望实现大亚湾核电机组延寿，带来显著经济效益。

生命科学与人口健康领域　该领域立项项目3个，分别为：深圳湾实验室的“肿瘤微环境异质性与食管鳞癌复发转移及治疗耐受研究”项目及广东药科大学的“糖脂代谢性疾病中医湿热证的生物学基础和有效方药干预疗效机制研究”项目，将重点研究食管鳞癌和糖脂代谢性疾病的诊断与治疗等重大科学问题；华南农业大学的“水稻高产优质关键性状的分子机理解析及种质创新”项目，深入研究解析水稻高产、耐逆和养分高效利用的分子机理等问题，重点突破新品种研制。

工程环境海洋科学领域　该领域立项项目3个，分别为：广东省智能机器人研究院的“高功率光纤激光驱动13.5nm极紫外光刻光源的机理与优化研究”项目，重点研究采用光纤激光的时空多路脉冲叠加方案取代CO_2激光器的问题，为芯片产业的跨越式发展探索新路径；中国科学院广州地球化学研究所的“广东省稀土资源与生态环境风险”项目，通过研究关键战略资源稀土元素的成矿机制等内容，为稀土增储夯实科学理论基础；南方海洋科学与工程省实验室（广州）的“大湾区及其邻近海域冷泉系统生态过程与资源开发原理”项目，重点开展大湾区冷泉系统物质构成与循环、生态系统维持与演变的基础研究。

数理与交叉前沿领域　该领域立项项目1个，为中山大学的“天琴空间引力波探测计划基础理论与关键机理研究”项目，将开展天体物理引力波探测的基础理论及关键机理研究，推动天文学、基础物理学科发展，对我国参与国际太空竞争具有重要意义。

（王依莉　陈翠微）

基础研究与条件建设

基础研究

【概况】 2019年，广东省在新修订的《广东省自主创新促进条例》中增加了基础与应用基础研究方面的内容。通过加大基础研究投入、启动实施首批13个广东省基础与应用基础研究重大项目、与国家自然科学基金委签署区域创新发展联合基金协议书、组建省基础与应用基础研究基金委员会、扩大实施省内联合基金等举措，系统构建了从重大项目、国家联合基金到省内联合基金、省自然科学基金等较为完善的基础与应用基础研究资助体系，扎实推进本省基础与应用基础研究各项工作取得良好成效。在2019年度中国科学十大进展中，广东省基础研究取得历史性突破，创造了牵头或参与3项的好成绩。根据《中国基础研究竞争力报告2019》统计分析，2019年广东省的基础研究竞争力已上升到全国第3位。

（彭向阳　陈翠微）

【广东省基础与应用基础研究基金委员会】 2019年3月27日，广东省基础与应用基础研究基金委员会（以下简称“省基金委”）挂牌成立。省基金委在省科技厅指导和监督下，在支持基础研究、坚持自由探索、发挥导向作用、发现和培养科学技术人才等方面承担重要的职责与任务。

2019年，省基金委累计完成760家依托单位管理和10 948名基础与应用基础研究专家征集入库工作，发布了省自然科学基金和省联合基金2批指南，全年共受理基金项目申报15 433项，完成2019、2020年度的省自然科学基金项目和2019年度5支省联合基金项目的评审工作；组织编制4大类12项基金管理制度，初步构建了科学合理的基金管理制度体系及“纪律严明、作风过硬”的专业化管理团队，整体开局良好，各项工作稳步有序推进。

（陈宇山　王　倩）

【国家自然科学基金委员会—广东省人民政府自然科学联合基金】 2019年是实施NSFC—广东联合基金（第3期）的第4年。在资源与环境、农业和管理3个领域的40个主要研究方向组织实施，共资助项目25项，其中广东牵头21项，占总资助项数的84%，直接费用合计7 059万元，占总资助直接经费的87%。

2019年，国家自然科学基金委与广东省政府启动新一轮合作，签署《广东省加入国家自然科学基金区域创新发展联合基金协议书》，双方约定2020—2024年每年投入1.6亿元到区域创新发展联合基金（国家基金委0.4亿元；广东省政府1.2亿元，其中省财政0.8亿元，广州、深圳各0.2亿元），旨在针对广东省及周边地区经济、社会、科技发展中的重大科学问题和关键技术难题，吸引和集聚全国优秀科研人员，重点围绕生命科学、信息科学、材料科学、资源环境、海洋科学、人口健康、工程科学、数理与交叉前沿等相关领域，开展有区域特色的基础研究，共同推动粤港澳大湾区国际科技创新中心建设。

粤港澳大湾区地震灾害主动防御关键技术研究（集成项目）　该项目由南方科技大学陈晓非教授团队承担。针对准确评估滨海断裂带和珠江口外潜在震源区一旦发生大地震对粤港澳大湾区可能造成的地震灾害风险这一科学问题，以“基于物理模型的震害风险分析与预测”为整体科学思路，开展粤港澳大湾区地震灾害主动防御关键技术研究，通过查明大湾区海陆活动断裂带的空间分布、探测精细的地壳及近地表三维速度结构、开发基于高性能计算平台模拟地震破裂动力学过程、强地面运动和震害评估预测的先进算法、建立准实时的生命线工程震害预测、快速评估和风险防控系统、发展地震海啸波的传播模拟及海啸灾害风险的概率分析方法，对该地区地震孕育的构造背景、地震发生的物理过程与致灾机理，以及地震的风险评估、灾害预测及主动防范开展多学科、多手段、多尺度的系统综合研究，在此基础上建立科学高效的地震灾害风险评估体系和主动防御体系，具有全面提升粤港澳大湾区抵御地震灾害和海啸灾害的能力、有效防御和减轻湾区地震风险和海啸风险、减少人员伤亡和经济损失的重要意义。

赤红壤区耕地质量演变机理与提升机制（集成项目）　该项目由华南农业大学胡月明教授团队承担。针对如何构建耕地质量多维认知系统与监测评价技术体系，阐明社会经济高速发展背景下耕地质量时空演变规律，揭示自然要素和人类扰动对耕地质量的交互影响机制与耕地质量退化机理，明晰赤红壤区耕地质量提升策略与技术途径等重大科学问题，开展赤红壤区自然和人类活动耦合驱动下耕地质量演变机理与提升机制研究，建立“全要素—复合结构—多重功能”耕地质量综合认知系统，创建“多源遥感—移动监测—原位检测”一体化耕地质量监测技术体系及基于高分遥感和大数据的耕地质量评价方法，揭示赤红壤区耕地质量时空演变规律，阐明耕地土壤酸化、侵蚀退化和连作障碍机理，解析土壤重金属迁移转化与有机污染物降解机理及耕地质量响应机制，提出耕地质量退化阻控技术与调控对策，创新耕地质量提升技术模式，搭建多功能一体化智慧耕地平台，并在广东省及周边典型赤红壤区开展应用环境试验验证和示范应用，对于区域耕地质量保护与提升、现代高效农业发展及耕地资源安全保障，具有重要的理论意义和应用价值。

（王依莉　陈翠薇）

【国家自然科学基金】　2019年，广东省获国家自然科学基金资助项目总数4 251项，获资助总金额23.06亿元，全国排名均为第4位。医学和生命科学是广东省获国家自然科学基金资助项目数和立项金额最高的学科领域，其中医学科学获国家自然科学基金资助项目1 318项，位列全国第2，仅次于上海；生命科学获国家自然科学基金资助项目664项，仅次于北京。

依托单位获资助情况　2019年，广东省共有177家单位申请国家自然科学基金项目，获资助项目数排名前10的机构均为高校，这10所高校获资助项目数共计3 031项，占广东省获资助总项目数的71.3%。其中，中山大学获资助项目1 031项，位居全国第2，仅次于上海交通大学；深圳大学获资助项目364项，居全国第16位（见表3–4–1）。

表3–4–1　广东省获国家自然科学基金项目资助TOP15依托单位名单（2019）

排序	单位名称	资助项目数（项）	经费（万元）
1	中山大学	1 031	54 457.2
2	深圳大学	364	17 652.4
3	华南理工大学	283	19 423.0
4	南方医科大学	279	14 008.9
5	暨南大学	272	11 561.3
6	南方科技大学	213	14 358.8
7	广东工业大学	159	10 443.8
8	华南农业大学	146	12 399.5
9	广州医科大学	146	5 003
10	广州大学	138	6 282
11	华南师范大学	129	6 370.4

（续上表）

排序	单位名称	资助项目数（项）	经费（万元）
12	中国科学院深圳先进技术研究院	101	5 722
13	广州中医药大学	88	4 201.5
14	中国科学院南海海洋研究所	68	6 324.4
15	中国科学院广州地球化学研究所	54	4 908

获资助项目情况　2019年，广东省获国家自然科学基金面上项目资助1 774项，获资助金额102 728.3万元，全国排名第4位；获国家自然科学基金重点项目资助60项，获资助金额17 876万元，全国排名第4。此外，2019年广东省新增国家杰出青年基金项目资助19人，比2018年增加8人，获资助金额7 480万元，位居全国第4；新增国家自然科学基金优秀青年科学基金项目资助44人，比2018年增加15人，获资助金额5 490万元，位居全国第4；新增国家自然科学基金青年科学基金项目资助2 055人，比2018年增加279人，获资助金额47 603.7万元，位居全国第2，仅次于北京（见表3-4-2）。

表3-4-2　广东省获国家杰出青年、优秀青年科学基金项目分布情况（2019）

序号	单位	获国家杰青资助数	获国家优青资助数	合计
1	中山大学	4	15	19
2	深圳大学	3	2	5
3	华南理工大学	2	4	6
4	中国科学院广州生物医药与健康研究院	2	0	2
5	暨南大学	1	6	7
6	南方医科大学	1	2	3
7	南方科技大学	1	1	2
8	广东工业大学	1	1	2
9	中国科学院广州地球化学研究所	1	1	2
10	中国科学院南海海洋研究所	1	1	2
11	广州大学	1	0	1
12	广东省人民医院	1	0	1
13	中国科学院深圳先进技术研究院	0	4	4
14	中国科学院华南植物园	0	2	2
15	华南师范大学	0	2	2
16	华南农业大学	0	1	1

（续上表）

序号	单位	获国家杰青资助数	获国家优青资助数	合计
17	广东药科大学	0	1	1
18	中国农业科学院农业基因组研究所	0	1	1
总计		19	44	63

（王　倩）

【广东省自然科学基金】　2019年度广东省自然科学基金重点深化“放管服”改革，鼓励探索，鼓励港澳参与，培养基础科学研究人才，促进各学科均衡、协调、可持续发展，支撑重大原创性成果突破与关键核心技术源头供给能力提升，助力粤港澳大湾区国际科技创新中心建设。大幅简化项目类型设置，设立面上项目、杰出青年项目2个类别。面上项目支持从事基础与应用基础研究的科学技术人员在自然科学领域内自主选题、自由探索，开展创新性科学研究，促进各学科均衡、协调和可持续发展，首次面向港澳机构开放申报。杰出青年项目支持在基础与应用基础研究方面已取得一定成绩的青年学者自主选择研究方向开展创新研究，促进青年科学技术人才快速成长，培育一批有望进入国家和世界科技前沿的优秀学术骨干，申报年龄放宽至40周岁。

面上项目　2019年，广东省自然科学基金面上项目共资助160家单位的1 651项目。其中，粤东西北地区共16家单位的118项项目获得资助，粤港澳大湾区11个地市共144家单位的1 533项目获得资助。2019年度省自然科学面上项目首次面向港澳单位开放申报，香港、澳门8家单位共获得45项资助。获得资助数量最多的学科为医学领域，占比为38.76%；其次为生命领域，占比15.45%。获资助申报人年龄在31～40岁的青年科研人员占58.63%，女性申报人占32.23%。

杰出青年项目　截至2019年年底，广东省自然科学基金杰出青年项目已实施8个年头。省自然科学基金杰出青年项目资助40周岁以下具备良好科研能力和潜质、协同创新能力强的杰出青年人才。2019年，广东省自然科学基金杰出青年项目共资助17家单位的65位青年人才。申报人全部取得博士学位，平均年龄为36.5岁，最年轻的为29岁，其中年龄在36～40岁之间的42人（占比64.62%），年龄在31～35岁之间的21人（占比32.31%）。

（李文德　周晓燕）

【省基础与应用基础研究基金省市联合基金】　为加快建立多元化投入机制，引导鼓励地方和社会力量增加基础研究投入，2019年省科技厅分别与广州、深圳、佛山、东莞市人民政府通过共建基金池的模式设立省市联合基金，开启省市联合资助基础研究的新模式，成为本省基础研究工作的一个重要里程碑。

省市联合基金　2019年8月29日，在省政府领导见证下，省科技厅、省基金委与广州、深圳、佛山、东莞市人民政府签署省市联合基金实施协议，正式启动设立省市联合基金。省市联合基金包括粤穗、粤深、粤佛、粤莞4支联合基金，每支基金由省科技厅与联合资助方按1：3的比例出资，其中粤穗、粤深联合基金每年分别投入8 000万元，粤佛、粤莞联合基金每年分别投入4 000万元，合计每年投入2.4亿元。

粤穗联合基金　由省科技厅和广州市人民政府按照1：3的出资比例设立，省财政每年投入2 000万元，广州市财政每年投入6 000万元，共计每年8 000万元，重点支持围绕粤港澳大湾区和广州经济、社会、科技战略发展的重大科学问题开展基础与应用基础研究。

粤深联合基金　由省科技厅和深圳市人民政府按照1：3的出资比例设立，省财政每年投入2 000万元，深圳市财政每年投入6 000万元，共计每年8 000万元，重点支持围绕粤港澳大湾区和深圳经济、社会、科技战略发展的重大科学问题开展基础与应用基础研究。

粤佛联合基金　由省科技厅和佛山市人民政府按照1∶3的出资比例设立，省财政每年投入1 000万元，佛山市财政每年投入3 000万元，共计每年4 000万元，重点支持围绕粤港澳大湾区和佛山经济、社会、科技创新发展的重大科学问题开展基础与应用基础研究。

粤莞联合基金　由省科技厅和东莞市人民政府按照1∶3的出资比例设立，省财政每年投入1 000万元，东莞市财政每年投入3 000万元，共计每年4 000万元，重点支持围绕粤港澳大湾区和东莞经济、社会、科技创新发展的重大科学问题开展基础与应用基础研究。

项目申报与受理　2019年10月30日，粤穗、粤深、粤佛、粤莞联合基金项目申报指南分别发布，面向全省开放申报，指南设置青年基金项目、重点项目和粤港澳研究团队项目，重点支持培养青年科研人才和粤港澳研究团队，吸引凝聚多方优势科研力量，解决地方、产业创新发展重大科学问题，促进基础科学和产业技术创新融通发展，提升地方原始创新能力和水平。2019年省市联合基金共收到项目申请6 587项，受理6 536项，含青年项目5 740项、重点项目752项、粤港澳研究团队项目44项。

（王　倩　陈宇山）

【省基础与应用基础研究基金温氏联合基金】　省基础与应用基础研究基金温氏联合基金是本省设立的首支企业联合基金，坚持公益属性定位，旨在支持科研人员围绕行业创新发展中的关键科学问题，开展基础与应用基础研究，调动多方科研力量解决产业关键共性技术难题，促进基础研究与产业化对接融通，提升企业和行业原始创新能力。温氏联合基金由省科技厅和温氏食品集团股份有限公司共同出资设立，2018—2020年由省财政每年投入300万元，温氏食品集团股份有限公司每年以公益捐赠方式投入1 000万元，每年共计投入1 300万元，重点支持围绕畜禽养殖及产品加工等领域开展基础与应用基础研究。2019年温氏联合基金设置重点项目，面向全省开放申报，共收到了来自35家单位的129项项目申请，受理115项。

（王　倩　陈宇山）

科技基础条件

【实验室体系】

省实验室　2019年8月29日，广东启动第3批3家省实验室建设，分别聚焦岭南现代农业科学与技术、先进能源科学与技术、人工智能与数字经济领域。岭南现代农业科学与技术省实验室，采用“核心+网络”的模式组建，由广州市承建核心实验室，在深圳、茂名、肇庆、云浮市设立分中心。先进能源科学与技术省实验室，采用“核心+网络”的模式组建，由惠州市承建核心实验室，在阳江、佛山、云浮、汕尾市设立分中心。人工智能与数字经济省实验室，结合优势产业及创新资源分布，按照“两点布局”模式由广州、深圳联合共建。

截至2019年年底，省实验室已吸引高水平人才4 000余人，聚集院士近200位，引进高水平人才团队200余个，省实验室及社会总投入近60亿元（含分期拨付），承担国家重大项目15项，总经费金额4.56亿元；自主设立重点项目达240项，投入经费超50亿元。

国家重点实验室　在中药、精密电子制造等国家重要需求领域，培育和建设国家重点实验室，2019年新增省部共建国家重点实验室2家，在粤国家重点实验室达30家，其中，国家重点实验室12家，企业国家重点实验室13家，省部共建国家重点实验室5家。

省重点实验室　择优新建学科类省重点实验室26家，入库科学类省重点实验室14家、省企业重点实验室22家。2019年省重点实验室累计达378家，其中学科类省重点实验室267家，企业类省重点实验室111家，同时对1986—2016年立项的276家家省重点实验室开展考核评估，推动省重点实验室动态调整和优化管理。

粤港澳高水平研究平台　2019年新增5 000万元，启动10家粤港澳联合实验室建设，保障粤港澳三方联合攻关，协同合作。探索粤港澳产学研合作新模式，遴选具有国际化视野的高水平科学家担任联合实验室主任，根据需要实行多主任制负责联合实验室建设工作，实行PI制自由选择并组合研究团队，在跨区域开放合作、人才培养、联合攻关等方面开展有益探索。

（黄江康　罗霄鹏　李　莎）

【生物种质和实验材料资源库】　截至2019年年底，广东省拥有生物种质和实验材料资源库共计226个，包括相关部门认定或单位自建的生物种质及标本资源保藏机构、实验动物机构等，统计来源包括2018年广东省科技资源调查、省科技厅网站项目公示以及省级认定的资源库数据，其中省级认定的资源库有23个。按保藏资源类型划分，植物种质资源库76个，动物种质资源库41个，微生物菌种资源库41个，人类遗传资源库42个，实验动物库5个，标本库8个，多类型交叉生物种质和实验材料资源库13个。

（余　亮　陈树敏）

【实验动物管理】　2019年，省科技厅通过规范、高效开展实验动物许可与执法、持续推动实验动物“放管服”改革、进一步完善行政执法标准化等工作，积极贯彻落实《中共广东省委全面依法治省委员会执法协调小组2019年重点工作计划安排》和《广东省2019年全面依法治省工作要点》等文件的要求。按照《广东省人民政府关于全面推行行政执法公示制度执法全过程记录制度重大执法决定法制审核制度的实施方案》的部署要求，结合工作实际情况，起草制定了《广东省实验动物全过程记录实施管理办法》等近20份文件，进一步规范实验动物行政执法行为。

2019年，共办结实验动物行政许可事项91

件，其中新申请26件，变更35件，延续17件，注销13件。准予许可88件，不予许可3件，超期办结数为0件，超期办结率为0，实验动物行政许可事项按时办结率为100%。将许可注销和变更事项办理时限由14个工作日变为即办件、将许可新申请和延续办理时限由14个工作日变为8个工作日。同时，持续推进实验动物行政许可证的“电子证照”化工作，已完成许可新申请事项等的“电子证照”化工作。

2019年通过“广东省实验动物公共服务平台”和“国家企业信息平台”等，对各许可单位提交的自查报告实施书面监督检查，依法对其中3家单位实验动物许可予以注销。全年完成对22家实验动物生产许可单位的实验动物质量监督检测和43家实验动物使用许可单位的质量监督检测。抽检发现3家单位违反《广东省实验动物管理条例》的要求，对上述3家不合格单位发出立刻停止生产、勒令限期整改的公告，并采取关闭销售或使用权限等措施，防止不合格动物的销售与使用。

截至2019年年底，全省累计共发放167个实验动物许可证，其中生产许可证25个，使用许可证142个，涉及医药企业、检测机构、科研院所、高校等单位。通过实施实验动物生产、使用许可管理，2019年没有发生一起由实验动物引发的人畜共患病事件，保障了社会生物公共安全。根据“广东省实验动物公共服务平台”的统计数据，2019年生产哺乳类实验动物100.04万只，禽类实验动物79.93万只，生产环境总面积12.84万m^2。使用实验动物总量89.28万只，完成动物实验2.5万次，使用许可环境总面积10.65万m^2，对广东省的生命科技创新及医药产业的发展起到了积极的促进作用。

【大型科学仪器共享平台】 广东省作为全国首批科研设施与仪器开放共享试点省，在平台建设、机制探索等方面推动开放共享。

加强平台建设，丰富数据库资源 按照国家相关标准规范，建设完成广东省科技资源共享服务平台（粤科汇），集共享资讯、资源整合、在线服务、数据管理于一体，对接国家网络管理平台。制订发布广东省地方标准《大型科学仪器设施共享服务平台数据交换规范》（DB44_T 2192-2019）和《大型科学仪器设施共享服务平台运行规范》（DB44_T 2193-2019）等，规范和引导本省各级平台的建设与运行。

省平台汇聚全省单台套原值30万元及以上的大型科学仪器10 053台（套），原值总计107.67亿元，其中有4 859台（套），原值总计55.41亿元，可面向社会开放共享。已有部分仪器设备面向多所港澳高校、科研院所提供服务。已初步形成地市推动、市场化平台参与，企业化运作等多元化服务体系。

开展体制机制创新探索 粤府〔2019〕1号文件指出“高校、科研机构开展技术开发、技术咨询、技术服务等活动取得的净收入视同科技成果转化收入，可留归自主使用”，开放共享服务收入可视为科技成果转化收入进行使用。同时，本省以需求为牵引，市场为导向，探索研究所有权和经营权分离机制，与第三方运营机构紧密联系，探索市场化运营模式、利益分配机制以及共享保险制度，推动公益和商业服务平衡发展。

2019年广东省对创新券的实施进行了改革，采用“科技服务电商”模式，实现科技创新券直接抵扣，广东省科技创新券支持范围包括大型科学仪器设施共享服务等，降低了创新成本，进一步推动了开放共享。

与各科研平台管理相结合，统筹推进 截至2019年年底全省已建有各类科研平台，包括省实验室10家、省重点实验室414家（学科类281家、企业类133家）、国家重点实验室30家、粤港澳联合实验室10家，为充分发挥科研设施与仪器共享服务载体作用，以各类平台为切入点要求开放共享科研设施与仪器。已正式发布《广东省实验室建设管理办法（试行）》，指出省实验室应建立健全科技资源开放共享制度，广泛开展国内外合作研究，省实验室建设要积极统筹利用和共享有关地市和参建单位现有的科技创新资源及条件设施。

推动省内科技资源向港澳有序开放 《粤港澳大湾区发展规划纲要》明确指出“向港澳有序开放国家在广东建设布局的重大科研基础设施和大型科研仪器”，广东省通过开通网络专线、分中心布局辐射、提供专项服务等多种方式向港澳

开放科技资源，服务大湾区建设。例如广州超算中心成立了南沙、珠海、前海、中山、惠州等分中心，建设网络专线，服务港澳用户近200家。中国散裂中子源（CSNS），已为香港大学、香港城市大学提供专业化服务，计划未来将推动能量分辨中子成像谱仪、微小角中子散射谱仪主要面向粤港澳大湾区提供专业化开放共享服务。在实验试剂通关方面，华南生物材料出入境公共服务平台的建设，实现了生物材料通关时间由2～3天缩短至半天，综合成本降低60%。

（余　亮　陈树敏）

【科技文献共享】　2019年，省情报所继续承担《广东省科技文献共享平台建设——本省新型科技文献体系的构建与应用》，构建了广东省新型科技文献资源体系，整合了综合类（知网、万方、维普、超星等）、产业技术跟踪类（万方重点领域知识库、战略性新兴产业库等）、专利分析工具（ORBIT、智慧芽、专利之星等）、支撑战略研究智库（国研网等）以及外文（DIALOG、NSTL、智舍外文等）数据库，涵盖期刊、学位论文、专利、标准、研究报告、经济数据、产品样本等多类型的数据资源，中文期刊覆盖国内90%以上，外文满足率达到60%以上。

2019年，该文献共享平台使用量突破520多万人次，下载文献50万篇，其中仅NSTL广州服务站2019年的外文科技文献原文传递服务量就达5.3万篇，服务站访问量累计852.48万人次，服务量位列全国40多个服务站的第1名。2019年省情报所荣获国家科技图书文献中心颁发的年度“优秀文献服务二等奖”和2位优秀服务个人奖。

（周　虹）

科技创新体系

科技创新平台

【粤港澳大湾区创新合作】

深入推进科技体制机制改革，构建粤港澳大湾区协同创新共同体　推进大湾区科技体制机制创新。围绕解决大湾区国际科技创新中心建设面临的突出问题，突破体制机制障碍，省政府以2019年1号文的形式及时出台了“科创12条”。

积极推进省财政科研资金过境港澳使用。2019年年初，省科技厅会同省财政厅制定了港澳高等院校和科研机构参与广东省财政科技计划的若干规定，率先突破支持港澳机构申报本省财政科技计划项目，允许省财政科研资金直接拨付港澳机构使用，并在重点领域研发计划和省自然科学基金计划指南的部分专题中向港澳高校科研机构开放申报。已有11项港澳机构牵头或参与的重点领域研发计划获准立项，其中香港科技大学牵头申报项目的资助资金316.96万元已在7月30日跨境拨付到账。8月1日，南方海洋科学与工程广东省实验室（广州）向香港分部依托单位——香港科技大学成功拨付3 800万元人民币科研经费，这是广州市首笔科研资金成功跨境拨付。截至2019年年底，跨境拨付资金已超1亿元人民币。

支持港澳高校及在粤机构稳定承担国家重大科研项目。近年来，港澳高校及在粤机构承担实施了国家重大科技专项、重点研发计划、国家自然科学基金以及省科技创新专项等项目累计808项，获得支持资金约5.8亿元。

密切粤港澳三地协同联动，不断加强科技交流与创新合作　自2014年实施“粤港科技创新联合资助计划”以来，粤港联合资助计划共支持项目174个，本省支持总金额达到1.74亿元。2019年5月，省科技厅与澳门科学技术发展基金签署了《关于开展联合资助两地合作研发项目的工作计划》，明确2019年开始启动在生物医药、电子信息、节能环保等领域的联合资助计划，澳门方面将连续5年每年投入约1 600万元用于该计划。7月29日，粤港澳三地同时发布本年度粤港、粤澳联合资助计划指南。

促进港澳机构参与建设省实验室等基础设施。已建成的10家广东省实验室中，共有8家香港科研机构、约36位香港科学家、5位澳门科学家深度参加。

加强粤港澳科技创新交流。近年来，广东省与港澳科技交流频繁，共同开展学术交流、技术对接、成果推广等活动，有力促进粤港澳三地创新合作和科研成果跨境转移转化。

打造粤港澳创新创业平台。截至2019年第1季度，全省孵化器总数达982家，众创空间总数913家，拥有广州粤港澳（国际）青年创新工场、澳门青年横琴创业谷、前海深港青年梦工场等面向港澳的创新创业平台50多个。持续组织实施中国创新创业大赛（港澳台赛），港澳台赛已经成为吸引港澳台青年来粤创业的助推器。

推动大湾区创新资源自由流动和共享，构建大湾区国际化开放创新体系　向港澳开放广东省重大科技基础设施。建立国家超算广州中心南沙分中心、珠海分中心，分别开通与香港科技园和澳门间的网络专线，服务港澳地区用户近200家，在材料化学、生物医药、工程机械仿真计算等诸多领域取得了一系列优秀的科技创新成果。中国（东莞）散裂中子源已向香港开放。

推进科学仪器设备和科技信息资源共享。广东省科技资源共享服务平台（粤科汇）已向香港大学、澳门大学、香港浸会大学、香港科技大学等多所港澳高校、科研院所提供科研仪器设施共享服务。建立新型科技信息资源服务体系，共享国际国内科技信息资源，年实现信息检索38万人次，浏览量达112万人次，下载量超40万篇次，为包括港澳地区在内的大湾区内创新主体提供信息服务。另外，突破广东省科技创新券使用区域限制，首次把香港生产力促进局等3家港方机构纳入授权服务机构名单，使省内科技型中小微企业可以利用创新券购买港方机构服务。

推进粤港澳实验动物科技合作。广东省标准化实验动物设施共有152家，其中大湾区133家；广东省实验猴资源丰富，约占全国的40%，出口量占全国60%；拥有全国唯一的实验犬种子中心，以及全球一流的基因编辑猪。港澳地区利用本省实验动物开展生命科技创新合作成效显著，截至2019年年底，建立8家实验动物资源合作共享机构。

推进科普资源交流与共享。广东科学中心、香港科学馆和澳门科学馆共同参与或承办全国科技活动周重点示范活动“全国科普讲解大赛”、广东科普嘉年华和广州科技活动周等活动。2018年9月共同发起成立的粤港澳大湾区科技馆联盟，已启动粤港澳中小学生互访研学活动。港珠澳大桥荣获“广东科普教育基地”称号，其管理局成为粤港澳大湾区科技馆联盟17个成员之一。

加强与创新型国家的科技合作。以联合开展科技研发项目、共建联合实验室（联合研究中心）、技术转移中心、联合产业化基地、特色科技园区等平台载体为主要手段，积极推进与创新型国家开展科技创新合作。2019年省科技计划立项资助国际科技合作专项92项，项目类别涵盖联合研发/双边联合资助计划、科技人员交流等，当年度省财政资助金额共计6 181.6万元。合作国别25个，参与国别超过70个，携手港澳开展国际合作研发项目占年度总研发类项目比例超过40%。积极对接科技部重点研发计划战略性国际科技合作/港澳台科技创新合作重点专项，2019年度共推荐130个省内项目，已有9项获得科技部立项，获中央财政经费支持2 297万元。

发挥粤港澳大湾区对“一带一路”建设的重要支撑作用。2019年，经国际组织推荐，在科技部指导和支持下，省科技厅与巴基斯坦总理国家科技工作组签订了共建人工智能卓越中心的合作谅解备忘录，与巴基斯坦在人工智能相关领域开展人员交流培养、联合研发、产业化等合作。同时，省科技厅与白俄罗斯科学院围绕科技合作支撑“一带一路”建设，于2019年5月签署框架合作协议，建立未来5年常态化工作机制，在新材料、信息技术、生物医药等重点领域共同推进科技合作。另外，还积极承接科技部与国际组织共同举办的面向“一带一路”和发展中国家培训班，积极发展与“一带一路”沿线国家的科技伙伴关系。

集聚国际一流创新人才资源，强化大湾区国际科技创新中心智力支撑　坚持政策引领，构建具有国际竞争力的人才制度。截至2019年年底，全省持有效“外国人来华工作许可证”的外国人共47 444人，其中A类外国高端人才10 688人。贯彻落实粤港澳大湾区个人所得税优惠政策，政策“虹吸效应”显著，全年全省新增A类外国高端人才3 297人，新认定的外籍和港澳台高层次人才93人。

坚持优化服务，细化管理精准施策。深化“放管服”改革，将“外国人来华工作许可”审批事项全面下放至各地级以上市科技部门办理，提高外国人才管理服务水平。中直、省直驻穗单位“外国人来华工作许可”将按照省政府统一部署要求下放至广州市科技局办理。落实公安部支持广东16项出入境政策，为外籍和港澳台高层次人才提供出入境、停居留和聘雇外籍家政人员等便捷服务。建立联系走访外国专家、领军人才的长效机制。

（袁光侠）

【珠三角国家自主创新示范区】　2019年，广东省国家自主创新示范区（含珠三角和深圳国家自主创新示范区）实现地区生产总值8.7万亿元，占全省地区生产总值的比重达到80.7%；实现工业增加值3.5万亿元，占全省工业增加值的比重为87.5%。

支撑能力进一步增强　广深港澳科技创新走廊加快布局建设。以深圳河套、珠海横琴为“两点”，以“广深港”科技创新走廊、“广珠澳”科技创新走廊为“两廊”，以创新基础好的区域打造核心战略平台，加快推进走廊建设。

粤港澳科技创新规则逐步实现衔接。率先构建更加灵活高效的粤港澳科技合作机制，在推进“钱过境、人往来、税平衡”等方面，探索了一系列具有改革性、开放性和普惠性的政策措施。

粤港澳创新创业平台加快共建共享。建立国家超算广州中心南沙分中心、珠海分中心，分别开通与香港科技园和澳门间的网络专线，服务港澳地区用户超200家。中国（东莞）散裂中子源已向香港开放谱仪，启动建设了9家粤港澳联合实验室。

积极推动港澳青年来自创区创新创业，建设了广州粤港澳（国际）青年创新工场等面向港澳的创新创业平台132个。

全省原始创新策源地的地位更凸显　综合性国家科学中心建设取得实质性进展。加快推进一系列大科学装置落地自创区建设，截至2019年年底已建成1个、在建4个、筹建及拟建7个。加快推进光明科学城、松山湖科学城、南沙科学城建设，打造原始创新资源集聚区。

实验室体系加快布局和完善。2019年，广东省第3批启动建设的3家省实验室均在自创区布局，自创区省实验室数量累计达到9家。新建中医湿证省部共建国家重点实验室，填补我国中医技术领域国家级创新平台的空白。截至2019年年底，全省累计建设的30家国家重点实验室均位于自创区。

高水平大学创新支撑能力不断增强。2019年，自创区本科院校重点学科数达到354个，比上年增加37个。

推动基础与应用基础研究体系不断完善。支持自创区创新主体积极承担省基础与应用基础研究重大项目，2019年首批项目达到12个，占全省（13个）的92.31%，有力支撑了全省战略性新兴产业发展。

引领全省产业持续迈向中高端的步伐加快　推动自创区创新主体积极对接本省九大重点领域研发计划。2019年，自创区承担省重大科技专项数达到152项，同比增长4.6倍；总资金投入189.73亿元，其中财政资金59.84亿元；发明专利授权量超过5.8万件，同比增长12.69%。

高新区加快高质量发展。推动以省政府名义出台《关于促进高新技术产业开发区高质量发展的意见》《广东省省级高新技术产业开发区管理办法》。加快省级高新区布局和建设，新增广州天河、肇庆西江等6家省级高新区。2019年，珠三角地区9家国家高新区实现工业总产值3.83万亿元、营业收入4.73万亿元，分别占全省高新区的比重为93.88%和94.64%。

高新技术企业加快树标提质。截至2019年年底，自创区存量高企达到48 353家，同比增长12.25%，占全省总量的95.04%。

各类产业技术创新平台体系更加完善。积极推进粤港澳大湾区新兴产业国家技术创新中心、国家新型显示技术创新中心、国家第三代半导体技术创新中心3个国家技术创新中心建设，新增1家国家临床医学研究中心，新认定15家省临床医学研究中心。

企业技术改造稳步开展。推动实施工业企业技术改造三年行动计划，进一步明确技术改造主要任务和主攻方向。

国际一流的创新创业生态建设成效显著　引进中科院空天信息研究院等14家国家级大院大所在自创区落地建设高水平创新研究院，持续优化布局建设新型研发机构，2019年，自创区新型研发机构较上一年新增22家，总数达到202家，占全省的80.48%。

珠三角国家科技成果转移转化示范区建设持续深化。着力提升成果转化效率，发布《示范区建设监测评估指标体系》。开展科技成果转化政策试点，鼓励高等院校、科研机构开展职务科技成果权属改革试点。大力发展技术市场，缩短技术合同认定登记办结时限。2019年，自创区技术合同成交额及技术交易额实现快速增长，分别达到2 268.93亿元和1 957.74亿元，增长率分别为64.54%和46.45%。

孵化载体建设实现量质双升。截至2019年年底，自创区拥有科技企业孵化器896家，孵化器在孵企业达到2.9万家，毕业企业达到2 538家，拥有众创空间879家。

全球创新人才加快汇聚。充分利用中国国际人才交流大会、“海交会”等国际性交流活动，以及省实验室、高水平创新研究院等创新平台，开展招才引智活动。2019年，自创区拥有本地院士84名，双聘院士172名；新引进博士6 037人、硕士69 219人，同比增长分别为18.47%、8.75%。

科技与金融进一步深度融合。探索设立国资背景、市场化运作的创投基金、产业投资基金，积极推进普惠性科技金融试点。完善科技信贷风险准备金体系，引导自创区各地市不断扩大科技信贷风险准备金池规模。积极争取国家重大科技专项成果转化基金落户，推动中科院成果转化母基金在广州落地注册。

创新发展政策环境建设亮点突出 持续推动由示范区向全国推广试点政策的全面实施，重点加快科技成果转化、职称评审改革等方面政策的细化落实。推动国家批复同意深港科技创新合作区的五条先行先试政策落地实施，简化科研样本、实验试剂和遗传物资出入境，对香港科研资源进行摸底调查，支持港澳参与国际大科学计划和大科学工程的5条涉及科技领域的政策有序推进。

政策持续创新和完善。率先推动“科创12条”及配套政策在自创区落地实施，推动各类创新资源在自创区集聚和自由流动，不断强化政策引导、激励和保障作用。持续推进自创区与广东省国家全面创新改革试验区、中国（广东）自由贸易试验区联动发展，推动试验区、自贸区相关政策在自创区复制推广。

各地市积极开展政策探索。深圳调整成立了深圳国家自主创新示范区（深圳国家高新区）领导小组，印发实施《深圳国家自主创新示范区产业规划（2019—2025年）》。惠州出台了《惠州市加快推进珠三角（惠州）国家自主创新示范区建设实施方案》等政策文件。

（杨保志）

【高新技术产业开发区】 2019年，全省23家省级以上高新区实现营业收入5.17万亿元，同比增长超过30%；工业总产值4.26万亿元，同比增长39.76%；实现净利润3 735.74亿元，同比增长40.85%。全省高新区进出口总额达1.25万亿元，其中，出口逼近8 000亿元，高新技术企业出口额占比达64.24%。14家国家高新区实现营业收入5万亿元，有9家高新区营业收入超过1 000亿元，8家高新区增速在20%以上，保持了良好的发展势头。

高质量发展政策体系不断完善 省政府连续出台“科创12条”、《关于促进高新技术产业开发区高质量发展的意见》和《广东省省级高新技术产业开发区管理办法》3个重要文件。其中，《关于促进高新技术产业开发区高质量发展的意见》是全国各省（自治区、直辖市）中首个促进高新区高质量发展的专项政策。

新兴产业培育能力不断增强 全省高新区内高新技术企业存量达11 177家，国家高新区高新技术企业占纳入火炬统计企业总数的比例接近68.32%。全省高新区建有国家创新型产业集群14个，超过60%高新区建立了省级以上创新型产业集群，成为全省高新区发展新的增长点。涌现出人工智能、量子通信、数字经济等新产业新业态，广州生物医药、东莞机器人与智能装备等一批创新型产业集群加快培育，深圳下一代互联网产业集群已具有较强的国际竞争力。

高端创新资源加快集聚 全省启动建设的10家省实验室全部布局在高新区内，广州再生医学与健康实验室、深圳鹏城实验室、东莞松山湖材料实验室按照国际先进、国内一流的标准组建创新团队，为各高新区集聚了一批高水平创新人才。全省251家新型研发机构中，有一半落户在高新区内。全省高新区营收过亿元企业达3 669家。

整体发展质量有效提升 据科技部火炬中心发布的2019年度国家高新区评价结果，全省近2/3的高新区排名实现上升，整体表现出较好发展态势。其中深圳高新区连续3年保持第2位，广州高新区排名跃升两位至全国第7名；除深圳、广州外，排名前30的还有东莞、珠海和佛山高新区；清远高新区首次进入前100名；河源高新区从2016年首次参与评价的141名持续上升24位。

创新创业生态不断优化 全省实现国家高新区国家级孵化器全覆盖，国家高新区内共有孵化器299家，众创空间266家。国家高新区内瞪羚企业数居全国第2位，深圳、广州高新区瞪羚企业数量分别居全国第2、第4位。2019年全省高新区内共有130家企业获得创新创业大赛省赛奖项，共有35家企业被推荐至参加国赛。

（江翌昕）

【珠三角国家科技成果转移转化示范区】

区域成果转化能力不断提升 技术市场交易活跃。2019年示范区9地市共认定登记技术合同67 226项，占全省登记量的98.92%，较2018年增

长41.84%；技术合同成交额和技术交易额分别为2 268.93亿元和1 957.74亿元，占全省的99.83%、99.85%，较2018年增长64.48%、46.43%；其中，广州、深圳两地技术合同成交额1 978.38亿元，占全省成交总额的87.05%，作为全省技术市场发展的“双引擎”，带动作用十分明显。

技术转移载体建设成效显现。华南技术转移中心自主研发的“华转网”线上服务平台率先开启科技服务“电商”时代，搭建了项目、需求、人才和服务商四大专业数据库，整合集聚科技成果等创新要素3万余项。

成果源头供给能力不断提升。2019年，广东省新启动建设第3批3家省实验室，在全省建设10家省实验室的布局基本完成。前两批7家省实验室已基本完成筹建工作，吸引高水平人才4 000余人，聚集院士近200位，引进高水平人才团队200余个，自主设立科研项目数超200项。2019年，组织实施了4批省重点领域研发计划项目，包括13个重大专项、16个重点专项以及2个应急专题，项目总投入133.64亿元，其中财政资金投入44.2亿元。

成果转化服务体系逐步完善　科技金融体系日趋完善，截至2019年年底，广东省已建立32个科技金融综合服务中心；省创新创业基金成效显现，截至2019年年底，省创新创业基金认缴总规模370.07亿元，实缴总规模208.57亿元，已设立60支子基金和3个出资平台。2019年新设立基金11支，规模47.64亿元。

2019年，研究制订了新的省级孵化器管理办法，引导省属企业、地市企业联手共建产业园区和孵化器。

2019年，启动省级科技创新券改革工作，省级创新券依托“华转网”综合型服务平台，在国内率先采用科技服务电商模式，打造科技服务“商城”，实现科技创新券在支付环节直接抵扣，解决了国内创新券普遍存在的“手续繁琐、兑付周期长、兑付率不高”等问题。全年共320家省内外优质服务机构入驻创新券平台，超过3 300件科技服务商品上架销售，注册的科技型中小企业2 221家，已发放创新券金额近4 000万元，促成企业与服务机构签订服务合同金额累计超过1.33亿元。

成果转化政策环境持续优化　2019年1月，广东省政府以“1号文”的形式，出台了《关于进一步促进科技创新若干政策措施》，专门围绕打通科技成果转化“最后一公里”提出了一系列强有力的措施。重点包括：1. 构建国家重大科技项目接续支持机制，吸引一批国家项目在粤开展延展性研究和产业化应用；2. 高校独资设立的资产管理公司可将高校委托或划拨的科技成果自主作价投资，对科技人员实施股权激励；3. 高校、科研机构开展技术开发、技术咨询、技术服务等活动取得的净收入视同科技成果转化收入，可留归自主使用；4. 试点开展科技成果权属改革，赋予科技人员成果所有权；5. 支持专业化技术转移服务机构建设，给予一定比例的奖补用于引进培育技术经纪人或奖励机构人员绩效支出。

区域技术转移合作水平不断提升　启动实施粤港澳大湾区科技创新行动计划，推动三地联合开展项目研究、共建科研机构。制定了港澳高等院校和科研机构参与广东省财政科技计划的若干规定，允许省财政科研资金直接拨付港澳机构使用，破解“钱过境、人往来、税平衡”等创新要素流动障碍问题。联合港、澳建设广东粤港澳大湾区协同创新研究、粤港澳大湾区脑科学与类脑研究中心，推进建设粤澳中医药科技产业园等。

2019年第17次“泛珠三角”区域科技合作联席会议召开，提出组建“泛珠三角”技术转移联盟、实现区域内成果转化平台全网链接等重要举措。肇庆市深化“港肇”科技合作交流，与香港生产力促进局签订了框架合作协议，推动肇庆新区与香港城市大学共建技术转移中心、肇庆市武大环境技术研究院与香港理工大学共建环境技术联合实验室、风华高科与香港应科院合作，促进成果有效转化等。东莞市推进了一批高精尖优质项目成功签约或完成注册落地，包括近卫隐形材料项目、超灵敏度激光3D计算机视觉技术研发及应用项目、凯特医药项目、日本油墨DIC集团（深日油墨）项目等。

协同推进机制更加完善　制定并印发《珠三角国家科技成果转移转化示范区建设监测评估指标体系》（以下简称“指标体系”）和《珠三角国家科技成果转化示范区2019年工作要点》。

指标体系形成了包括成果转化支撑基础、服务体系、转化通道、保障条件和转化效益五大方面的25项具体指标，以全面分析评估示范区的建设情况。

（周　彧）

【国家可持续发展议程创新示范区】　2019年，深圳市以“创新引领超大型城市可持续发展”为主题，聚焦实施资源高效利用、生态环境治理、健康深圳建设、社会治理现代化“四大工程”，完善创新服务和多元人才“两大支撑”体系，大力推进可持续发展示范区建设工作。资源集约节约能力和水平不断提高，万元GDP能耗、水耗达到全国最优水平；生态环境质量实现历史性突破，全面消除黑臭水体，PM2.5平均浓度降至24微克/m^3；健康深圳建设不断推进，医药卫生体制改革不断深化，市民健康素养水平达31.74%；大数据、人工智能、区块链技术在探索社会治理现代化方面不断取得突破，智慧城市建设位居全国第1。

（罗宇恒）

【专业镇】　2019年，新增技术创新专业镇（以下简称“专业镇”）4个（见表4-1-1），全省累计认定专业镇441个，全年镇域地区生产总值（GDP）超过3.6万亿元，镇内企业90多万家，规模以上企业3.3万家，高新技术企业1.3万家。全省工农业总产值超千亿元的专业镇达12个、超百亿元的163个。

长江镇　长江镇隶属于韶关市仁化县，毛竹产业为镇主导产业。长江镇已建成科技服务机构——农业发展服务中心，主要服务于毛竹技术的推广和服务、机械设备推广应用、毛竹品种试验示范及病虫害防治等。

长江镇以“一核、一区、两网、多点”为空间布局，其中“一区”即毛竹特色产业集中区，主要由外围村庄串联组成。在建设森林小镇基础上，结合森林生态廊道建设，重点开展6个碳汇造林工程，打造2个竹产业基地。

陂面镇　陂面镇位于阳江阳春市，历来有种植淮山的传统。陂面镇采用“政府+科研+合作社+基地+市场+农户”的发展模式，打造淮山产供销产业链，全镇有南药加工厂15 家，其中广东一片天医药集团制药有限公司、阳春市恒丰实业有限公司等企业依托科研单位建立了产学研基地，为淮山相关医药产业经营奠定坚实的基础。

陂面镇围绕打造集科研、教学、实习、培训、推广、旅游于一体的现代农业科技示范园开展，以推进种植示范基地建设，强化共性技术研发与培训，加快产业人才引进与培养，建设产业信息化销售平台为主要任务，为全镇淮山种植提供良好的示范带动作用。

青平镇　青平镇地处雷州半岛西北部，是湛江地区最大的水果生产基地，青平镇红橙产业历史悠久。镇内已建成33.3hm^2（500亩）以上标准化红橙示范基地2个，6.7hm^2（100亩）以上的标准化高产红橙示范基地5个，年产量5万多吨，产值3.5亿元以上，占全镇农业总产值的31%。

该镇以“大力推进红橙标准化种植、建设农产品质量安全追溯体系、全面推进果菜茶有机肥替代化肥行动、全面推广种高效生态种养循环农业模式”为特色产业发展定位，优化提升城镇综合服务区、红橙产业区、生态旅游区、综合农业区四大产业片区。

罗平镇　罗平镇位于云浮罗定市中部，是罗定市粮食生产基地。拥有“亚灿米”“聚龙米”“无公害木瓜”等多个农业品牌。罗定稻米获得国家地理标志产品保护、中国十大大米区域公用品牌、中国百强农产品区域公用品牌、最受消费者喜爱的中国农产品区域公用品牌以及广东十大最具人气土特产等荣誉称号。

罗平镇围绕“高产、高质、高效”三高标准，完善优质稻产业技术创新和科技服务体系，建立优质稻种植示范基地，创建优质科技服务公共平台和信息化销售平台，打造罗平优质稻特色集群。

表4-1-1 新认定专业镇（2019年）

序号	专业镇名称	特色产业
1	韶关市仁化县长江镇	毛竹
2	阳江市阳春市陂面镇	陂面淮山
3	湛江市廉江市青平镇	廉江红橙
4	云浮市罗定市罗平镇	优质稻种植与加工

（张 熙 苏 炜）

企业科技创新

【规模以上企业科技创新】 2019年，广东企业科技创新投入和能力继续增强，创新质量得到提高，与东部沿海和发达省市相比，其优势得以继续保持。

创新投入　2019年，广东科技创新人力投入仍以企业为主体，并持续增长。全省R&D人员109.15万人，其中，企业R&D人员95.56万人，规模以上工业企业R&D人员为83.88万人，企业R&D人员占全省总量的比重达87.6%。全省R&D人员折合全时当量为80.32万人年，其中，企业R&D人员折合全时当量为72.80万人，规模以上工业企业R&D人员折合全时当量为64.25万人，企业R&D人员占全省总量的比重达90.6%。

2019年广东R&D经费支出首次超过3 000亿，达3 098.49亿元，比上年增长14.6%。R&D经费投入占地区生产总值比重再次实现新突破，达2.88%，较上年提高0.17个百分点。其中，企业R&D经费内部支出2 740.77亿元，比上年增长13.5%，规模以上工业企业R&D经费内部支出2 314.86亿元，比上年增长9.9%。企业R&D经费内部支出占全省总量比重达到88.5%，企业研发主体地位依然凸显（见表4-2-1）。

表4-2-1　广东R&D投入情况（2015—2019年）

指标	2015年	2016年	2017年	2018年	2019年
R&D人员（万人）	68.0	73.5	88.0	102.3	109.2
R&D人员全时当量（万人年）	50.2	51.6	56.5	76.3	80.3
R&D经费内部支出（亿元）	1 798.2	2 035.1	2 343.6	2 704.6	3 098.5
企业R&D经费内部支出（亿元）	1 649.4	1 825.9	2 083.0	2 413.3	2 740.8
规模以上工业企业R&D经费内部支出（亿元）	1 520.6	1 676.3	1 865.0	2 107.2	2 314.9

创新实力　2019年，广东以企业为创新主体的态势得到继续发展，创新主体实力得到增强。以规模以上工业企业为例，2019年，广东规模以上工业企业中有R&D活动的企业达2.09万家，有R&D活动的企业占企业总数的比重为37.8%。全年，广东规模以上工业企业开展R&D项目（课题）10.63万项，较上年增长38.1%。2019年，广东规模以上工业企业发明专利申请12.13万件，较上年增长17.2%；广东工业企业新产品销售收入达42 970.06亿元，比上年增长 9.1%（见表4-2-2）。

表4-2-2　广东省规模以上工业企业创新实力情况

指标	2015年	2016年	2017年	2018年	2019年
有R&D活动的企业占比	19.3%	25.6%	35.6%	32.8%	37.8%
R&D项目/课题数量（万项）	3.7	5.1	7.3	7.7	10.6
发明专利申请量（万件）	5.2	6.8	8.6	10.4	12.1
新产品销售收入（亿元）	22 642.5	28 671.4	34 863.0	39 376.1	42 970.1

区域优势　2019年，广东以粤港澳大湾区国际科技创新中心建设为契机，不断深化科技创新开放合作新格局，全面激发珠三角核心区创新活力。2019年，珠三角地区9市规模以上工业企业R&D经费支出2 197.63亿元，占全省总量的94.9%；R&D人员78.40万人，占全省总量的93.5%；发明专利申请11.84万件，占全省总量的97.6%；新产品销售收入40 561.12亿元，占全省总量的94.4%。

（吴　娱）

【高新技术企业认定与培育】　2019年，全省高新技术企业存量达50 879家，存量数同比增长12.4%。深圳、广州分别达到17 001家、12 107家，占全省57.2%，珠三角地区高新技术企业占全省的95.0%。

据统计，2019年，全省高新技术企业中，电子信息领域企业占比38.5%，先进制造与自动化领域企业占比24.2%，新材料领域企业占比14.4%，高技术服务领域企业占比9.4%，生物与新医药领域企业占比5.4%，新能源与节能领域企业占比4.3%，资源与环境领域企业占比3.4%。

2019年，全省高新技术企业营业收入8.3万亿元，利润总额6 424.5亿元，分别同比增长12.2%、12.9%，上缴税收总额3 193.5亿元，同比下降1.2%。2019年全省高新技术企业研发投入5 389.9亿元，获授权发明专利6.5万件，申请PCT专利达2万件。

2019年，高新技术企业年末从业人员数、营业收入分别同比上升4.0%、12.2%，全省大中型高新技术企业比例持续上升，营业收入上亿元的企业8 928家，同比上升9.8%；减税降费成效显著，上缴税收总额3 193.5亿元，同比下降1.2%，享受高新技术企业政策减免所得税436.6亿元，同比上升0.46%。

加强高新技术企业政策宣传，全年超10 000人次参加了高新技术企业申报认定培训会；加强全省高新技术企业申报评审工作，

系统检视高企认定管理各个环节，采取有效措施立行立改。完善高企申报管理系统功能，开发了企业类型校验功能、企业注册时间校验功能和相关管理部门共享数据接口等功能，增加了企业职工个税、研发项目过程管理等辅助证明材料，确保数据的准确性。优化调整认定环节，完善高企认定申报现场核查机制，进一步压实地市核查责任，将认定关口前移；加大抽查复核力度，改变以往只对部分敏感行业、规模偏小企业的抽查，进一步加大抽查比例。取缔“伪高企”，2019年先后取消124家高企和65家高企培育入库企业资格。

加强评审专家队伍建设，对不遵守评审纪律、敷衍出具评审意见的291名不尽职专家清除出专家库并标注信用记录，把可能影响评审公平的来自会计师事务所的86名财务专家移出高企专家子库，公布《加强高新技术企业认定管理提升专家评审质量的公告》，组织高新技术企业评审专家培训会3场，超450名评审专家参加了培训。

强化中介机构自律管理，系统梳理了为申报材料造假高企、真实性存疑的高企、财务数据差异大的高企出具专项审计的审计中介机构178家，联合省财政厅和税务局指导省注册会计师协会、省税务师协会组织执业检查。

（钟士岗）

【高新技术产品进出口】　据海关统计，2019年广东高新技术产品进出口30 432.1亿元人民币（以下均指人民币），同比下降3%，占全省外贸比重为42.6%，占全国高新技术产品外贸比重为32.2%，是高新技术产品进出口第一大省。其中，出口15 131.4亿元，同比下降2.1%；进口15 300.7亿元，同比下降3.8%。主要特点如下：

贸易结构不断优化，一般贸易比重不断提高　一般贸易项下高新技术产品进出口、出口、进口额分别为12 114.0亿元，增长0.5%；6 059.7亿元，增长2.1%；6 054.3亿元，下降1.1%。加工贸易项下高新技术产品进出口、出口、进口额分别为11 555.0亿元，下降15.1%；7 159.9亿元，下降12.2%；4 395.1亿元，下降19.5%。一般贸易高新技术产品进出口的占比为39.8%，同比提高了1.4个百分点。加工贸易高新技术产品进出口的比重下降至38%，同比下降了5.4个百分点。

经营主体不断优化，私营企业成为主力军　私营企业继续超越外商投资企业，成为广东高新技术产品进出口主力军。2019年广东私营企

业进出口15 334.5亿元，同比增长3%，占全省比重为50.4%，同比提高2.9个百分点。外商投资企业进出口12 716.7亿元，同比下降9.8%，占全省比重为41.8%，同比下降了3.2个百分点。国有企业进出口1 228.0亿元，同比增长5.4%，占全省比重为4%。集体企业进出口1 147.2亿元，同比下降4.1%，占全省比重为3.8%。

市场结构不断优化，对东盟贸易保持增长　2019年，广东对香港、东盟、台湾分别进出口6 379.5亿元、4 823.6亿元、3 618.6亿元，三地合计占全省总额的48.7%，是广东高新技术产品主要贸易伙伴。其中：对东盟进出口4 823.6亿元，同比增长3.6%；出口1 554.6亿元，同比增长14.2%；进口3 269亿元，同比下降0.8%。对韩国、欧盟、美国、日本进出口分别为：2 901.2亿元，同比下降18.3%；2 482亿元，同比增长11.1%；1 646.5亿元，同比下降8.4%；1 348.5亿元，同比下降1.5%。

计算机与通信技术和电子技术产品仍是主导产品　2019年，广东省计算机与通信技术产品进出口达14 462.9亿元，同比下降8.5%，占全省高新技术产品比重为47.5%。电子技术产品进出口12 261.1亿元，同比增长2.7%，占全省高新技术产品比重较2018年提高2.2个百分点至40.3%。两类产品合计占比达87.8%，是广东高新技术产品进出口的主导产品。

区域发展不平衡，珠三角地区是高新技术产品进出口主要区域　2019年，珠三角九市全年高新技术产品进出口30 172.2亿元，同比下降3%，占全省的99.1%，是广东高新技术产品主要区域。其中：深圳市全年进出口17 248.2亿元，同比下降3%，占全省的56.7%，仍是广东高新技术产品进出口第一大市。广州、东莞市保持快速增长态势，全年分别进出口2 327.4亿元、7 140.5亿元，同比增长13.2%、4.6%，合计占全省的31.1%，是广东高新技术产品进出口前三大市。粤东西北十二市全年高新技术产品进出口259.9亿元，仅占全省的0.9%。

（吴屏玉）

【科技型中小企业】　2019年，广东省在国家科技型中小企业评价系统通过评价入库企业共28 569家，位居全国第1。从省内看，广州、深圳的入库科技型中小企业数分别是9 267家、8 861家，是本省第一梯队，两市的入库企业数约占全省的63.5%；其他入库科技型中小企业超过1 000家的地市依次为东莞、中山、珠海、佛山、江门、惠州，是本省第二梯队，六市的入库企业总数约占全省的29.4%。

【科技企业孵化器】　截至2019年年底，全省共建有科技企业孵化器989家、众创空间986家，数量均位居全国第1，在孵企业超3.1万家，累计毕业企业超1.7万家，较2018年年底新增933家，全省孵化器和众创空间内创业团队和企业带动就业总人数超56万人，创业带动就业成效明显。新增国家级孵化器42家，总数达152家，高质量发展成效显著。新认定国际化科技企业孵化器2家（见表4–2–1），粤港澳科技企业孵化器11家（见表4–2–2），全省共建134家粤港澳科技企业孵化载体，超半数（540家）众创空间开展了国际合作，国际化及粤港澳发展趋势凸显。15家单位获得新增孵化面积补助，共计补助金额360万元；167家单位获得运营评价后补助，共计补助金额4 860万元。

表4–2–3　广东省国际化科技企业孵化器名单（2019 年）

序号	所属地市	孵化器名称	运营单位名称
1	深圳	太库（深圳）科技孵化器	太库（深圳）科技孵化器有限公司
2	江门	启迪之星（江门）孵化器	江门启迪之星科技企业孵化器有限公司

表4-2-4 广东省粤港澳科技企业孵化器名单（2019年）

序号	所属地市	孵化器名称	运营单位名称
1	深圳	深圳虚拟大学园管理服务中心	深圳市科技创新战略研究中心（深圳虚拟大学园管理服务中心）
2	珠海	横琴·澳门青年创业谷	横琴金投创业谷孵化器管理有限公司
3	江门	珠西创谷孵化器	珠西创谷（江门）科技园有限公司
4	广州	专创空间	广州专创信息科技有限公司
5	广州	励弘文创旗舰园	广州励弘文创创业服务有限公司
6	珠海	港湾1号科创园	珠海高新文创投资有限公司
7	东莞	中科信息港	东莞市中科信息港产业孵化有限公司
8	佛山	粤港澳科技企业孵化器	广东博智林机器人有限公司
9	惠州	粤港澳青年创业基地	广东科鑫信息技术有限公司
10	东莞	松山湖港澳青年创业基地	东莞市蚂蚁智慧网络科技有限公司
11	佛山	佛山工合空间粤港澳孵化器	佛山市工合科技有限公司

（钟士岗）

高等院校科技创新

【高校主要科研指标】

科研人力资源　2019年全省普通高校从事教学与研究人员总数为141 461人，其中理、工、农、医类（以下称“科技类”）人数为83 523人，人文社会科学类（以下简称“人文社科类”）人数为57 938人。

2019年全省普通高校从事教学与研究人员中，具有高级职称（正高和副高职称之和）的人数为47 886人，其中科技类高级职称有30 492人，人文社科类有17 394人。具有博士学位者共38 604人，其中科技类有26 871人，人文社科类有11 733人。

科研活动经费　2019年全省普通高校当年投入科研经费总额为238.25亿元，其中科技类经费为212.84亿元，占总经费的89.33%；人文社科类经费为25.41亿元，占总经费的10.67%。

2019年全省普通高校当年政府投入的科研经费为172.9亿元，占全省普通高校当年科研总经费的72.57%。其中，科技类的经费为158.41亿元，占科技类总经费的74.43%；人文社科类为14.49亿元，占人文社科类总经费的57.02%。

2019年全省普通高校当年企事业单位投入的科研经费为39.21亿元，占全省高校当年科研总经费的16.46%。其中，科技类经费为34.07亿元，占科技类总经费的16%；人文社科类的经费为5.14亿元，占人文社科类总经费的20.23%。

2019年全省普通高校当年其他经费投入的科研经费为26.14亿元，占全省高校当年科研总经费的10.97%。其中，科技类经费为20.36亿元，占科技类总经费的9.57%；人文社科类的经费为5.78亿元，占人文社科类总经费的22.75%。

研究机构　2019年全省普通高校共拥有各级研究机构1 842个，其中：科技活动机构1 381个，包括国家级机构64个，省部级机构992个，其他主管部门机构325个；人文社科研究活动机构461个，包括国家高端智库2个、省级智库17个，教育部重点研究基地12个，中央其他部委重点研究基地7个，省部共建基地3个，省级基地108个，省级实验室20个，其他研究机构291个。

科研项目　2019年全省普通高校投入项目经费合计148.34亿元，占科研总经费的62.26%。在研项目97 247项，其中当年新立项项目35 732项，当年新立项项目投入经费97.36亿元。

科技类项目当年投入经费136.58亿元，在研项目55 592项，其中新立项项目24 134项，新立项项目当年投入经费88.01亿元。

人文社科类项目当年投入经费11.76亿元，在研项目41 655项，其中新立项项目11 598项，新立项项目当年投入经费9.35亿元。

科研成果　2019年全省普通高校共发表学术论文106 150篇，其中在国外发表学术论文41 079篇。全年发表科技类学术论文80 631篇，其中在国外发表学术论文39 214篇，三大索引（SCIE，EI，CPCI–S）收录论文42 526篇。发表人文社科类学术论文25 519篇，其中在国外发表学术论文1 865篇。

2019年全省普通高校出版各类图书2 709部，其中科技类图书824部，人文社科类图书1 885部。2019年全省普通高校出版学术专著1 155部，其中科技类学术专著274部，人文社科类学术专著881部。2019年全省普通高校签订技术转让合同591项，合同金额64 385.5万元，当年实际收入17 762.6万元。

2019年全省普通高校申请专利26 315件，其中发明专利16 403件，占专利申请总数的62.33%；获专利授权13 559件，其中发明专利5 174件，占专利授权总数的38.16%。据报表统计，截至2019年年底，全省高校拥有专利48 366

件，其中发明专利20 804件，占专利拥有总数的43.01%。

根据各校统计报表汇总，2019年全省普通高校共获得各类成果奖398项。其中，科技领域获得国家级二等奖以上奖励14项，省部级二等奖以上奖励172项；人文社科领域获得省部级奖励206项。

2019年，全省普通高校科技类项目中共有122项国家级重大、重点项目验收。其中，“973计划”项目11项，国家科技支撑计划项目11项，“863计划”项目4项，国家自然科学基金重大、重点项目73项，军工项目23项。全省普通高校人文社科类项目中，国家社科基金项目结项157项，教育部人文社会科学研究项目结项223项。

学术交流　2019年高校在开展科技类学术交流方面，合作研究共派出3 238人次，接受1 960人次；出席国际学术会议16 127人次，交流论文6 176篇；主办国际学术会议241场，国际学术会议特邀报告1 399篇。

在开展人文社科类学术交流方面，合作研究共派出208人次，接受130人次；出席国际学术会议2 128人次，交流论文944篇；主办国际学术会议168场。

（钟振原）

【中山大学】 2019年，中山大学科研工作站在学校高质量内涵发展，建设中国特色世界一流大学的新时期，以“三个面向”为指导，聚力“三大建设”，明确发展重点，加强战略规划与组织管理，提升自主创新能力，以高质量创新更好支撑服务学校双一流建设发展。

科研项目与经费　2019年，学校科研到账经费达35.6亿元，较2018年增长了13.5%。国家社科基金年度项目和教育部人文社科项目立项数总和连续四年排名全国高校第1；国家自然科学基金集中申报期立项数连续三年位居全国高校第2，并且首次突破千项；国家重点研发计划立项数保持全国高校前六名；省市各类科技计划项目经费持续快速增长；国防与横向科研短板得到提升。

科技成果　2019年，中山大学肿瘤防治中心获国家科技进步奖二等奖；物理学院、肿瘤防治中心2项成果入选教育部高校十大科技进展。肿瘤防治中心在全球排名第1的临床医学期刊发表提高鼻咽癌治疗效果的重大科研成果；物理学院“三高”量子纠缠光子对源研究成果在《自然–纳米技术》期刊发表；中山医学院在人类自闭症灵长类动物新模型、热带传染病蚊媒阻断创新技术以及物理天文学院木星形成研究等成果连续在国际权威期刊《自然》发表。中文系成果《出土战国文献字词集释》获评中华书局年度双十佳图书；社会与人类学学院主编的清水江研究丛书出版，推动了中国人类学的理论建构和历史人类学的发展。

科研平台建设　2019年，中山大学获准建设国家地方联合工程研究中心1个，教育部重点实验室1个，教育部工程研究中心1个，教育部野外台站1个，广东省工程技术研究中心3个，广东省国际科技合作基地2个，广东省临床医学研究中心8个，广东省实验室1个，广东省野外台站1个，广东省重点实验室3个（见表4–3–1）。

表4–3–1　2019年中山大学获准建设科研平台一览表（科学研究类）

序号	建设单位（院/系）	机构名称
1	地球科学与工程学院	广东省深地探测与地质工程技术研究中心
2	肿瘤防治中心	广东省肿瘤免疫与疫苗工程技术研究中心
3	中山眼科中心	广东省眼科药物创制与评价工程技术研究中心
4	化学学院	Lehn功能材料国际科技合作基地
5	中山医学院	媒介生物防控国际合作中心
6	附属第一医院	广东省急危重症临床医学研究中心

（续上表）

序号	建设单位（院/系）	机构名称
7	孙逸仙纪念医院	广东省泌尿系统疾病临床医学研究中心
8	附属第三医院	广东省免疫系统疾病临床医学研究中心
9	中山眼科中心	广东省眼部疾病临床医学研究中心
10	中山大学肿瘤防治中心	广东省恶性肿瘤临床医学研究中心
11	附属第一医院	广东省神经系统疾病临床医学研究中心
12	附属第六医院	广东省消化系统疾病临床医学研究中心
13	孙逸仙纪念医院	广东省代谢性疾病（糖尿病）临床医学研究中心
14	南海研究院	南方海洋科学与工程省实验室（珠海）
15	南海研究院	环珠江口气候环境与空气质量变化野外科学观测研究站
16	药学院	广东省手性分子与药物发现重点实验室
17	物理与天文学院	广东省量子精密测量与传感重点实验室
18	电子与通信工程学院	广东省先进智能感知技术重点实验室
19	中山医学院	干细胞与再生医学国家地方联合工程研究中心
20	精准医学科学中心	生物医学大数据教育部工程研究中心
21	南海研究院	珠江口海洋生态环境教育部野外科学观测研究站
22	大气科学学院	热带大气海洋系统科学

1. “三大建设”取得突破进展。2019年，学校进一步明确了新时期三大建设的主要路径与重点努力方向。粤港澳发展研究院在国家高端智库综合评估中取得好成绩，100多篇报告被中办采用，26篇得到中央领导批示。新获批的科技部、教育部和省市各级科研基地总数是2018年的2倍。校内重点培育建设的天琴前沿科学中心取得阶段性进展。

2. “天琴计划”进入太空试验新阶段。1.2m激光测距台站建成，建成2个月即成功实现了超高精度超长距离地月激光测距，激光测距台站成为国际上少数几个能实现地月激光测距的台站之一；2019年11月，1.2m激光测距台站成功测得了月球全部激光反射镜（A15、A14、A11、L17、L21）信号，推动我国成为国际上第3个成功测得月面全部激光反射镜的国家；“天琴一号”卫星顺利发射升空标志着该校“天琴计划”进入太空试验新阶段，地面应用与评估系统投入运行，空间引力波探测进入了一个全新的阶段。

3. 南海研究院建设进入快车道。以南海研究院为核心联合多方力量建设的南方海洋实验室，在海洋环境与资源、海洋工程与技术、海洋人文与考古三大研究领域组建了18支创新团队，布局8大国际一流水平的公共科研平台；截至2019年年底，已汇聚802名科研人才，其中院士9人；重点布局海陆气相互作用与全球效应、环南海地质过程与灾害响应、海洋智能无人装备、海洋感知与宽带融合应用、高分辨率地球模拟和预报系统、全钛潜航器、装配式耐蚀房屋关键材料与建造技术等重大创新任务。

2019年科考航次顺利完成“南海科学考察计划”，分两个航段（西沙航段和大气航段）分别在西沙群岛和南海北部海域安全顺利完成，所获得的成果对海洋生物、海洋大气、海洋化学、海洋人文等学科的发展具有重要的意义。

4. 海洋综合科考实习船超常规推进。2019年10月，船舶正式开工建造。截至12月，完成297项设备采购的技术谈判和协议签订，审核设备资料184项；完成442份详细设计图纸审核；初步完成船舶三维建模，已陆续输出生产施工图；全船共划分为51个分段，22个船段已开工建造。

5．精准医学科学中心建设有序推进。精准医学科学中心重点建设的生物医学样本库——示范库已开始试运行，具备800万份的样本储存能力，居国内前列；生物医学大数据初步实现互联共享；中山大学健康医疗大数据国家研究院正式揭牌。

6．超算中心运营效益显著提升。国家超级计算广州中心是国内首个由高校运营和管理的国家超级计算中心。经过学校运营和管理，超算中心2019年用户数量再创新高，达4 000家，用户覆盖我国34个省级行政区域，日均作业量超过4万个，平均系统资源利用率约75%，最高达90%，是中国唯一入选“世界超算应用影响力五强”的超算中心。

7．中大谱仪项目正式立项并启动建设。中大谱仪是该校在中国散裂中子源上布局建设的国内首台具有中高能磁激发谱和声子谱探测能力材料动力学性质研究谱仪，2019年正式立项启动建设，预计于2022年投入使用，建成后将填补国内空白，突破相关基础与应用领域前沿研究的制约，提升我国国际竞争能力。

科技奖励　2019年度，中山大学获国家科技进步奖二等奖1项，高等学校科学研究优秀成果奖（科学技术）二等奖2项，广东省科学技术奖技术发明奖二等奖2项，广东省科学技术奖科技进步奖一等奖2项，广东省科学技术奖科技进步奖二等奖4项，广东省科学技术奖自然科学奖一等奖4项，广东省科学技术奖自然科学奖二等奖3项。

1．成果名称：消化系统肿瘤分子标志物的发现及临床应用

获奖名称：2019 年度国家科技进步奖二等奖

第一完成单位：中山大学

主要完成人：徐瑞华、王峰、骆卉妍、关新元、元云飞、云径平、康铁邦、邵建永、鞠怀强、邱妙珍

成果简介：消化系统肿瘤是严重威胁我国国民健康的恶性肿瘤，其发病和死亡人数占所有恶性肿瘤的50%以上。临床存在的主要问题：早诊及预后预测准确率低，缺乏分子标志物指导下的个体化治疗方案，肿瘤转移耐药机制不明，整体疗效欠佳。项目负责人作为华南肿瘤学国家重点实验室主任、肿瘤医学省部共建协同创新中心主任、国内消化系统肿瘤主要学科带头人，带领团队发现了系列分子标志物，广泛应用于早期诊断、预后预测和个体化治疗决策。牵头撰写了9项中国诊疗规范，3项研究成果被写入国际权威指南。

2．成果名称：重金属矿业废弃地生态修复的直接植被技术及应用

获奖名称：2019年度广东省科学技术奖科技进步奖一等奖

第一完成单位：中山大学

主要完成人：束文圣、李金天、黄立南、陈涛、黄雪平、杨涛涛、吴启明、廖斌、李国平、张金桃、陈波、廖正家、廖志刚、黄勇、李博

成果简介：重金属矿业废弃地是土壤重金属污染的主要源头（占重金属污染贡献率的50%），重金属矿业废弃地生态修复可实现源头控制重金属污染，对我国重金属污染防治、生态文明建设具有重大的战略意义。重金属矿业废弃地作为一种极端生境（重金属毒性强、酸性强），其生态修复技术是一项重大的技术挑战。在国家“863计划”以及多个国家自然科学基金重点、面上项目的支持下，系统研究了重金属矿业废弃地生态修复的核心理论与技术问题，建立了在国际上独树一帜、具有完全自主知识产权的生态修复技术——重金属矿业废弃地的直接植被技术。该技术不仅可以长期有效地控制废弃物酸化与重金属污染，而且成本相比传统方法降低一半以上，对于矿业废弃地的生态恢复与重金属污染的控制具有重要意义。

3．成果名称：精准防治肝癌消融后复发转移的关键技术创新与临床转化研究

获奖名称：2019年度广东省科学技术奖科技进步奖一等奖

第一完成单位：中山大学

主要完成人：匡铭、于杰、彭穗、彭振维、郭宇、许丽霞、梁萍、陈淑玲、沈顺利、林满霞、戴子浩、苏天洪、陈泽斌、彭洪、廖俊彬

成果简介：肝癌作为我国主要的致死性肿

瘤，根治术后复发转移率居高不降，成为限制疗效提高的关键。消融作为一种微创疗法，被国际指南推荐为小肝癌的首选治疗。然而，消融后仍存在局部复发率高达20%～40%，2年肝内复发率超过50%的临床瓶颈。项目历时10年，攻克多项技术难题，大幅提升了消融功效并建立了复合消融方案；发现多个可预测消融疗效的分子标志物，实现分子分型筛选治疗受益人群；进一步揭示分子新机制并指导临床干预，从而大幅减少消融后复发转移。

4. 成果名称：IgA肾病遗传学发病机制及临床关联研究

获奖名称：2019年度广东省科学技术奖自然科学奖一等奖

第一完成单位：中山大学

主要完成人：余学清（中山大学附属第一医院）、李明（中山大学附属第一医院）、艾珍（中山大学附属第一医院）、陈崴（中山大学附属第一医院）、毛海萍（中山大学附属第一医院）、冯少珍（中山大学附属第一医院）

成果简介：IgA肾病（IgA nephropathy，IgAN）是我国临床上最常见的原发性肾小球疾病，是多个基因和环境因素共同作用的结果。对IgAN遗传学发病机制及其临床关联性进行了系列研究，取得了创新性成果。

5. 成果名称：动脉粥样硬化新型代谢标志物的发现及其干预策略研究

获奖名称：2019年度广东省科学技术奖自然科学奖一等奖

第一完成单位：中山大学

主要完成人：夏敏、凌文华、柳雁、肖云军、宋嘉宜、朱艳娜、李丹

成果简介：该项目属于心血管病研究领域。动脉粥样硬化性心血管病（ASCVD）的发病率和死亡率持续攀升，高居我国城乡居民总死亡原因首位，已成为我国重大公共卫生问题。ASCVD发病隐匿、病程长，由于缺乏灵敏度高、特异性强、适合动态监测的无创性早期风险标志物，大多数患者就诊时已属中晚期；此外，ASCVD发病机制十分复杂，至今尚未完全阐明，现有治疗措施靶向性不高，总体预后效果不佳。早期风险预警能力弱、早诊率低以及高危人群防治效力不足是目前ASCVD防控面临的关键瓶颈问题。项目针对驱动ASCVD进展的关键分子靶标，结合我国居民膳食习惯及特征，创新性地建立了基于植物化合物花色苷的早期营养防治干预策略。明确了花色苷防治ASCVD的有效剂量和安全剂量，提出了花色苷特定建议值，被写入《中国居民膳食指南》。研究成果为ASCVD高危人群防治干预措施的制定提供了高级别的循证医学证据，对推动从营养膳食途径开展心血管病一级预防工作具有重要的指导意义。

6. 成果名称：新型无机光电材料的结构设计与功能调控

获奖名称：2019年度广东省科学技术奖自然科学奖一等奖

第一完成单位：中山大学

主要完成人：匡代彬、苏成勇、陈洪燕、吴武强、王旭东、徐杨帆、饶华商、廖金云、杨慕紫

成果简介：本项目属于低维无机非金属材料学科，是无机光电材料研究领域的国际前沿课题。针对太阳能光电应用中的光捕获效率、电子收集效率、载流子传输与复合机理等关键科学问题开展了系统深入的创新研究，创建了纳米线阵列、超支化复合纳米结构和钙钛矿单晶薄片合成的新方法；揭示了材料结构与电子传输、光捕获和电子收集效率的内在关系，获得了高效率太阳能电池；开创了钙钛矿纳米晶的光催化应用，建立了高性能无机光电材料设计合成的相关理论基础。本项目的研究为无机光电材料的结构设计、可控合成、功能调控及其在太阳能电池、光（电）催化、发光器件和光电探测等领域中的应用研究奠定了良好的基础。

7. 成果名称：配位聚合物多孔材料的吸附性能调控

获奖名称：2019年度广东省科学技术奖自然科学奖一等奖

第一完成单位：中山大学

主要完成人：张杰鹏、陈小明、廖培钦、何纯挺、章跃标、林健斌、魏永生

成果简介：多孔材料在吸附、分离、催化等领域具有重要应用潜力。配位聚合物是一类新型多孔材料，目前在设计、合成、功能和相关机理

方面有很多亟待解决的问题和挑战。项目发展了系列配位聚合物多孔材料的设计、合成与表征方法，设计合成了系列新型孔表面吸附活性位点。

产学研工作

1．知识产权及成果转化成效显著。2019年申请专利1 534项，比2018年增长7.5%；获授权646项，比2018年增长35.1%。专利授权数大幅提升，专利质量明显提升，专利管理工作被教育部科技司在全国大会作为典型表扬。

2019年专利转化量攀升，共计58件，较2018年增长68.75%，转化金额共计1 440.3万元。学校创新知识产权与成果转化市场化运营管理机制，优化7：1：1：1的激励机制，形成了学校—知产公司—第三方服务机构—二级院系的多层级知识产权管理体系，推动更多成果落地转化服务地方。

2．横向项目品质进一步提升，与大企业合作有突破。2019年与华为共建了“华为—中山大学超快光电信息技术联合创新实验室”“华为—中山大学城市交通信息物理系统交互计算与应用联合创新实验室”2个联合实验室，建立了长期稳定的合作关系，全年与华为的各类合作项目16项。全年获重大重点项目4个，提升了产学研对学科建设的支撑度。

3．深化校地合作，大幅提升服务区域经济社会发展能力。推动校地合作走出广东，同南昌市、河南省平舆县建立了全面战略合作关系，开展包括精密测量、创新药物研发、电子信息、基础设施和农学等领域的科技创新以及医疗、研究生双创实践等方面的合作。

（徐　静）

【华南理工大学】 2019年，华南理工大学科技工作围绕“双一流”建设及广州国际校区建设目标，紧抓粤港澳大湾区深度融合发展的契机，坚持面向国际学术前沿、面向国家重大需求、面向区域经济发展，全面实施“六大计划”，着力推动“四项改革”，学校科技工作取得了持续发展。

科研项目和经费　2019年，华南理工大学新增自然科学类科研项目2 675项，到校科研经费超过23亿元。

基础研究方面，该校获批国家自然科学基金项目285项，直接经费近2亿元，其中：重点项目12项、排名全国第12位，国家杰出青年科学基金项目2项，优秀青年科学基金项目4项，重大科研仪器项目1项；获批广东省自然科学基金项目153项，经费2 520万元，其中省杰出青年项目11项；获批广东省基础与应用基础研究重大项目1项，经费4 450万元。

应用研究方面，牵头承担国家重点研发计划项目12项，牵头课题33项，经费超3亿元；承担各类省市科技计划项目超过200项，总经费近3亿元，其中牵头承担广东省重点领域研发计划项目12项，经费1.2亿元；牵头获批国际科技合作项目11项，经费864万元。

科技人才队伍建设　全年新增2名国家杰出青年科学基金获得者、4名优秀青年科学基金获得者、3名国家中青年科技创新领军人才、3名科技创新领军人才、17名广东省自然科学杰出青年基金获得者。打造了一支由包括14名院士、10名“973计划”首席科学家、22名长江学者特聘教授、40名国家杰出青年科学基金获得者、32名优秀青年科学基金获得者、20名国家中青年科技创新领军人才、17名科技创新领军人才、69名广东省自然科学杰出青年基金获得者、2个国家自然科学基金创新群体、2个科技部重点领域创新团队、18个教育部创新团队、30个广东省自然科学基金研究团队等组成的高水平创新人才队伍和科学家群体，为粤港澳大湾区国际科技创新中心建设提供强大的人才支撑。

科研成果　2019年度该校获省部级及以上自然科学类科技奖励35项（见表4-3-2），包括：国家科学技术奖2项，其中以第一完成单位获国家科技进步奖一等奖1项，为学校首个获得的国家科技奖一等奖；获高等学校科学研究优秀成果奖（科学技术）6项，其中一等奖3项、二等奖3项；获广东省科学技术奖27项，其中突出贡献奖1项、一等奖8项、二等奖18项，获奖数量居广东省首位。

表4-3-2　2019年度华南理工大学部分获奖项目

序号	项目名称	学校第一完成人	获奖类别
1	制浆造纸清洁生产与水污染全过程控制关键技术及产业化	陈克复	国家科技进步奖一等奖
2	海洋天然气水合物分解演化理论与调控方法*	樊栓狮	国家自然科学奖二等奖
3	面向高性能储能电池隔膜和电极材料的研究	王海辉	高等学校科学研究优秀成果奖（科学技术）自然科学奖一等奖
4	绿色氧化反应新方法及其应用	江焕峰	高等学校科学研究优秀成果奖（科学技术）自然科学奖一等奖
5	专用项目（略）	（略）	高等学校科学研究优秀成果奖（科学技术）科技进步奖一等奖
6	多糖基无机复合材料的绿色构建与功能调控	王小英	高等学校科学研究优秀成果奖（科学技术）自然科学奖二等奖
7	食品营养活性物质的分子基础与调控机制	任娇艳	高等学校科学研究优秀成果奖（科学技术）自然科学奖二等奖
8	全数字化绿色“三低型”高频逆变焊接电源关键技术及应用	王振民	高等学校科学研究优秀成果奖（科学技术）科技进步奖二等奖
9	突出贡献奖	王迎军	广东省科学技术奖突出贡献奖
10	液体–气体两相流模型的适定性理论	朱长江	广东省科学技术奖自然科学奖一等奖
11	III–V族化合物半导体材料及器件的界面调控技术	李国强	广东省科学技术奖技术发明奖一等奖
12	地下结构截排减压主动抗浮关键技术与工程应用	曹 洪	广东省科学技术奖技术发明奖一等奖
13	大宗淀粉资源高值化加工关键技术及其产业化	黄 强	广东省科学技术奖科技进步奖一等奖
14	矿物–胞外呼吸微生物间电子传递机制及其环境效应*	冯春华	广东省科学技术奖自然科学奖一等奖
15	淡水池塘环境生态工程调控与尾水减排关键技术及应用*	程香菊	广东省科学技术奖技术发明奖一等奖
16	跨域多维电子围网关键技术及应用*	陈俊龙	广东省科学技术奖科技进步奖一等奖
17	我国高压柔性直流输电核心技术完全自主化攻关及重大工程应用*	无	广东省科学技术奖科技进步奖一等奖
18	非多面体对称锥优化与互补问题的FB型非光滑映射的研究	潘少华	广东省科学技术奖自然科学奖二等奖

（续上表）

序号	项目名称	学校第一完成人	获奖类别
19	金属表面耐磨、防腐及超疏水薄膜材料的设计、结构调控及功能特性	康志新	广东省科学技术奖自然科学奖二等奖
20	功能纸用高品质变性淀粉产业化关键技术创制及推广应用	陈 玲	广东省科学技术奖科技进步奖二等奖
21	螺旋糊精包结载体的绿色高效制备及应用	罗志刚	广东省科学技术奖科技进步奖二等奖
22	移动互联网软件用户行为分析与可靠性保障平台建设及规模化应用	陆 璐	广东省科学技术奖科技进步奖二等奖
23	基于虚拟机器人的政务服务平台及应用	许 勇	广东省科学技术奖科技进步奖二等奖
24	预应力空间结构优化设计理论与监测关键技术	石开荣	广东省科学技术奖科技进步奖二等奖

注：*表示华南理工大学为非牵头单位

据2019年中国科学技术信息研究所公布结果显示，华南理工大学科技论文质量稳步上升。1篇论文在国际顶级学术期刊*Science*主刊发表，并入选“2018年度中国百篇最具影响国际学术论文”；1篇SCI收录论文入选“2009—2019年我国被引次数最高的10篇高被引论文”，这已是该论文连续第4年入选。发表“卓越科技论文”（包括卓越国际论文和卓越国内论文）2 494篇，同比增长16.3%；发表SCI学科影响因子前1/10的期刊论文1 005篇，同比增长98.2%，在全国高校中排名第9位。学校13名学者15人次以第一单位入选全球高被引科学家，入选人次再创新高，在内地高校位列第9。学校3位教授获得第15届广东省丁颖科技奖。

产学研工作　2019年，华南理工大学荣获2019年中国产学研促进奖，获教育部首批高校科技成果转化和技术转移基地建设、广州市首批科技成果转化示范基地建设专项支持。在企事业委托项目方面，学校新签订理工类横向技术合同达1 742项，合同金额11.86亿元，较2018年实现了稳定增长，居广东高校榜首。在校企联合研发平台建设方面，学校与华为集团、美的集团、无限极、易和医疗等规模以上企业共建13个校企联合实验室，投入经费4 510万元。学校联合相关行业龙头企业在智能制造、绿色低碳、医学大健康等领域建立3个省市级产业技术创新联盟。学校深入广东各地区企业开展技术创新，累计选派省部企业科技特派员36名，增强了学校科技创新对相关产业发展的影响力。

2019年，该校依托校地联合创新平台与广州、佛山、东莞、珠海、中山等地区市政府在创新创业人才培养、科技成果转化、高新技术企业孵化和产学研合作等领域继续加强交流与合作。中新国际联合研究院孵化和引进的创业企业18家，实现产值3 000万元，5项新加坡原创型高端技术在华完成授权许可、转让，入驻企业获国家工信部2019年工业互联网试点示范项目、国家高新技术企业、广州市首批“院士专家工作站”认定；广州现代产业技术研究院获批广东省新型研发机构以及入库广东省科技创新券服务机构，1项成果获得2018年度广东省科学技术奖科技进步奖一等奖，8项成果获得广东省高新技术产品认定，在孵企业主营业务收入9 160万元；华南协同创新研究院获批国家级科技企业孵化器、东莞研究生联合培养（实践）工作站，新增东莞市创新科研团队2支、东莞市第9批创新领军人才1项、“东莞十大优秀研究生”3人，获批广东省基础与应用基础研究重大项目1项（总经费4 450万元），新建中试生产线5条，新增储备产业化项目32项；中山市华南理工大学现代产业技术研究院建设“华工—中山众创空间”，孵化高技术企业4家，新增各类科研经费4 609万元，获批半导体显示与光通信器件国家地方联合工程研究中心（中山）分支机构；珠海现代产业创新研究院顺利通过“广东省新型研发机构动态评估”，新增获批建设“广东省先进绝缘涂料工程技术研究中心”，举办全球首款低升营养糖健康食品创新技术成果发布会，孵化企业营收能力显著增强，进入良性发展阶段；国家大学科技园顺德创新园区共使用孵化场地2万m^2，引进高层次人才团队22个，孵化企业40余家，其中11家获得科技型中小企业认定。2019全年园区企业订单超过3亿元，产值超过1.3亿元。

知识产权工作　2019年，华南理工大学有4项专利荣获第21届中国专利奖，使得学校自2009年以来以第一完成单位获中国专利奖数量达33项（含1金2银），获奖总数位居全国高校首位。此外，2019年获第6届广东专利奖3项，其中金奖1项、银奖1项、杰出发明人奖1项；获第23届全国发明展览会“发明创业奖·项目奖”金奖3项、银奖1项；2019年国家知识产权运营平台发布《中国高校专利实力100强榜单》位居中国高校专利实力第2，高度体现学校科技创新和知识产权保护综合实力。

2019年，该校专利申请量3 721件，其中发明专利申请量2 987件，发明专利占比超过80%；专利授权量2 164件，其中发明专利授权量1 381件；有效发明专利拥有量6 689件。发明专利申请公开量、发明专利授权量、有效发明专利拥有量分别排名全国高校第3、第5和第7位。申请PCT专利130件，进入国家阶段专利140件，国外授权专利40件，连续两年PCT专利申请量跻身全球教育机构前5、中国高校前3，国际专利布局成效显著。

科研平台建设　2019年，华南理工大学新增9个省部级及以上自然科学类科研机构（见表4–3–3），包括1个国家药品监督管理局科研基地、1个教育部重点实验室、1个教育部工程研究中心、1个粤港澳联合实验室、3个广东省重点实验室等。截至2019年年底，学校共有上级主管部门批准建设的自然科学类科研机构184个，其中国家级科研机构总数达25个，居全国高校前列，涵盖了新一代信息技术、生物与健康、新材料与高端制造、新能源与节能环保等广州市战略性主导产业。

2019年，华南理工大学牵头筹建人工智能与数字经济广东省实验室（广州），重点围绕新一代人工智能基础理论与关键技术、人工智能专用芯片与先进计算、智慧城市与智慧物流、智能制造与网联汽车、互联网经济与智慧金融、类脑智能与智慧健康等研究方向开展深入研究，加强产业“卡脖子”核心技术攻关，力争在高端芯片、智慧城市、智慧物流、智慧健康、智能制造、智慧金融等行业领域推进示范应用，建设在人工智能与数字经济领域具有重大影响力的一流创新高地。

表4–3–3　华南理工大学新增省部级以上科研平台（2019）

序号	名称	校内建设单位
1	国家药品监督管理局医疗器械监管科学研究基地	材料科学与工程学院
2	大数据与智能机器人教育部重点实验室	软件学院
3	人体数据感知教育部工程研究中心	电子与信息学院
4	粤港澳光电磁功能材料联合实验室	化学与化工学院
5	广东省毫米波与太赫兹重点实验室	电子与信息学院
6	广东省分子聚集发光重点实验室	材料科学与工程学院

（续上表）

序号	名称	校内建设单位
7	广东省功能与智能杂化材料与器件重点实验室	分子科学与工程学院
8	现代食品新型加工与智能控制国际联合研究中心	食品科学与工程学院
9	广东省农产品智能冷链物流装备工程实验室	食品科学与工程学院

科技交流与合作　2019年，学校主办（承办）第2届电气材料与电力设备国际会、2019中国微波周会议、第2届国际微生物被膜会议、中国工程院第304场中国工程科技论坛、第18届全国氢能会议暨第10届海峡两岸暨港澳地区氢能研讨会、粤港澳大湾区科技协同创新联盟成立大会暨世界湾区生态与环境高端论坛等大型学术会议39次。

4月7—10日，第2届电气材料与电力设备国际会在广州召开。会议由中国电工技术学会工程电介质专委会和IEEE DEIS共同主办，华南理工大学承办。来自中国、英国、日本、德国、荷兰、意大利、瑞典、韩国等13个国家和地区的200多名学者以及企业技术专家参加会议。专家学者围绕纳米材料、绝缘材料特性、变压器与外绝缘、电力电缆、GIS与电器等议题，交流前沿学术成果，共同探讨本领域发展前景。ICEMPE设立“陈季丹成就奖”，以表彰在电气材料与电力设备领域内做出杰出贡献的研究者，ICEMPE 2019“陈季丹成就奖”由东京城市大学TatsuoTakada教授获得。ICEMPE设立“优秀学生论文奖”，旨在激励积极参与电气材料与电力设备的年轻学生，授予展示优秀研究成果的学生宣讲人。ICEMPE 2019“优秀学生论文奖”由4名研究生获得。

5月19—22日，2019中国微波周会议在广州召开。会议由中国电子学会、中国电子学会微波分会和IEEE微波理论与技术学会（IEEE MTT-S）主办，华南理工大学和深圳市金瑞特科技有限公司等承办，来自30多个国家和地区的1 400余名专家学者参加会议。会议以“波及世界”为主题，围绕5G通信、毫米波雷达、毫米波集成电路、未来网络技术等展开。本届微波周共收到投稿论文1 577篇，会议录用论文1 280篇，口头宣讲分场97个，同时还设立了学生论文竞赛、学生FLASH竞赛、微波工程女性专题、微波领域青年科学家论坛和林为干先生纪念活动等环节，为微波毫米波与射频领域的广大科学家、工程技术开发人员、学者提供了一个相互交流、相互学习的机会，同时为微波毫米波与射频领域的企业提供了展示产品及寻求合作的平台。

10月10—13日，第2届国际微生物被膜会议在广州召开。会议由华南理工大学与南方科技大学共同主办，会议汇聚了包括欧洲最高级别微生物被膜会议EuroBiofilms主席Tom Coenye教授在内的20余位国际学术权威以及来自国内高校与科研院所的30余位国内顶尖学者共计约200位学者参会交流。会议期间，共举行了8场特邀报告和44场主题报告，超过50份学术海报集中展示了微生物被膜在食品安全控制、临床医学以及环境科学与应用等领域中的多项最新研究成果。

11月12—13日，中国工程院第304场中国工程科技论坛在广州召开。论坛由中国工程院主办，中国工程院工程管理学部、中国自然辩证法研究会工程哲学专业委员会、华南理工大学、中国科学院大学跨学科工程研究中心和中国工程科技发展战略广东研究院联合承办，汇聚了19名院士以及来自全国高等院校、科研院所、企业单位的代表与师生400余人参会。论坛以“工程知识和工程创新”为主题，相关领域的院士、专家、学者、业界精英围绕工程哲学研究的前沿领域、工程知识论中的基础理论问题及其与工程创新的密切联系、工程哲学研究中国学派的深化发展以及工程史、工程社会学及工程哲学的交叉和融通等论题展开探讨。

11月15—17日，第18届全国氢能会议暨第10届海峡两岸暨港澳地区氢能研讨会在广州召开。本次会议由中国可再生能源学会氢能专业委员会和华南理工大学主办，来自中国内地和澳门地区高等院校、科研院所和企事业单位的400多位专家学者参加会议，中科院院士李灿、郭烈锦、邹志刚、陈军等著名专家出席大会并做大会主旨报告。大会议题涵盖可再生能源制氢及其他制氢技术、氢的储存输运技术和加氢站、燃料电池技术、氢能汽车、分布式发电和氢储能技术、氢的安全与标准规范、氢能政策与产业等方面，在中国氢能领域产生了热烈反响。

11月16日，粤港澳大湾区科技协同创新联盟成立大会暨世界湾区生态与环境高端论坛在广州召开。会议由华南理工大学与粤港澳大湾区科技协同创新联盟共同主办。中国科协领导、广东省领导、广州市领导、粤港澳大湾区科技协同创新联盟（以下简称“协同创新联盟”）全体成员、世界湾区生态与环境高端论坛参会代表、港澳科技界代表参加了大会。大会举行了协同创新联盟的成立仪式，137个单位成为首批会员单位。Glen Daigger院士和贺泓院士分别作大会报告，多名知名院校的教授作特邀报告，其中的世界湾区生态与环境高端论坛，10多位专家作专题学术报告，众多专家学者和政企代表共同探讨了大湾区生态环境问题。

（刘　勇）

【**暨南大学**】　2019年，在“新时代”和“双一流”背景下，暨南大学（以下简称“暨大”）深入贯彻落实习近平总书记视察广东及暨南大学重要讲话精神专项行动计划实施方案，围绕科技发展新思路谋篇布局，搭大平台、组大团队、拿大项目、出大成果。

科技项目与经费　2019年，暨大科研项目获批合同经费4.71亿元。其中：国家重点研发计划项目获资助4项，国家重点研发计划课题获资助10项，获资助总经费4 129万元，重点国际合作项目较2018年增长200%；获批国家自然科学基金273项，获批标志性重大重点项目12项，其中青年科学基金立项数全国第14位，资助率居全国第3位，优秀青年科学基金立项数居全国第19位，广东省第2位；获批广东省基础与应用基金项目96项，获批数量比上年增长47.7%，其中重大项目资助经费3 370万元，“省杰青”10项，获批数量比2018年增长150%；广东省重点研发计划重点专项主持2项，参与14项，共计获批经费4 800万元；获批军工二级保密资质，军工科研项目9项；获批国家重点研发计划政府间国际科技创新合作重点专项3项，国家自然科学基金重点国际合作项目1项，组织间国际合作项目3项，外国青年研究基金1项；中央高校基本科研业务费1 300万元用于科技项目立项；签订横向合同166项，成果转移转化实到经费5 337.84万元。

科技平台建设　积极推进粤港澳大湾区科技创新中心建设，获批粤港澳环境科学联合实验室；获批1个教育部重点实验室“肿瘤分子生物学教育部重点实验室”；获批1个广东省重点实验室“广东省病毒学重点实验室”；获批“油料生物炼制与营养安全国际联合研究中心”“中澳空气质量科学与管理广东国际联合研究”2个广东省国际合作基地。

产学研工作　地方研究院建设取得新进展。在粤港澳大湾区再布局一家地方研究院，已与佛山市人民政府、佛山市顺德区人民政府达成佛山暨南大学生物医药研究院建设共识；东莞研究院建设了6 000m^{2}的孵化器，在孵企业已达10家，初步构建起生物医药产业链条，入驻的一个项目获中国产学研合作促进会产学研合作创新与促进奖创新成果奖，并完成一期建设结题；肇庆研究院胡晓农团队获批肇庆市“西江团队”项目。暨大还新增6个校企联合研发中心，合同金额1 600万元；新增1个省级新型研发机构“广州暨南大学医药生物技术研究开发中心”。

科技成果转化工作取得重大突破，共计28项专利科技成果实现转化。其中，暨大药学院、中国科学院上海药物研究所与上海海和生物研究开发有限公司达成3项专利实施许可转让协议，总合同金额超过8亿元；信息科学技术学院5项专利以800万元作价入股广州莲印医疗科技有限公司；生命科学技术学院2项专利分别以160万元和180万元的价格转让企业。

科技交流与合作　为加强科研工作者的交流与沟通，促进创新思维和学科交叉，继续为老师搭建学术交流平台，暨大在2019年统筹组织了一系列学术沙龙活动（共131场），为科技工作者提供交流和沟通的平台。

人才团队建设　组织资源环境、生物医药、光电信息与传感领域、新能源等团队申报了42项国家重点研发计划项目，其中"可再生能源与氢能技术"重点专项获立项资助，3项"政府间国际科技创新合作"重点专项获立项资助。

科技成果与专利　2019年暨大以第一完成单位获得广东省科学技术奖共6项（人），其中一等奖2项、二等奖3项、科技合作奖1人。高等学校科学研究优秀成果奖（科学技术）二等奖1项；获中国产学研合作促进会产学研合作创新与促进奖4项；中国非金属矿工业非金属矿科学技术一等奖1项；广东医学科技奖3项，其中二等奖1项、三等奖2项。

2018年暨大共发表A1论文1 597篇，比2017年增长44.7%，其中一区论文518篇。2019年专利申请396项，专利授权242项，同比增长35.21%。

（张舒婷）

【华南师范大学】　2019年，学校紧密围绕高水平大学、世界一流学科和新师范的建设任务目标，落实将科研工作始终贯穿一流学科建设全过程的要求，经过统筹规划、组织动员、激发潜力，狠抓重点平台、重大项目与奖励、促进产学研合作服务社会和推进军民融合发展，全校科技工作在重大项目、高端平台、原创性研究成果以及新型研发机构等方面取得良好成绩。

科研项目和经费　2019年，学校获批科技项目经费3.92亿元，其中科技纵向项目经费36 614.42万元，其中学校作为第一承担单位获批241项，立项经费35 043.42万元；合作经费1 571万元。全年实到横向科技经费2 665.23万元。国家自然科学基金项目获批立项127项，经费6 285.42万元，立项数和经费数稳居全国师范院校第3；获批优秀青年基金项目2项，位居师范高校并列第3；获批重点项目4项，资助数量达到往年资助数量总和，为历史最高水平，位居全国师范大学并列第1。

获批国家级重大重点科技项目13项。获批广东省重点领域研发计划项目4项，立项经费12 680万元。获批广东省自然科学基金项目58项。获批国家级军民融合重要项目1项。

科研成果　学校以第一单位发表三大索引收录论文1 811篇，其中SCI收录论文1 034篇、EI收录论文760篇、CPCI收录论文17篇。

获2019年度高等学校科学研究优秀成果奖（科学技术）二等奖2项。

知识产权工作　2019年，全校共申请专利573项，其中PCT申请7项，PCT进入国家26项，国内发明455项，实用新型84项，外观设计1项；获得授权专利326项，其中美国发明授权2项，国内发明授权247项，实用新型75项，外观设计2项。获计算机软件著作权104项。

产学研工作　2019年，学校推进第4批产学研基地建设培育工作，新建4个产学研结合示范基地。组织项目参加2019年广东高等教育内涵式发展工作推进会暨广东高校科技成果转化对接大会，全省高校优选100个项目参展，学校10个项目入选，与华南理工大学并列全省第1。此外，生命科学学院廖劲松老师团队的"莱蒙生物果胶"项目入选高校成果发布会，全省仅6个项目入选。组织第2届"清远杯"创新创业大赛华南师范大学专场，共征集近100个团队报名参赛，获得清远市政府、清远高新区管委会的大力支持和高度认可。组织项目参加广东省教育厅"未来科技展"。参与建设广州市天河区科技成果转化基地。组织校内中青年科学家赴茂名、阳江、潮汕等地区开展人才对接与科技服务。

科研平台建设　学校新增"广东省核物质科学与技术重点实验室"和"广东省化学品污染与环境安全重点实验室"2项省级重点实验室。积极推动"省部共建光信息物理与技术国家重点实验室"建设进程，获广州市政府1亿元培育经费，截至2019年年底已完成实地调研。作为重点建设单位之一，全面参与第3批3个广东省实验室建设工作。

科技交流与合作　2019年，学校共举办各类学术交流活动70多场，其中"新世纪论坛"12场。

11月4日，由华南师范大学与华中师范大学合办的第28届"极端相对论核核碰撞"国际会议（2019夸克物质国际大会）在武汉开幕。来自全球30多个国家和地区的840多名研究人员齐聚武汉，以大会报告、专题分会报告及墙报等形式，围绕有限温度有限密度量子色动力学、初始状态及趋于平衡态、小体系、集体动力学、量子色动力学临界点的寻找、手征涡旋及自旋极化、喷注修正及热密物质响应、重味夸克及重夸克偶素、电磁探针、夸克物质和核天体学、新的理论进展及未来的实验装置等议题，交流探讨近期高能重离子碰撞领域中的重大成果和进展。

8月5—9日，第13届人本计算领域国际学术会议（HCC 2019）在塞尔维亚召开。会议由塞尔维亚克拉古耶瓦克大学、武汉理工大学、华南师范大学、英国考文垂大学共同承办。克拉古耶瓦克大学副校长Danijela Milosevic教授和华南师范大学计算机学院汤庸教授担任大会共同主席。克拉古耶瓦克大学校长Nenad Filipovic教授和塞尔维亚INPERESEC创始人Dragan Pleskonjic教授应邀做了大会报告。

HCC（Human-Centered Computing）国际会议主要涉及人机交互、协同计算、社会计算、泛在计算与服务计算等多个交叉研究领域，是人本计算领域国际重要学术会议之一，至今已成功举办13届。

华南师范大学计算机学院数据智能与社交网络研究团队汤庸教授、高级工程师毛承洁、博士生楚寒露、硕士生林荣华参加了会议，并宣读了3篇学术论文。其中林荣华同学为第一作者的论文《SCHONA: A Scholar Persona System Based on Academic Social Network》获大会最佳学生论文奖。

3月29—31日，华南师范大学、响应型材料与器件集成国际联合实验室（DIRM）、深圳市国华光电科技有限公司、中国物理学会液晶分会等联合主办的第8届国际液晶光子学会议（The 8th Symposium on Liquid Crystal Photonics， SLCP 2019）在广州召开。会议有来自美国、荷兰、芬兰、比利时、日本、韩国、中国香港、中国台湾等国家和地区的50多所高校和研究所，以及深圳市华星光电技术有限公司、江苏和成显示科技有限公司、江苏集萃智能液晶科技有限公司、石家庄诚志永华显示材料有限公司、Instec Inc.、厦门天马微电子有限公司、索雷博光电科技（上海）有限公司、珠海兴业新材料科技有限公司、BEAM光束整型与精密测量科技有限公司等企业的210余名专家学者、工业界人士出席。本次会议共有口头报告70项，张贴海报报告32篇。

大会由美国中佛罗里达大学教授暨南京大学名誉教授Shin-Tson Wu（吴诗聪）院士、荷兰埃因霍温理工大学教授Dirk Jan Broer院士、中科院理论物理研究所研究员欧阳钟灿院士、现代液晶显示技术的奠基人Martin Schadt院士担任名誉主席。华南师范大学周国富教授和荷兰埃因霍温理工大学Albertus Schenning教授作为组委会主席致欢迎词，表达了对全体参会人员的热烈欢迎和会议祝愿。Shin-Tson Wu教授作为大会主席介绍了国际液晶光子学会议的发展历史。

Shin-Tson Wu院士、Dirk Jan Broer院士、日本中央大学Tomiki Ikeda教授、BEAM光束整型与精密测量科技有限公司Nelson V. Tabiryan博士、科罗拉多大学博尔德分校Ivan Smalyukh教授、华星光电原高级副总裁Shui-Chih Alan Lien（连水池）博士分别作大会特别报告。此外，*Nature Photonics*资深编辑Noriaki Horiuchi博士还为在场的参会人员介绍了期刊概况和投稿建议。

SLCP会议设立了“Dr. Martin Schadt Best Oral Presentation/Poster Awards”以激励优秀青年学子。

会议期间，部分嘉宾亦赴位于深圳市龙华区的深圳市国华光电科技有限公司以及位于广州大学城的华南师范大学华南先进光电子研究院参观新型显示技术、智能窗等相关实验室及产业化基地。

本次研讨会的主题是液晶光子学领域最新的研究成果。会议围绕液晶相结构与排列、分子设计合成及液晶材料与复合材料、显示技术、液晶取向材料与技术、光学器件、智能窗、理论与建模、光与自响应材料、传感器、聚合物、弹性体和凝胶、活性液晶、微波与太赫兹器件、软机器人等多个交叉研究领域进行了深入研讨。

会议通过为期两天的学术讲座与交流讨论，与会各方加深了解，促进深入合作，有助于汇集顶尖人才与前沿科技，从而引领相关产业创新发展，促进我国尤其是粤港澳大湾区经济社会发展。

7月11日，由中国计算机学会（CCF）广州分部主办，华南师范大学计算机学院承办的“人工智能、大数据、教育科学论坛”在华南师范大学计算机学院学术报告厅举行。来自华南理工大学、华南农业大学、广州大学、暨南大学、广东技术师范大学、广东轻工职业技术学院、广东司法警官职业学院等高校代表，广东省科协等行业协会代表，拓尔思知识图谱研究院、广东时汇信息科技有限公司等企业代表200多人参加会议。论坛是计算机学院为贯彻落实学校第十五次党代会精神、谋划新一轮发展而开展的学院学科建设和学院发展战略研讨会的重要组成部分，分享了最新大数据和人工智能与教育科学的跨学科学术成果，活动现场交流气氛融洽。

3月15—17日，由国际混合学习协会主办，华南师范大学、桑德兰大学承办的第4届教育技术国际会议（ICTE 2019）在华南师范大学举行。华南师范大学副校长陈文海，澳门城市大学国际旅游与管理学院院长Kevin Mark Hannam教授，香港公开大学科技学院院长Wang Fu Lee教授，华东师范大学教育信息技术系主任顾小清教授，ICTE 2019会议主席、米德尔赛克斯大学Kam Cheong LI教授，教育信息技术学院院长黄慕雄、副院长张学波、焦建利教授、詹泽慧教授等出席会议开幕式。会议以“大规模开放在线课程（MOOC）”“计算机支持的协作学习（CSCL）”“混合学习（Blended Learning）”为主题，包括1个主会场和8个分论坛。各参会代表在分论坛中围绕移动与泛在学习、MOOC与开放教育资源、在线学习与翻转课堂、虚拟现实与增强现实学习等相关议题展开热烈讨论。大会对本届会议的优秀论文奖和最佳论文举行了颁奖典礼。华南师范大学教育信息技术学院2016级教育技术学本科生赵梓宏、任雪涵、余诗茵、蔡家仪荣获优秀论文奖，是4届会议以来唯一获奖的本科生团队。

（张　雯）

【华南农业大学】 2019年，为贯彻落实党的十九大精神和习近平总书记视察广东重要讲话精神，华南农业大学紧密围绕学校高水平大学建设和“冲一流”核心目标，积极服务粤港澳大湾区发展和乡村振兴战略，以提升学校科技创新能力和科研育人为重点，以体制机制改革为抓手，努力开拓创新，狠抓工作落实，学校科技工作取得明显成效。

科研经费和项目　2019年学校到位经费6.33亿元，自然科学类到位科研经费6.02亿元。其中，纵向项目经费5.09亿元，横向项目经费0.93亿元。全年新增纵向科技立项项目532项，其中，获国家自然科学基金146项，在国家自然科学基金创新研究群体、国家自然科学基金重大项目、国家自然科学基金集成项目等方面取得历史性突破，获直接经费超过1.24亿元，比上年增长60.8%；主持承担国家重点研发计划课题3项、参与课题24项，总合同经费5 315万元；获批省重点领域研发计划项目15项，立项经费9 400万元。

新增人文社科类纵向项目206项，合同金额2 326.65万元；签订横向合同45项，合同金额1 043.49万元，其中单个项目合同金额50万元以上的2项。全年到位科研经费3 168.24万元，其中纵向到位经费2 445.01万元，横向到位经费723.23万元。获国家社科基金重大项目2项，在全国农林高校中排名第1；获4项国家社科基金后期资助项目，在全国农林高校中排名第1。超过50万元的横向项目7项，经费430万元。

科技平台建设　2019年，该校获批省部级以上科研平台3个，包括国家非洲猪瘟区域实验室（广州）、生物基材料与能源教育部重点实验室、广东省生态循环农业重点实验室。其中，该校是5家获批国家非洲猪瘟区域实验室单位中唯一的省属高校。截至2019年年底，学校省部级以上科研平台数量达82个。

科技创新人才　2019年，学校共引进高层次人才33人，是2018年的2.5倍，其中柔性引进领军人才和高端人才各1人。培养新增万人计划领军人才、人社部百千万人才工程、青年长江学者、国家优青等国家级人才7人，珠江学者等省级人才25人；新增科技部重点领域创新团队1个。共招收博士后94名，在站总人数首次破百达172人。此外，还有105位专家入选省现代农业产业技术体系创新团队，13人担任团队首席专家。逐渐形成了一批高水平的科研创新团队，为扎实有效开展科技创新和地方产业转型升级提供智力支撑。

科技成果　2019年学校共获得科技奖励62项，比上年增长22%，其中，刘雅红教授领衔的兽医微生物耐药性创新研究团队和樊小林教授领衔的新型肥料研制与应用团队的2项研究成果获国家科技进步奖二等奖，江青艳、邓近平、张建国、李永涛等教授参与的3项研究成果获国家科技进步奖二等奖；杨洲教授领衔的农业智能装备与全程机械化共性关键技术创新团队的研究成果，获教育部高等学校科学研究优秀成果技术发明奖一等奖；廖明教授领衔的重大动物疫病防控团队和张细权教授领衔的家禽遗传育种研究团队的2项研究成果获广东省科学技术奖一等奖，张承林教授领衔的作物营养与施肥研究团队和雷炳富教授领衔的光学农业团队的2项研究成果获广东省科学技术奖二等奖。由杨世华教授领衔的动物胚胎工程技术和基因修饰疾病动物模型研究团队取得的重大科研成果，在*Nature*（2019，IF=41.6）上发表；发表ESI高水平论文达111篇，有力支撑植物与动物科学、化学、农业科学、材料科学、微生物学、生物学与生物化学6个学科进入全球排名前1%。

此外，学校全年申请知识产权857件、获得授权555件；通过审定14个植物新品种，居全省获农业新品种权高校的首位，对服务地方经济，推动农业高质量发展发挥重要作用。

科技成果转化　全年共签订横向科技合同602项，合同金额1.59亿元，比上年增加62%，到位经费9 321.24万元，比上年增长23.7%。

一是提升成果转移转化效能，以成果群推动区域经济发展。以教育部高等学校科技成果转化和技术转移基地为抓手，支撑广州国家现代农业科技创新中心建设，举办成果融资对接会，多项成果成功对接签约，其中华航48号水稻品种是广东省首个采用拍卖方式交易的农作物新品种，促进学校优势领域与地方产业的深度融合。积极参与科技成果宣传展示平台，组织该校科技成果参加高交会等大型展会逾10场，推动该校科技成果转化，高效地支撑区域经济发展。

二是积极与政府及企业共建新型研发机构，截至2019年年底，共建设地方（产业）研究机构6个。其中与肇庆市人民政府及肇庆大华农生物药品有限公司共建了“华农（肇庆）生物产业技术研究院”、与广东展翠食品股份有限公司共建了“华农（潮州）食品研究院”，均入选广东省新型研究机构；与广东颂春南药产业园科技有限公司共建云浮南药研究院，入选云浮市新型研发机构建设。主动选派科技人员担任科技特派员，积极推动科技成果转移转化。以广东省农业科技创新联盟、广东省乡村振兴战略联盟为抓手，整合相关高校研究院所和农业龙头企业的资源，提升粤港澳大湾区的农业科技创新创业水平，助推粤港澳农业产业高质量发展，为新时代我国农业农村经济增长夯实基础。牵头成立广东省“一带一路农业科教创新联盟”，服务国家“一带一路”建设。

科技交流活动　2019年，学校举办国内外学术交流活动共347场次，进一步扩大国际科技交流与合作。积极搭建学术交流、推优荐才、特色科普和产学研服务四大平台，营造良好的学术环境。承办广东省高校科学道德和学风建设宣讲教育报告会，举办Nature大师课堂培训、学科交叉论坛和5期中衡山论坛学术交流活动，打造品牌，营造良好的科研学术环境；积极发挥广东省高校科协联盟和该校3个科普基地的作用，协助开展各类科普讲座和培训56场；组织遴选中青年科学家分批次赴肇庆市等地开展人才对接与科技服务工作，为本省粤东西北地区经济社会发展提供人才和智力支持。积极加入粤港澳大湾区科技协同创新联盟、深圳国际食品谷联盟等，进一步发挥科协在融入粤港澳大湾区建设中的作用。

（韩小腾　严会超）

【南方医科大学】 2019年，南方医科大学贯彻落实创新驱动发展战略，紧紧围绕高水平大学建设目标，在科技成果与奖励、国家级重大项目、科研平台建设等方面取得新突破，科技核心竞争力进一步增强。

科研项目与经费　2019年，学校承担各类科研项目868项，获资助经费3.32亿元。获国家自然科学基金279项，获资助直接经费1.2亿元，申报数、立项数和资助金额均创历史新高，并连续6年保持增长。在全国高校和科研院所中排名第27位，连续4年跻身全国前30强，在独立医科院校中排名第2位，在广东省高校中排名第3位。立项数较上一年度增长26项，增长数居全国独立医科院校首位。其中，获得杰出青年科学基金项目1项、优秀青年科学基金项目2项、重点类项目4项。

白晓春教授牵头的“骨源因子在机体稳态维持中的作用及机制研究”获得重大项目立项，直接经费1 800万元。该项目旨在发现新骨源性因子，探讨骨源性因子对骨骼自身及骨外重要器官稳态维持的作用和机制；研究疾病状态下骨源性因子对骨骼自身稳态和相关疾病的影响及机制；探索骨源性因子对稳态失衡相关疾病的干预策略。以拓展对骨骼功能的新认识，为稳态失衡相关疾病的防治提供新途径。

科技成果　获2019年度国家自然科学二等奖1项，中华医学科技一等奖1项、三等奖1项，广东省科学技术奖一等奖3项、二等奖3项，在医药卫生领域获奖数量和质量位居全省高校前列（见表4-3-4）。该校获得授权专利363项，实现了年度的倍增，专利持有量得到进一步提升。根据2019年中国科学技术信息研究所公布的资料，该校2018年度发表SCI收录论文数1 326篇，较上一年度增长59篇，增长率4.6%，在全国高等学校中名列第69位，在全国医药类院校名列第4位。该校研究论文“三维可视化、3D打印及3D腹腔镜在肝肿瘤外科诊治中的应用”入选年度中国百篇最具影响国内学术论文。《南方医科大学学报》入选“中国科技期刊卓越行动计划”，是广东省唯一入选刊物，也是全国唯一连续7年获“百种中国杰出学术期刊”的医药大学学报，国内学术影响力处于领先地位。

高天明教授团队牵头申报的“抑郁症发病新机理及抗抑郁新靶点的研究”获国家自然科学奖二等奖（全国医学领域一等奖空缺，二等奖仅4项），该成果围绕焦虑症发病新机制和新药靶的关键科学问题开展了系统性研究，在国际上首先提出了抑郁症发病的星形胶质细胞假说，发现ATP具有快速的抗抑郁作用，揭示了细胞内nNOS信号通路异常在抑郁症发病中的重要作用，为抑郁症治疗提供了潜在新药靶。该奖项是2019年度广东省获得的唯一一项国家自然科学奖。

李国新教授团队牵头申报的“胃癌微创外科关键技术创新和疗效预测系列研究及推广应用”获中华医学科技一等奖。研究团队首次证实了腹腔镜手术治疗局部进展期胃癌远期肿瘤学疗效确切并且微创获益显著，向全球提供了胃癌外科微创治疗的“中国方案”，研究成果发表在国际顶级医学期刊《JAMA》，并入选该杂志同期研究亮点；该研究入选中国医学科学院评选的“2019年度中国医学重大进展”，并被写入《美国NCCN胃癌临床实践指南（2019年第2版）》等国际权威指南。

表4-3-4　2019年度南方医科大学部分获奖项目

序号	项目名称	第一完成人	奖励类别
1	抑郁症发病新机理及抗抑郁新靶点的研究	高天明	国家自然科学奖二等奖
2	胃癌微创外科关键技术创新和疗效预测系列研究及推广应用	李国新	中华医学科技一等奖
3	肝脏肿瘤新型多模图像诊治核心技术、体系构建及其临床应用	方驰华	广东省科学技术奖科技进步奖一等奖
4	高端宽体CT低剂量成像关键技术与系统研发及应用	马建华	广东省科学技术奖技术发明奖一等奖
5	胃癌微创外科关键技术创新及应用推广	李国新	广东省科学技术奖科技进步奖一等奖
6	生物传感芯片研发及在临床即时检验中的应用转化	郑磊	广东省科学技术奖科技进步奖二等奖
7	定心方系列方防治心律失常、动脉硬化等心血管疾病的作用与机制	贾钰华	广东省科学技术奖科技进步奖二等奖
8	中国人前列腺癌早期诊断、系统治疗及预后评估关键技术的创新与应用	赵善超	广东省科学技术奖科技进步奖二等奖
9	进展期胃癌转移的发病分子基础及诊疗模式优化的系列研究	廖旺军	中华医学科技三等奖

周伟杰教授团队在对肝纤维化的深入研究中，关注到肝脏血管系统与肝纤维化发生发展之间的密切关系，发现了重要的肝纤维化调控机制。该研究不仅提供了新的肝纤维化肝硬化血液诊断分子标志物和肝纤维化肝硬化干预治疗靶标，还可以加深人们对血管系统调控的进一步理解，为其他组织器官血管系统相关疾病的研究提供有益借鉴。研究成果在*Cell*杂志上发表。

科技平台　粤港澳大湾区脑科学与类脑研究中心获得省市联动建设，新增国家创伤区域医疗中心、广东省医学成像与诊断技术工程实验室和广州市青年马克思主义理论人才培养研究重点基地。成立了南方医科大学卫生健康管理研究院、知识产权信息服务中心。中心实验室科技服务能力进一步增强，全年使用机时超4万小时，同比增长5.3%；使用10 895人次，同比增长12.6%。启动了标准实验室建设，建成为一个面向全校开放，以标准科研单元为基本组成单位的科研大平台，提高科研场地使用效率。SPF级动物实验设施扩建工程稳步推进，新增SPF级动物实验设施面积1 700平方米，进一步加强了学校科研支撑条件建设。

科技交流活动　与美国北卡罗来纳大学教堂山分校合作，成立全球健康与性传播疾病研究中心，积极应对全球健康和公共卫生领域挑战，有助于以科研创新带动广东省性传播疾病综合防控能力的提升，促进全球性传播疾病防控经验的推广和应用。设立“一带一路”医药卫生合作与发展研究中心，被教育部国别与区域研究列为“世界卫生组织研究中心”备案机构。举办了第8届国际创伤骨科高峰论坛、第8届广州国际血液肿瘤与免疫高峰论坛、2019南方消化疾病及消化内镜国际论坛、第4届登革热/寨卡病毒病及其媒介蚊虫防控国际研讨会等系列国际会议，聚焦国际卫生健康热点问题开展学术交流。

（陈金源）

【广州中医药大学】

科研创新机制体制　2019年，学校全面贯彻习近平总书记对中医药工作的重要指示、李克强总理批示和全国中医药大会精神，遵循中医药发展规律，“传承精华，守正创新”，从改革科研管理制度先行，制订或修订了《广州中医药大学学术委员会章程（修订）》《广州中医药大学自然科学科研项目管理办法》《广州中医药大学科研项目经费预算调整管理办法（试行）》《广州中医药大学科研项目结余经费管理办法》《广州中医药大学横向科学研究项目管理办法》等多项制度文件，通过制度的改进为学校创造良好的科研创新环境。

2019年累计确定校级自然科学类培育项目和团队共23个，人文社科类12个。经严格评审，累计投入平台、团队和项目等经费达2 800万元。截至2019年年底，新规划成立的“科技创新中心（三元里校区）”已发表高水平论文3篇，获得国家自然科学基金面上项目和青年项目共计8项，居校本部各二级单位之首。

科研平台　2019年，学校对科研平台投入总经费1 693万元，继续大力推进国际中医药转化医学研究所、华南针灸研究中心、创新中药研究公共服务平台、中西医结合基础研究中心、岭南医学研究中心、广东省中医药科学院、科技创新中心（三元里校区）等科研平台的建设。在平台投入配置方面，组织专家对各平台的运行现状、建设目标、共享等情况进行全方位评估，并将评估结果直接与平台投入经费相匹配，实现科研资源的配置最优化。

其中，创新中药研究公共服务平台的三、四期建设接近尾声；该平台在领军人才引进方面有所突破，引进的王宏斌国家杰青团队快速启动了药用植物研究培养与种植繁育“一体化”平台建设，为团队致力于植物光合生理与中药资源的交叉学科前沿研究，打造创新研究支撑技术平台，实现重大原创标志性成果的突破奠定基础。

2019年，我国首个中医类国家重点实验室“省部共建中医湿证国家重点实验室”在该校通过科技部、广东省科技厅组织的专家论证；“青蒿素研究重点研究室”获得国家中医药管理局重点研究室立项；“广州市中药活性成分手性研究重点室”获得广州市科技局立项建设；“粤港澳大湾区针药干细胞结合治疗中枢神经退行性疾病重点实验室”“慢性心力衰竭中医药防治重点实验室”2个实验室获省教育厅普通高校重点实验室立项。

2019年度，学校科研平台共发表论文代表作400多篇。平台仪器设备开放共享情况良好，共开放仪器设备257台，进入平台进行科研活动的师生达36 460余人次，开放共享时间达172 863小时。

建设完善社会科学研究平台。其中，“广州市广州中医药历史文化研究基地”“省中医药健康服务与产业发展研究中心”“广州市青年马克思主义理论人才培养基地”已获得立项。

科研项目　2019年，学校在国家重点研发计划中医药现代化专项工作中实现零的突破，2个项目、7个课题获得立项，取得资助经费共2 577万元，创该校国家重点研发计划立项数、立项金额新纪录。

国家自然科学基金申报数和立项金额均创历史新高，申报数达到752项，比2018年增长12.48%，获得立项88项，资助经费（直接费用）4 201.5万元，较2018年增加了765万元，增幅22.26%。在全国2 346个依托单位中排名第109位，在广东省依托单位中排名第12位，在全国中医药院校中继续稳居第3位。其中，4个大型项目获得立项，包括刘中秋重点项目1项，邱士军、朱丽君国际（地区）合作交流项目2项，周华海外及港澳学者合作研究项目1项。另外，2个项目再次获得管理学部项目立项，5个项目获得生命科学学部项目立项，丰富了立项项目的学科分类。

2019年，学校共获纵向科研项目325项，立项金额共计8 300余万元；其中省级以上社科类项目21项，立项金额共计86万元。除保障各项目资金及时准确到位外，各级各类在研项目的绩效评估、中期检查和结题工作也有序开展。

科技成果　该校共有8项科学研究成果获得国家、省部级科技成果奖励。其中，许能贵团队项目“针刺治疗缺血性中风的理论创新与临床应用”获2019年度国家科学技术进步奖二等奖；林丽珠团队项目“中晚期肺癌中医综合治疗体系构建及推广应用”荣获广东省科技进步奖一等奖；林毅团队“林毅乳腺病‘中医药周期疗法’理论的传承与应用’”获教育部2019年度高等学校科学研究优秀成果奖（科学技术）二等奖；张敏州团队获2019年度中华中医药学会李时珍医药创新奖；卢传坚团队项目“支撑临床决策的银屑病中西医诊疗体系创建与应用”获2019年度中华中医药学会科学技术奖二等奖，罗颂平团队及陈瑞芳团队项目获三等奖；江晓兵团队项目“中医药调控骨再生的应用基础研究”获2019年度中国中西医结合学会科学技术奖二等奖。

论文发表方面，2019年学校共发表高水平论文1 164篇，在国内外科研专业领域产生了积极的影响。

知识产权工作　根据《广州中医药大学知识产权管理管理办法》，积极开展知识产权工作，扎实做好专利宣传、申报和服务工作。开拓性主办广州中医药大学第1届大学生知识产权知识竞赛及第1届大学生专利创新大赛，培养和提高大学生实践和创新能力，在校园里营造良好的知识产权文化氛围。面向本科生开设知识产权选修课“知识产权基础知识与专利申请”，进一步推动了学校知识产权知识普及，提升了大学生知识产权意识。在两校区举行多场专利基础知识讲座及高质量专利培育讲座，持续推进知识产权工作的更好开展，提高了广大师生发明创造的积极性，充分发挥了智力资源优势。2019年，学校共申请专利100余项，专利授权59项，授权量较2018年增长59.64%，其中发明专利授权20项，实用新型授权39项。

产学研合作　2019年，学校通过横向科研管理制度改革，把科研合作的重心从小型、高风险、低效益的技术检测等服务型研究引导到与国企、央企、事业单位、上市公司等的技术开发型研究上来，进一步提升了学校以科研成果服务社会、贡献社会的能力。共与企事业单位签订各类横向科技合作协议29项，合同经费近1 900万元，合同经费较2018年增长1 000余万元。其中，第一附属医院何伟团队与金沙洲医院签订“股骨头坏死保髋临床系列研究合作”合同，金额达1 000万元，经济与管理学院为梅州发展和改革局制定《梅州市中医药健康产业发展规划（2019—2030年）》，学校主动服务地方经济建设和社会发展的能力进一步提升。

学术交流　在实验技术和技能提升方面，为解决科研人员在分子生物学实验中的关键技术难点，学校科技处联合基础医学院举办第1期“高级分子生物学实验技能提升沙龙”。

2019年7月，由学校牵头，香港浸会大学和澳门大学共同发起的粤港澳中医药联盟成立。与此同时，第二附属医院与香港中医护理学院、澳门镜湖护理学院发起成立粤港湾大湾区中医、中西医结合护理联盟。在执行青蒿素援外抗疟任务中，继续积极推进独具中国特色的疟疾防治方案，有效控制了受援国疟情，受到当地政府和人民及中国驻外使馆的高度肯定。

（荣　嵘　王　萧）

【广东工业大学】　2019年，广东工业大学科技创新工作紧密围绕学校教育事业发展“十三五”规划和高水平大学建设目标中心任务，紧抓大湾区建设科创中心战略机遇，在多个领域实现重点突破。

科研规模　2019年，广东工业大学科研到校经费突破10.11亿元，较2018年增长了19.5%。其中纵向科研项目经费3.85亿元，包括国家自然科学基金经费1.2亿元，国家、省重点领域研发计划项目2.35亿元，横向科研项目经费9 459万元，产业及其他经费3.89亿元。

科研项目　学校获国家自然科学基金项目立项情况再创佳绩，立项数达160项，名列全国第59位，立项经费首次突破亿元大关；面上项目立项数等各项指标均创历史新高；在重点领域新获批“国家杰青项目”1项，新获批国家重大科研仪器研制项目1项、重点国际（地区）合作研究项目2项、联合基金项目2项（其中1项中心项目资助金额达2 599万元）、重大项目1项、重大研究计划1项以及优秀青年科学基金1项。学校依托优势学科，围绕新一代通信技术、人工智能、智能装备制造等领域不断加强核心技术攻关，其中牵头承担国家重点领域研发计划项目3项，实现学校在国家重点研发计划项目“零”的突破。承担广东省重点领域研发项目20余项，到校经费1.15亿元，大力推进学校科学创新研究向高端、

向前沿发展。

科研平台　学校依托机电工程学院建设的“精密电子制造技术与装备”省部共建国家重点实验室，于2019年1月正式获得科技部、广东省人民政府立项批复，实现了学校在国家重点实验室平台建设领域的历史性突破。此外，该校在科技部人才培养示范基地首次获得科技部批准立项。学校在2015年组建的广东3C产品制造装备系统创新中心，于2019年9月正式通过教育部认定（全国仅64家）。新增粤港澳离散制造智能化联合实验室（全省首批仅10家单位获得立项）、广东省重点实验室2项（立项数居全省高校第2位）、连续2年获批广州市重点实验室1项。

科技成果　2019年度，学校首次实现以第一完成单位同年获得2项国家科学技术奖的历史突破，获奖数位列省内高校第1。同时，该校作为第一完成单位获得省科学技术奖一等奖4项，一等奖数量创历史新高，并首次荣获广东省科技合作奖。此外，学校还获得高等学校科学研究优秀成果奖（科学技术）一等奖1项，第21届中国专利优秀奖1项。学校全年累计发表SCI收录论文2 031篇，其中I区论文444篇、II区论文811篇。全年学校获发明专利授权721件，居全国高校第29位。专利转让方面，全校共实施专利转让或许可使用58件，合同金额1 020万元，创历史新高。

产业服务　2019年，学校先后组织河源市、东莞市、广州市等地市企业单位对接，加强与地方产业企业交流合作；与广州市番禺区签署全面战略合作协议，推进“一区一校”产城融合双向科技帮扶；深入推进粤港澳大湾区院士创新创业联盟等战略合作，推动学校服务产业发展。

（涂　腾）

【汕头大学】　2019年，汕头大学持续推进高水平大学建设，深化科研体制机制改革，大力加强基础和应用基础研究、前沿技术及颠覆性技术创新、交叉学科研究，推动国际合作交流、产学研合作和科技成果转化，科研创新工作取得积极成效。2019年，汕头大学连续4年上榜泰晤士高等教育世界大学排名，列第801～1 000位；在泰晤士高等教育2019年年轻大学排名中，汕头大学居全球第201～250位，内地高校第3位；在2019年上海软科发布的中国最好大学排名中，汕头大学居全国高校第95位，广东高校第7位。

科研项目与经费　2019年度，汕头大学共获批科研项目543项，总经费1.47亿元。其中，“机器学习等智能算法在新型光场调控阿秒物理中的应用”获国家自然科学基金重大研究计划项目资助；“基于云计算的下一代应用交付网络技术研究与产业化”获广东省重点领域研发计划2018—2019年度“新一代通信与网络”重大科技专项项目；获广东省自然科学基金杰出青年项目1项，为粤东西北地区唯一的一项省杰青项目。

国际科技合作　2019年，汕头大学不断拓展新的国际科技合作伙伴关系。该校与俄罗斯工程院、德国帕德波恩大学、澳大利亚斯威本科技大学等在材料科学、信息科学、生命科学、环境保护、半导体高次谐波等领域取得新的科研合作进展。该校与德国帕德波恩大学共同申请的中德合作交流项目“Three-dimensional microscopic simulations of high-harmonic generation and strong-field phenomena in semiconductors”获得资助。

科研平台建设与产学研工作　2019年，汕头大学大力推进与广东省实验室的深度融合发展，并主动融入粤港澳大湾区建设。该校化学和海洋等学科积极参与相关省实验室建设工作，承担“基于生态系统连通性的粤东沿海渔业资源生境功能及修复研究”等项目，经费超过1 350万元。该校与坪山区人民政府签署战略合作备忘录，共同推动建设校地合作平台。汕头大学粤港新发传染病联合实验室获广东省科技厅粤港澳联合实验室建设立项资助，“融合多目标进化计算和深度神经网络的机器人设计自动化平台”获批广东省国际科技合作基地。

科研成果与奖励　汕头大学执行校长王泉院士荣获2019年欧洲科学院布莱斯·帕斯卡奖章，该奖章表彰全世界在科学和工程等方面做出杰出贡献、在研究和教育方面拥有卓越表现的科学家，每年在每个领域仅颁发一枚。

汕头大学科技成果“面向触控面板等印刷制品生产的高速精密在线视觉检测技术与装备”“NGAL及其功能相关蛋白正反馈环促食管癌发生发展分子机制研究”获2019年度广东省科学技术奖二等奖。

2019中国大学CNS论文排行榜中，汕头大学列全国高校第26位，广东高校第2位。根据2019年中国科学技术信息研究所发布的数据，2018年该校被科学引文索引扩展版（SCIE）收录第一作者单位论文575篇。

知识产权工作　2019年，汕头大学依托广东省知识产权培训（汕头大学）基地、知识产权远程教育平台开展系列专题培训和讲座。2019年，该校共申请专利241件，获授权专利113件。发明专利“一种背光屏视觉检测设备”获第6届广东专利优秀奖。

科技交流与合作　2019年，汕头大学举办了20余场具有国际或国内影响力的学术会议，包括2019全国工程结构风致振动、监测与控制学术会议、第5届中韩环境健康与生态安全研讨会、第13届亚洲科学夏令营等。

3月23日，汕头大学、中国振动工程学会结构抗振控制与健康监测专业委员会、广东省高等学校结构与风洞重点实验室承办的“2019全国工程结构风致振动、监测与控制学术会议”在汕头大学举行。中国工程院院士、湖南大学陈政清教授，加拿大工程院院士和加拿大皇家科学院院士、欧洲科学与艺术院院士、汕头大学执行校长王泉教授，广州大学副校长傅继阳教授，汕头大学副校长刘文华教授，国际风工程学会秘书长、同济大学曹曙阳教授，中国土木工程学会风工程委员会主任、同济大学朱乐东教授，中国振动工程学会理事、厦门大学雷鹰教授等著名学者，以及来自全国46所高校和国内外10多家科研单位的180多位专家学者和研究生参加了此次会议。

7月17—20日，第5届中韩环境健康与生态安全研讨会（YES 2019）在汕头市举办。会议由中国汕头大学主办，中国生态学学会海洋生态专业委员会、韩国Seoul National University、自然资源部第三海洋研究所共同承办，来自韩国Seoul National University、Hanyang University、Korea Maritime Institute、Korea University、Anyang University、澳大利亚Griffith University、加拿大University of Saskatchewan、香港大学、北京大学、南京大学、厦门大学、中国科学院等国内外高校和科研院所180位专家学者出席会议。会议聚焦海洋生态系统的健康和安全，针对沿海环境污染、近岸生态系统威胁和环境健康等领域的最新成果和研究进展进行交流，并为进一步开展中韩两国在海洋生态与环境领域的合作打下基础。

7月28日—8月3日，第13届亚洲科学夏令营在汕头举行，由汕头大学、广东以色列理工学院共同承办，是亚洲科学夏令营首次在中国大陆举行。包括4位诺贝尔奖获得者、1位沃尔夫数学奖得主在内的16位自然科学领域杰出的世界级科学家受邀出席此次活动，与来自28个国家和地区的250多名营员，围绕“科学、青年、未来”这一主题，通过前沿讲座、互动式教学、小组讨论、海报竞赛等多种形式进行学习交流。夏令营为青年学生创造与诺贝尔奖获得者、世界顶尖学者面对面交流对话的机会，为亚洲各国家和地区青年搭建走近学术大师和展示创新思维的舞台。

（罗英光）

科研院所科技创新

【中国科学院广州分院】 截至2019年年底，中国科学院广州分院有在职职工4 910人，其中科研人员3 526人，具有正高专业技术职称570人、副高专业技术职称799人，具有博士学位2 270人、硕士学位1 125人。该院有中国科学院院士2人，中国工程院院士3人，俄罗斯科学院外籍院士1人，国际欧亚科学院院士3人。该院有国家重点实验室4个（其中之一为合建）、国家工程实验室2个（其中之一为合建）、国家地方联合工程实验室4个（其中之一为合建）、中国科学院重点实验室18个、广东省重点实验室18个、湖南省重点实验室2个、海南省重点实验室2个、中国科学院工程实验室3个、广东省工程实验室3个。有国家野外科学观测研究站6个，科学考察船4艘，植物、岩矿、海洋生物标本馆各1个。有博士学位培养点35个、硕士学位培养点52个、专业性硕士点18个、博士后科研流动站8个。

科研项目　2019年，该院所属各单位新增科研项目2 106项，新增合同金额27.94亿元。其中，新增国家科技计划类项目（含课题）87项，经费2.36亿元，包括主持国家重点研发计划项目7项，经费1.55亿元，主持科技基础资源调查专项1项。新增国家自然科学基金项目360项，总经费2.63亿元，包括创新研究群体项目1项、杰青项目4项、优青项目9项。新增中科院项目254项，经费8.49亿元。新增地方政府科技计划项目514项，总经费8.13亿元，包括广东省基础与应用基础研究重大专项2项和广东省重点领域研究计划项目11项。

科研成果　2019年，该院在国内外核心期刊发表论文4 218篇，其中SCI收录2 901篇。出版专著23部，共1 020万字。获授权专利839件，其中发明专利731件。PCT国际专利申请量388件。获2019年度广东省科学技术奖一等奖项7项、突出贡献奖1项、科技合作奖1项、二等奖2项，中国专利银奖1项，广东专利金奖和银奖1项。

项目名称：尿液诱导多能干细胞技术及体细胞重编程机制

获奖情况：2019年度广东省科学技术奖自然科学奖一等奖

主要完成单位：中国科学院广州生物医药与健康研究院

该获奖项目从“寻找建立人iPSC新的细胞来源”以及“发现重编程新的机制来提高诱导效率”两个角度开展研究，取得了一系列原创性成果：1. 发现尿液细胞是建立人iPSC的理想来源；2. 发现重编程存在3个新的限速调控，消除这些环节能大大提高诱导效率；3. 阐明重编程早期细胞和线粒体重塑的关键作用和机制。项目在*Nature Protocols*、*Cell Stem Cell*、*Cell Research*、*Nature Cell Biology*等杂志上发表论文6篇，研究成果对本领域的发展起到了积极的推动作用，特别是尿液iPS细胞技术在国内外得到迅速的应用和拓展。

项目名称：天然气水合物分解机理及调控方法研究

获奖情况：2019年度广东省科学技术奖自然科学奖一等奖

主要完成单位：中国科学院广州能源研究所

该项目通过天然气水合物分解实验研究阐明了分解过程中水合物分解反应、热质传递及多相渗流耦合机制。建立了针对目标储层的天然气水合物强制分解方法适应性评价体系，提出了海洋水合物藏优选分解及控制方法，完成了我国天然气水合物藏开采潜力评价。成果有力支撑了我国天然气水合物的成功试采，为完成国家天然气水合物战略部署、资源利用及建立海上商业开采平台提供了重要的理论依据和技术支撑。

项目名称：新型卤代持久性有机污染物的环境地球化学行为与暴露风险

获奖情况：2019年度广东省科学技术奖自然科学奖一等奖

主要完成单位：中国科学院广州地球化学研究所

该项目以珠三角为研究区域，开展新型卤代有机污染物的区域污染、环境行为、生物富集和人体暴露风险研究。该成果阐明了新型污染物的污染特征与来源，揭示了卤代阻燃剂污染与产业发展和化学品管控的协变关系；完善了卤代有机污染物的植物叶面吸收理论；更新了以往认为高分子量亲脂性有机污染物不具有生物可富集性的认识，阐明了卤代阻燃剂生物差异性富集机理；率先开展了室内暴露对人体健康风险的研究；研制了一种能高效吸附强疏水性有机污染物光催化剂。项目引领和推动了国内卤系阻燃剂环境污染的研究，扩大了我国在相关研究领域的国际影响力。

项目名称：高水分有机固废安全处置与土壤高值化利用技术及装备

获奖情况：2019年度广东省科学技术奖技术发明奖一等奖

主要完成单位：中国科学院广州能源研究所等

该项目以高水分固废降毒转化差异性为切入点，优选热解气化及高温发酵技术，通过共性方法研究、专有设备开发、系统优化与集成，最终形成了高水分有机固废安全处置与土壤高值化利用全链条技术。项目成果在广东润田、浙江金锅等企业得到应用，产生了较好的社会和环境效益。

项目名称：多能源互补分布式可再生能源发电微电网技术研究与示范

获奖情况：2019年度广东省科学技术奖技术发明奖一等奖

主要完成单位：中国科学院广州能源研究所

该项目针对海岛区域供能需求，开展以光伏为主，多种可再生能源、蓄能、燃气/油发电为辅的MW级多能互补分布式微电网关键技术研究与工程示范，通过自主创新，获得微电网灵活可靠供电关键技术突破，在推动可再生能源最大化消纳、能源结构调整和多元化利用方面，提供重要解决方案。

项目名称：视频的深度表征与识别技术及应用

获奖情况：2019年度广东省科学技术奖技术发明奖一等奖

主要完成单位：中国科学院深圳先进技术研究院等

该项目通过原创深度视觉表征识别技术推动视频理解的进步和产业化。项目主要技术内容包括：1．提出轨迹卷积特征，有效融合了深度网络的特征抽象能力和密集轨迹的运动显著性；2．提出深度时序分割模型，实现了全视频端到端的深度优化训练；3．提出多任务级联检测、中心损失等创新性技术，显著提升了大规模人像识别、物体检测、场景分类等重要视觉任务的性能。该项目产生了一批有重要国际影响并被广泛应用的技术成果，核心指标达到国际领先水平，形成了规模化产业应用，经济社会效益显著。

项目名称：南海岛礁多维生态修复关键技术与应用示范

获奖情况：2019年度广东省科学技术奖科技进步奖一等奖

主要完成单位：中国科学院华南植物园等

该项目瞄准南海岛礁珊瑚礁生态修复的重大科技问题开展集成攻关，取得了多项创新性突破。针对南海珊瑚礁生态系统结构特征与现状，原创性提出基于生态系统与关键功能恢复的多维生态系统修复新模式，开辟了珊瑚礁生态系统修复的新方向；突破关键功能生物规模化繁育技术，实现了生态修复种苗自给；研发了珊瑚礁生态系统先锋群落构建及其水下礁基生物膜化技术，促进功能生物幼体附着与生长；从“基底修复/再造、功能种群恢复、群落构建、系统养护”等多个维度开展成套技术系统攻关，并集成应用，建成国际上最大的珊瑚礁生态系统修复区，实现快速、高效、可持续的整体修复，生态系统发育稳定，生态效益和社会效益显著，为国家南海岛礁建设、可持续发展和海洋生态文明建设作出了重要贡献。

科技创新平台建设 2019年，该院新增中国科学院重点实验室4个，中国科学院工程实验室3个，广东省点实验室1个，粤港澳联合实验室2个，广东省野外观测研究站1个，深圳市重点实验室3个；在中国科学院四类机构建设中，以中国科学院华南植物园等单位为依托获批筹建核心植物园特色研究所。

科技交流与合作 2019年，全院共接待国（境）外专家或科技人员共569批、1 401人次，向国（境）外派出科技人员942批、1 770人次；向国（境）外公派中短期留学生45人；承办国际（地区）会议39次，其中300人以上10次。新增国际科研合作项目69项、合同经费总额6 525.91万元。新签科技合作协议25项。

（夏建军）

【广东省科学院】 2019年，广东省科学院紧紧围绕省委、省政府赋予的“聚焦产业发展的应用技术研究，兼顾重大技术应用的基础研究，满足广东省经济社会发展需要”的发展定位，以“建设国内一流研究机构行动计划”为统揽，以战略谋划为引领，以深化改革为动力，以优化人才结构、提升科技创新能力、服务经济社会发展为目标，统筹推进各项工作全面协调发展，多策并举推动实施《建设国内一流研究机构行动计划（2019—2023）》，取得了一定成效。

人才集聚效应初步显现 2019年，全职引进中国工程院院士1人，引进其他各类高层次人才177人，同比增长70%。全面推进“杰出科学家”“百人计划”“千名博士（后）计划”等系列人才专项计划，加快引进培育壮大创新人才队伍。积极与合作高校开展研究生联合培养，组织开展与澳大利亚斯威本科技大学联合招收培养博士。已形成以4名全职两院院士、76名领军人才、800多名高级职称科技人员、1600多名博硕士青年科技人才为骨干的创新人才梯队，人才结构得以进一步优化。

截至2019年年底，广东省科学院全院在职职工3 907人（不含参控股企业），其中全职两院院士4人（中国科学院院士1人、中国工程院院士3人）；俄罗斯国家科学院院士1人；享受国务院政府特殊津贴专家136人；副高职称以上专业技术人员855人；具有博硕士学位1 594人；博硕士研究生导师256人。在读博、硕士研究生593人；设有博士后工作站5个，博士工作站15个，在站博士后100人，是广东省集聚高端科技创新人才的重要基地之一。

创新平台、创新能力和条件建设 2019年，科研平台建设有新突破。获批2个国家地方联合工程研究中心；2个省工程实验室、1个省新型研发机构。该院拥有国家级科技平台35个、省部级科技平台183个。

省生态环境所申报的“华南土壤污染控制与修复国家地方联合工程研究中心”和省智能制造所申报的“智能制造技术与装备国家地方联合工程研究中心”获国家发改委的正式批复；省材料加工所申报的“广东省钢铁基复合材料工程实验室”和广州地理所申报的“广东省地理时空大数据工程实验室”获省发改委批复建设；依托省生态环境所建设的“粤北土壤环境野外科学观测研究站”获省科技厅立项公示；依托省生物工程所建设的“中国轻工业甘蔗制糖工程技术研究中心”获中国轻工业联合会批复建设；省生物资源应用所申报的“冬虫夏草产业化技术星创天地”被省科技厅批复为广东省“星创天地”；省海洋工程所申报的“广东省新型研发机构”获省科技厅认定公示；依托省智能制造所建设的“智能技术与系统公共技术服务平台”获省工信厅批复建设；主要依托省微生物所建设的“韶关市食用菌产业园”经专家评审和省政府审定，被认定为广东首批省级现代农业产业园；省材料与加工所的“科技成果转移转化中心示范建设”被广州市科技局批复为“广州市成果转移转化中心”，省工业分析检测中心的“材料评价科普基地”被广州市科技局授予“广州市科普基地”，省生物工程研究所的“湛江市甘蔗遗传改良工程技术研究开发中心”被湛江市科技局批复为“湛江市工程中心”，省材料与加工所的开平中心被开平市科技局认定为“开平市科技服务平台”。

2019年，全院共自建及共建主要科研平台19个。8月6日“广东省科学院佛山产业技术研究院”正式成立，8月7日“广东省科学院梅州产业技术研究院”揭牌，这两个研究院是省科学院分别与佛山市人民政府、梅州市人民政府携手打造的新型政产学研创新基地和专业科技孵化器。省焊接技术研究所与阳江高新区管委会联合共建的“中国—乌克兰巴顿焊接研究院阳江分院”正式运行；省微生物所与蕉岭县人民政府共建了“广微测食品药品检测实验室（梅州）”，省半导体院在江门市科技局的支持下成立了“广东省半导体产业技术研究院江门中心”，省化工院在四会市科技局的支持下成立了“四会市江谷精细化工创新创业基地”；省材料与加工所与香港城市大学共建了“粤港轻合金先进制造技术联合研发中心”，省生物资源应用研究所与澳门大学共建了“珠江口迁徙鸟类研究与监测粤澳合作中心”；省新材料所与中国人民解放军5719厂共建了“高端动力装备先进涂层制备与验证联合实验室”。

2019年，全院30万元以上大型仪器开放共享台数367台，开放共享仪器有效工作机时744 470小时，实际开放共享服务总机时590 077.8小时。开放共享仪器设施服务单位数量5 021家，检验检测服务次数61 063次，支撑科研或技术开发项571项。

科研项目与成果　2019年，省科学院承担国家项目新增90项，合同经费18 854.9万元；全年新承担各类纵向科研项目987项，合同金额超过10.29亿元。国家自然科学基金申报323项、立项60项、经费2 682.99万元，其中面上项目立项18项，青年基金项目立项38项。

2019年获国家科技进步奖二等奖1项；获省科技进步奖一等奖2项、二等奖6项，省自然科学奖二等奖1项；其他还获得广东省环境保护科学技术奖、中国产学研合作创新成果奖、南粤林业科学技术奖、中国分析测试协会科学技术奖、中国有色金属工业协会科技进步奖、地理信息科技进步奖、中国风景园林学会科学技术奖科技进步奖等一等奖二等奖多项。1人获中国政府友谊奖；3人获省丁颖科技奖。

广东省生态环境技术研究所的“稻田镉砷污染阻控关键技术与应用”获2019年度国家科技进步奖二等奖；广东省微生物研究所主持完成的成果“水体复合污染的多界面微生物强化治理关键技术及应用”、广东省材料与加工研究所主持完成的成果“具有桩钉效应铁基复合材料制备技术及产业化”获省科技进步奖一等奖；广东省生物资源应用研究所主持完成的成果“南方园林害虫环保型防控技术研究与集成应用”、广东省焊接技术研究所（广东省中乌研究院）主持完成的成果“铝合高效焊接与变形控金特种船舶制装备及应用”、广东省新材料研究所主持完成的2项成果“关节轴承内圈高性能耐磨耐蚀涂层研制及应用”和“大型复杂薄壁镁合金构件控型控性关键技术及应用”、广东省测试分析研究所（中国广州分析测试中心）主持完成的成果“安全风险物质检测关键技术研究及应用”获省科技进步奖二等奖；广东省生物资源应用研究所主持完成的成果“蝙蝠特殊生存策略的机理研究”获省自然科学奖二等奖；郭瑞·弗拉基米尔获省国际合作奖，克里夫出人获中国政府友谊奖；刘同旭、郑开宏、杨小兵获省丁颖科技奖。

2019年，发表论文1 211篇（其中国外发表论文575篇），被SCI、EI收录论文602篇，属于中科院JCR Ⅰ区、Ⅱ区的高水平论文约占一半。申请专利964件，获授权发明专利201件。院属5家单位成为全国第1批通过知识产权管理体系获认证的地方科研机构，知识产权贯标工作居全省前列。主持或参与制订国家标准27项，行业标准32项，地方标准8项。

广东省科学院所属省新材料研究所、省稀有金属研究所、省智能制造研究所、省材料与加工研究所、省生物资源应用研究所5家单位的知识产权管理体系通过了中规（北京）认证公司的现场审核，并获得体系认证证书，成为全国第1批通过科研组织知识产权管理体系认证的地方科研机构，同时也是本省第1批通过认证的科研机构。

省科学院年内认定及新挂牌企业工作站1家，共派出科技副职及科技特派员93人，协力地方和企业产业升级及技术创新。

2019年，省科学院技术转让、技术开发、技术咨询和技术服务合同金额4.836亿元，在全国公立研发机构中排前10名。

科技合作、创新发展与科学传播　2019年，省科学院响应国家战略，协同创新力量，主动参与粤港澳大湾区国际科技创新中心建设融入全球创新网络。与中国科学院科技战略咨询研究院共建粤港澳大湾区战略研究院，布局国家高端科技智库网络化新节点。培育建设粤港澳大湾区微生物安全与健康国际创新中心，提升本省在生物健康领域整体创新能力。建设粤港澳大湾区城市群生态系统科学观测研究站，为粤港澳大湾区生态安全保障提供综合研究平台和基础科技支撑。与香港机电工程署签署战略合作协议，推进机电工程领域科技合作。加强与香港新华集团以及港澳地区其他有关单位、高校和科研机构的合作，推进共建研发中心、联合实验室。

围绕珠三角核心区，聚焦先进装备制造产业对创新的需求，与佛山市政府合作成立产业技术研究院，着力打造专业科技孵化器。围绕粤东地区支撑绿色健康产业发展，与梅州市政府共建产业技术研究院。与河源灯塔盆地国家现代农业示范区共建未来农业科技示范园。强化技术推广对接，巩固和拓展与政府机构、行业协会、产业园区、龙头企业和科技中介机构的合作关系，继续做好“科技服务地方行”“创新企业院所行”等活动，拓展点线面结合的成果转化和推广应用合作渠道。

鼓励和支持院属研究所与港澳地区高校、科研机构开展合作，推进在省科学院共建研发中心、联合实验室，或在港澳地区共建离岸研发中心、联合实验室。强化战略谋划，组织召开省科学院港澳科技合作战略研讨会。加强沟通交流，参加由粤港澳三地主要高校、科研院所及广东院士联合会等22个单位共同发起成立的粤港澳院士专家创新创业联盟。

精心组织院属各研究所数百项优秀成果参加第21届中国国际高新技术成果交易会、2019粤港澳大湾区知识产权交易博览会、第3届全球智能工业大会暨博览会暨全球创新技术成果转移大会、中国杨凌农业高新科技成果博览会、珠海航展、新疆科洽会等各类展会，多渠道展示推介科技成果。

广东省科学院组织知识产权成果参加粤港澳大湾区知识产权交易博览会

省科学院始终坚持科学普及与科技创新两翼齐飞，着力发挥省科学院科技资源富集优势，积极调动广大科技工作者的积极性，组建壮大科普工作专业队伍，大力开展卓有成效的科普活动，初步构建科普工作体系，努力探索科普工作机制创新，逐步建立具有社会影响力的科普品牌，实现科学传播能力的跨越提升。年内举办各类科普活动541场次，投入经费614.8万元，受众33万多人次。新增省级科普基地3个，市级科普基地1个。

国际交流　2019年，国际科技合作空间也得到不断拓展。启动建设中国—乌克兰科技产业创新中心；与白俄罗斯国家科学院开展全面科技合作，并在中白工业园共建离岸研发中心；继续推进与德国弗劳恩霍夫协会共建中德装备技术研究院、与伯明翰大学共建广州先进制造创新中心；推动与丹麦国家电微生物研究中心建立联合实验室，拓展形式多样的交流合作。

推动与麻省理工学院中国未来城市实验室的合作；助力科技部金砖国家科技创新框架计划支持项目实施；推动与尼泊尔国家自然保护信托基金科研合作；推动与“一带一路”沿线国家的合作等工作。组织院属6家单位共27项先进技术成果参加中国—东盟博览会先进技术展。

2019年，共接待国（境）外的专家或科研人员122批399人次，向国（境）外派出科研人员113批226人次，与国际（含港澳台地区）科技合作项目33项，服务和参与粤港澳大湾区国际科技创新中心建设4项。

据《在穗主要高校和科研院所支撑地方社会发展评价报告（2019）》显示，省科学院总体支撑指数和成果转化、产学研结合、产业平台、人才4项支撑指数均位居在穗主要科研院所首位。

（王永堂）

【广东省农业科学院】　广东省农业科学院设有水稻、果树、蔬菜、作物、植物保护、动物科学、蚕业与农产品加工、农业资源与环境、动物卫生、农业经济与农村发展、茶叶、环境园艺12个研究所和农业科研试验示范场、农业生物基因研究中心、农产品公共监测中心共15个科研机构；建有博士后科研工作站。建有畜禽育种国家重点实验室、农产品加工省部共建国家重点实验室培育基地、热带亚热带果蔬加工技术国家地方联合工程研究中心，国家农业科学实验站（试运行）2个，农业部专业性/区域性重点实验室5个、农业科学观测试（实）验站8个，广东省重点实验室11个。建有国家种质资源圃5个，农业部种质资源圃3个，收集保存国内外种质资源近5万份。建有占地133.3hm^2（2 000亩）的现代农业科技园区——广东广州国家农业科技园区，是国家级农业科技创新与集成示范基地。

截至2019年年底，广东省农业科学院共有在职职工1 957人，其中具有高级专业技术资格科技人员516人、博士428人；享受政府特殊津贴在职专家23人、“百千万人才工程”国家级人选4人、“全国杰出专业技术人才”1人，入选国家现代农业产业技术体系岗位科学家16人，综合试验站站长7人；入选广东省产业技术体系创新团队首席和岗位专家及示范基地站长92人；10人获得广东省丁颖科技奖。全年引进博士49人。实施金颖人才计划，遴选出“金颖之光”、“金颖之星”、青年研究员（副研究员）等人才项目培养对象99人，其中“金颖之光”7人、“金颖之星”24人。加强学科团队建设，遴选出攀峰学科团队5个、优势学科团队8个、特色学科团队12个、培育学科团队10个，拓展新兴学科团队7个。

科研项目　2019年，该院获科技项目立项1 268项，科技项目合同经费4.57亿元，到位经费比2018年增长14.52%。

科研成果　2019年度全院获得科技成果奖励77项，其中神农中华农业科技奖6项，全国农牧渔业丰收奖2项，省科学技术奖10项（一等奖4项、二等奖6项）（见表4-4-1）。全院获授权专利130件，其中发明专利102件。通过审定、登记及鉴定品种237个，其中：国家审定及登记品种共65个，省级审定及鉴定品种共133个。获植物新品种权15件。该院公开发表科技论文812篇，包括SCI收录论文339篇。

表4-4-1　广东省农业科学院2019年度部分获奖科技成果

序号	成果名称	第一完成人	奖励类别	备注
1	桑蚕资源食药用价值挖掘与高值化加工关键技术研发	廖森泰	神农中华农业科技奖一等奖	主持
2	有机营养型液体肥料的产业化与应用推广	彭智平	全国农牧渔业丰收奖二等奖	主持
3	水稻优质多穗型恢复系广恢998的选育及其应用	王丰	广东省科学技术奖科技进步奖一等奖	主持
4	亚热带特色果蔬主要活性物质的化学生物学表征及其健康食品创制	张名位	广东省科学技术奖科技进步奖一等奖	主持

（续上表）

序号	成果名称	第一完成人	奖励类别	备注
5	草菇环保高效栽培技术创新及应用	何焕清	广东省科学技术奖科技进步奖二等奖	主持
6	家蚕食用品质评价与加工新技术研发	邹宇晓	广东省科学技术奖科技进步奖二等奖	主持
7	畜禽重要病原菌耐药性研究及新兽药的研制与应用	吕殿红	广东省科学技术奖科技进步奖二等奖	主持

成果名称：桑蚕资源食药用价值挖掘与高值化加工关键技术研发

获奖情况：神农中华农业科技奖一等奖

第一完成单位：广东省农业科学院蚕业与农产品加工研究所

该成果系统鉴评了我国代表性桑蚕资源的营养、功能成分与加工特性，构建了数据库；探明桑蚕资源特征功能成分Kuwanon X、1-DNJ和α-亚麻酸等的关键合成基因及其代谢通路；筛选出加工专用桑品种6个、蚕品种3个，为优质桑蚕食药用产品开发奠定了基础；科学阐明了桑资源抗流感病毒、降血糖和蚕蛹油降血脂的作用机制；项目组创新了桑蚕资源食药用加工新技术，解决营养、功能成分损失及品质劣变等技术难题，提升了传统中药“夏桑菊颗粒”的产品质量，创制蚕蛹油降血脂保健食品及桑蚕资源系列新产品并实现了产业化。

成果名称：有机营养型液体肥料的产业化与应用推广

获奖情况：全国农牧渔业丰收奖二等奖

第一完成单位：广东省农业科学院农业资源与环境研究所

该项目联合多方开展有机营养型液体肥料成果核心技术的产业化开发与应用推广，以广东省农业产业体系专家服务团、现代农业产业园建设、五位一体现代农业基地建设和农科院分院建设等工作开展为契机，联合省内外企业、农技推广部门通过技术转让、产业化开发、科技下乡、技术服务、技术培训、现场观摩、媒体宣传和产品销售等形式推进核心技术的产业化和应用推广。三年来，在广东省、我国其他部分省区及马来西亚累计推广面积4 438万亩，增产幅度达7.8%～38.6%，平均亩增收225～556元，新增纯收益158亿元，总经济效益142亿元。

成果名称：水稻优质多穗型恢复系广恢998的选育及其应用

获奖情况：2019年度广东省科学技术奖科技进步奖一等奖

第一完成单位：广东省农业科学院水稻研究所

该成果首次提出了通过塑造光能高效利用的多穗型恢复系株型，扩大遗传距离、聚合品质与抗性等技术途径，培育了国内外首个光能高效利用的优质抗病多穗型恢复系广恢998。利用广恢998配组育成了16个分蘖力强、有效穗多、高产稳产、优质抗病、早中迟熟期配套齐全的杂交稻组合，并通过品种审定。广恢998系列组合自2002年起连续13年在广东种植面积达100万亩以上，连续12年名列全省第1。全国累计种植面积11 264.96万亩，生产稻谷527.18亿公斤，创造社会产值1 581.53亿元，实现增产稻谷32.296亿公斤，合计增加社会效益306.107亿元。取得了显著的社会效益和经济效益。

成果名称：亚热带特色果蔬主要活性物质的化学生物学表征及其健康食品创制

获奖情况：2019年度广东省科学技术奖科技进步奖一等奖

第一完成单位：广东省农业科学院蚕业与农产品加工研究所

该项目针对荔枝、龙眼和苦瓜等亚热带果蔬营养品牌价值挖掘不充分、高附加值产品少、产业效益不高等问题，历时15年，围绕荔枝、龙眼和苦瓜主要活性物质化学表征、健康效应确证、分子机制阐释、健康食品加工技术研发和新产品创制开展系统研究。创建了荔枝、龙眼和苦瓜等亚热带特色果蔬中多糖、多酚、三萜等主要活性物质的分离表征技术，解析其主要组分的化学结构，构建其主栽品种活性成分谱数据库，筛选出一批高活性专用品种；发现并确证了荔枝、龙眼、苦瓜中多糖、多酚、三萜等活性物质的主要健康效应，并揭示其量效构效关系与分子机制；探明了荔枝、龙眼、苦瓜中多糖、多酚、三萜等主要活性物质的加工变化特性与调控机制，发明其高效制备与配套应用技术，创建以其为主要活性成分的健康食品精深加工关键技术，设计创制系列新产品并实现产业化。

成果名称：草菇环保高效栽培技术创新及应用

获奖情况：2019年度广东省科学技术奖科技进步奖二等奖

第一完成单位：广东省农业科学院蔬菜研究所

该项目系统开展草菇原材料及其处理方式、栽培管理技术、优良菌株选育等创新研究。开展中药渣、凤眼莲等废弃物栽培草菇研究，增加了原材料种类，降低原材料成本20%以上。创新原材料处理方法，使拌料用水节省60%以上，石灰用量减少40%以上，废水排放减少95%以上，实现节水减排；发明“一种高温常压蒸汽发生器”，快速制备得到高达600℃以上的蒸汽，减少用煤，降粉尘、减废气、提效率。发明“一种草菇二次栽培方法”、“菇房温度湿度监测平台V1.0”、编写草菇专用书籍等，为草菇栽培管理提供指引；开创草菇分子育种先河，率先利用分子生物学技术选育出耐低温、高生物转化率的新菌株；首次制定草菇DUS测试指南，为优良菌株选育提供标准和方法，筛选出的优良菌株在以废棉渣为主料栽培时生物转化率达30%以上，有效解决生物转化率低的问题。该成果在全省及华南地区草菇主产区均有示范推广应用，应用率在30%以上，对本省推动草菇产业技术升级换代发挥了重要作用。

科技条件建设　2019年，该院承担建设的广东广州国家农业科技园区被科技部评为优秀园区。积极参与“广州国家现代农业产业科技创新中心”和岭南现代农业省实验室筹建工作，广州国家现代农业产业科技创新中心广东省农科院分中心挂牌成立。广东省农业农村厅、广州市农业农村局与该院联合组建的“广州粤港澳大湾区菜篮子研究院”挂牌成立。

科研成果推广与服务　2019年，新建省农科院肇庆分院和增城专家工作站，截至2019年年底，建有地方分院和促进中心分院13个、专家工作站23个。着力打造院地合作示范典型，与韶关市政府共建科技支撑产业兴旺示范市。组建98个省级现代农业产业园全产业链专家服务团，累计与地方政府签订产业园科技合作框架协议82份，与产业园实施主体签订科技支撑服务合同174份，合同金额9 794.21万元。

2019年，该院共派出专家3 000多人次，参加各类技术指导508场次、技术培训327场次。其中，安排79个项目、选派400多名特派员对接236个省定贫困村，服务超过2 500户贫困户。

搭建科企对接平台，加速科技成果转化。全年科技成果转化合同数222项，新签成果转化合同数增长14.4%，技术入股增长120%。

加快农业科技企业孵化器建设，累计吸引入驻农业科技企业124家，帮助3家企业成为国家级农业龙头企业、3家企业成为高新技术企业。金颖农业科技孵化公司被认定为“广州市市级科技企业孵化器”、科技部“国家级星创天地”、农业农村部“农村创新创业孵化实训基地”。

科技交流与合作　全年共派出39批95人次赴泰国、新加坡、日本、美国等23个国家访问交流并开展科技合作，邀请美国、加拿大等国家和地区的44批次共245人次来院交流合作。举办国际会议2场次，国际培训班5场次，国际学术交流报告41场次。有10人入选国家留学基金委公派出国留学人员项目。不断深化与“一带一路”沿线国家及南太平洋岛国的农业科技合作，举办所罗门群岛瓜省农业培训班、南亚国家农业科技人员培训班等。积极融入粤港澳大湾区建设，与香港大学、香港中文大学等5所大学签订合作协议并开展实质性合作。

（叶　菁）

【深圳清华大学研究院】　截至2019年年底，深圳清华大学研究院拥有专职研发人员300余人，汇集了一批教授、博士、高级研究人员和海归学者，其中“973计划”首席科学家5人，深圳高层次人才15人、海外高层次人才10人，南山区领航人才15人，广东省创新团队2个，广东省自然科学基金研究团队1个，深圳市拥有广东省重点实验室2个、广东省工程中心7个、广东省部产学研示范基地1个、深圳市重点实验室9个、深圳市工程实验室9个、深圳市公共服务平台4个，科研开发和实验室建设费用年均超过6 000万元。

科技成果与产业化　2019年，研究院研发资金总额达到28 548.4万元，比2018年翻了一番，创历年来新高。其中，国家和省市区各类科技计划项目立项（不含军工项目）26项，立项金额2 017.6万元；超滑技术平台获得区级专项资助拨款1 270万元、市级专项资助拨款1.2亿元；军工项目立项共计4项，立项金额8 870万元；签订横向合作项目共计58项，项目金额4 390.8万元。

平台组建方面，2019年研究院新组建了自主式机器人研发中心、下一代互联网研发中心、空间智能与信息工程研发中心、人工智能研发中心、第三代半导体材料与器件研发中心、拍赫兹智能信息技术研发中心、振动能量回收及应用研发中心等12个研发中心。

专利申请方面，2019年研究院申请专利32项，其中发明29项、实用新型3项；授权专利24项，其中发明18项、实用新型4项、外观2项。至此，该院共有专利562项（授权专利337项），软著39项。

央企合作方面，2019年研究院先后与中海油、华润、中广核和中国商飞4家央企业合作并取得重大进展：华润科学技术研究院—深圳清华大学研究院联合研究院正式揭牌成立，并于10月召开管委会第一次会议讨论联合研究院章程及相关管理办法；研究院与中国商用飞机有限责任公司北京民用飞机技术研究中心签署合作框架协议，双方共建的联合研究中心正式揭牌；研究院与中海油能源发展股份有限公司签署合作框架协议，双方合作正式落地。

产学研合作方面，2019年研究院依据自身创新机制特点修订了《深圳清华大学研究院科技成果管理办法》等，进一步修订和完善了转化的形式、分配机制和流程。

投资孵化方面，10月21日经中国证监会上市公司并购重组审核委员会审核，投控公司下属上市公司通产丽星与研究院所属力合科创集团重大资产重组事项获得有条件通过。本次重组是科技服务型企业资产上市的率先尝试，是深圳市属国企全面推进区域性国资国企综合改革试验，深入实施“上市公司+”战略的重大阶段性成果。力合科创通过重组进入上市公司，响应了《关于支持深圳建设中国特色社会主义先行示范区的意见》中的相关政策导向，有利于粤港澳大湾区国际科技创新中心建设。

创新基地建设　截至2019年年底，研究院已建成清华信息港（深圳）、清华科技园（珠海）、江苏数字信息产业园、力合佛山科技园、力合顺德科技园、力合清溪科技园等一系列产业园区，为科技创新孵化体系的建设，提供了广阔发展空间。

人才培养　截至2019年年底，研究院博士后科技工作站累计招收博士后近百名，累计开设各类型培训班千余期，服务于珠三角地区各行业领军企业及政府内训项目。

国际合作　海外创新资源网络建设方面，研究院于2019年4月正式建立日本中心，拓展与东京大学、大阪大学等知名大学，三菱商事、川崎重工等产业机构，德勤日本等服务机构的合作关系，共同推动中日科技项目交流与跨境服务；拓展在欧洲的创新合作网络，与德国弗劳恩霍夫应用科学研究促进协会、欧洲创新与技术研究院、欧盟研究与创新中心等重要创新机构，Hightech Startbahn等加速器开展合作交流，共同服务机构和项目在华开展业务。

科技项目服务方面，接洽科技项目300多个，向国内推荐项目100多个，重点跟进智能制造、新材料新能源、生物医药等领域的50多个项目，为10余个项目提供定制式咨询服务，为项目落地深圳及珠三角地区提供多方面支持。

重大平台建设　结构超滑是一项解决摩擦磨损问题的底层技术，清华大学郑泉水院士团队在该领域处于世界领跑地位。凭借“结构超滑”领域取得的成就，郑泉水教授以第一获奖人身份获得于2017年度国家自然科学奖二等奖。

研究院积极利用本地资源，多次组织团队向深圳市领导及坪山区进行汇报，于2018年年底为广东省引进郑泉水院士领衔的超滑技术研发团队。同年深圳市政府为贯彻落实“突破一批颠覆技术，建立面向未来的黑科技培育机制”精神，资助亿元支持郑泉水院士在广东省内建立“深圳超滑技术平台”，基于该平台研发超滑微米电容发电机、基于超滑技术的磁存储设备以及超滑航天导电滑环等关键技术，致力于结构超滑革命性技术应用基础研发和成果转化，汇集国内外超滑领域著名学者及跨学科高级人才，牵引制造业全面升级并造就独角兽企业，保持我国在国际超滑领域的领跑地位。

（李文波）

【中国科学院深圳先进技术研究院】　2019年是中华人民共和国建国70周年，是中国科学院（以下简称“中科院”）建院70周年，是深圳市建市40周年，也是中国科学院深圳先进技术研究院（以下简称“深圳先进院”）跨越发展的一年。

2019年，先进院科研工作取得多项重大原创性科研成果。面向国家重大科技需求，解决“卡脖子”问题，超薄芯片加工用晶圆临时键合胶材料替代美国进口，成功导入华为海思5G基站芯片，预计2020年第一季度实现商用；在脑疾病模型和本能行为环路解析等研究领域获得突破，以CRISPR基因编辑技术在国际上首次制备和系统解析了SHANK3突变的自闭症非人灵长类动物模型；1.1类原创新药“注射用AS1501”获得临床批件，标志着世界上首个TRAIL阻断剂药物成功进入临床开发；利用迁徙进化实验揭示合成生物学建构原理，为合成生物学研究提供基础理论指导，相关成果以长文形式发表在*Nature*期刊，其中先进院为第一完成单位与通讯单位；研制出140纳米超分辨3D活体生物光学显微镜，达国际领先水平。

综合实力不断提升　深圳先进院经过13年的发展积淀，累计承担科研项目经费近80亿元，累计申请专利8 748件，获授权专利3 587件，发表论文10 026篇，累计孵化企业968家，持股263家。2019年新增合同额22.96亿元，资金到账19.25亿元（含一次性股权转让4.66亿元），均创历史新高；申请专利1 516件，PCT专利366件，国外专利42件，获授权669件，专利各项数据在中科院排名第1，PCT专利申请量全球高校排名前2；2019年度发表论文1 461篇，其中CNS系列文章14篇，正刊5篇，WFC指数上升至24.54，在中科院排名第20，SCI论文的收录排名第16；获批国自然基金项目102项，位列中科院第3。2019年度新增孵化企业209家，新增持股企业38家；人员规模达3 364人，其中员工1 908人；2019年度新引入全职院士2人、杰青3人；新获批“优青”4人，在中科院各研究所排名并列第2，在中科院排名前3，新增“四青”以上人才18人；博士后在站人数达552人，在中科院排名第1；获博士后基金资助70人，连续3年蝉联中科院第1；获广东省科学技术奖一等奖2项、二等奖2项；深圳市科学技术奖8项（2018年度5项、2019年度3项），其中市长奖1项；吴文俊奖5项、黄家驷生物医学工程奖1项、中国专利银奖1项。2019年度新增获批5项省部级科研载体，包括中国科学院定量工程生物学重点实验室、中国科学院脑联结解析与调控重点实验室、中国科学院医学成像技术与装备工程实验室、粤港澳人机智能协同系统联合实验室、广东省合成基因组学重点实验室。

科研项目量质齐增　2019年，深圳先进院新增纵向项目682项，科研项目经费（不含人才项目经费）12.8亿元，其中国家级项目2.39亿元、中科院项目0.73亿元、广东省项目1.31亿元、深圳市项目3.32亿元，基础研究机构5.08亿元。

国家层面影响力显著提升。2019年度获批国家自然基金102项，总经费5 777万元，其中优秀青年基金4项；牵头获批3项科技部“合成生物学”重点研发计划项目，总经费6 858万元，位列全国第3。

科研平台支撑能力有效提升。2019年度完成实验室升级改造10 200m^2，实验室总面积达到31 500m^2；科研仪器设备原值总额达8.3亿元，其中设备原值50万元（含）以上的设备250台/

套，2019年新增50万元以上大型设备30台/套；动物年采购量突破3万只，动物实验室面积超过3 500m^2。

重大科技成果不断涌现

重点突破1：高端医学影像

研制出140纳米超分辨3D活体生物光学显微镜，达国际领先水平；科研成果“超导磁共振快速成像关键技术与应用”获黄家驷生物医学工程奖（科技进步一等奖）和广东省技术发明奖一等奖，“3D打印方法”获第21届中国专利奖银奖。

国家基金委重大科研仪器专项超声神经调控仪器研制顺利实施，自主研发了世界首个大规模平板超声辐射力发生器面阵系统、千通道高精度超声神经调控电子系统和磁共振成像导航定位系统；已在超声神经调控领域形成了具有自主知识产权的技术体系，部分超声神经调控专利实现了转移和转化。牵头组建广东省高性能医疗器械制造业创新中心，国家高性能医疗器械制造业创新中心启动论证，与上海联影共同成立深圳联影高端医疗装备创新研究院。

重点突破2：低成本健康

研发出新型微流控纳升移液机器人，实现了纳升级液体的自动化高精度分配。开发基于织物材料的新型电极具有柔性可拉伸、可浸水不改变电学特性等优点，在此基础上试制完成可穿戴肌电采集系统，具有良好的可穿戴性与舒适性，将有利促进肌电工程技术融入日常生活。“基于实时统计分析的多导心电分析集成技术”获广东省技术发明奖二等奖，“消化道内镜的人工智能图像技术”获吴文俊人工智能技术奖二等奖。

重点突破3：医用机器人与功能康复技术

设计具有精确运动控制的消融手术机器人，可依据术前规划执行穿刺消融操作，大大降低消融时间和对正常组织的损伤，使得穿刺消融手术的治疗更精准、微创。针对新型磁性软体微型机器人设计的基于视觉伺服的3D任意路径跟随法，可以使机器人精准跟随用户任意绘制的3D路径，研究成果获评机器人领域顶级会议IROS 2019最佳应用论文奖（1/2 494）。

围绕柔性下肢助行外骨骼机器人，开展人机系统协调控制及平衡控制技术、生物与物理信号多模融合技术、机器人自适应步态规划技术、紧耦合仿生机构创成技术、柔性驱动技术、人体运动行为意图识别及理解等关键技术的研究，实现截瘫病患离开轮椅，站立行走。

重点培育1：城市大数据计算

“智能极化”计算系统，产出利用人工智能思想的处理器芯片设计方法、大数据和云计算程序特征刻画方法、大数据系统性能优化技术等重大研究成果；城市视频分析理解方面，在多个公开学术数据库取得领先的识别率，相关论文累计引用过万次，技术成功应用到商汤的解析服务器、博铭维城市管网检测产品；研发高性能海量生态环境数据库管理信息系统、中亚地区生态环境数据挖掘系统以及中亚地区生态环境决策服务系统，对于“一带一路”沿线国家的开展境外的生态环境资源调查起到了引领示范作用；灾害天气预报方面，“登陆台风引发局地风、雨的预报研究”，填补了国内台风引发风雨定量预报的空白。

重点培育2：脑科学

在脑疾病模型和本能行为环路解析等研究领域获得突破，以CRISPR基因编辑技术在国际上首次制备和系统解析了SHANK3突变的自闭症非人灵长类动物模型，作为第一完成单位，发表*Nature*、*Neuron*等国际高水平研究论文。

深圳内尔神经可塑性实验室依托脑认知脑疾病研究所正式落地深圳先进院，牵头建设的脑解析与脑模拟重大科技基础设施有序推进，通过预研项目与可研论证；研发了柔性光遗传和神经环路示踪技术，并持续推动脑科学研究新技术向境内外辐射超过50家，累计超过550家。牵头发起了全国范围的“脑认知脑疾病学术与产业联盟”，首批联盟单位超百家。成功举办了第2届国际非人灵长类神经科学研究研讨会，深港脑院“SIAT-UBC院士工作站”揭牌成立。

重点培育3：先进电子封装材料

面向国家重大科技需求，解决“卡脖子”问题，超薄芯片加工用晶圆临时键合胶材料替代美国进口，成功导入华为海思5G基站芯片；微胶囊相变热界面材料性能优于国外同类产品，产品进入中试放大阶段；单面蚀刻埋入式电容材料批量验证中，有望实现商品化进入市场。发起成立粤港澳大湾区先进电子材料技术创新联盟。

牵头承担的“高性能热界面材料基础研究”国家重点研发计划中期检查获评优秀；注册成立深圳先进电子材料国际创新研究院，落户深圳市宝安区；筹建国家集成电路材料技术创新中心（深圳）；与华为共建联合创新中心，共同攻克先进电子材料卡脖子关键技术。

重点培育4：肿瘤精准治疗技术

自主开发的重大新药“注射用AS1501”获得国家药品监督管理局（NMPA）颁发的临床试验通知书（CXSL1900091），此临床批件的获批标志着世界上首个TRAIL阻断剂药物成功进入临床开发，是我国创新药物研发历程中的重要里程碑。

成功研制出基于CD19靶点的CAR-T细胞治疗新药，已完成血液病、实体瘤的CAR-T临床研究病例102例，治疗效果显著，2019年获批广东省免疫细胞治疗工程技术研究中心认定、广东省“新药创制”重点专项的唯一一个CAR-T项目。

重点培育5：合成生物器件关键技术

团队已建成一支多学科交叉的青年科研队伍，包括国内外兼职院士7名，全职学术带头人30余名，其中四青人才10名，员工400余人，已成为全球合成生物学领域最大研究团队。利用迁徙进化实验揭示合成生物学建构原理，为合成生物学研究提供基础理论指导，成果在*Nature*期刊上以长文的形式发表。深度参与国际基因组编写计划GP-write。

获批“中国科学院定量工程生物学重点实验室”“广东省合成基因组学重点实验室”2个省部级科研载体。推动科技部发布全国首个合成生物学领域部市联动重点研发计划——合成生物学重点专项，总获批经费9 419万元，位列全国第3。发起成立亚洲合成生物学协会（ASBA），协会总部挂靠合成所，发起成立全球生物工厂联盟（Global Biofoundry Alliance，GBA），合成所还是中国生物工程学会合成生物学专业委员会挂靠单位以及深圳市合成生物学协会会长单位。

深化科教融合　依托深圳先进院建设的中国科学院深圳理工大学（暂定名，简称“中科院深理工”）2019年8月获教育部筹建批复，纳入广东省高等教育“十三五”规划中期调整，标志着大学正式进入筹建阶段，经2019年12月6日大学第一次领导小组会议审议，同意光明校区规划占地面积54hm^2（810亩），建筑面积56万m^2，校区统一规划一次建设。

学科体系不断完善。增列“生物工程”学位点，生物医学工程学科恢复招生；国际化师资达328人（博导218人），85%具有海外经历；国际化课程体系逐步完善，已有来自15个国家地区的30位国际学生；获批“生物学”博士后科研流动站；全年招收博士后309人，在站达552人。

人才队伍建设　在政策文件指导下，结合先进院“一三五”规划及承担重大科研任务的需要，梳理先进院青年人才情况，制定百人计划、特别研究助理计划及青促会实施细则，完善院内青年人才评价和激励机制。2019年度按需引进高端人才85人，推荐百人备案19人、择优4人，遴选推荐青促会会员7人，依托特别研究助理计划支持，新引进中初级博士员工234人，总量达502人。

持续加大院优秀青年创新基金的投入，年度支持64项，支持经费1 000万元；根据科研业务需要，选派10名青年人才赴海外进行学术研修和访问；组织青年人才的学术活动和青促会所际访问，搭建青年人才的交流平台。

政产学研深度合作　2019年，先进院与产业界合作项目金额达6.95亿元。横向项目到款1.99亿元，其中工业委托合作到款0.82亿元，产学研项目到款1.17亿元；年度专利转让现金到账2 956万元，首次实现股权转让收益4.66亿元。

2019年新签订联合实验室26个，与华为年签约超千万元，与商汤科技合作多项成果获奖，承担国家双创示范基地，获国家发改委1 500万元项目支持，入选国家双创百佳案例；作为深圳市产业集群总促进机构中标工信部集群项目，支持金额4 400万元。

国际合作成效显著　国际科技交流与合作国别累计达38个国家（地区）93家境外机构，81人在275个国际学术期刊/会议担任职务。与澳门大学共建人工智能与机器人联合实验室，并联合启动联合培养博士研究生合作，2019 年度新增43个国际合作项目，涉及24个国家，其中21位获中科院国际杰出学者、国际访问学者、国际博士后、特需外国人才、外国青年津贴等国际人才项目，主办和承办国际会议及培训班27场。

成功获批第3个省级国际合作基地——骨科转化医学研究平台；成立深港脑科学创新研究院SIAT-UBC院士工作站，亚洲合成生物学协会总部落户深圳先进院；与越南水利大学签署国际化人才培养协议，助力“一带一路”沿线国家建设。

（卢　群）

2019 年中国科学院深圳先进技术研究院大学生夏令营

2019年1月6日，中国科学院深圳先进技术研究院牵头建设三个深圳基础研究机构获得授牌

2019年6月13日， 中国科学院创客之夜首次亮相全国“双创”周

科技协同创新

产学研合作

【省院合作】

与中科院合作　2019年，省科技厅继续落实中科院与广东省的全面战略框架协议，推动粤港澳大湾区国际科技创新中心建设。加快推进中科院国家战略科技力量到广东布局建立高水平创新研究院；推动中科院明珠科学园在广州南沙启动建设；继续推进重大科技基础设施建设，已建成1个（东莞中国散裂中子源）、在建4个（惠州强流重离子加速器、加速器驱动嬗变研究装置，江门中微子实验站、新型地球物理综合科学考察船）、筹建及拟建7个（脑解析与脑模拟、合成生物研究、南方光源、冷泉生态系统观测与模拟装置、人类细胞谱系、动态宽域飞行器试验装置、大型水下智能无人系统）；推动中科院相关研究机构深度参与再生医学与健康、材料科学与技术等6家省实验室的建设。

与工程院合作　2019年，省科技厅与中国工程院在战略研究院建设、重大战略决策咨询、高端智库和学术交流、院士联盟建设等方面开展全方位合作。在共建战略研究院方面，2019年共启动立项咨询研究课题15项，资助经费1 400万元。与广州市南沙区政府合作，围绕打造粤港澳全面合作示范区、支撑粤港澳院士专家创新创业、打造粤港澳院士专家创新创业基地等方面开展产学研合作，筹备成立粤港澳院士专家创新创业联盟。

（柯思异）

【与全国高校合作】　进一步加强与省外高校、科研院所的科技合作对接，推动高端创新资源集聚。组织开展国内双一流大学及学科汇编、重点对接高校科技资源汇编、广东省重点地市产业布局情况汇编、广东省科技创新相关政策及要点汇编、广东省各地市市情简介汇编等，整理汇总广东省与清华大学、天津大学等高校的科技合作情况，推动高层会谈，推进与清华大学、复旦大学、华中科技大学等高校的产学研合作及战略合作协议签订，进一步推动广东省对高校创新资源的引进集聚；继续开展广东省与高校的产学研交流对接活动，组织广东省电子信息、电子材料领域的创新型企业及地市科技管理部门，赴西安交通大学、西安电子科技大学等开展产学研对接，为企业及珠海、东莞、肇庆四会等地与高校搭建起交流沟通的桥梁，也为进一步开展产学研合作打下基础。

【产学研项目与对接】

产学研合作专项行动计划　针对中美贸易摩擦对广东省高科技企业带来的影响，加快推进《广东省产学研合作专项行动计划》的实施，定向支持华为供应链企业、潜在受制裁企业等开展技术攻关，围绕急需的核心技术、关键材料、关键零部件、重大装备等需求，启动实施一批关键核心技术攻关和国产替代应急项目，帮助企业解决技术和装备受制于人的问题，共启动了2批共11个项目。

国家科技重大专项成果转移转化工作会　贯彻落实省部会商协议精神，4月28–29日，协同科技部在佛山市召开国家科技重大专项成果转移转化工作会，总结重大专项攻坚克难、加快成果转移转化落地过程中实践出的创新方法和宝贵经验，系统谋划新时代新形势下重大专项的工作思路和重点任务，加快国家科技重大专项成果在广东落地。

（柯思异）

协同创新平台

【新型研发机构】　截至2019年年底，全省经认定的省级新型研发机构共有251家，其中珠三角地区共有202家。2019年共认定广东省新型研发机构53家，其中珠三角地区40家，粤东西北地区13家；共资助金额26 134万元，其中新型研发机构初创期建设补助2 754万元。德国人工智能研究中心、中国科学院上海药物研究所、复旦大学等高水平高校院所以及北斗导航位置服务（北京）有限公司、中国船舶重工集团海装风电股份有限公司等科技企业都在广东设立了新型研发机构。

广东省新一代通信与网络创新研究院（以下简称“粤通院”）是由省科技厅、广州市政府、广州高新区三方共同推动成立的高端研发平台。2019年，粤通院获评广东省高水平新型研发机构。截至2019年年底，粤通院围绕人力资源、项目管理、资金管理等多方面制定管理制度共53项，并设立审计委员会，共引进了邬江兴、陆军2个院士团队以及刘元安、艾渤等16名高端创新人才，还招聘了专职研发人员共58人。该院围绕新型网络、高效传输和通信芯片三大方向重点开展了8个研究项目，牵头或参与承担7项国家级重大项目、5项省级重大项目，主动对接18个国家项目创新成果。截至2019年年底，该院开发了广东省首个可编程交换机平台、全国首个通信专用数字信号处理器DSP芯片平台、全球首个基于公有云的5G云核心网平台。

（柯思异）

【高水平创新研究院】　2019年通过成建制、成体系、机构化引进国家战略科技力量的方式，积极开展高水平创新研究院建设，共引进中科院空天信息研究院、中科院苏州纳米所、北京协同创新研究院、中科院微电子所、沈阳自动化所、中科院力学所等10多家国家级大院大所在广东省落地建设高水平创新研究院，吸引了吴一戎院士、赵宇亮院士、孙凝晖院士等一批高层次人才和团队，推动了一批国家重大项目在本省布局实施。其中，中国科学院空天信息研究院粤港澳大湾区研究院、中国科学院苏州纳米技术与纳米仿生研究所广东（佛山）研究院、广东省大湾区集成电路与系统应用研究院等8家高水平创新研究院登记为省级事业单位。此外，研究制定并发布了《广东省科学技术厅加快引进高端创新资源专项工作实施方案》，系统地建立了高端创新资源引进的服务规范。

广东智能无人系统研究院　该院由广州市、南沙区和中科院沈阳自动化研究所三方共建，于2019年7月正式成立。该院以中科院“新一代潜航器”先导专项落户南沙为依托，开展大型水下机器人保障条件建设，同时在基础研究、海洋机器人运维保障、海洋信息服务方面做科研布局及人才团队建设，形成约60人的研发团队，其中核心人员为国内外知名专家，骨干人员为具有博士学位或高级技术职称的中青年科学家；承担了“新一代潜航器总装联调保障技术与系统研发”“深海资源调查开发ROV技术攻关与平台研发”等4个省级科技计划项目。2019年9月，该院积极配合广州市南沙区建成了南沙海洋科技创新展示中心并投入使用。

广东省大湾区集成电路与系统应用研究院　该院由广州高新技术产业开发区与中科院微电子研究所合作共建，开展FDSOI关键技术、计算光刻等先导性技术研发，及高端集成电路测试评估平台、EDA共性技术研发与服务平台、先进封装技术研发与服务平台建设和运营。2019年该院积极开展车规级芯片、系统核心技术研发，重点布局功率半导体智能驱动和核心引擎控制芯片及系统，与中科院微电子所、ST意法半导体、博

世、联合电子、GE等知名机构共组高水平研发团队，有望在2020年率先实现工业和消费领域驱动芯片量产，并完成车规级驱动芯片aa版本和高性能SiC驱动电机系统研发和测试；同时，与粤芯半导体进行战略合作，共同开展65nm CIS产品量产研发工作，支撑地方龙头企业发展。

广东粤港澳大湾区国家纳米科技创新研究院　该院是国家纳米科学中心在广东落地建设的高水平创新研究院，由广州高新区和国家纳米科学中心共同发起举办。纳米科技研究院重点聚焦科技创新链4-6级，解决我国纳米科技的基础成果的转化、工艺、技术及产业化过程中的研发问题，构建完整的创新全链条，形成引领国际纳米科技发展的技术高地和产业创新中心。2019年，该院遴选出首批包括5G通讯射频前端微纳声波滤波器中试项目、全息混合现实技术纳米光学器件项目等9个面向产业、面向“卡脖子”问题的重点产业化项目。

（柯思异）

【技术创新中心】　2019年，省科技厅对标国家技术创新中心建设要求，积极推进国家和省技术创新中心建设，截至2019年年底，已向科技部上报了粤港澳大湾区新兴产业国家技术创新中心（综合类）、国家新型显示技术创新中心（领域类）和国家第三代半导体技术创新中心（领域类）3个国家技术创新中心的实施方案；出台了《广东省技术创新中心建设方案》，计划建设一批省技术创新中心。根据各地市的推荐情况和产业的发展需要，深圳第三代半导体研究院、珠海格力电器股份有限公司2家单位已获批启动建设广东省第三代半导体技术创新中心和广东省智能化模具技术创新中心。

（柯思异）

【公共研发平台】　2019年，广东省分别依托平安保险、商汤科技、科大讯飞、鹏城实验室、佳都新太、云洲智能、欧派家居、云从科技等单位建设智能金融、视觉智能处理、机器人智能交互、开源软硬件、智慧交通、无人船艇、协同设计与制造、人机协同等开放创新平台，进一步提升广东省人工智能开放创新平台的协同创新力度。

表5-2-1　广东省新一代人工智能开放创新平台名单

序号	依托单位	平台名称
1	深圳市腾讯计算机系统有限公司	智慧医疗广东省新一代人工智能开放创新平台
2	深圳市大疆创新科技有限公司	智能无人系统广东省新一代人工智能开放创新平台
3	珠海格力电器股份有限公司	智能制造广东省新一代人工智能开放创新平台
4	美的集团股份有限公司	智能家居广东省新一代人工智能开放创新平台
5	中国平安保险（集团）股份有限公司	智能金融广东省新一代人工智能开放创新平台
6	深圳市商汤科技有限公司	视觉智能处理广东省新一代人工智能开放创新平台
7	科大讯飞华南有限公司	机器人智能交互广东省新一代人工智能开放创新平台
8	鹏城实验室	基础理论与开源软硬件广东省新一代人工智能开放创新平台
9	佳都新太科技股份有限公司	智慧交通广东省新一代人工智能开放创新平台
10	珠海云洲智能科技有限公司	无人船艇广东省新一代人工智能开放创新平台
11	欧派家居集团股份有限公司	智能设计与制造广东省新一代人工智能开放创新平台
12	广州云从信息科技有限公司	人机协同广东省新一代人工智能开放创新平台

（钟士岗）

【工程技术研究中心】　截至2019年年底，全省经认定的省工程中心共有6 143家；其中，珠三角地区5 230家，占全省的85.13%；粤东西北地区913家，占全省的14.87%。2019年，全省新增认定省级工程中心790家；其中，规上企业和科研机构753家、新经济企业37家，覆盖了先进制造（185家）、新材料（135家）、新能源与高效节能（106家）、电子元器件及集成电路（96家）、电子信息技术（87家）、高技术服务业（34家）、高端装备（33家）、生物医药及医疗器械（42家）、食品与轻化工（26家）、农业技术（21家）、资源与环境（25家）等重点产业领域，行业布局符合广东省经济结构，体现战略性新兴产业转型升级发展方向。

（柯思异）

【创新创业新业态】　2019年，在科技部火炬中心的支持指导下，由广东省科学技术厅主办，广东省生产力促进中心等单位承办的第8届中国创新创业大赛（广东赛区）（以下简称“大赛”）延续“以赛代评”社会化评选机制，通过市场化的形式促使一批优质科技中小微企业脱颖而出。

2019年全省报名参赛企业总数持续增长，共有6 466家企业报名参赛，其中，广东赛区3 670家、深圳赛区2 796家，位居全国第2。初赛采用集中现场网络评审方式，邀请中国创新创业大赛入库的投资专家和技术专家，在中国创新创业大赛官方网络平台，对已通过资格审核的参赛企业进行集中现场网络评审。行业决赛分互联网、电子信息、先进制造、生物医药、新材料、新能源及节能环保6个行业领域，分别由广东拓思软件科学园、中山市科学技术局、清远高新区管委会承办。最终决赛产生大赛初创组一等奖6名、二等奖12名、三等奖18名、优胜奖83家，成长组一等奖6名、二等奖12名、三等奖18名、优胜奖204家，遴选出93家优胜企业参加全国行业总决赛。

省市合力组织发动　2019年大赛共设立广州、珠海、佛山、中山、江门、惠州、肇庆、韶关、汕尾、潮州、茂名11个地市分赛区和1个综合分赛区（广州），坚持省市联动进行宣传发动，充分激发了企业的参与热情。大赛期间，大赛组委会组织专家服务团前往珠海、中山、江门、韶关、惠州、潮州、茂名进行赛事指导服务，开展了大赛宣讲培训会超60余场，覆盖全省11个地市，参会企业超过5 000家。

组织规范有序，评审公平公正　修订了《中国创新创业大赛（广东赛区）暨“珠江天使杯”科技创新创业大赛组织工作指引》，加强对各地方赛事组织工作的指导，协助开展赛事服务工作，做好对地方赛事宣传的支撑。

初赛评审采用集中现场网络评审方式。改变了以往由评审专家自行安排时间登陆评审系统参评的方式，采用集中时间、地点、现场分配项目的方式，加强了专家评审进度跟踪和监督，确保了项目评审的公平公正，提高了项目评审质量。

现场评审实施“双盲评审”。评审专家通过现场抽签确定评审室，参赛企业通过现场抽签确定比赛顺序，实施“双盲评审”。比赛现场采用现场答辩、现场亮分、成绩墙实时公布的方式，按照比赛成绩确定获奖企业名单。评审现场全程进行视频直播和照片直播，保证评审过程透明、公平、公正。

大赛品牌效应加强　大赛经过7年不断发展探索建设，“珠江天使杯”品牌影响力逐年提升。2019年参与大赛评审的创投专家和技术专家历年最多。初赛共邀请了粤科金融、国民创投、广州基金等近80家省内知名投资机构136位投资专家和68位技术专家参与评审，参评达7 155人次。地方赛共邀请了粤科金融、深创投、广州基金等341家省内知名投资机构612位投资专家和134位技术专家参与评审。行业赛决赛共邀请了粤科金融、深创投、达晨创投等60家省内知名投资机构102人参与评审。

发挥地市产业优势　广东拓思软件科学园、中山市科学技术局、清远高新区管委会等大赛行业决赛承办单位积极发挥地市产业优势、创新载体优势，现场为参赛企业开展政策宣讲、创业孵化、产学研需求等对接服务，并组织参赛企业参观当地相关行业的龙头企业。

金融机构全程参与　联合多家银行机构，组织开展了10多场“中国创新创业大赛科技金融暖企对接活动”，通过推介科技金融政策、详解金融产品及服务、企业现场与银行洽谈对接等，为企业对接金融机构搭建直通的渠道，提供政策和

金融产品信息，助力企业快速发展。

线上路演平台为参赛企业实现多渠道展示与融资对接。深交所“中国高新区科技金融信息服务平台”为参赛企业进行线上直播路演，省内外的创投专家可以在线实时了解参赛企业情况，提供种子轮、天使轮、A轮、B轮等前期融资对接服务。

多渠道营造创新创业氛围　联合广东电视台、《南方日报》、腾讯网、网易新闻、天天快报、今日头条等媒体，对赛事全流程工作进行同步跟进报道，通过现场采访、新闻报道、图文直播等方式，全程记录参赛企业精彩瞬间，报道参赛企业的创新创业故事。在大赛比赛期间，通过湾创直播间向全球进行直播大赛决赛赛事，先后进行了互联网、电子信息、新能源、生物医药、新能源与节能环保等6个行业9场赛事实时直播，累计观看人次达到350多万，并在美国、日本、新加坡各地和我国港澳地区以及北上广深等近50个城市同步进行网上直播。

（杨保志）

科技金融

【科技计划项目】 7月5日，省科技厅发布2019年科技与金融结合专项工作申报指南。根据专家论证或审核结果及综合意见，2019年科技与金融结合专项工作专题一（科技天使投资风险补助）立项支持63个项目，安排资金3 865.56万元；专题二（普惠性科技信贷风险补偿）立项支持16个项目，安排资金582.70万元；专题三重大创新平台建设科技信贷服务后补助拟立项支持7个项目，安排资金260万元；专题四科技金融服务定向委托立项支持3个项目，安排资金400万元。4个专题合计立项支持89个项目，共计5 108.26万元。2019年支持63家创投机构共投资了科技型中小企业146家，投资金额49 821.33万元；支持16家银行面向9 046家科技型中小企业投放科技贷款，贷款金额达235.08亿元。

（田何志）

【产业与金融对接】 省科技厅积极对接国家重大科技成果转化基金、中科院母基金等落户广东。经过多次与科技部进行汇报，并与国投集团进行深入的对接，科技部和国投集团对转化基金落户广东持肯定态度，认为广东已经具备转化基金落户的基础条件和优势。省科技厅全力配合国投集团工作团队与多方进行沟通对接，包括省银保监局、省工商联等部门，广州、佛山、东莞、珠海等地市，联系银行、保险等金融机构以及有关龙头企业与国投集团进行对接。9月19日，省科技厅在广州组织召开中国科学院科技成果转化母基金推介会，广州、珠海、佛山、惠州、东莞等地市科技部门，中国科学院广州分院、粤科金融集团、中国银行、广州南沙金控等机构就基金规模、基金期限、资金配比、投资方向等进行了深入交流探讨。

（田何志）

【科技金融服务体系】 省科技厅联合银行机构建立广东省科技金融综合信息服务平台（又称“网上银行”），设立省级科技信贷风险准备金，面向全省中小微科技企业提供科技信贷支持。截至2019年年底，申请入库企业超过3 000家，实际发放贷款超过2亿元。此外，省科技厅联合地市设立省市联动科技信贷风险准备金，带动地市配套资金近8亿元，地市风险准备金池总规模达10.95亿元，引导约15家银行机构支持科技型中小微企业授信超过200亿元，实际发放贷款超过100亿元。为做好推荐科创板上市工作，省科技厅印发《广东省科学技术厅关于推荐科创板上市后备企业名单的通知》，开展科创板后备企业库建立工作，包括组织各地市推荐符合条件的优秀科技企业，从省科技计划项目库和高新技术企业数据库里遴选具有相关资质条件的企业入库，截至2019年年底，已建立约300家的科创板后备企业库。

（田何志）

【科技型企业投融资】 省科技厅联合建设银行广东省分行支持开展普惠性科技金融试点，截至2019年年底，普惠性科技金融试点累计为7 745户小微科技企业发放贷款106.88亿元。联合中国银行广东省分行服务科技型中小企业，截至2019年12月，中国银行广东省分行服务全省（不含深圳）逾10 000家中小科创企业，为全省超6 000家中小科创企业提供授信支持逾260亿元。支持深交所服务高新技术企业，截至2019年年底，深交所共组织广东省高新技术企业路演活动288场，共1 945家广东省企业在平台展示，其中1 495家企业参与路演，252家企业路演后获得融资，融资额67.49亿元。

（田何志）

【风险投资行业发展】 广东省作为国内创业投资及早期投资行业发展较早省份之一，创投市场活跃程度较高，机构数量、管理基金数量及规模长期处于全国领先地位。根据中国证券投资基金业协会统计数据显示，截至2019年年底，广东省已登记备案的私募基金管理机构6 250家，管理基金数量20 105只，管理基金规模2.55万亿元，机构数量位居全国首位，占全国的25.48%。根据清科公司发布的“2019年中国创业投资机构50强榜单”，上海、北京、广东各有15家、14家、13家创投机构入围，广东入围的创投机构以本土机构为主，其中深创投、达晨、国中、粤科金融集团4家创投机构为国有独资或控股。

从募资情况看，广东省创业投资募集基金数量和规模自2014年以来一直稳居全国前3位。受国家加强金融监管、严控金融风险影响，创投行业2019年整体募资规模大幅度下滑，全国及广东创业基金募集数量及募资总规模均为近3年来最低。2019年，广东省新增完成募集的创业基金384只，占全国的26.54%，居全国首位；当年完成募集创业基金规模345.41亿元，占全国的15.10%，排名全国第2。

从投资情况看，全国创投行业2019年披露投资案例共4 343起，披露投资规模761.82亿元，呈现投资案例数量回归理性、投资规模相对下滑、平均单笔融资额不断扩大的势态。其中广东省披露投资案例共743起，披露投资规模120.47亿元，仅次于北京居全国第2位。同时，广东省创投行业的投资领域覆盖面广，主要集中在IT、生物医药、互联网等国家当前重点支持发展的产业。

从退出情况看，广东省创投行业退出主要通过和首次公开发行上市（IPO）退出、并购退出、股权转让退出等三种渠道。广东省创新企业在全球资本市场的IPO数量一直居于全国前列，这些企业背后大都有创投机构的身影。根据清科私募通统计，2019年广东省创投行业一共录得80起退出事件，其中IPO退出占48.75%，并购退出占32.50%，股权转让退出占17.50%。2019年，广东省共有39家企业在A股（27家）、港股（7家）、美股（5家）IPO，募资总额达410.90亿元。

从地域分布看，省内创投机构主要集中分布在深圳、广州、珠海、东莞、佛山，约占全省创投机构总量的96.76%。截至2019年年底，总部设在本省的创投机构有1 757家，其中深圳1 294家（占比73.65%）、广州228家（占比12.98%）。深圳2019年投资案例数为585起、投资金额99.74亿元，除深圳外的省内其他地市创投案例数、投资金额分别仅为深圳的1/4和1/5。

此外，近年来广东省积极创新财政资金使用方式，着力发挥财政资金“四两拨千斤”的杠杆作用，支持政府引导基金设立发展，推动广东经济社会发展取得明显成效，已成为国内政府引导基金发展最快、最成熟的地区之一。根据清科私募通数据统计，截至2019年年底，广东省共设立了199支政府引导基金，已募集金额4 086.22亿元。广州（48支）与深圳（37支）作为创投行业活跃地区，市区级政府引导基金数量占到全省政府引导基金数量的42.71%，基金管理规模占到全省政府引导基金管理规模的82.65%。从基金类型看，广东省政府引导基金以母基金（FOFs）为主，分别占全省政府引导基金总量和募集金额的51.26%和85.89%；成长基金次之，分别占政府引导基金数量和募集金额的24.12%和4.75%；创业基金位列第3，分别占政府引导基金数量和募集金额的14.57%和4.08%。

（伍文浩）

【广东省粤科金融集团有限公司】 2019年，广东省粤科金融集团有限公司（以下简称“粤科金融集团”）全年实现营业收入及投资收益70.96亿元、利润总额4.37亿元，年末公司注册资本达96亿元，净资产220.27亿元，总资产362.09亿元，管理及参股基金规模超过600亿元，累计服务的科技型企业超过2 000家，全年先后获得金投奖、金智奖、金牛奖、“中国创业投资机构50强”等多项荣誉，主体信用评级达到AAA最高等级，综合实力迈上新台阶。

各项业务取得新突破 省创新创业基金运营成效明显。实现基金认缴总规模370.07亿元、实缴总规模208.57亿元，按认缴和实缴口径分别实现财政资金放大4.21倍和2.14倍。基金2018年绩效考核为“优”，并被评为2019年度粤港澳大湾区最佳政府引导基金。

基金组建进度加快，推动设立“四大基金”体系。2019年新设基金9支，总规模37.99亿元，其中与省实验室季华实验室合作设立5亿元的粤科季华基金。谋划组建重大科技基础设施基金、科技成果转化基金、战略性新兴产业发展基金、上市公司创新发展基金4支百亿元级引导基金，构建“引导基金—子基金集群—项目基金”三层架构，带动资本招商和重大科技创新项目培育发展。截至2019年年底，集团管理及参股基金94支，基金总规模突破600亿元。

风投创投稳步推进。全年投资项目20个，投资金额10.04亿元。举办“走进粤港澳大湾区”投融资对接系列活动，带动社会资本与科技企业精准对接。推动嘉元科技、南方新媒体、宇瞳光学和通达电气4家投资企业IPO上市，驴迹科技在港交所挂牌上市，百奥泰通过科创板上市审核，另有中星技术、豪美新材等11家在投企业IPO申请获受理。截至2019年年底，集团在管项目212个，投资总额66亿元。

金融业务稳步发展。小贷公司完成人民银行征信系统主体验收，接入广东省中小企业融资平台，担保公司得到省科技再担保基金转增、注册资本增至4.9亿元。全年共为各类企业提供小贷、担保、融资租赁、资产管理等服务逾30亿元。

资本运营和资产处置成效显著。组建上市公司纾困基金并成功落地浩云科技、高新兴、特一药业3个纾困项目，总投资金额6.31亿元。

参与省重大项目和平台建设　粤港澳大湾区绿色技术银行建设加快推进，已获科技部签批同意。广东省政策性小额再贷款公司启动组建，形成初步建设方案。联合建银国际、建设银行广东省分行等发起设立总规模100亿元的粤港澳大湾区科技创新股权投资基金。与清华控股公司、清华珠三角研究院合作成立清华科创基金取得初步进展。与中船、华侨城等龙头企业、国家和省实验室等前沿科研机构加强战略合作并达成合作共识，发掘并带动产业契合度高的优质项目和重大科技成果在广东转化。

（伍文浩）

科技成果与知识产权

科技成果转移转化

【技术合同登记】 2019年，全省共认定登记技术合同33 796项，同比增长41.23%；成交额2 272.78亿元，同比增长63.86%；技术交易额1 960.76亿元，同比增长46.39%；全省技术市场持续活跃，技术合同数据再创历史新高，成交额和技术交易额连续两年稳居全国第2。2019年全省共输出技术33 321项，成交额为2 223.08亿元，占全国输出技术成交总额的9.93%，位居全国第2；全省共吸纳技术52 503项，成交额为3 125.69亿元，占全国吸纳技术成交额的13.95%，仅次于北京（14.39%）。

全省共认定登记技术开发合同17 891项，成交额1 068.46亿元，同比增长48.92%，占全省成交总额的47.01%，居四类合同首位。其中，委托开发成交17 074项，成交额791.23亿元，同比增长25.26%，占技术开发合同成交额的74.05%；合作开发合同成交817项，成交额277.23亿元，同比增长233.12%，占技术开发合同成交额的25.95%。

全省共认定登记技术转让合同1 320项，成交额306.08亿元，同比下降0.52%。技术转让合同中，技术秘密转让为最主要的交易方式，合同成交额166.62亿元，同比下降18.42%，占技术转让合同的54.44%；其次是专利实施许可合同，成交额79.94亿元，同比增长3.05%，占技术转让合同的26.12%。生物、医药新品种权转让增幅最大，成交额为29.60亿元，同比增长1 544.20%；专利申请权转让增幅居第2位，成交额为3.56亿元，同比增长647.26%；计算机软件著作权转让、植物新品种权转让及其他均有不同程度下降。

技术咨询合同成交额在四类技术合同中占比仍最少，但相比2018年有一定程度增长。2019年，全省共认定登记技术咨询合同1 223项，成交额10.79亿元，同比增长25.19%，占全省技术合同成交总额的0.54%。

全省共认定登记技术服务合同13 362项，成交额887.45亿元，同比增长151.22%，占全省技术合同认定登记成交总额的39.05%。各类技术服务合同中，一般性技术服务为主要形式，共认定登记13 324项，成交额887.10亿元，同比增长151.22%，占技术服务合同的99.96%。

（周　彧）

【科技成果登记】 2019年广东省共登记各类科技成果2 755项（见表6-1-1），较2018年增加了282项，增长率达11.40%。登记科技成果中以应用技术成果为主，有2 049项，占总数的74.37%；基础理论成果580项，占总数的21.05%；软科学成果126项，占总数的4.57%。

这些登记的成果中，共获得知识产权11 633件，其中已获授权专利为6 310件，占总数的54.24%，6 820件知识产权由企业取得，占2019年登记成果的知识产权总数的58.63%，企业取得发明专利、实用新型专利、软件著作权的数量占全省全年登记成果所获发明专利、实用新型专利、软件著作权专利总数比例分别达到52.71%、70.60%，60.74%，在各类型牵头完成单位中占比最高。

2019年全省核准登记的成果中，企业完成1 049项、独立科研机构711项、大专院校571项、医疗机构289项、其他机构135项，牵头单位为企业的登记成果数占总数的38.08%。

应用技术类科技成果中，原始性创新类项目达1 458项，占应用技术类成果总数的71.16%。其中，企业原始性创新类成果达到735项，占总数比例超过50.41%。企业在应用技术类成果中展示的原始性创新能力远超其他机构。高新技术领域成果达到1 704项，占应用技术类成果的83.16%，主要分布在现代农业、电子信息、生物医药与医疗器械、先进制造、新材料5个领域。从成果的应用情况看，已产业化应用项目数达900项，小批量或小范围应用项目数为649项，试用项目数为282项，应用后停用项目数5项，未应用项目213项。

从应用技术成果产生经济效益统计来看，产生经济效益的项目数1 039项，应用技术类成果产生的总收入达3 859.30亿元、净利润达901.99亿元，实交税金593.73亿元，出口创汇达310.09亿元，节约资金835.50亿元，合作转化收入349.83亿元，技术转让与许可收入14.59亿元。

表6-1-1　广东省重大科技成果登记完成单位情况一览表（2014—2019）

单位：项

项目	2014年	2015年	2016年	2017年	2018年	2019年
合计	1748	2133	1963	2511	2473	2755
企业	1062	1390	1151	1465	1094	1049
科研院所	197	180	248	272	472	711
高等、大专院校	82	158	173	298	440	571
医疗机构	292	304	298	347	344	289
其他	115	101	93	129	123	135

（周　彧）

【科技创新券】　2019年，广东省启动省级科技创新券改革工作，对科技创新券的使用管理进行了大刀阔斧的改革，省级创新券依托“华转网”综合型服务平台，在国内率先采用科技服务电商模式，打造科技服务“商城”，实现科技创新券在支付环节直接抵扣，解决了国内创新券普遍存在的“手续繁琐、兑付周期长、兑付率不高”等问题，大大激发了企业的科技创新活动。

全年共320家省内外优质服务机构入驻创新券平台，超过3 300件科技服务商品上架销售，注册的科技型中小企业2 221家，已发放创新券金额近4 000万元，促成企业与服务机构签订服务合同金额累计超过1.33亿元。

（周　彧）

【科技服务机构】

华南技术转移中心　2019年，华南技术转移中心集聚整合国内外高端科技成果、人才、机构、资本等资源，构建“一站式对接、一条龙服务、全生命周期、全要素网络”的技术转移转化生态系统，覆盖“技术需求—成果供给—技术交易—支撑服务—孵化育成”等关键环节。该中心自主研发的“华转网”线上服务平台运用大数据、云计算、区块链等新型技术手段搭建了项目、需求、人才和服务商四大专业数据库，构建了“8分钟路演”“科研众包悬赏”“科研仪器共享”等九大功能平台，为各类创新创业主体提供便捷高效的“一站式”科技服务。“华转网”已整合集聚科技成果等创新要素3万余项。

国家技术转移示范机构　2019年，广东省国家技术转移示范机构促成技术转移项目成交数量超过14 034项，促成技术转移项目成交金额18.9亿元，组织技术交易活动524次，组织技术转移培训8 977人次，服务企业数量17 325家，解决企业需求5 271项，实现技术性收入7.6亿元。

（严军华）

科技奖励

【国家科学技术奖】 广东省有50项（含专用项目2项）成果获2019年度国家科学技术奖（见表6-2-1），其中，省内单位作为第一完成单位的成果10项。由华南理工大学牵头完成的“制浆造纸清洁生产与水污染全过程控制关键技术及产业化”项目，获国家科技进步奖一等奖。

表6-2-1 广东省获国家科学技术奖项目（2019年度）

表6-2-1-1 自然科学奖

序号	评审组	项目名称	主要完成人	提名单位（专家）	奖励等级
1	地球科学组	大气复合污染条件下新粒子生成与二次气溶胶增长机制	胡敏（北京大学） 吴志军（北京大学） 何凌燕（北京大学深圳研究生院） 郭松（北京大学） 黄晓锋（北京大学深圳研究生院）	教育部	二等奖
2	基础医学组	抑郁症发病机理及抗抑郁新靶点的研究	高天明（南方医科大学） 朱东亚（南方医科大学） 曹鹏（北京生命科学研究所） 朱心红（南方医科大学） 曹雄（南方医科大学）	张旭，叶玉如，陆林	二等奖
3	工程技术科学组	海洋天然气水合物分解演化理论与调控方法	宋永臣（大连理工大学） 樊栓狮（华南理工大学） 赵佳飞（大连理工大学） 杨明军（大连理工大学） 孔宪京（大连理工大学）	谈和平，郭烈锦，樊建人	二等奖

表6-2-1-2　技术发明奖

序号	评审组	项目名称	主要完成人	提名单位（专家）	奖励等级
1	医药卫生组	蛋白质抗原工程技术的创立及其应用	吴玉章（中国人民解放军陆军军医大学） 车小燕（南方医科大学珠江医院） 倪兵（中国人民解放军陆军军医大学） 丁细霞（南方医科大学珠江医院） 潘玉先（南方医科大学珠江医院）	中央军委科学技术委员会	二等奖
2	医药卫生组	异体间充质干细胞治疗难治性红斑狼疮的关键技术创新与临床应用	孙凌云（南京鼓楼医院） 张华勇（南京鼓楼医院） 胡祥（深圳市北科生物科技有限公司） 王丹丹（南京鼓楼医院） 刘沐芸（深圳市北科生物科技有限公司） 许文荣（江苏大学）	陈虎，顾晓松，徐涛	二等奖
3	医药卫生组	微创等离子前列腺手术体系的关键技术与临床应用	王行环（武汉大学） 王怀鹏（成都美创医疗科技股份有限公司） 李政（武汉大学） 林敏（珠海市司迈科技有限公司） 黄兴（武汉大学） 杨中华（武汉大学）	湖北省	二等奖
4	国土资源组	矿井人员与车辆精确定位关键技术与系统	孙继平［中国矿业大学（北京）］ 刘毅［中国矿业大学（北京）］ 严春（江苏三恒科技股份有限公司） 樊荣（中煤科工集团重庆研究院有限公司） 喻川（深圳市翌日科技有限公司） 包建军［天地（常州）自动化股份有限公司］	中国黄金协会	二等奖

（续上表）

序号	评审组	项目名称	主要完成人	提名单位（专家）	奖励等级
5	工程建设组	大容量高效离心式空调设备关键技术及应用	刘华（珠海格力电器股份有限公司） 尚敬（中车株洲电力机车研究所有限公司） 张治平（珠海格力电器股份有限公司） 李宏波（珠海格力电器股份有限公司） 钟瑞兴（珠海格力电器股份有限公司） 周宇（珠海格力电器股份有限公司）	中国节能协会	二等奖
6	电子信息组	移动高清视频编码适配关键技术	吴枫（中国科学技术大学） 李厚强（中国科学技术大学） 刘东（中国科学技术大学） 杨海涛（华为技术有限公司） 李礼（美国密苏里大学堪萨斯分校） 李斌［微软（中国）有限公司］	中国科学院	二等奖
7	机械与动力组	高端电子制造装备高速高精点位操作的关键技术与典型应用	陈新（广东工业大学） 高云峰（大族激光科技产业集团股份有限公司） 王晗（广东工业大学） 杨志军（广东工业大学） 陈新度（广东工业大学） 王光能（深圳市大族电机科技有限公司）	广东省	二等奖
8	电子信息二组	异构频谱超宽频动态精准聚合关键技术及应用	江涛（华中科技大学） 高鹏（中国移动通信集团设计院有限公司） 夏树强（中兴通讯股份有限公司） 张东晨（中国移动通信集团设计院有限公司） 郝鹏（中兴通讯股份有限公司） 屈代明（华中科技大学）	吴曼青、于全、陆军	二等奖

表6-2-1-3　科技进步奖

序号	评审组	项目名称	主要完成人	主要完成单位	奖励等级
1	机械组	海上大型绞吸疏浚装备的自主研发与产业化	谭家华，顾明，侯晓明，费龙，何炎平，陈源华，王健，张晴波，朱荣，杨启，俞孟蕻，严忠胜，孟咸宏，陈新华，顾敏童，丁树友，李晞，夏利娟，周瑞平，向功顺，张晓枫，蒋如宏，郑琳珠，甄义省，黄超，朱连宇，刘亚东，张宝辉，徐而敏，赵永生，凌良勇，王立强，余龙，王炜，戴文伯，陈新权，刘渊，严云福，谷孝利，丁勇，杨正军，冯永军，洪国军，姜国旺，丁金鸿，林森，苏贞，李晓燕，缪袁泉，罗刚	上海交通大学，中交天津航道局有限公司，中交上海航道局有限公司，长江航道局，中国船舶工业集团公司第七〇八研究所，江苏科技大学，上海振华重工（集团）股份有限公司，中交疏浚技术装备国家工程研究中心有限公司，江苏海新船务重工有限公司，上海船用柴油机研究所（中国船舶重工集团公司第七一一研究所），广州文冲船厂有限责任公司，中交疏浚（集团）股份有限公司，招商局重工（深圳）有限公司，中国铁建港航局集团有限公司，武汉理工大学，中交广州航道局有限公司，江苏海宏建设工程有限公司，上海齐耀重工有限公司	特等奖
2	轻工组	制浆造纸清洁生产与水污染全过程控制关键技术及产业化	陈克复，应广东，徐峻，张凤山，李军，曹衍军，乔军，李晓亮，莫立焕，安庆臣，冯郁成，曾劲松，周景蓬，张伟，韩文佳	华南理工大学，山东太阳纸业股份有限公司，山东华泰纸业股份有限公司，齐鲁工业大学	一等奖
3	动力电气与民核组	脉冲强磁场国家重大科技基础设施		华中科技大学，西北有色金属研究院，北京大学，中国科学院物理研究所，湖南大学，南京大学，复旦大学，南方电网科学研究院有限责任公司，东北大学	一等奖
4	电子与科学仪器组	高光效长寿命半导体照明关键技术与产业化	李晋闽，林科闯，王军喜，伊晓燕，刘志强，范玉钵，林洺锋，朱晓东，李国平，袁毅凯，阮军，梁毅，吴晞敏，蔡文必，刘乃鑫	中国科学院半导体研究所，三安光电股份有限公司，厦门华联电子股份有限公司，深圳市洲明科技股份有限公司，河北立德电子有限公司，北京良业环境技术股份有限公司，鸿利智汇集团股份有限公司，佛山市国星光电股份有限公司，北京半导体照明科技促进中心，厦门光莆电子股份有限公司	一等奖

（续上表）

序号	评审组	项目名称	主要完成人	主要完成单位	奖励等级
5	土木建筑组	高层钢-混凝土混合结构的理论、技术与工程应用	周绪红，刘界鹏，傅学怡，张素梅，杨想兵，徐坤，徐国军，杨波，童根树，周期石，林旭川，张小冬，李江，王宇航，	重庆大学，悉地国际设计顾问（深圳）有限公司，中建钢构有限公司，浙江绿筑集成科技有限公司，中冶建筑研究总院有限公司，哈尔滨工业大学，湖南大学，浙江大学，中国地震局工程力学研究所，中南大学	一等奖
6	交通运输组	复杂艰险山区高速公路大规模隧道群建设及营运安全关键技术	何川，方勇，王明年，李祖伟，汪波，韩直，晏启祥，吴德兴，林才奎，陈乐生，李玉文，李海鹰，曾忠，王卫平，许金华	西南交通大学，重庆高速公路集团有限公司，招商局重庆交通科研设计院有限公司，四川省交通运输厅公路规划勘察设计研究院，浙江省交通规划设计研究院有限公司，广东省长大公路工程有限公司，四川公路桥梁建设集团有限公司，四川广甘高速公路有限责任公司，四川都汶公路有限责任公司，成都金隧自动化工程有限责任公司	一等奖
7	中医中药组	中医脉络学说构建及其指导微血管病变防治	吴以岭，杨跃进，贾振华，李新立，黄从新，杨明会，曹克将，董强，吴伟康，曾定尹，温进坤，高彦彬，周京敏，魏聪，郑青山	河北以岭医药研究院有限公司，中国医学科学院阜外医院，江苏省人民医院（南京医科大学第一附属医院），武汉大学人民医院（湖北省人民医院），中国人民解放军总医院，复旦大学附属华山医院，中山大学，河北医科大学，首都医科大学，复旦大学附属中山医院	一等奖
8	资源调查与矿山工程组	中国高精度数字高程基准建立的关键技术及其推广应用	李建成，邹贤才，姚宜斌，申文斌，魏辉，王彬，张士柱，刘秀，石强，陈为民，杨一挺，向泽君，张孝成，陈弘奕，李国鹏	武汉大学，湖北省测绘工程院，内蒙古自治区测绘地理信息局，深圳市地籍测绘大队，宁波市自然资源和规划局，浙江省第一测绘院，重庆市勘测院，重庆市国土资源和房屋勘测规划院，山西省测绘工程院，国家测绘地理信息局第一大地测量队（国家测绘地理信息局精密工程测量院）	一等奖

（续上表）

序号	评审组	项目名称	主要完成人	主要完成单位	奖励等级
9	林业组	中国特色兰科植物保育与种质创新及产业化关键技术	兰思仁，刘仲健，曾宋君，尹俊梅，罗毅波，石京山，宋希强，何碧珠，彭东辉，黄瑞宝	福建农林大学，中国热带农业科学院热带作物品种资源研究所，中国科学院华南植物园，遵义医科大学，中国科学院植物研究所，海南大学，福建连城兰花股份有限公司	二等奖
10	养殖业组	家畜养殖数字化关键技术与智能饲喂装备创制及应用	熊本海，蒋林树，杨亮，胡肄农，罗清尧，罗远明，曹沛，温志芬，高华杰，郑姗姗	中国农业科学院北京畜牧兽医研究所（中国动物卫生与流行病学中心北京分中心），北京农学院，江苏省农业科学院，河南南商农牧科技股份有限公司，无锡市富华科技有限责任公司，温氏食品集团股份有限公司，北京大北农科技集团股份有限公司	二等奖
11	养殖业组	动物专用新型抗菌原料药及制剂创制与应用	刘雅红，吴连勇，黄青山，曾振灵，方炳虎，黄显会，程雪娇，孔梅，丁焕中，张晓会	华南农业大学，齐鲁动物保健品有限公司，上海高科联合生物技术研发有限公司，广东温氏大华农生物科技有限公司，天津市中升挑战生物科技有限公司，洛阳惠中兽药有限公司	二等奖
12	养殖业组	草鱼健康养殖营养技术创新与应用	周小秋，邝声耀，冯琳，戈贤平，刘辉芬，姜维丹，米海峰，吴培，刘扬，唐凌	四川农业大学，通威股份有限公司，广州市科虎生物技术研究开发中心，四川省畜牧科学研究院，四川省畜科饲料有限公司，中国水产科学研究院淡水渔业研究中心，成都美溢德生物技术有限公司	二等奖
13	养殖业组	猪健康养殖的饲用抗生素替代关键技术及应用	汪以真，冯杰，江青艳，杨彩梅，胡彩虹，邓近平，李浙烽，刘雪连，杜华华，路则庆	浙江大学，华南农业大学，北京大北农科技集团股份有限公司，浙江农林大学，浙江惠嘉生物科技股份有限公司，杭州康德权饲料有限公司，天邦食品股份有限公司	二等奖
14	轻工组	柑橘绿色加工与副产物高值利用产业化关键技术	单杨，李高阳，付复华，苏东林，汪秋安，曲昆生，张菊华，刘伟，丁胜华，沈凡超	湖南省农业科学院，烟台安德利果胶股份有限公司，湖南熙可食品有限公司，东莞波顿香料有限公司，湖南大学，绵阳迪澳药业有限公司，辣妹子食品股份有限公司	二等奖

（续上表）

序号	评审组	项目名称	主要完成人	主要完成单位	奖励等级
15	轻工组	传统特色肉制品现代化加工关键技术及产业化	王守伟，孔保华，乔晓玲，赵燕，李家鹏，陈文华，臧明伍，李莹莹，施延军，宋忠祥	中国肉类食品综合研究中心，东北农业大学，湖南唐人神肉制品有限公司，金字火腿股份有限公司，广州皇上皇集团股份有限公司	二等奖
16	金属材料组	大尺寸铝合金车轮成型关键技术及应用	张虎，徐佐，张花蕊，徐惠彬，武汉琦，朱志华，李昌海，刘双勇，简伟文，陶同祥	北京航空航天大学，中信戴卡股份有限公司，秦皇岛信越智能装备有限公司，佛山市南海奔达模具有限公司，青岛航大新材料技术有限公司	二等奖
17	金属材料组	红土镍矿冶炼镍铁及冶炼渣增值利用关键技术与应用	姜涛，李光辉，胡志清，田伟光，饶明军，罗骏，彭志伟，何丛珍，张元波，梁国燊	中南大学，广东广青金属科技有限公司，宝钢德盛不锈钢有限公司	二等奖
18	机械组	塑料注射成形过程形性智能调控技术及装备	周华民，张云，赵朋，李德群，陈宇宏，黄志高，饶启琛，徐斌，沈亚强，汪智勇	华中科技大学，浙江大学，博创智能装备股份有限公司，中国航发北京航空材料研究院，瑞声光电科技（常州）有限公司，深圳市兆威机电股份有限公司，群达模具（深圳）有限公司	二等奖
19	机械组	高端印制电路板高效高可靠性微细加工技术与应用	王成勇，付连宇，郑李娟，王成勇，徐涛，屈建国，詹世敬，陈正清，崔荣，张伦强	广东工业大学，深圳市金洲精工科技股份有限公司，深南电路股份有限公司，株洲硬质合金集团有限公司，广州杰赛科技股份有限公司，生益电子股份有限公司，深圳市柳鑫实业股份有限公司	二等奖
20	动力电气与民核组	燃煤电站硫氮污染物超低排放全流程协同控制技术及工程应用	向军，胡松，张瑾，张开元，苏胜，吴雪萍，汪一，于宝成，王乐乐，李德波	华中科技大学，武汉龙净环保工程有限公司，北京清新环境技术股份有限公司，福建龙净环保股份有限公司，苏州西热节能环保技术有限公司，广东电科院能源技术有限责任公司，武汉天和技术股份有限公司	二等奖

（续上表）

序号	评审组	项目名称	主要完成人	主要完成单位	奖励等级
21	计算机与自动控制组	编码摄像关键技术及应用	季向阳，王贵锦，张永兵，刘振宇，杨艺，李晓波，万鹏飞，张刚，施陈博，连晓聪	清华大学，清华大学深圳研究生院，凌云光技术集团有限责任公司，淘宝（中国）软件有限公司，厦门美图之家科技有限公司，北京数码视讯科技股份有限公司	二等奖
22	交通运输组	车用高性能制动系统关键技术及产业化	张俊智，王丽芳，施正堂，龙元香，燕少德，何承坤，李芳，李立刚，苟晋芳，	清华大学，浙江亚太机电股份有限公司，广州瑞立科密汽车电子股份有限公司，中国科学院电工研究所	二等奖
23	交通运输组	大型飞机研制强度关键技术及应用	王彬文，段世慧，董登科，牟让科，杨胜春，韩克岑，王正龙，聂小华，弓云昭，陈先民	中国飞机强度研究所，中国商用飞机有限责任公司上海飞机设计研究院，中航通飞研究院有限公司	二等奖
24	交通运输组	公路桥梁检测新技术研发与应用	周建庭，张劲泉，杜博文，张洪，廖棱，马虎，傅宇方，张奔牛，周海俊，王福敏	重庆交通大学，交通运输部公路科学研究所，北京航空航天大学，深圳大学，重庆市轨道交通（集团）有限公司，林同棪国际工程咨询（中国）有限公司，招商局重庆交通科研设计院有限公司	二等奖
25	标准计量与文体科技组	食品中化学性有害物检测关键技术创新及应用	张峰，杨丙成，岳振峰，陈达，国伟，何艳玲，王秀娟，贾东芬	中国检验检疫科学研究院，华东理工大学，深圳出入境检验检疫局食品检验检疫技术中心，天津大学，北京陆桥技术股份有限公司，北京六角体科技发展有限公司	二等奖
26	环境保护组	稻田镉砷污染阻控关键技术与应用	李芳柏，黄道友，马义兵，林玉锁，刘晓文，李永涛，刘代欢，刘传平，刘承帅，朱奇宏	广东省生态环境技术研究所，中国科学院亚热带农业生态研究所，中国农业科学院农业资源与农业区划研究所，生态环境部南京环境科学研究所，环境保护部华南环境科学研究所，华南农业大学，永清环保股份有限公司	二等奖
27	内科与预防医学组	消化系统肿瘤分子标志物的发现及临床应用	徐瑞华，王峰，骆卉妍，关新元，元云飞，云径平，康铁邦，邵建永，鞠怀强，邱妙珍	中山大学肿瘤防治中心（中山大学附属肿瘤医院、中山大学肿瘤研究所）	二等奖

（续上表）

序号	评审组	项目名称	主要完成人	主要完成单位	奖励等级
28	中医中药组	针刺治疗缺血性中风的理论创新与临床应用	许能贵，符文彬，刘健华，徐振华，唐纯志，易玮，王舒，杨骏，崔韶阳，王琳	广州中医药大学，广东省中医院（广州中医药大学第二附属医院、广州中医药大学第二临床医学院、广东省中医药科学院），天津中医药大学第一附属医院，安徽中医药大学第一附属医院（安徽省中医院），广州中医药大学深圳医院（福田）	二等奖
29	中医中药组	脑卒中后功能障碍中西医结合康复关键技术及临床应用	陈立典，陶静，陈智轩，李湄珍，黄佳，薛偕华，杨珊莉，柳维林，胡海霞，邢金秋	福建中医药大学，香港理工大学，香港大学，广州一康医疗设备实业有限公司	二等奖
30	通信组	大容量弹性化灵活带宽光网络技术创新与规模应用	张杰，赵永利，李晗，罗军，邹洪强，张德江，白立荣，罗贤龙，杨辉，李允博	北京邮电大学，华为技术有限公司，中国移动通信集团有限公司	二等奖
31	通信组	超高速超长距离T比特光传输系统关键技术与工程实现	忻向军，刘博，常天海，唐明，李良川，张丽佳，司明钢，卢彦兆，张琦	北京邮电大学，华为技术有限公司，华中科技大学	二等奖
32	农艺与农业工程组	植物源油脂包膜肥控释关键技术创建与应用	樊小林，王学江，解永军，高强，谢江辉，刘芳，张立丹，孟远夺，鲁剑巍，刘海林	华南农业大学，五洲丰农业科技有限公司，施可丰化工股份有限公司，吉林农业大学，中国热带农业科学院南亚热带作物研究所，华中农业大学，全国农业技术推广服务中心	二等奖
33	资源调查与矿山工程组	西部山区大型滑坡潜在隐患早期识别与监测预警关键技术	许强，汤明高，刘春，廖明生，巨能攀，胡伟，朱星，张路，黄学斌，李慧生	成都理工大学，同济大学，武汉大学，中国地质调查局武汉地质调查中心（武汉地质矿产研究所），深圳市北斗云信息技术有限公司	二等奖
34	外科与耳鼻咽喉颌组	女性盆底功能障碍性疾病治疗体系的建立和推广	朱兰，郎景和，徐弢，鲁永鲜，华克勤，童晓文，金杭美，张晓薇，孙智晶，陈娟	北京协和医学院，清华大学，中国人民解放军总医院第四医学中心，复旦大学附属妇产科医院，上海市同济医院，浙江大学医学院附属妇产科医院，广州医科大学附属第一医院	二等奖

（续上表）

序号	评审组	项目名称	主要完成人	主要完成单位	奖励等级
35	养殖业组	饲草优质高效青贮关键技术与应用	杨富裕，玉柱，张建国，徐春城，许庆方，刘忠宽，丁武蓉，徐智明，李存福，谢建将	中国农业大学，华南农业大学，兰州大学，山西农业大学，河北省农林科学院农业资源环境研究所，全国畜牧总站，四川高福记生物科技有限公司	二等奖
36	机械组	中厚板及难焊材料激光焊接与复杂曲面曲线激光切割技术及装备	陈根余，陈焱，张屹，刘旭飞，唐景龙，金湘中，邓时累，范国成，欧阳征定，刘炳伟	湖南大学，大族激光科技产业集团股份有限公司，郑州宇通客车股份有限公司	二等奖
37	通信组	北斗性能提升与广域分米星基增强技术及应用	周建华，陈俊平，薛瑞，赵金贤，许祥滨，袁本银，曹月玲，巩秀强，赵鹤，李锐	北京卫星导航中心，中国科学院上海天文台，北京航空航天大学，上海思南卫星导航技术股份有限公司，上海华测导航技术股份有限公司，泰斗微电子科技有限公司，北京神州天鸿科技有限公司	二等奖

（李政访）

【广东省科学技术奖】　2019年度全省共评选广东省科学技术奖179项（人）（见表6-2-2），其中突出贡献奖2人、自然科学奖24项（一等奖12项，二等奖12项）、技术发明奖14项（一等奖9项，二等奖5项）、科技进步奖135项（特等奖1项、一等奖29项、二等奖105项）、科技合作奖4人。华南理工大学王迎军院士、中国科学院南海海洋所张偲院士获省科学技术突出贡献奖，深圳市大疆创新科技有限公司完成的“三维环境智能感知系统研发及应用”项目获省科技进步奖特等奖。获奖项目（人）具有以下特点：

杰出科学家为广大科技工作者树立光辉榜样　2019年度突出贡献奖两位获奖者之一的华南理工大学王迎军院士，在广东省生物医用材料与医疗器械研究、工程化等领域努力耕耘35年，在血液净化、组织工程和再生医学材料等前沿基础研究和应用基础研究方面取得多项原创性成果，同时建立我国首个人体组织功能重建产学研联盟和协同创新中心，畅通高端成果产业化渠道，有效提高本省医疗器械企业技术竞争力，推动全省医疗器械行业快速发展。

突出贡献奖获奖者中国科学院南海海洋所张偲院士，投身海洋事业近40年，积极推动热带海洋生态工程技术在广东落地应用，并建立了“南方海洋科学与工程广东省实验室（广州）”，引进或组建了45个核心团队为粤港澳大湾区岛屿可持续开发、资源可持续利用、生态可持续发展提供了原创性科技支撑。这两位杰出科学家目前仍活跃在科研一线，他们对科学的执着和追求、永攀科学高峰的精神为广大科技工作者树立了光辉榜样。

此外，青年科技人才正逐步成长为本省科技创新中坚力量。2019年度获奖项目（人）中，45岁以下的第一完成人有61人，占比34.1%，其中特等奖项目1人、一等奖项目12人、二等奖项目48人。

前瞻性引领性原始创新成果取得持续突破　近年来广东省持续加强基础研究和应用基础

研究，充分发挥高等院校、科研院所主力军和企业生力军作用，瞄准国际科学前沿和战略必争领域，对接国家基础研究重大布局，着眼全省优势特色产业及未来发展关键领域，着力实现前瞻性基础研究、引领性原始创新成果重大突破。在2019年度179项获奖项目（人）中，自然科学奖有24项，占比达到13.4%，奖励数量和占比均为历年来最高。

核心技术攻关奋力破解“卡脖子”问题 广东省持续加强关键核心技术攻关，努力解决“卡脖子”问题，提升原始创新能力，增强创新发展的后劲。在2019年度179项获奖项目（人）中，技术发明奖有14项，占比7.8%。从2019年度获奖项目看，有一批面向产业发展重大需求的关键核心技术取得了突破，也使全省自主创新的能力进一步增强。

科技创新引领产业高质量发展 2019年度科技进步奖共有135项获奖，其中特等奖1项、一等奖29项、二等奖105项，这批获奖项目成果在转化应用过程中产生了显著的社会经济效益。据统计，成果转化应用后在完成单位新增销售额累计达到893.3亿元、新增利润累计达到136.7亿元，在应用单位新增销售额累计达到1 054.1亿元、新增利润累计达到122.3亿元，充分展现了全省科技创新引领产业高质量发展。

企业创新主体地位更加稳健 在2019年度179项获奖项目（人）中，由企业牵头或参与的项目总数达到123个，占获奖项目总数的68.7%。从牵头项目看，由企业或依托企业牵头完成的有66项，占获奖项目总数的36.9%，由高校或依托高校牵头完成的项目有63项，占获奖项目总数的35.2%；由科研机构牵头完成的有33项，占获奖项目总数的18.4%；由卫生医疗机构（含高校附属医院）牵头完成的有17个，占获奖项目总数的9.5%；企业牵头完成项目数居首位。

粤港澳大湾区融合发展创新成果不断涌现 2019年度省科学技术奖获奖项目中，港澳机构或人员参与的项目分布于多个领域，参与机构包括香港理工大学、香港中文大学、香港大学等知名高校。此外，广东省科技创新工作坚持走出去与引进来相结合，瞄准科学发展前沿和产业变革前沿，大力吸引聚集国内外创新资源。2019年度省科学技术奖获奖项目中，有省外单位参与的项目达到68个，占获奖项目数的38%，比上年增长70%。参与项目研发应用的省外单位分布于北京、上海、江苏、湖南等18个省市。

对外科技合作取得丰硕成效 2019年度评选出的4名科技合作奖获奖人，来自法国、德国、印度、斯里兰卡4个国家，均长期和广东省保持良好的合作关系，在向广东省引进技术、合作研发、培育人才等方面作出了重要贡献，取得了一系列的丰硕成果，彰显广东省对外开放合作共赢新格局。

表6-2-2 2019年度广东省科学技术奖获奖名单（部分）

表6-2-2-1 突出贡献奖

序号	姓名	工作单位	提名单位/提名专家
1	王迎军	华南理工大学	广东省教育厅（省委教育工作委员会）
2	张偲	中国科学院南海海洋研究所	中国科学院广州分院

表6-2-2-2 自然科学奖一等奖

序号	项目编号	项目名称	主要完成人	提名单位/提名专家
1	Z01-1-01	钙钛矿铁电材料的介电非线性特性与压电响应研究及应用	唐新桂（广东工业大学） 张信义（香港理工大学） 戴吉岩（香港理工大学） 陈王丽华（香港理工大学） 匡淑娟（广东工业大学） 刘秋香（广东工业大学） 蒋艳平（广东工业大学）	广东省教育厅（省委教育工作委员会）
2	Z01-1-02	液体-气体两相流模型的适定性理论	朱长江（华南理工大学） 姚磊（西北大学） 温焕尧（华中师范大学）	广东省教育厅（省委教育工作委员会）
3	Z02-1-01	配位聚合物多孔材料的吸附性能调控	张杰鹏（中山大学） 陈小明（中山大学） 廖培钦（中山大学） 何纯挺（中山大学） 章跃标（中山大学） 林健斌（中山大学） 魏永生（中山大学）	广东省教育厅（省委教育工作委员会）
4	Z03-1-01	尿液诱导多能干细胞技术及体细胞重编程机制	MIGUEL ANGEL ESTEBAN BARRAGAN（中国科学院广州生物医药与健康研究院） 秦宝明（中国科学院广州生物医药与健康研究院） 鲍习琛（中国科学院广州生物医药与健康研究院） 刘龙奇（中国科学院广州生物医药与健康研究院） 许燕（中国科学院广州生物医药与健康研究院） 吴海涛（中国科学院广州生物医药与健康研究院） 朱细华（中国科学院广州生物医药与健康研究院） 郭享彭（中国科学院广州生物医药与健康研究院） 吴亚松（中国科学院广州生物医药与健康研究院） 李媛（中国科学院广州生物医药与健康研究院） 庄强（中国科学院广州生物医药与健康研究院） 卿小兵（中国科学院广州生物医药与健康研究院） 骆志伟（中国科学院广州生物医药与健康研究院） 黄颖华（中国科学院广州生物医药与健康研究院） 张辉（中国科学院广州生物医药与健康研究院）	中国科学院广州分院
5	Z04-1-01	动脉粥样硬化新型代谢标志物的发现及其干预策略研究	夏敏（中山大学） 凌文华（中山大学） 柳雁（中山大学） 肖云军（中山大学） 宋嘉宜（中山大学） 朱艳娜（中山大学） 李丹（中山大学）	广东省卫生健康委员会

（续上表）

序号	项目编号	项目名称	主要完成人	提名单位/提名专家
6	Z04-1-02	IgA肾病遗传学发病机制及临床关联研究	余学清（中山大学附属第一医院） 李明（中山大学附属第一医院） 艾珍（中山大学附属第一医院） 陈崴（中山大学附属第一医院） 毛海萍（中山大学附属第一医院） 冯少珍（中山大学附属第一医院）	广东省卫生健康委员会
7	Z05-1-01	不确定性任务驱动的高性能执行器控制理论与方法	章云（广东工业大学） 刘治（广东工业大学） 彭世国（广东工业大学） 王鼎（中国科学院自动化研究所） 赖冠宇（广东工业大学） 陈辞（广东工业大学）	广东省教育厅（省委教育工作委员会）
8	Z06-1-01	新型无机光电材料的结构设计与功能调控	匡代彬（中山大学） 苏成勇（中山大学） 陈洪燕（中山大学） 吴武强（中山大学） 王旭东（中山大学） 徐杨帆（中山大学） 饶华商（中山大学） 廖金云（中山大学） 杨慕紫（中山大学）	广东省教育厅（省委教育工作委员会）
9	Z06-1-02	高安全性二次电池关键材料研究	康飞宇（清华大学深圳研究生院） 贺艳兵（清华大学深圳研究生院） 杨全红（天津大学） 李宝华（清华大学深圳研究生院） 徐成俊（清华大学深圳研究生院） 吕伟（清华大学深圳研究生院） 周栋（清华大学） 卢青文（清华大学深圳研究生院） 韵勤柏（清华大学深圳研究生院） 柳明（清华大学深圳研究生院） 王超（清华大学深圳研究生院） 韩翠平（清华大学深圳研究生院） 刘如亮（清华大学深圳研究生院） 王拴（清华大学深圳研究生院） 秦显营（清华大学深圳研究生院）	广东省教育厅（省委教育工作委员会）

（续上表）

序号	项目编号	项目名称	主要完成人	提名单位/提名专家
10	Z07–1–01	天然气水合物分解机理及调控方法研究	李小森（中国科学院广州能源研究所） 李刚（中国科学院广州能源研究所） 陈朝阳（中国科学院广州能源研究所） 徐纯刚（中国科学院广州能源研究所） 夏志明（中国科学院广州能源研究所） 张郁（中国科学院广州能源研究所） 王屹（中国科学院广州能源研究所） 颜克凤（中国科学院广州能源研究所） 吕秋楠（中国科学院广州能源研究所） 蔡晶（中国科学院广州能源研究所） 阮徐可（中国科学院广州能源研究所）	中国科学院广州分院
11	Z08–1–01	新型卤代持久性有机污染物的环境地球化学行为与暴露风险	麦碧娴（中国科学院广州地球化学研究所） 罗孝俊（中国科学院广州地球化学研究所） 安太成（中国科学院广州地球化学研究所） 陈社军（中国科学院广州地球化学研究所） 彭平安（中国科学院广州地球化学研究所） 吴江平（中国科学院广州地球化学研究所） 李桂英（中国科学院广州地球化学研究所） 陈来国（中国科学院广州地球化学研究所） 张秀蓝（中国科学院广州地球化学研究所） 田密（中国科学院广州地球化学研究所）	中国科学院广州分院
12	Z08–1–02	矿物–胞外呼吸微生物间电子传递机制及其环境效应	李芳柏（广东省生态环境技术研究所） 周顺桂（广东省生态环境技术研究所） 李湘中（香港理工大学） 冯春华（华南理工大学） 刘同旭（广东省生态环境技术研究所） 袁勇（广东省生态环境技术研究所） 庄莉（广东省生态环境技术研究所） 李晓敏（广东省生态环境技术研究所） 刘承帅（广东省生态环境技术研究所）	广东省科学院

表6-2-2-3　技术发明奖一等奖

序号	项目编号	项目名称	主要完成人	提名单位/提名专家
1	F011-1-01	淡水池塘环境生态工程调控与尾水减排关键技术及应用	谢骏（中国水产科学研究院珠江水产研究所） 刘兴国（中国水产科学研究院渔业机械仪器研究所） 程香菊（华南理工大学） 李志斐（中国水产科学研究院珠江水产研究所） 刘汉生（广州市农业技术推广中心） 王广军（中国水产科学研究院珠江水产研究所） 郁二蒙（中国水产科学研究院珠江水产研究所） 余德光（中国水产科学研究院珠江水产研究所） 张凯（中国水产科学研究院珠江水产研究所） 龚望宝（中国水产科学研究院珠江水产研究所） 潘厚军（中国水产科学研究院珠江水产研究所） 符云（广东省渔业技术推广总站） 蒋天宝（广州市农业技术推广中心） 夏耘（中国水产科学研究院珠江水产研究所） 桑朝炯（广州先得生物技术有限公司）	广州市科学技术局
2	F02-1-01	高端宽体CT低剂量成像关键技术与系统研发及应用	马建华（南方医科大学） 陈武凡（南方医科大学） 边兆英（南方医科大学） 李双学（东软医疗系统股份有限公司） 楼珊珊（东软医疗系统股份有限公司） 相欣（东软医疗系统股份有限公司） 张华（南方医科大学） 黄静（南方医科大学） 逄岭（东软医疗系统股份有限公司） 黎新亮（东软医疗系统股份有限公司）	广东省教育厅（省委教育工作委员会）
3	F03-1-01	重大基础设施结构形变精密三维测量技术与装备	李清泉（深圳大学） 毛庆洲（武汉汉宁轨道交通技术有限公司） 陈智鹏（深圳大学） 曹民（武汉武大卓越科技有限责任公司） 朱家松（深圳大学） 汪驰升（深圳大学） 周宝定（深圳大学） 文艺（武汉武大卓越科技有限责任公司） 马海志（北京城建勘测设计研究院有限责任公司） 王敬飞（广东华路交通科技有限公司） 郑继忠（武汉汉宁轨道交通技术有限公司） 卢永华（深圳市勘察研究院有限公司） 卢毅（武汉武大卓越科技有限责任公司） 熊智敏（深圳大学） 樊廷立（北京城建勘测设计研究院有限责任公司）	广东省教育厅（省委教育工作委员会）

（续上表）

序号	项目编号	项目名称	主要完成人	提名单位/提名专家
4	F04–1–01	高水分有机固废安全处置与土壤高值化利用技术及装备	袁浩然（中国科学院广州能源研究所） 刘欢（华中科技大学） 邓丽芳（中国科学院广州能源研究所） 李世坤（广东润田肥业有限公司） 王琳玲（华中科技大学） 韩颖（维尔利环保科技集团股份有限公司） 顾菁（中国科学院广州能源研究所） 鲁涛（中国科学院广州能源研究所） 陈勇（中国科学院广州能源研究所）	中国科学院广州分院
5	F07–1–01	III–V族化合物半导体材料及器件的界面调控技术	李国强（华南理工大学） 王文樑（华南理工大学） 徐亮（佛山市国星半导体技术有限公司） 洪晓松（惠州雷士光电科技有限公司） 刘兴江（中国电子科技集团公司第十八研究所） 高鹏（中国电子科技集团公司第十八研究所） 雷自合（佛山市国星半导体技术有限公司） 高俊宁（华南理工大学） 林志霆（广州市众拓光电科技有限公司） 高芳亮（华南理工大学） 向荣（惠州雷士光电科技有限公司） 阳志超（华南理工大学）	广东省教育厅（省委教育工作委员会）
6	F08–1–01	光储空调直流化关键技术研究及应用	董明珠（珠海格力电器股份有限公司） 赵志刚（珠海格力电器股份有限公司） 蒋世用（珠海格力电器股份有限公司） 贺小林（珠海格力电器股份有限公司） 张雪芬（珠海格力电器股份有限公司） 陈万兴（珠海格力节能环保制冷技术研究中心有限公司） 杨帆（珠海格力电器股份有限公司） 李宏波（珠海格力节能环保制冷技术研究中心有限公司） 张有林（珠海格力电器股份有限公司） 张仕强（珠海格力电器股份有限公司） 刘克勤（珠海格力电器股份有限公司） 黄猛（珠海格力电器股份有限公司） 宋德超（珠海格力电器股份有限公司） 华洪香（珠海格力电器股份有限公司） 王喜成（珠海格力节能环保制冷技术研究中心有限公司）	珠海市科技创新局

（续上表）

序号	项目编号	项目名称	主要完成人	提名单位/提名专家
7	F08-1-02	大型半潜式海洋波浪能发电技术与装备	盛松伟（中国科学院广州能源研究所） 游亚戈（中国科学院广州能源研究所） 王坤林（中国科学院广州能源研究所） 张亚群（中国科学院广州能源研究所） 斉红军（中国科学院广州能源研究所） 王振鹏（中国科学院广州能源研究所） 黄硕（中国科学院广州能源研究所） 叶寅（中国科学院广州能源研究所） 王文胜（中国科学院广州能源研究所） 姜家强（中国科学院广州能源研究所） 彭雯（中国科学院广州能源研究所） 黄圳鑫（中国科学院广州能源研究所） 乐婉贞（中国科学院广州能源研究所）	中国科学院广州分院
8	F09-1-01	视频的深度表征与识别技术及应用	乔宇（中国科学院深圳先进技术研究院） 王晓刚（深圳市商汤科技有限公司） 王利民（南京大学） 闫俊杰（深圳市商汤科技有限公司） 彭小江（中国科学院深圳先进技术研究院） 王亚立（中国科学院深圳先进技术研究院） 赵瑞（深圳市商汤科技有限公司）	中国科学院广州分院
9	F10-1-01	地下结构截排减压主动抗浮关键技术与工程应用	曹洪（华南理工大学） 潘泓（华南理工大学） 骆冠勇（华南理工大学） 唐孟雄（广州市建筑科学研究院有限公司） 康景文（中国建筑西南勘察设计研究院有限公司） 胡贺松（广州市建筑科学研究院有限公司） 朱东风（华南理工大学） 房营光（华南理工大学） 董志良（中交四航工程研究院有限公司） 郑立宁（中国建筑西南勘察设计研究院有限公司） 李鹏（中国能源建设集团广东省电力设计研究院有限公司） 郑建东（广州瀚华建筑设计有限公司） 谷任国（华南理工大学） 周红星（中交四航工程研究院有限公司） 张硕（广州建设工程质量安全检测中心有限公司）	广东省教育厅（省委教育工作委员会）

表6-2-2-4　科技进步奖特等奖、一等奖

序号	项目编号	项目名称	主要完成人	主要完成单位	提名单位/提名专家
特等奖1项					
1	J07-特-01	三维环境智能感知系统研发及应用	唐克坦　周谷越　周　游 吴显亮　李思晋　刘　昂 蔡剑钊　钱　杰　杨振飞 张立天	深圳市大疆创新科技有限公司	深圳市科技创新委员会
一等奖29项					
1	J011-1-01	华南优质常规超级稻新品种培育与应用	江奕君　林青山　高　云 刘志霞　刘传光　王　韵 胡　巍　张　强　冯道基 周继勇　陈　凯　梁其登 涂从勇　江远汉　刘　军	广东省农业科学院水稻研究所 广东省农业技术推广总站 沈阳农业大学 中国农业科学院深圳农业基因组研究所	广东省农业科学院
2	J011-1-02	不同熟期优质荔枝系列新品种选育和高接换种技术创新及应用	胡桂兵　黄旭明　刘成明 李建国　陈厚彬　傅嘉欣 赵杰堂　李伟才　乔　方 补建华　欧阳建忠　钟　声 马　锞　魏永赞　秦永华	华南农业大学 中国热带农业科学院南亚热带作物研究所 深圳职业技术学院 阳江市农村盛宴农业发展有限公司 广州市从化华隆果菜保鲜有限公司 茂名市水果科学研究所 东莞市农业科学研究中心	广东省教育厅（省委教育工作委员会）
3	J012-1-01	低质速生材制造高品质复合层积材关键技术及应用	胡传双　周海宾　阙泽利 涂登云　曹永建　章伟伟 古　今　唐松波　倪　竣 钟　伟　潘　彪　云　虹 关丽涛　谢桂军　夏朝彦	华南农业大学 中国林业科学研究院木材工业研究所 南京林业大学 广东省林业科学研究院 广州厚邦木业制造有限公司 苏州昆仑绿建木结构科技股份有限公司 广东联塑日利门业有限公司	广东省林业局
4	J021-1-01	禽流感预警和防控关键技术创新与应用	陈瑞爱　沈永义　李延鹏 赖汉漳　张文炎　林绮萍 罗　琼　温良海　张晓楠 刘郁夫　张淑琼　沈雪娟 张　旭　詹烜子　韦永生	肇庆大华农生物药品有限公司 华南农业大学 华农（肇庆）生物产业技术研究院有限公司	肇庆市科学技术局

（续上表）

序号	项目编号	项目名称	主要完成人	主要完成单位	提名单位/提名专家
5	J03-1-01	大宗淀粉资源高值化加工关键技术及其产业化	黄　强　扶　雄　张　斌 李　超　徐正康　王志刚 罗建勇　罗明昌　陈　韬 何小维　刘　保　周彦斌 陈沛华　罗发兴	华南理工大学 广州市浪奇实业股份有限公司 广州双桥股份有限公司 东莞东美食品有限公司	广东省教育厅（省委教育工作委员会）
6	J03-1-02	广式肉制品加工关键技术与装备创制及产业化应用	刘清化　吴耀森　池　东 程镜蓉　李浩权　张进疆 魏　娟　陈永春　刘永强 汤石生　唐道邦　黄绍强 杨俊玲　刘学铭　龙成树	广东省现代农业装备研究所 广州皇上皇集团股份有限公司肉食制品厂 广东省农业科学院蚕业与农产品加工研究所 中国科学院理化技术研究所 广东弘科农业机械研究开发有限公司	广东省农业农村厅
7	J03-1-03	特色浆果的营养健康效应及其精深加工关键技术研究与应用	余元善　徐玉娟　李春美 邹　波　江水泉　李　斌 胡丽娜　谢　涛　卜智斌 温　靖　吴继军　林　羡 傅曼琴　周　波　刘家生	广东省农业科学院蚕业与农产品加工研究所 华中农业大学 广东嘉士利食品集团有限公司 颜如玉医药科技有限公司 沈阳农业大学 江苏楷益智能科技有限公司 广东宝桑园健康食品有限公司	广东省农业科学院
8	J04-1-01	我国高压柔性直流输电核心技术完全自主化攻关及重大工程应用	饶　宏　李　岩　宋　强 朱　喆　余　欣　赵晓斌 刘　树　王海军　陈　俊 杨晓平　吕文胜　刘　涛 杨　柳　易　荣　魏　伟	南方电网科学研究院有限责任公司 广东电网有限责任公司 中国南方电网有限责任公司 清华大学 西安西电电力系统有限公司 荣信汇科电气技术有限责任公司 北京四方继保自动化股份有限公司 华南理工大学 南京南瑞继保电气有限公司 中国能源建设集团广东省电力设计研究院有限公司	中国南方电网有限责任公司

（续上表）

序号	项目编号	项目名称	主要完成人	主要完成单位	提名单位/提名专家
9	J05-1-01	面向复杂电磁环境的北斗导航创新技术研究及产业化	田震华　胡晓东　杨春宝 钟世广　何建新　王日炎 牟传坤　邹　四　谢欢文 张品春　王　宁　陈建虎 黄承波　张　骥　张　亮	广州海格通信集团股份有限公司 广州润芯信息技术有限公司	广州市科学技术局
10	J06-1-01	光电子发光器件可靠性保证技术及关键设备研发	恩云飞　路国光　黄　云 刘群兴　王蕴辉　刘立林 肖庆中　徐华伟　赖灿雄 蒋春旭　尧　彬　杨晓明 杨　林　何小琦　苏　萌	工业和信息化部电子第五研究所 中山大学	广州市科学技术局
11	J06-1-02	3D视觉芯片及全平台兼容的高分辨率光学测量系统	黄源浩　许　星　江隆业 肖振中　刘　龙　闫　敏 钟亮洪　张丁军　黄杰凡	深圳奥比中光科技有限公司	深圳市科技创新委员会
12	J07-1-01	跨域多维电子围网关键技术及应用	邓练兵　宋永华　陈俊龙 刘增良　王中元　罗　松 邵振峰　王世先　杨志新 李大铭　何　政　关　欣 王卓薇　张　通	珠海大横琴科技发展有限公司 澳门大学 华南理工大学 武汉大学 中国信息通信研究院 广东工业大学 河南中光学集团有限公司	珠海市科技创新局
13	J07-1-02	高沉浸式虚拟现实交互感知关键技术与应用	鲁仁全　陈　曦　阳序运 张　瑜　徐　雍　刘　义 张　皓　周竖成　秦华军 黄昌正　杨　超　周言明 陈　云　麦　勇	广东工业大学 广州幻境科技有限公司 广州卓远虚拟现实科技有限公司 广州创显科教股份有限公司 广州炫智电子科技有限公司 杭州电子科技大学	广东省教育厅（省委教育工作委员会）
14	J08-1-01	深水区超大型海上风电设备安装平台关键设计与制造技术	张永康　仇　明　王振刚 雷夕勇　颜建军　石　磊 朱　然　林超辉　吴　建 邹大鹏　黄志刚　罗红平 刘桂贤	广东工业大学 南通中远海运船务工程有限公司 启东中远海运海洋工程有限公司 南通润邦重机有限公司	广东省教育厅（省委教育工作委员会）

（续上表）

序号	项目编号	项目名称	主要完成人	主要完成单位	提名单位/提名专家
15	J08-1-02	A级纯电动乘用车关键技术自主研发与产业化	李　罡　古惠南　吴文娟 黄向东　何凯欣　唐湘波 文　武　王更胜　曹月明 刘志潜　马自会　钟建强 滕永泉　谢　然　方智强	广州汽车集团股份有限公司 广汽乘用车有限公司 广汽新能源汽车有限公司	广州市科学技术局
16	J10-1-01	高能量密度动力电池镍钴锰三元正极材料的合成技术	余海军　李长东　阮丁山 欧彦楠　刘更好　谢英豪 刘伟健	广东邦普循环科技有限公司	佛山市科学技术局
17	J10-1-02	宽幅TFT偏光片关键技术研发及产业化	张建军　阮志毅　霍丙忠 李祖华　刘金华　郭奕强 孙　娟　杨斯升　熊　剑 芦　山	深圳市三利谱光电科技股份有限公司	深圳市科技创新委员会
18	J11-1-01	港珠澳大桥隔减震（振）关键技术研究与应用	周福霖　景　强 温留汉・黑沙　孟凡超 张　强　马玉宏　谢红兵 黄襄云　李　江　陈洋洋 刘彦辉　朱爱珠　高文博 王东晖　金秀男	广州大学 港珠澳大桥管理局 中铁大桥勘测设计院集团有限公司 中交公路规划设计院有限公司 华中科技大学 柳州东方工程橡胶制品有限公司 株洲时代新材料科技股份有限公司 洛阳双瑞特种装备有限公司 武汉海润工程设备有限公司	广东省公路学会
19	J12-1-01	长输成品油管道关键设备创新与产业化应用	田中山　闫福杭　赖少川 李靖祥　杨昌群　常　清 许少新　胡钟兵　井　健 牛道东　王　波　蒋仁华 杨振宁　李　苗　雷小飞	中国石化销售有限公司华南分公司 西安航天动力研究所 西安交通大学 西安航天泵业有限公司 扬州恒春电子有限公司	茂名市科学技术局
20	J13-1-01	结核病防治技术集成与应用研究	周　琳　赵雁林　钟　球 陈　亮　吴惠忠　郭卉欣 张国良　陈　涛	广东省结核病控制中心 中国疾病预防控制中心 中山大学附属第五医院 广州迪澳生物科技有限公司 深圳市第三人民医院	广东省卫生健康委员会

（续上表）

序号	项目编号	项目名称	主要完成人	主要完成单位	提名单位/提名专家
21	J13–1–02	心身整合医疗临床研究及应用	耿庆山　刘梅颜　朱春燕　潘集阳　郭　兰　马　欢　丁荣晶　叶瑞繁　骆春柳　张　妮	广东省人民医院（广东省医学科学院） 首都医科大学附属北京安贞医院 广州医科大学 暨南大学附属第一医院 北京大学人民医院 西安中盛凯新技术发展有限责任公司	广东省卫生健康委员会
22	J14–1–01	精准防治肝癌消融后复发转移的关键技术创新与临床转化研究	匡　铭　于　杰　彭　穗　彭振维　郭　宇　许丽霞　梁　萍　陈淑玲　沈顺利　林满霞　戴子浩　苏天洪　陈泽斌　彭　洪　廖俊彬	中山大学附属第一医院 中国人民解放军总医院	广东省卫生健康委员会
23	J15–1–01	胃癌微创外科关键技术创新及应用推广	李国新　余　江　胡彦锋　刘　浩　江玉明　严　俊　邓海军　王亚楠　陈　豪　陈　韬　林　填　赵丽瑛　牟廷裕　李团结	南方医科大学	广东省教育厅（省委教育工作委员会）
24	J16–1–01	银屑病“病证方效靶”内涵阐释及“病证结合”诊疗体系创建与应用	卢传坚　禤国维　赵瑞芝　喻靖傑　韩　凌　何泽慧　谢秀丽　邓　浩　黎　莉　朱　伟　邓静文　陈海明　黎　雄　闫玉红　古江勇	广州中医药大学第二附属医院	广东省中医药局
25	J16–1–02	基于生物利用度屏障的中药及复方功效评价方法的创新及应用	刘中秋　郭永周　卢琳琳　朱丽君　郭思伟　吴锦俊　张嘉杰　夏笔军　蔡荣钦　王　莹　王立萍　吴　鹏　段礼新　戚笑笑　黄秋菊	广州中医药大学 广东心宝药业科技有限公司 南方医科大学	姚新生，何蓉蓉，杨子峰
26	J17–1–01	罕见病实验诊断关键技术创新与规模应用	梁耀铭　胡朝晖　梁立阳　陈　帆　蒋玮莹　吴梦华　刘晶星　程雅婷　莫桂玲　赵蓓蓓　喻长顺　孙明明　陈　敏　林晓莹　李志华	广州金域医学检验集团股份有限公司 中山大学 中山大学孙逸仙纪念医院 广州医科大学附属第三医院 广州金域医学检验中心有限公司 上海金域医学检验所有限公司	广州市科学技术局

（续上表）

序号	项目编号	项目名称	主要完成人	主要完成单位	提名单位/提名专家
27	J17-1-02	肝脏肿瘤新型多模图像诊治核心技术、体系构建及其临床应用	方驰华 项 楠 祁小龙 刘允怡 聂立铭 贾富仓 王 捷 钟世镇 全显跃 杨 剑 祝 文 曾 宁 刘 军 万建平 张 可	南方医科大学 兰州大学第一医院 香港中文大学医学院 厦门大学 中国科学院深圳先进技术研究院 中山大学孙逸仙纪念医院 深圳市旭东数字医学影像技术有限公司 成都中创五联科技有限公司	广东省教育厅（省委教育工作委员会）
28	J19-1-01	南海岛礁多维生态修复关键技术与应用示范	龙丽娟 黄 晖 喻子牛 李 洁 尹 浩 张浴阳 张跃环 杨芳芳 杨 键 王晓雪 董俊德 黄 文 何毛贤 张 博 韦章良	中国科学院南海海洋研究所	中国科学院广州分院
29	J19-1-02	重金属矿业废弃地生态修复的直接植被技术及应用	束文圣 李金天 黄立南 陈 涛 黄雪平 杨涛涛 吴启明 廖 斌 李国平 张金桃 陈 波 廖正家 廖志刚 黄 勇 李 博	中山大学 广东省大宝山矿业有限公司 江西铜业股份有限公司 广东桃林生态环境有限公司	广东省教育厅（省委教育工作委员会）

表6-2-2-5 科技合作奖

序号	获奖人	工作单位	所在国家（地区）	主要合作单位	提名单位/提名专家
1	伯纳德·莫涅（Bernard Meunier）	法国科学院配位化学研究所	法国	广东工业大学	广东省教育厅（省委教育工作委员会）
2	拉吉夫·库马尔·瓦西里（Rajeev Kumar Varshney）	国家半干旱热带作物研究所	印度	广东省农业科学院作物研究所	广东省农业科学院
3	迪拉克·普利亚达莎纳·多瓦姆佩·加马格（TILAK P. D. GAMAGE）	卢胡纳大学	斯里兰卡	中国科学院南海海洋研究所	中国科学院广州分院
4	马提亚斯·杜雷尔（MATTHIAS THURER）	巴西圣卡洛斯联邦大学	德国	暨南大学	广东省教育厅（省委教育工作委员会）

（李政访）

知识产权

【概况】　2019年，全省专利申请量80.77万件，专利授权量52.74万件，专利申请及授权量均居全国首位。其中，发明专利申请量20.33万件，发明专利授权量5.97万件，均居全国首位。有效发明专利量达24.85万件，连续9年居全国首位。每万人口发明专利拥有量26.08件，比上年同期增加3.83件。PCT国际专利申请量2.47万件，占全国总量的43.53%，连续18年居全国首位。

全省商标申请量146.40万件，同比增长33.55%，商标注册量118.77万件，同比增长82.99%，马德里商标国际注册申请量1 172件，同比增长22.98%；商标有效注册量341万件，占全国的18.89%，同比增长35.05%，居全国首位。全省有效注册地理标志商标78件，获批地理标志保护产品153个，获准使用地理标志产品专用标志企业446家。获评第20届中国专利金奖9项、银奖13项、优秀奖217项，获奖数量居全国第1位。《中国知识产权发展状况评价报告》显示，广东知识产权综合发展指数连续7年居全国第1位。

（牛晨蕾）

【知识产权创造】　修订《广东省专利奖励办法》及实施细则，大幅提升广东专利奖的获奖数量和奖励金额，强化知识产权高质量发展导向。建设省市两级高价值专利培育布局中心224家，产出一批高水平产业技术专利和PCT国际专利。

截至2019年年底，国家知识产权优势示范企业新增616家，总量达870家，居全国第1位；全省通过《企业知识产权管理规范》国家标准认证企业达13 380家，居全国第1位。坚持市场引导和政府有效推动相结合，组织各市县调整优化专利资助政策，激发高价值知识产权创造。

面向广东新一代信息技术、高端装备制造、生物医药等战略性新兴产业，组织开展专利导航，建成60个专利数据库，发布导航成果，引领产业创新路径，广东专利导航产业发展经验入选国务院办公厅第3批支持创新相关改革举措。

（牛晨蕾）

【知识产权保护】　在全国率先出台《广东省举报侵犯知识产权和制售假冒伪劣商品违法行为奖励办法》，对有特别重大贡献的举报奖金上不封顶。印发《广东省促进中小企业知识产权保护和利用若干政策措施》，为企业创新发展和提质增效提供保障。

2019年，全省市场监管部门共受理各类专利案件6 820件，同比增长3.16%；共查处各类商标违法案件3 524件，罚没款5 850.24万元，移送司法机关63件。深化展会知识产权保护工作，第125、126届广交会共受理专利投诉案件1 150宗，认定涉嫌侵权案件数量459宗，共处理商标类投诉234宗，认定涉嫌侵权案件数量140宗。

截至2019年年底，广东已初步形成了“1+3+7”知识产权保护大格局，即1个省知识产权保护中心，3个国家级知识产权保护中心，7个国家级快速维权援助中心。全省快速维权援助中心共办理维权案件5 085件。

（牛晨蕾）

【知识产权运用】　2019年，全省专利权质押融资金额166.06亿元，商标质押融资金额14.99亿元，专利实施许可合同备案金额6.92亿元，专利转让39 450件。知识产权证券化取得重大突破，广州成功发行全国首单纯专利资产证券化产品，开创科技企业运用“专利许可”在资本市场融资先河；深圳首单知识产权证券化项目在深交所挂牌。引导全省建成规模达3.55亿元、风险保障额度不少于35.5亿元、覆盖18个地市的“知识产权质押融资风险补偿基金”。

联合港澳举办首届“粤港澳大湾区知识产权交易博览会”，促成专利商标交易额14.86亿元，版权交易额2.36亿元，地理标志产品交易额9.01亿元，实现专利保险投保专利1 200件。联合港澳举办首届“粤港澳大湾区高价值专利培育布局大赛”，共征集项目586个，发现和实施了一批优秀专利项目。

支持深圳、广州、东莞建设“国家知识产权运营服务体系建设城市”。建设全国知识产权运营公共服务横琴特色试点平台、广州知识产权交易中心、中国（南方）知识产权运营中心3个国家级知识产权交易运营平台和一批专业化、市场化、网络化知识产权交易运营机构。筹建广东知识产权估值中心，探索知识产权价值评价新模式。引导知识产权运营机构对接重点产业，支持建设广东省重点产业知识产权运营中心，强化重点产业知识产权许可转让工作。

（牛晨蕾）

【知识产权管理与服务】 2019年，全省新增国家知识产权示范、试点城市各1个；强县工程示范和试点县（区）9个，国家知识产权示范园区1个。粤北地区实现国家知识产权试点城市零突破。截至2019年年底，全省共有国家知识产权强市创建市2个，国家知识产权示范、示范培育、试点城市13个；国家知识产权强县工程示范、试点县（区）33个，国家传统知识知识产权保护试点县（区）1个；国家知识产权示范、试点园区11个。

2019年，全省持续开展打击“非正常专利申请”专项行动、专利代理行业“蓝天”行动，完成核查黑代理、专利代理挂证等线索共计1 569条，完成全省各地613家专利代理机构及分支机构、2 845名专利代理师自查和信用承诺工作，推动形成良好知识产权创新生态。建成广东省知识产权军民融合特色服务平台，全省首家国防专利代理分支机构落户中新广州知识城。

（牛晨蕾）

农业和农村科技

农业科技

【农业产业发展】 2019年出台了《关于加快构建政策体系培育新型农业经营主体的实施意见》，印发了《关于推进本省农业产业化联合体建设工作的通知》。2018—2019年共安排省级财政资金2.5亿元，专项扶持新型农业经营主体培育建设，助推农业龙头企业高质量发展。截至2019年年底，全省农业龙头企业4 580家，其中省重点农业龙头企业1 009家，国家重点68家；省级重点龙头企业中建有专门研发机构的562家，其中有省级以上研发机构的142家，有国家重点实验室的17家，属于国家高新技术企业的187家。

本省高度重视农产品加工业发展，把农产品加工业作为农业产业升级、农产品竞争力提升和促进农民增收的重要渠道，采取政策扶持和创新驱动等多种举措，促进农产品加工业发展壮大。截至2019年年底，广东省规模以上农产品加工业主营业务收入超1.25万亿元，加工企业数量达6 552家，利润总额813.63亿元。推动农产品加工业发展的主要举措有：一是推动农产品加工示范园区建设，在江门台山市、茂名市电白区以及湛江市徐闻县设立了3个省级农产品加工示范园区，建设了一批农产品初加工示范基地，辐射带动全域农产品加工业发展；二是推动农产品加工研发中试平台建设，为全省农产品加工中小企业、龙头企业、科研院所等提供科技成果中试放大服务；三是建设现代农业产业园、“一村一品一镇一业”等加工集聚平台，推动经营主体逐步向优势产业、产区集聚，带动农户深度参与农村产业融合。四是建设一批农业产业强镇。2019年中央财政安排11 000万元，创建11个农业产业强镇。

本省是畜牧业生产和消费大省，也是供港澳畜禽主要省份。2019年，大力推进畜牧业发展。第一，稳定生猪生产保障市场供应。第二，推进奶业振兴。第三，推进畜禽养殖废弃物资源化利用。第四，强化饲料产品质量安全监管。

【农作物品种研发推广】 省农业农村厅加强农业种质资源保护与利用，已累计收集保存农作物种质资源7.3万份，积极推动广东省农作物种质资源库（圃）、广东畜禽遗传基因库、广东省南亚热带作物种质资源圃、广东省茂名市国家荔枝种质资源圃等种业重大创新平台建设。深入推进国家香蕉、荔枝和瘦肉型猪、白羽肉鸡等良种科研联合攻关，加强优质、绿色新品种选育，2019年育成通过审定品种的优质、绿色农作物品种127个，为乡村产业振兴提供良种支撑。引导育种科研单位、种子企业申请品种权保护，2019年全省植物品种权申请量198件，授权量87件，新品种保护意识不断提升，有效调动了种业原始创新的积极性。另外，加大主导品种和主推技术的遴选发布力度，按照《广东省农业主导品种和主推技术评审管理办法（修订）》，遴选发布2019年广东省农业主导品种98个和主推技术89项，加快农业科技成果转化，提高良种、良法覆盖率。

【农村科技特派员】 2019年，为贯彻落实习近平总书记对科技特派员制度推行20周年作出的重要指示精神，坚持人才下沉、科技下乡、服务“三农”，落实中央和省委、省政府关于实施乡村振兴和脱贫攻坚战略，充分发挥科技脱贫、科技兴农的巨大作用，深化农村科技特派员科技服务和科技创业行动工作，10—11月在韶关、阳江、云浮、肇庆、清远、河源等地市开展以粤东西北为重点的农村科技特派员系列专题培训活动，参加培训的农业科技工作者、农村科技特派员、驻村书记等近800人，“送教上门”的做法受到了培训地市的热烈欢迎。

2019年是科技特派员制度推行20周年。广东省把农村科技特派员摆在农业农村科技工作的重要位置，构建多部门共同推动的农村科技特派员工作机制，由省科技厅牵头，联合省委组织部、省农业农村厅、省教育厅等部门，建立了比较完备的农村科技特派员组织架构，共选派农村科技特派员1.4万余名，覆盖了全省1 300多个乡村产业。实施精准对接，构建“三库一平台”，重点围绕省建档立卡的2 277个贫困村和革命老区、中央苏区以及少数民族地区，依托农村科技特派员库、科技支撑成果库、贫困村科技需求库以及农村科技特派员管理平台，组织选派农村科技特派员深入农村基层、农业一线，围绕乡村产业和科技需求开展服务和创业，有力推动了农业科技成果转化和应用。

【农业产业创新团队建设】 2019年开展了第三轮省级现代农业产业技术体系创新团队建设工作，围绕水稻、玉米、花生大豆、番薯马铃薯等产业打造了29个以农产品为单元的广东省现代农业产业技术体系创新团队，围绕现代种业、农业农村大数据、精准农业、畜禽机器人等领域打造了22个以农业领域为单元的广东省现代农业产业共性关键技术研发创新团队。51个创新团队共遴选聘任首席专家51人，岗位（专题）专家442人，示范基地站长146人，辐射带动核心团队成员近3 000人。各创新团队充分利用现有的农业科技资源和力量，围绕产出高效、产品安全、资源节约、环境友好的现代农业发展需求，开展相关应用技术研发、集成、示范和培训等为主要内容的农业科技创新与推广工作，助力全省农业高质量发展和乡村振兴实施。

【农业园区和平台创新体系建设】 加快推进现代农业产业园建设，全省已建设10个国家级、119个省级、55个市级现代农业产业园，主要农业县实现了省级现代农业产业园全覆盖，形成国家级、省级、市级现代农业产业园梯次发展格局。省级产业园主导产业总产值近1 300亿元，打造温氏新兴优质鸡、梅县区金柚、江门市水产、英德市红茶、化州市化橘红、罗定市丝苗米、澄海区蔬菜、顺德区花卉等40多个产值超10亿元的产业园，引领带动全省现代农业加速提质增效，形成“百园强县、千亿兴农”的农业产业兴旺新格局。

农业园区 2019年，广东韶关国家农业科技园区顺利通过验收；广州、珠海和湛江三家国家农业科技园区接受并通过了科技部农村科技司的综合评估，其中广州园区被评为优秀园区；河源源城区、梅州大埔县、惠州惠东县、江门台山市、肇庆广宁县、肇庆德庆县、清远英德市和云浮罗定市8个县市获批第五批广东省农业科技园区。

创新创业服务平台 2019年，省科技厅开展第三批省级星创天地备案工作，新增43家省级星创天地。当年，茂名的淘宝田园星创天地、河源的东源农村青年科技创业孵化基地入选全国创新能力前100名。全省累计共有星创天地147家，其中国家级62家、省级85家。“星创天地”建设为促进全省农村创新创业、加快发展现代农业、助推乡村振兴做出了重要贡献，初步形成了以企业为建设主体、产学研紧密结合、建设模式多样的发展态势。

加强与中央驻粤机构、省直农业科研院所、涉农高校、企业的联系和协调，合力加强推进广州国家现代农业产业科技创新中心、岭南现代农业科学与技术广东省实验室、农业农村部重点实验室（试验站/科研基地）、国家（广东）农业科学观测实验站等条件能力建设，不断提升本省农业创新体系建设水平。

截至2019年年底，广州国家现代农业产业科技创新中心已汇聚160余家科研机构（单位）42.7万条科研成果信息，19位院士顾问专家团，5家大科研单位（大型企业）1 000余台大型仪器的共享平台；吸纳华南区200多个省市产业联盟（协会）近67 000家农业经营主体的合作需求信息；围绕“科学家”和“企业家”构建起400余个微信群，涵盖服务4.5万人，构建起“产学研”的快捷通道；完成4批入驻科研单位、要素平台、转化基地的编码挂牌。

岭南现代农业科学与技术广东省实验室于2019年8月获省委、省政府批准并正式授牌。实验室总部落户华南农业大学中衡山地块，瞄准岭南特色农业产业，聚焦现代生物种业、智能农机装备与精准农业、动植物重大生物灾害防控、生态循环农业、农业新型材料、农产品加工与食品安全等领域，开展现代农业基础理论研究，突破核心关键技术，开发高新技术产品，打造岭南优势特色农业产业。11月2日，实验室召开第一届学术委员会第一次会议。省实验室启动了第4届“广东中衡山世界智慧农业论坛”活动，特邀国内外知名专家，围绕精准农业、智慧农业和推进广东省实验室建设等内容进行主题报告和研讨。同时，实验室在深圳、茂名、肇庆、云浮市设立分中心，建设工作有序推进。

农业科技成果转化服务平台　省农业农村厅、省农科院、华南农业大学等单位共同推进省级农业科技创新联盟建设，促进科技创新资源得到有效整合和优势利用。支持推进华南农业大学牵头的广东省“一带一路”农业科教创新联盟成立，建立农业合作的新载体和新样板，促进成果转化应用。推进广东省农业科技成果转化公共服务平台暨农业科研项目库建设，截至2019年年底，该平台已累计征集科研成果、在研项目、技术需求、知识产权、农业标准以及植物品种权信息共计6 289项，其中科研成果2 471项，在研项目751项，技术需求1 096项，知识产权301项，农业标准49项，植物品种1 621个。2019年，该平台上线了农业科技项目科技报告系统和农业科技成果交易服务系统，为农业科技项目科技成果的入库管理、查询、发布提供在线工具，实现了农业科技成果（知识产权）的挂牌交易、询价、交易撮合、交易统计、用户意见反馈等功能。

【农业信息化】　广东省把握“互联网+”发展新机遇，创新了农技推广服务方式，提高了农技推广信息化水平。以“中国农技推广APP”、“广东农技推广微信小程序”和“农技宝”等为载体，加快农业科技推广信息化建设，为农民提供定向推送农业信息、远程问诊、技术指导和供求信息等服务，提高农技推广服务信息化水平。截至2019年年底，全省农技人员使用中国农技推广APP发布有效日志量35.1万条、上报农情量1.7万条、回答量60万条，有效使用率88%；“农技宝”用户覆盖全省121个区县，覆盖率98.3%，用户达13.8万户，农技员合计服务农户74.5万人次，农事提醒、田园相册等核心模块的用户互动次数超过2 000万次，农技推广服务最后一公里问题正在有效得到解决。

本省实施信息进村入户工程，探索“互联网+”订单农业。截至2019年年底，益农信息社申报认定数量达16 926家，依托12316热线开展语音服务累计近3.5万人次，发送短彩信16万条，便民服务超过1 000万人次，村级信息员累计培训数量超1.9万人次，成为农业部门与农民的“连心线”，专家和农民的“直通线”。

在江门、湛江、广州增城开展5G+智慧农业试点，探索5G技术开展水稻、新会陈皮种植和水产加工等应用。规划数字渔业平台，立项精准扶贫、农业机械试验鉴定、质量安全监督检测（升级）、农田管理信息系统（二期）、渔业种业服务等信息系统项目，推进农业信息化。

【科技扶贫和对口帮扶】　鼓励农业科研院校开展直接定点帮扶，引导农业科研院校依托其自身的教学科研和技术条件优势，在各自对口帮扶村庄及周边地区开展农业科技扶贫精准对接。鼓励农业科研院校与相关帮扶地区全面合作，通过与地方政府签订战略合作协议、在服务下级区域设立直接分支机构等方式，输出高质量农业科技成果，夯实基层农业科技推广服务体系，更为精准地对接脱贫攻坚等地方对农业科技的需求方向。鼓励农业科研院校、农业科技人员与新型农业经营主体、个体农户“一对一”合作，通过战略合作、技术入股、科研指导等方式，普及农科知识，提供农科服务，助力农科推广，特别是通过产业扶贫模式的不断优化、农业经营主体的不断壮大，迅速转化为贫困地区农民增收的重要动能。

网络扶贫　按照《广东省2019年网络扶贫工作要点》的工作部署，充分发挥人才和技术优势，以推动农村科技特派员工作为抓手，扎实推进科技支撑精准扶贫和网络扶贫工作走向深入。构建和完善“三库一平台”，实现农村科技特派员入库、技术需求征集信息化，运用大数据信息技术手段实现农村科技特派员精准对接。农村科技特派员通过提供技术指导、技术培训、综合服务，帮助贫困地区构建农产品电商平台，结合互联网优势，促进农产品产销结合，为贫困地区科技创新发展注入强大动能，带领粤东西北地区、革命老区、中央苏区、少数民族地区以及其他地区贫困村、贫困户脱贫致富。

定点扶贫三洞村　根据省委办、省政府《关于打赢脱贫攻坚战三年行动方案（2018—2020年）》，充分发挥科技创新在定点扶贫河源市东源县三洞村新时期精准扶贫、脱贫的支撑引领作用，以党建引领，着力推进种养等产业发展，加大就业技能培训力度，强化“造血”功能。截至2019年年底，三洞村10项退出核查指标全部达标，村集体经济收入30万元以上；47户贫困户全部达到“八有”标准脱贫，脱贫率100%；贫困户人均可支配收入16 495元，比2018年底增加3 080元，增长率22.9%；实现相对贫困村、相对贫困户退出目标。

东西部扶贫协作　按照党中央、国务院《关于进一步加强东西部扶贫协作工作的指导意见》和省委、省政府关于东西部扶贫协作工作的部署和《广东省东西部扶贫协作三年行动方案（2018—2020年）》《广东省2019年东西部扶贫协作工作要点》工作安排，稳步推进产业合作、人才交流、扶贫技术研发推广和成果转化等方面工作。2019年东西部扶贫协作4省份参与本省科技计划项目25项，经费总额约4.67亿元，广东省科技厅与广西壮族自治区科技厅各配置1 000万设立联合资金用，围绕两省区经济、社会、产业和科技发展紧密合作的项目进行资助。2019年，在财政援助资金（50.93亿元、县均5 476万元）、社会帮扶资金（31.47亿元，另外捐赠3.2亿元扶持甘肃省3个贫困县）、产业合作投资额（212.01亿元）、消费扶贫金额（224.5亿元）、扶贫车间总量（517个）、新增贫困人口转移和就地就近就业人数（43.31万人）、带动贫困人口数（116.48万人）及完成城乡建设用地增减挂钩节余指标跨省调剂任务（214.5亿元）等8项考核指标居全国最前列。围绕解决贫困劳动力就业技能低、优质岗位少、特别是稳定就业率不高等问题，抓实“三个三”就业体系，即搭建校企合作、用工招聘、就业信息三个平台；畅通异地转移就业、就近就地就业、就业权益保障三个渠道；抓好“定制化”培训、完善“保姆式”服务、强化“全覆盖”激励三项服务。

【农业科技下乡活动】　2019年，省农业农村厅先后深入湛江、江门、韶关、清远、梅州、阳江、云浮等地级市开展农业科技下乡活动，通过展示农业科技成果、专家现场咨询服务、免费派发农业科技丛书（资料）等形式，加大全省农业主导品种和主推技术的宣传培训，引导农业生产经营主体及农民科学选用优良品种和先进适用技术。据不完全统计，截至2019年年底，省农业农村厅共组织邀请农业科研院校和省级现代农业产业技术体系创新团队专家200多人（次），宣传推广农业主导品种、主推技术、农产品质量安全知识等250多个（项）；举办农业主导品种、主推技术等大型图片巡展及现场技术咨询活动20场（次），举办各类种养专题技术讲座14场（次），培训基层农技人员、新型职业农民和农民群众达1.2万人（次）；组织有关专家和广东十佳最美农技员对农业生产技术进行现场把脉解疑和生产技术指导，共向当地农民群众赠送10类新品种种子1万多份，免费派发各种农业科技丛书（资料）3.5万多册（份），吸引前来参观及咨询的农民群众达1.5万多人（次）。通过举办农业科技下乡活动，进一步提升了农民科技种养水平，助推了科技成果转化应用，取得了较好的社会效益，深受广大农村基层干部和农民群众的欢迎，为推动农业转型升级和高质量发展提供有力的科技支撑。

【基层技术推广服务】　2019年，省农业农村厅按照中央基层农技推广体系改革与建设补助项目要求，优化项目组织方式，发挥“一主多元”的基层农技推广体系作用，有效促进基层农技推广机构及农技推广人员优化服务、增强活力、提升效能。截至2019年年底，全省各类基层农技推广机构共计2 272个，其中种植业类占33.67%、畜牧兽医类占23.33%、农机化类占8.76%、水产类占2.60%、综合类占31.65%；基层农技推广人员共计14 706人，其中中级以上职称人员占28.17%，初级以上职称人员占53.53%；本科以上学历人员占33.25%，大专以上学历人员占68.71%。据不完全统计，全省基层农技推广人员提供技术服务共约85.3万次，参加业务和知识更新培训共约1.56万次。基层农技推广队伍素质能力显著提升，基层农技推广服务效能日益提高。

（叶毓峰　王　芬　肖田野　石慧芳　张　熙　梁少林）

林业领域

【概况】　2019年，全省林业科技系统认真贯彻落实全国林草科技工作会议精神，推动林业创新驱动发展。全年共落实国家和省级林业科技项目经费5 000多万元，加强林业科技攻关，加快科技成果转化和科技普及，拓展科技交流与合作，为美丽广东建设、乡村振兴、现代林业发展提供了有力的科技支撑。

【科技攻关】　紧密结合美丽广东建设、乡村振兴产业、现代林业发展对林业科技提出的需求，以广东省林业科技创新项目为依托，重点加强乡土树种、木本花卉、沿海防护林、植被恢复、林下经济作物栽培、生态林产品开发、森林灾害监测与防控、林地土壤调查评价等研究。通过项目实施，收集了湿加松、润楠属、木兰科、竹子和林下经济植物等种质资源230多种、保存种质资源1 400多份；突破了林业生产关键技术16项，研发技术体系和模式26项；建立了优良速生用材树种黑木相思的组培快繁技术体系，外植体增殖系数达2.5倍，组培苗生根率达90%，田间移植成活率达90%，种苗实现了产业化生产；完成了梅州市森林土壤本底调查；营建了各类试验示范林566.7hm^2，开发麻竹重组材新产品2个、油茶叶面肥产品1个；获授权专利11项；发表学术论文134篇，其中SCI收录14篇；出版专著4部。

【科技创新平台】　持续推进林业科技创新示范平台建设，加强省级科技示范园、生态定位站、重点实验室、长期科研基地等运行补助投入；组织开展省级科技示范园天井山园区南岭珍宝园二期建设，继续推进省林业科技示范园龙眼洞、东江2个园区科技示范林营造和林区相关基建改造升级工作。国家林业和草原局批准，由广东省有关单位牵头的“南方松国家创新联盟”“黄蜀葵产业国家创新联盟”正式成立。

【科研成果】　全省共鉴（认）定省级以上林业科技成果22项，获得科技奖励15项，其中：2019年度广东省科学技术奖2项，一等奖、二等奖各1项；第十届梁希林业科学技术奖二等奖2项；首届南粤林业科学技术奖11项，包括特等奖1项、一等奖3项、二等奖7项。1人获得第十五届林业青年科技奖（见表7–2–1）。

表7–2–1　2019年度林业领域获奖科技成果一览表

序号	获奖类别	获奖项目名称	第一完成单位
1	2019年度广东省科学技术奖一等奖、第十届梁希林业科学技术奖二等奖	低质速生材制造高品质复合层积材关键技术及应用	华南农业大学
2	广东省科学技术奖二等奖	木棉与野牡丹等四种花卉新品种培育及产业化	广州市林业和园林科学研究院

（续上表）

序号	获奖类别	获奖项目名称	第一完成单位
3	第十届梁希林业科学技术奖二等奖	南方主要松树材脂新种质创制及良种产业化关键技术	广东省林业科学研究院
5	首届南粤林业科学技术奖特等奖	国外松材脂两用种质创新及良种产业化关键技术	广东省林业科学研究院
6	首届南粤林业科学技术奖一等奖	白木香重大病虫害黄野螟无公害绿色防控技术应用于示范	华南农业大学
7	首届南粤林业科学技术奖一等奖	广东省生态景观林带营建模式及关键技术	广东省林业调查规划院
8	首届南粤林业科学技术奖一等奖	湿地公园鸟类生境修复及多样性提升技术创新与应用	广东省海珠湿地科研宣传教育中心
9	首届南粤林业科学技术奖二等奖	珍贵阔叶树种病虫害监控及综合治理技术集成示范	华南农业大学
10	首届南粤林业科学技术奖二等奖	富于营养化城市水体的湿地生态修复技术	仲恺农业工程学院
11	首届南粤林业科学技术奖二等奖	粤港澳滨海景观营造关键技术及产业化	广州普邦园林股份有限公司
12	首届南粤林业科学技术奖二等奖	广东省森林资源资产评估与审计技术研究及其示范	深圳中大环保科技创新工程中心有限公司
13	首届南粤林业科学技术奖二等奖	深圳沿海山地生态修复关键技术	深圳园林股份有限公司
14	首届南粤林业科学技术奖二等奖	梅片树高效繁育及栽培技术与应用	梅州市林业科学研究所
15	首届南粤林业科学技术奖二等奖	中国肉桂油综合开发利用技术研究与产业化	肇庆市高要华新香料有限公司

项目名称：低质速生材制造高品质复合层积材关键技术及应用

主要完成单位：华南农业大学

获奖情况：2019年度广东省科学技术奖一等奖、第十届梁希林业科学技术奖二等奖

项目简介：桉、杨、杉等为主的人工林速生材是我国主要的木材资源，但人工林速生材加工利用存在生长应力大、干燥胶合难、尺寸稳定性差和实木化结构材应用空白等技术瓶颈。该项目突破了上述低质速生材制材干燥难和尺寸稳定性差等技术难题，创新了强度分等组坯和层积复合工艺技术，创制了低质速生材实木复合地板和结构用胶合木系列产品。项目制订标准15项，其中国家标准6项、行业标准6项和省地方标准3项；获授权知识产权50件，其中授权发明专利25件、实用新型专利20件和外观专利5件；发表学术论文78篇，其中SCI收录论文26篇、EI收录论文15篇和中心核心论文37篇。成果推广应用至全国20多个省和自治区，2016年以来产生直接经济效益49.5065亿元，累计利润4.1127亿元。项目的实施，实现了低质速生材在功能地板领域的高品质应用，促进了家具行业的技术进步。

项目名称：南方主要松树材脂新种质创制及

良种产业化关键技术

主要完成单位：广东省林业科学研究院

获奖情况：第十届梁希林业科学技术奖二等奖

项目简介：项目针对松树育种周期长、育种效率低、良种产业化困难等瓶颈进行攻关。一是阐明了生长量、材性、产脂量等 重要经济性状的遗传变异规律，进而明确了目标性状选择年龄可缩短至1/3轮伐期以内，并且轮伐期以内，材、脂性状可正向同步改良，有效缩短了松树育种周期，从个体选择到大量交配制种的时间由29年缩短到10年。二是创建了湿加松、加勒比松、高脂马尾松第二代，以及湿地松与火炬松第三代选择群体；创制湿地松与加勒比松的三杂交新种质34份；测定评价新种质821份，选择出优良家系86个，与原有生产种比较，材积增益产脂量增益40.0%；获得审定的省级林木良种22个。三是突破了体胚发生与植株再生技术，建立了优良家系的超低温冻存细胞库，实现了优良种质长期规模化扩繁利用；创建了矮桩平台采穗及其扦插繁殖技术，规模化扦插生根率90%以上，年生产能力2 300万株以上；研发了与华南地区气候条件相适应的种子园矮化丰产技术，平均单枝结实量提高2倍以上。发表论文41篇，其中SCI收录6篇，出版专著4部；取得专利6件、软件著作权1件，制定省地方标准2项。项目支撑了国家级松树良种基地建设，在广东营建高增益种子园和良种繁育圃共201hm^2，形成了具有自主知识产权的名牌产品，良种在广东松树种苗市场的占有率达90%以上，并推广到广西、江西、湖南等12省区以及墨西哥和美国，累计推广造林80万hm^{2}以上，与普通林分比，松脂产量和木材产量可提高20%以上，增加松脂和木材产值436亿元。

【科技示范推广】　2019年，全省有21项林业科技成果入选国家林业科技推广成果库。继续加强中央财政林业科技推广示范项目的实施和管理，转化了一批林木及花卉新品系和优新关键技术，营建樟树、木荷、红锥、杉木、湿加松、澳洲坚果、金花茶、乐昌含笑、猴耳环等推广示范林446.7hm^2，培育优质林木苗木50多万株。2019年，经广东省农业技术推广奖评审委员会审定，有22项林业科技推广项目获广东省农业技术推广奖，其中一等奖1项、二等奖11项、三等奖10项（见表7-2-2）。

表7-2-2　2019年度林业领域获广东省农业技术推广奖一览表

序号	获奖项目名称	第一完成单位	获奖等级
1	实木热改性技术及其功能材料推广	广东省林业科学研究院	一等奖
2	广东省主要热带珍贵树种组培快繁技术推广	中国林业科学研究院热带林业研究所	二等奖
3	广东重要针、阔叶树种优良品系示范推广	广东省林业科技推广总站	二等奖
5	森林火灾地空高效配合扑救技术应用推广	广东省林业科学研究院	二等奖
6	森林生态旅游区喷淋防火林带系统建设技术推广	广东省林业调查规划院	二等奖
7	湿地公园生态修复中鸟类多样性提升关键技术应用与推广	广东省生物资源应用研究所	二等奖
8	龙脑型阴香高产株选育及高效栽培技术推广	梅州市林业科学研究所	二等奖
9	城市地带性乡土植物材料与配置模式推广	佛山市林业科学研究所	二等奖
10	石笔木栽培技术推广	佛山市林业科学研究所	二等奖
11	珍贵树种林下种植金花茶推广与示范	肇庆市林业科学研究所	二等奖

（续上表）

序号	获奖项目名称	第一完成单位	获奖等级
12	华南滨海地区大规格乔木移植施工技术应用与推广	广州普邦园林股份有限公司	二等奖
13	园林绿化垃圾资源化利用及产业化	广州市林业和园林科学研究院	二等奖
14	沿海困难立地木麻黄防护林配置及造林技术推广	湛江市林业科学研究所	三等奖
15	杉木优良品系造林示范推广	肇庆市国有大坑山林场	三等奖
16	岭南山水城市森林网络建模与应用研究	广州地理研究所	三等奖
17	八角丰产栽培标准化示范推广	茂名市林业科学研究所	三等奖
18	广东省杉木丰产林培育标准化示范与推广	肇庆市国有新岗林场	三等奖
19	“金花茶+铁皮石斛+贵妃鸡”林下经济立体生态种养技术与模式推广应用	佛山市林业科学研究所	三等奖
20	红豆树栽培技术推广应用	梅州市林业科学研究所	三等奖
21	古树名木健康诊断与维持技术集成与推广应用	东莞市林业科学研究所	三等奖
22	铁皮石斛林下仿野生栽培技术推广应用	梅州市林业科学研究所	三等奖

【科技服务】 2019年5—6月，广东省林业局、广东省林学会联合组织开展了2019年“科技进步活动月”和“林业科技活动周”活动，开展重点林业科技服务活动90多项。5月17日，广东省林业局、广东省林学会联合肇庆市林业局等有关单位，在肇庆市怀集县冷坑镇联合举办2019年广东省“林业科技活动周”启动仪式暨以“助力乡村振兴 建设绿美南粤”为主题的送“林业科技与政策法规及优良种苗”三下乡活动，开展了鹰嘴桃种植技术、红锥等珍贵树种种植技术等专题讲座；展示了林业新技术、新品种、新产品等科技成果，发放了珍贵树种、乡土树种、林下经济植物、经济林果等栽培技术书籍和实用手册4 000多份，向当地镇村和农民赠送沉香、黄花梨、楠木、鹰嘴桃等珍贵树种苗木以及乡土阔叶树种和经济林果等苗木6 800多株。

【科普教育】 6月25日，广东省林业局、广东省林学会联合在广州举办了以“绿色湾区 连接自然”为主题的“粤港澳自然教育讲坛”，来自粤港澳地区自然保护地管理部门、社会组织、NGO组织、公益基金、高等院校等单位400余人参会，共同探讨和研究粤港澳自然教育工作；中国科学院院士魏辅文等专家作主旨演讲，14位专家学者对“自然保护地与自然教育”“自然教育基地建设与运营”“自然教育的传播与推广”“自然教育标准体系建设”等四大主题展开讨论和分享。在讲坛上，73家机构发起成立“首个粤港澳自然教育联盟”，为广州海珠国家湿地公园等20个广东省首批自然教育基地授牌。全省共有18个单位先后被中国林学会认定为全国自然教育基地（学校）；6个单位13项自然教育课程列入中国林学会首次推荐的自然教育优质活动课程；4个作品分别获得“科普中国”2019全国林业和草原科普微视频创新创业大赛一、二、三等奖；1项作品获第八届梁希科普奖（作品类）三等奖。

【知识产权保护】 扎实开展植物新品种保护工作，2019年，全省获得国家林业和草原局植物新品种保护办公室授权的林业植物新品种有30个，包括：山茶属16种、金合欢属5种、木兰属5种、含笑属1种、野牡丹属1种、红豆杉属1种和紫薇属1种。广东鼎湖山国家级自然保护区通过了中国森林认证主审核，获得中国森林认证证书。

【标准化与产品质量管理】 2019年，经广东省市场监督管理局批准发布实施的林业类地方标准有21项（见表7-2-3）。广东省林学会发布实施团体标准2项。积极开展林产品质量检测工作，重点开展主要木质林产品和竹笋、油茶等食用林产品及其产地土壤监测。

表7-2-3 2019年发布实施的广东省林业行业地方、团体标准

序号	标准编号	标准名称	起草单位
1	DB44/T 2146-2018	米老排育苗技术规程	华南农业大学
2	DB44/T 2147-2018	任豆育苗技术规程	华南农业大学
3	DB44/T 2148-2018	黄野螟防治技术规程	华南农业大学
4	DB44/T 2149-2018	森林资源规划设计调查技术规程	广东省林业调查规划院
5	DB44/T 2150-2018	森林资源资产评估技术规范	广东省林业调查规划院
6	DB44/T 2151-2018	银叶树栽培技术规程	汕头市潮阳区林业苗圃场
7	DB44/T 2152-2018	仪花栽培技术规程	汕头市潮阳区林业苗圃场
8	DB44/T 2153-2018	幌伞枫栽培技术规程	汕头市潮阳区林业苗圃场
9	DB44/T 2154-2018	龙脑樟培育技术规程	广东省林业科学研究院
10	DB44/T 2173-2019	短萼仪花种子育苗技术规程	东莞市林业科学研究所
11	DB44/T 2174-2019	银海枣苗木质量分级	棕榈生态城镇发展股份有限公司
12	DB44/T 2175-2019	蓝花楹苗木生产技术规程和质量分级	棕榈生态城镇发展股份有限公司
13	DB44/T 2176-2019	毛冬青栽培技术规程	梅州市林业科学研究院
14	DB44/T 2177-2019	樟树等三个乡土阔叶树种立木碳计量模型及参数	广东省林业调查规划院
15	DB44/T 2181-2019	辣木栽培技术规程	华南农业大学
16	DB44/T 2182-2019	金线莲林下栽培技术规程	华南农业大学
17	DB44/T 2183-2019	肉桂叶质量等级划分与采收技术规程	华南农业大学
18	DB44/T 2184-2019	红皮糙果茶育苗技术规程	华南农业大学
19	DB44/T 2185-2019	杂交墨兰栽培技术规程	华南农业大学
20	DB44/T 2186-2019	黄花风铃木栽培技术规程	华南农业大学
21	DB44/T 2187-2019	翅荚决明和双荚决明栽培技术规程	华南农业大学
22	TGDFS 1—2019	广东省造林绿化施工与监理单位资质	广东省森林资源保育中心
23	TGDFS 2—2019	广东省林业调查规划设计单位资质	广东省林业调查规划院

【科技交流与合作】　围绕贯彻粤港澳大湾区发展规划纲要和“一核一带一区”区域发展格局，继续推进林业国内外交流与合作。一是加强粤港澳林业科技交流与合作，在粤为香港渔护署举办郊野公园管理员林业培训班一期共20人参加；召开粤港林业及护理专题小组第二十二次会议；组队赴澳门参加了“2019澳门绿化周”系列活动，签署了《广东省林业局　澳门特别行政区民政总署进一步加强粤澳林业合作交流框架协议》，组织5批次共16人次的专家、技术人员赴澳门，全力配合澳门开展台风灾后的森林生态修复重建工作，接待澳门考察技术团2批次。二是积极开展各类跨地区学术研讨交流活动。6月22日，广东省林学会在华南农业大学举办了“粤港澳三地生态与健康生活圈建设学术研讨会”，邀请了美国北卡罗来纳大学夏洛特分校、美国宾夕法尼亚大学、清华大学、中山大学、华南理工大学、南京林业大学的专家教授作主题报告，来自有关林业管理部门、科研院所、高等院校、企业等单位共200多人参加会议。11月25日，广东省林学会召开了专家咨询委员会会议和华南地区省级林学会联席会议暨学术研讨会，重点围绕粤港澳大湾区生态修复、生态保护和美丽湾区建设及林业交流合作进行了专题研讨。11月26日，广东省林业局与广东省林学会联合主办了“广东省林学会成立90周年纪念暨学术研讨会”，会议邀请了中国工程院院士张守攻、吴清平分别作学术报告，开展了森林经营、森林资源保护、林业生态和森林资源利用4个分会场学术研讨，32位专家学者在分会场作学术交流，400多人参加了会议。

（伍观娣）

渔业科技

【概况】　为促进全省水产种业高质量发展，省农业农村厅成立了广东水产种业创新联盟，印发了《2019年广东省开展水产苗种产地检疫工作方案》。组织开展2019年水产新品种申报工作。全省推进水产苗种产地检疫工作有序开展，到2019年年底全部确认渔业官方兽医、全部建立检疫申报点和全部实现电子出证，为渔业产业生物安全、水产品质量安全提供有力保障。加大深水抗风浪养殖网箱和深远海大型智能养殖装备示范推广及投产工作，制订扶持政策，大力支持发展深水网箱建设。在珠海市开展半潜式大型智能化渔场建设试点，分别建成“德海1号”半潜式智能渔场、“澎湖号”半潜式波浪能深水网箱养殖平台。积极争取中央专项转移深水抗风浪养殖网箱建设资金，大力发展普通深水抗风浪养殖网箱和桁架类深水抗风浪养殖网箱建设。目前全省共有深水网箱2 163个，年产优质鱼3万多吨，年产值12亿多元，取得了较好的经济、社会和生态效益。组织专家研究全省养殖尾水综合治理工作方案，积极推进养殖尾水综合治理工作。

【水产养殖尾水综合治理】　省农业农村厅组织专家研究全省水产养殖尾水综合治理工作方案，积极推进水产养殖尾水综合治理工作。广州市制定了《广州市池塘养殖水治理三年行动方案》《广州市池塘养殖水生态治理技术指导意见》，积极推广水产养殖水生态治理循环利用模式，集装箱式池塘推水减排模式和跑道池塘推水模式。佛山市完成水产养殖产排污系数科学评估工作，针对评估报告，佛山市启动了清除鱼猪混养、鱼禽混养等高污染模式行动，针对鳢养殖开展了池塘跑道推水减排和小区循环减排以奖代补项目工程。惠州市启动水产养殖产排污系数科学评估工作，惠东县制定了高位池尾水处理方案，惠州财兴实业有限公司也制定了温室甲鱼养殖尾水处理升级方案，已经进入前期施工阶段。肇庆市推广罗氏沼虾“虾草”生态养殖模式，降低尾水排放。湛江、茂名、潮州许多企业积极开展南美白对虾循环水养殖，发展海参和海蜇等净化水养殖。在工程化与工厂化养殖尾水处理方面，湛江海茂投资有限公司的工厂化养虾和广东金阳生物技术有限公司的工程化高位池养虾的尾水处理技术，其整体效果具有一定的示范性。茂名已经安排专项资金进行水产养殖尾水治理。汕尾市、阳江市对租用林地到期和不合规的高位池养殖进行了大面积清理，汕尾市大湖镇的养殖面积从原来的3万亩减少到目前的8 000亩。

【水产种业】　为促进全省水产种业高质量发展，省农业农村厅成立了广东水产种业创新联盟，印发了《2019年广东省开展水产苗种产地检疫工作方案》。组织开展2019年水产新品种申报工作。全省推进水产苗种产地检疫工作有序开展，到2019年年底全部确认渔业官方兽医、全部建立检疫申报点和全部实现电子出证，为渔业产业生物安全、水产品质量安全提供有力保障。

【深水网箱和智能渔场建设】　加大深水抗风浪养殖网箱和深远海大型智能养殖装备示范推广及投产工作，制订扶持政策，大力支持发展深水网箱建设。在珠海市开展半潜式大型智能化渔场建设试点，分别建成“德海1号”半潜式智能渔场、“澎湖号”半潜式波浪能深水网箱养殖平台。积极争取中央专项转移深水抗风浪养殖网箱建设资金，大力发展普通深水抗风浪养殖网箱和桁架类深水抗风浪养殖网箱建设。目前全省共有深水网箱2 163个，年产优质鱼3万多t，年产值12亿多元，取得了较好的经济、社会和生态效益。

【远洋渔业】 广东展海远洋渔业有限公司“展海001、展海002”两艘大型现代化远洋渔船于2019年4月30日赴北太平洋从事秋刀鱼兼鱿鱼钓作业，成为本省最早进入北太平洋从事秋刀鱼作业的远洋渔船，且产量和效益良好。

（贺书岚）

行业科技发展

人口与公共卫生领域

【科技创新体系建设】 省卫生健康委协同省科技厅组织认定12家广东省临床医学研究中心，支持深圳市第三人民医院成功申报国家临床医学研究中心，推进艾滋病、结核病、乙肝社区防治示范区建设等国家和省重大科技项目组织实施。完善广东省医学科研基金项目管理，立项管理2019年度省医学科研基金课题927个（含94个指令性课题），项目资助总金额400万元。组织开展三级医院科技影响力调查，强化区域医疗卫生机构科技评价。

【对接国家重大专项】 省科技厅积极组织省内高校、科研院所和科技企业申报2019年度国家重点研发计划“主动健康和老龄化科技应对”“中医药现代化研究”“主动健康和老龄化科技应对”“数字诊疗装备研发”等医学、医药4个专项，广东省有关单位共获得国家科技项目立项7个，获得中央财政经费支持5 000多万元。

【重大重点科技专项】 2019年，广东省组织实施省重点领域研发计划精准医学与干细胞重大专项及新药创制、高端医疗器械、岭南中医药现代化重点专项，省财政科技资金投入2.79亿元，带动社会资金投入9.97亿元。其中，精准医学与干细胞重大专项取得重大成果：由南方医科大学与广州知易生物科技有限公司等单位联合开展的新药创制重点专项项目已研发出国际原创、完全拥有自主知识产权的国内首个1.1类活体生物药SK08；由中山大学与中科院深圳先进院等单位联合开展的精准医学与干细胞重大专项项目在人类疾病灵长类动物模型创制研究方面取得重要成果，并在国际学术期刊《自然》（*Nature*）主刊发表，模型的建立为解析自闭症发病机理以及发展临床干预方法奠定了重要基础。

【生物安全与人类遗传资源许可管理】 2019年，国务院发布《中华人民共和国人类遗传资源管理条例》，9月，省科技厅承办新条例颁布后首个“全国人类遗传资源管理工作培训班”，参训人员近500人，深入学习新条例内容及相关管理规定。2019年共办理人类遗传资源采集、收集、买卖、出口、出境审批259件，其中获国家批准160件，服务企事业单位上百家。

【临床医学研究中心建设】 至2019年，根据国家评审标准，广东省针对常见、高发、地方特色重大疾病，先后在呼吸系统疾病和代谢性疾病、慢性肾病、感染性疾病、眼部疾病、急危重症、儿童健康与疾病、泌尿系统疾病、中医（皮肤）、代谢性疾病（糖尿病）等领域认定2批共15家省临床医学研究中心。年内，省科技厅联合省卫生健康委、省药监局制定《省级临床医学研究中心管理办法（试行）》及配套解读文件，规范广东省临床医学研究中心的建设和运行管理。深圳市第三人民医院获批认定为国家感染性疾病临床医学研究中心依托单位，成为广东省第3家国家临床医学研究中心，至此广东拥有国家临床医学研究中心的数量与浙江、湖南并列全国第3，位于北京、上海之后。

【生物医学研究管理】 省卫生健康委加强干细胞临床研究培训和监管，完善干细胞临床研究备案管理，2019年新增干细胞临床研究备案机构1家、新增备案项目7项。开展全省医学伦理和科研诚信宣讲活动，组织专家赴全省21个地级市开展专题宣讲，全省5 000余名伦理管理和科研人员接受培训。完善省级伦理工作组织建设，组建广东省卫生健康委第二届医学伦理专家委员会。推进医疗卫生机构伦理委员会备案信息化管理，建设医疗卫生机构伦理委员会在线备案平台。强化生物医学研究监督管理。

【生物安全实验室建设管理】 省卫生健康委推动高等级病原微生物实验室平台建设，构建以省疾病预防控制中心省级病原微生物菌（毒）种保藏中心为龙头，以5家在用、2家在建三级生物安全实验室为支撑，以2 151家一级、二级病原微生物实验室为依托的生物安全网络。组织举办病原微生物实验室生物安全远程培训，全省9万余人参加培训，确保应训尽训。开展生物安全大练兵，举办病原微生物实验室生物安全演练。

【卫生健康适宜技术推广】 省卫生健康委探索推动卫生健康适宜技术下基层和互联网+适宜技术试点，遴选确定卫生健康适宜技术推广项目180项，资助项目费用80万元。

（罗宇恒　郭雪霏）

金融领域

【金融科技应用试点】 2019年，人民银行在北京、上海、广东等10个省市开展为期一年的金融科技试点。人民银行广州分行制定了《广东省金融科技应用试点方案》，各试点机构探索金融与科技融合发展路径，在依法合规前提下开展金融科技研究和应用，推动金融科技朝着“守正、安全、普惠、开放”的方向发展。

广州、深圳纳入金融科技试点城市并被评为全球金融科技中心前十强，珠三角各地围绕制造业核心企业探索用“监管沙盒”方式加快发展供应链金融业务，运用大数据、区块链等技术为产业链上下游中小企业解决资金问题。其中，TCL“简单汇”平台注册企业超过15 000家，累计交易金额超过3 000亿元。深圳借鉴国际CFA和FRM资格考试体系，联合香港、澳门率先启动“深港澳金融科技师专才计划”，构建前瞻性、系统化的金融科技人才联合培养机制，推动三地金融科技人才标准的互信互认，首期有1 500人报名考试。

【金融行业数字化转型】 探索将人工智能、大数据、云计算、生物识别、区块链等技术应用于金融服务场景，优化金融基础设施，创新服务模式，改善业务流程，为金融机构数字化转型发展持续赋能。组织开展《金融科技（Fintech）发展规划（2019–2021年）》的宣贯，组织开展基于声纹识别的金融服务应用、人脸识别线下支付技术应用、“卡码合一”功能应用等多项试点工作。

广东省农村信用社联合社推进金融云、行业云两个专有云平台的完善和应用，推动互联网金融基础平台、客户综合积分系统、基础数据平台、大数据风控平台等阿里云体系项目相继投产。

中国银行广东省分行升级网点运营数字化管理系统，为各级机构管理者、网点人员提供客流情况、窗口服务效率、智能柜台交易、ATM运行状态等网点“全景数字化视图”。

工商银行广东省分行灵活使用RPA 机器人，结合大数据分析和人工智能等创新技术，优化员工薪酬数据分析管理，加速财务系统报表自动化处理，使数字化转型进入一线需要大量人工重复性固定工作的场景。

建设银行广东省分行开发“神算子”和智能营销平台，以客户为中心，依托大数据开展产品交叉销售，基于“神算子”智能推荐场景服务，根据客户线上动态行为实时触发营销场景。

广州银行围绕“刷脸办业务”设计理念的智能柜台依托人机交互协作、人脸识别等业界领先技术，完成投资理财、开户预填单、电子渠道签约管理等全功能模块投产，实现“免填单、免取号、免等待、无纸化”业务智能化办理模式，实现80%柜面业务替代率。

兴业银行广州分行建设区块链电子发票平台，并加入广州市税务局的“税链”，为客户提供区块链电子发票服务，8月份实现与移动支付对接，实现支付后开票。

【金融服务实体经济能力】 充分采用金融科技手段提质、增效、降成本，有效增加和完善金融产品供给，助力供给侧结构性改革，提升金融服务实体经济效能。

中国银行广东省分行打造“中银普惠网络通宝”平台，为企业提供贷款在线自助申请、智能化快速审批、自助随借随还贷款等功能，同时推出“税贷通”“中银结算通宝”“中银普惠薪金宝”“中银普惠快易贷”等多款线上融资产品，为小微企业提供便捷的一体化普惠金融服务。

农业银行广东省分行依托供应链场景建立链捷贷服务平台，融合核心企业结算方式及供应商融资需求，借助核心企业较高的信用水平和增级效用，建立多级穿透业务模式和资金闭环管控体系，实现融资直达数量众多的核心企业产业链条末端的2-N级供应商。

广东省农村信用社联合社推出“悦农小微贷”系列产品，推动投融资业务的移动化办理，结合大数据智能风控技术，实现小微企业移动化办贷，提高小微贷的效率和质量。

广州农商行在珠江直销、网上银行、手机银行、微信银行等电子渠道同步推出“美味储蓄”业务，将理财产品收益直接转变为线下生活物资收益，将理财与“三农”业务无缝对接。

【民营中小企业融资】　依托“数字广东”搭建广东省中小企业融资服务平台，打通公共信用信息、互联网信息、市场化评价信息、专业化评价信息以及经企业授权调用的税务、社保、水电气等各类信息孤岛，整合人工智能、区块链等前沿科技力量，运用包括人脸识别、微表情识别、声纹识别、情绪识别等在内的数十项前沿金融科技，对中小企业进行风险画像和信用评价，实现中小企业商业信用的可视化、数据化。在此基础上，对中小企业的融资需求和商业银行的信贷产品进行线上智能对接，覆盖企业经营全生命周期、融资全流程，并集中省、市政策资源，为中小企业融资提供增信、贴息和风险补偿等配套服务。平台接入超过260家的银行、保险、小贷、保理等金融机构及超过540款的线上线下融资产品，为民营中小企业提供供应链金融、贸易融资、知识产权融资等系列特色金融服务，贷款申请流程大为简化，融资成本进一步降低。

【地方金融监管】　省地方金融风险监测防控中心建设“金鹰系统”，先后建成主动识别、监测预警、舆情监测、非现场监管、金融广告监测等十大子系统，通过构建七大非法金融活动风险识别模型，梳理舆情、工商、投诉举报、司法、机构运营等数据，利用大数据技术主动发现非法金融活动企业，对目标企业进行实时监测和风险评分，并结合“金鹰投诉举报中心”微信小程序实施金融广告监测预警，并进一步采集地方金融从业机构的股东、高管、运营、交易、资金、项目等信息，运用大数据和人工智能等技术手段，构建行业风险评级模型，分析总体状况、风险管理及合规情况并实施非现场监管。

截至2019年12月，主动发现疑似非法金融活动企业1 588家，其中，红色预警110家，橙色预警228家，黄色预警1 250家。深圳借助腾讯掌握的微信、QQ月活跃10亿以上的用户社交传播信息和1 000亿条“黑产”知识图谱，融合公安、工商、法院、税务、银行、信访等42个单位、涉及300余万商事主体的近500项行政数据，依托大数据、人工智能、区块链、云计算等前沿技术，建立8个维度的监测预警模型，实现对P2P、网络传销、外汇交易、投资理财等10余个业态的精准识别。上线以来，对4.7万家新兴金融企业进行重点分析，识别出风险企业1 500余家，累计移交线索近1 000条。

广东还研发了地方金融风险处置管理系统，从省、市、区（县）三个层面及合规、投诉、传播、特征、行业五个维度计算地区金融风险指数，对机构、行业、地区进行风险量化评级，动态反映各地金融风险化解情况。截至2019年12月末，累计向全省提供风险线索739条，经过核查处置后，累计线索反馈429条，风险控制化解率达58.1%，其中33条已由公安部门立案或破案，“打小打早”效果初显。

【金融风险防控】　运用大数据、人工智能、生物识别等技术加强金融风控，有效甄别高风险交易，智能感知异常交易，提高金融风险技防能力。农业银行广东省分行、工商银行广东省分行、招商银行广州分行、兴业银行广州分行、广州银行等商业银行探索搭建大数据分析平台，整合海量内外部、多条线数据，借助智能分析工具构建风控模型，提升风险预警、审计、反欺诈等各风险管理领域的自动化和智能化水平。

中国银行广东省分行研发投产信用卡客户精准识别系统，利用征信大数据和人脸识别、活体检测技术，建立分期业务精准识别模型和快速获客识别机制，业务办理时间由3天缩减为10分钟。

平安银行广州分行开发运行供应链预警系统，实现供应链金融业务智能评级监测，一键协审，自定义预警规则并精确推送，减轻贷前、贷中、贷后各个节点参与者的工作量。金融机构加快推进金融领域安全可控技术和密码算法应用工作，法人金融机构开展对外服务网站和APP的IPv6改造，金融业IPv6规模化部署持续推进。

中国建设银行广东省分行、中国民生银行广州分行等多家商业银行主动开展风险全面排查及网络安全渗透性测试，加固网络安全防护设施，经受住了多重考验，受到了公安部门的表彰。

【信息化项目】 充分利用云计算、大数据、人工智能、移动互联网、区块链等新技术，加速迭代交付，统筹推进信息化项目建设。金融机构试点推广金融业机构信息共享系统，提升金融服务的可获得性。中国工商银行打造“智慧政务”系统，数字广东省级政务平台实现工行U盾认证，融e行率先对接“粤省事”政务服务系统实现金融机构与政务数据互联互通。广东省农村信用社联合社全年共推动启动项目70个，投产项目68个，新增小型需求6 415份，同比增长61.9%，涵盖投资、融资、渠道、支付结算等多个方面。

（欧黄河　李锋森）

公安领域

【公安大数据智能化建设】

警务云和大数据智能化建设　省公安厅将大数据智能化建设作为全年公安中心工作来抓，通过省厅与广州共建、其他发达地市自建、欠发达地市采用租户模式建设，初步形成公安大数据智能化“全省一片云”，汇聚计算、存储、数据、服务资源比2018年分别增长28%、154%、765%和103%，各类资源总量位居全国前列，直接服务16个警种和17个地市，有效支撑全警全域应用，助力欠发达地市基本实现基础资源均衡化、数据资源均等化，提升了全省公安大数据智能化建设应用发展水平。率先在全国建成新一代公安信息网、省级警务云资源运营服务平台和安全访问平台，与大数据相适配的网络、运维、应用、安全体系建设均走在全国前列。

新一代移动警务系统建设　全省公安机关基本实现移动警务终端全面配备；开发移动警务应用657个，比2018年增长57%，基本实现公安业务应用全覆盖；全省民警日均应用超1 900万次，比2018年增长280%，基本实现一线民警对数据资源“随手调用”，有效打通大数据应用“最后一公里”。全省移动警务终端配备数量和配备率、移动应用开发数量和使用量持续走在全国前列，有力支撑打、防、管、控、服等公安中心工作。

视频云工程建设　全省公共安全视频一类点数量位居全国前列；全省公安利用视频技术协助侦破各类案件36万多起，基本实现“前端建设数量、智能应用成效”两个全国前列。

【创新警务应用】

智慧新侦查一体化平台建设　省公安厅初步建成智慧新侦查一体化作战平台，构建了追逃、电诈等专用大数据模型，实现侦查大数据应用向“自动化产出”转变，涉诈骗犯罪打击效能同比提升近3倍，助力全省追逃工作抓获目标逃犯数名列全国第一。

公安政务“指尖服务”建设　全省公安机关建设“一网”即全省统一警务服务平台、“一机”即推广民生警务一体机、“一号”即以身份号码作为信任根、“一台”即打造智能客服台，群众随时随地就能用手机办理公安政务服务业务，进行电子身份认证、申请政务服务、办理电子证照和进行支付等，实现跨地市、跨警种一网式办理、一站式服务。截至2019年年底，全省公安机关依托省政府“粤省事”微信小程序共推出公安“指尖服务”277项，超过1.9亿人次“指尖”办理公安服务事项，占“粤省事”总办理量近一半，在省直各部门名列第一，社会各界和群众反响良好。

【科研管理】

科研立项　省公安厅积极组织全省公安机关申报省、部级科技计划项目。2019年经公安部批准科研项目立项14项。省公安厅还开展智慧新警务厅级科研项目立项，评审确定了15个创新类项目立项。

广东省精神活性物质监测与安全重点实验室建设　该实验室由广东省公安厅与广东省禁毒基金会联合共建。实验室的宗旨是通过对环境介质中毒品残留及其代谢产物的准确定量，将污水流行病学、分析化学等学科应用到禁毒工作中，为毒情监测提供精确的数据支撑，为禁毒部门的决策提供精确的科技情报，提升禁毒部门战斗力水平。

科技奖励　全省公安机关在2019年全国公安基层技术革新奖评选活动中，获得4金4银3铜的好成绩，以绝对优势位居全国第1，金牌总数占全国的40%，再创新高，获奖总数、金奖总数连续两年排名全国第1。

泛互联网终端智能报警小程序 针对当前110报警无定位或定位不准、无音视频、图文报警等问题，创新开发了泛互联网终端智能报警小程序，嵌入多个国内主流APP、手机操作系统，并通过安全边界连通110接处警系统提供报警服务，提升了110接处警水平。主要创新点：（1）首创实现拨号报警时自动向110提交GPS、北斗精准定位信息，是当前最简便、快捷获取报警精准位置的报警方式；（2）首创嵌入多个主流APP，在滴滴出行、微信、百度、支付宝、高德地图等主流APP上嵌入小程序，方便群众找到报警入口；（3）创新民警处警方式，精准定位、视频、图文等警情信息通过安全边界传送到110接处警系统后，关联流转至属地民警移动警务终端处警；（4）拓展交通事故快处快赔功能，实现报警、定责及后期的定损理赔一站式处理。该项目2019年获得全国公安基层技术革新一等奖。

慧眼识毒-禁毒研判 APP针对基层民警在打击涉毒违法犯罪中普遍被缺乏实时研判和精准处置预案所困扰，采用聚类算法等大数据技术，基于新一代移动警务框架研发了“智慧新禁毒”APP。主要创新点：（1）智能研判，利用涉毒嫌疑度评估体系模型集支撑，研判更精确；（2）专业指导，把禁毒专家研判的思路、做法整合成易用工具，供基层民警使用，全警可按业务指引快速、规范处置涉毒人员，实现大数据能力的精准推送；（3）根据处置要求把14类涉毒人员整合为5类，全国首个为各警种提供精细化处置预案；（4）对接33个数据库和系统，是目前全国对接数据资源最多的禁毒APP。该项目2019年获得全国公安基层技术革新一等奖。

证据集中调取系统 针对公安机关基层办案时调取证据耗费大量人力物力、调证过程缺乏监管、调证后缺乏整合不能串并等难点痛点问题，项目组创新证据集中调取工作机制，在公安内网开发网上调证系统，整合数据资源，通过网上申请、集中调取、快递分发、全程监管，实现集中调取涉案证据。

主要创新点：（1）“集中调证”，由办案部门各自调证转为“集中调证”，大大降低基层办案耗费的人力物力；（2）“网上调证”，由办案民警上门调证转变为线上申办调证，让民警足不出户就可调取证据；（3）“规范调证”，中心对调证的各个环节进行专业审核、严格审批和全程监控，确保调证文书准确、程序合法合规；（4）“共享调证”，实现网上流转、工作留痕，调取即入库，为案件串并和线索发掘的大数据分析应用提供基础数据。该项目2019年获得全国公安基层技术革新一等奖。

智慧审讯系统 针对公安机关基层一线民警审讯能力差、谎供漏供难分辨、供词矛盾难发现、情报与审讯脱节等难题，采用大数据、语义分析、微表情识别等技术，自主创新了智慧审讯系统。该系统具有“口供数据自动测谎、审讯策略智能推送、微表情即时监测、团伙成员口供实时交叉印证”等功能。

创新点：（1）大数据支撑审讯，通过整合广东全省38种数据，搭建智能数据测谎模型，即时判断口供真假，实现大数据向基层“滴灌”；（2）审讯问题智能推送，通过对历史笔录机器学习，结合前期侦查情报、案件特点和笔录上下文，动态智能推送审讯问题；（3）口供自动交叉印证，通过对审讯笔录的全库即时比对，实现同一问题、同一嫌疑人前后口供矛盾或团伙案不同嫌疑人口供的交叉印证；（4）异常体征即时提醒，通过微表情摄像头、智能手环等前端感知，实现微表情、微动作、心率、血压等体征异常提醒。该项目2019年获得全国公安基层技术革新一等奖。

（李先全）

环保领域

【对接国家重大专项】　省科技厅积极组织省内高校、科研院所和科技企业申报2018年度国家重点研发计划“场地土壤污染成因与治理技术”“固废资源化”“可再生能源与氢能技术”3个专项，广东省有关单位共获得国家科技项目立项5个，获得中央财政经费支持约8 500万元。

【绿色技术成果转移转化】　8月，省科技厅与省生态环境厅、住房和城乡建设厅、农业农村厅联合召开省污染防治攻坚战治理技术、装备、服务展示交流对接会，省科技厅推荐生态厕所、区域性环境综合治理、高时空分辨率VOCs走航监测系统等9个项目参展；参与国家“区域大气污染联防联控交流会”，介绍广东省珠三角大气治理经验，珠三角区域空气质量在国内三大城市群中继续处于领先水平。

【污染防治与修复重点专项】　2019年，广东省组织实施省重点领域研发计划污染防治与修复重点专项，省财政科技资金投入1.16亿元，带动社会资金投入4.63亿元。重点开展练江、茅洲河重污染河流水体综合治理、城市黑臭水体治理、珠江流域水源地水生态保护、珠三角PM2.5和臭氧污染协同防控、典型行业VOCs治理、矿区和农田土壤重金属污染防治以及农村生活垃圾、市政污泥、电子垃圾、中药废弃物资源化利用等方面的技术攻关和应用示范。其中，练江流域水质逐步好转，海门湾桥闸断面化学需氧量平均浓度与去年同期相比，主要污染指标化学需氧量、氨氮和总磷分别下降11%、23.6%和64.5%，化学需氧量和总磷符合地表水V类标准要求；茅洲河水质已经实现历史性突破，19条支流稳定消除黑臭，水质连续达到地表水V类标准，为1992年以来最好水平；广东省2019年SO_2、NO_2、PM10、PM2.5和CO年评价浓度总体均呈下降态势，其中PM2.5年平均浓度为27微克/m^3，达到2006年有监测数据以来最好水平，与2018年同期相比下降6.9%。

【环保产业】　2019年，广东环保产业需求持续增长，市场规模快速扩大。据中国环保产业协会统计调查，2019年度预测为1 600亿元；尤其在环境服务方面，年均增长率更是超过30%，在产业细分领域方面，广东省环保产业在土壤修复领域、环境监测领域、固体废物污染防治领域均居全国前列。

【广东省环保产业知识产权联盟建设与专利运营交流研讨会】　5月10日，广东省环保产业知识产权联盟建设与专利运营交流研讨会在广州召开。会议内容包括介绍广东省环保产业知识产权联盟相关情况、环保产业知识产权联盟各项工作机制建设相关文件、《环保装备产业专利导航分析研究报告》，分析环保产业重点技术装备未来发展方向及布局；《企业知识产权管理规范》贯标认证流程，以及政府资金奖励和配套措施。

【广东省绿色技术科技协同创新中心】　8月20日，广东省绿色技术科技协同创新中心正式启动以来，着力解决广东省绿色环保行业发展过程中遇到的重大难点和战略发展问题，致力于建成一个长期运作、功能完备、运行稳定、市场导向的部门协同创新载体。

8月30日，组织发布《水质超标自动采样器技术要求及测试方法》（T/GDAEPI 02—2019）、《固定污染源 挥发性有机物排放连续自动监测系统 干涉增幅反射检测器（IER）法技术要求》（T/GDAEPI 03—2019）两项团体标准。

12月5—6日、19—20日在广州举办“环境工程技术规范及工程设计系列污染修复三期（地质系统专场）培训班”“污染治理设施运营管理人员高级研修班（第一期）”，对促进提升环保科技产业从业人员技术水平具有重要意义。

12月14日，在广州举办“中山大学生态环境技术高峰论坛暨科技成果及人才精准对接会”，组织编制包括43项污染防治技术的《中山大学生态环境技术高峰论坛科技成果资料汇编》，汇集污染防治各个领域最新的科研成果，省内环保企业、技术需求方及校友代表近150人参加会议，给与会的环保企业和中大科研团队搭建了一个极其高效、实用、接地气的科技成果转移转化平台，初步形成高效、实用、接地气的科技成果转移转化平台。

【环保科技】 2019年，省环境科学研究院“次生矿物影响下的土壤-蔬菜系统稀土元素铈（Ce）的迁移富集及其机制研究”成功获得国家自然科学基金立项；参与国家重点研发计划“湾区景观生态格局演化及其生态响应研究——以粤港澳大湾区为例”；参与科技创新平台类“粤港澳环境科学联合实验室”项目1项；获得广州市科技计划项目科学研究专项“城市湿地生态系统服务与农户福祉空间分布耦合模式与机制——以广州海珠湿地为例”立项。

【科技成果奖励】 由省环境科学研究院承担的“城市生态环境修复中鸟类生境营造与多样性提升技术”“面向精细化管控的移动源动态污染地图关键技术研发及应用示范”获得2019年广东省环境保护科学技术奖一等奖，“湿地公园鸟类生境修复及多样性提升技术创新与应用”获得南粤林业科学技术奖一等奖。

城市生态环境修复中鸟类生境营造与多样性提升技术 主要以城市绿地鸟类为对象，开展了本土物种的引入、定居和繁衍的关键技术创新和集成应用。项目阐明了城市鸟类适应机制与群落组成特点，建立了基于时空动态的目标物种编目和优选方法，解决了当前恢复工作中本底不清、对象不明的难题；研发了信号招引、栖息地吸引和环境扩容三大主动招引技术，突破了传统恢复效率低下的瓶颈；研发了消失物种人工繁育和野外重引入的技术，解决了消失物种难以回归、群落组成单一的技术难题。

面向精细化管控的移动源动态污染地图关键技术研发及应用示范 主要以机动车、船舶和非道路移动机械三类主要大气移动源为研究对象，研究建立了基于机械使用量、使用时长等特征运行参数的非道路移动机械排放量计算模型，优化改进了基于交通流量、运行轨迹等特征运行参数的机动车和船舶瞬时排放量计算模型；研发了不同时间尺度和空间尺度的上述三类移动源活动水平和特征参数的数据采集与数据融合技术方法。基于上述的技术方法，搭建了包含机动车、船舶和非道路移动机械在内的“三位一体”的移动源污染地图集成展示、动态更新和智能分析平台，可进行高精度移动源排放时空分布特征展现、污染特征智能分析及污染防治政策的辅助决策，可有效提升移动源污染防治管理水平。

湿地公园鸟类生境修复及多样性提升技术创新与应用 主要以湿地公园鸟类为对象，系统开展了本土物种的引入和定居的关键技术创新和集成，并在应用上取得成效。研究了鸟类生存对策、物种功能多样性和分类结构稳定性等规律，建立植物配置、目标物种名录确定以及群落物种组成等评估方法。创新了引鸟技术集成应用方法，快速提升鸟类多样性的效果。创建螺类—底栖藻类—浮游植物互构的富营养化水体修复方法，有效提升湿地水质，由此建立“基、果、水、岸、人”五素同构的垛基果林湿地生态修复方法，为鸟类物种数量大幅提升创造良好条件。从群落角度开展了城市湿地公园动物多样性恢复，恢复效果得到世界银行、全球环境基金会和世界自然基金会等国际大型保护组织肯定，已取得巨大的生态、社会和经济效益。

【粤港澳生态环境科学中心】 省生态环境厅与广州市黄埔区正在合作共建“粤港澳生态环境科学中心”，该中心的定位为服务全省和区域生态环境管理科学决策和环境应急联合调度的核心智库；为黄埔区政、产、学、研、用“五位一体”、产业快速发展的具有国际化水平的环境科技高地和产业创新园区；为创新手段先进丰富、高新技术融合的集科研、人才培养、国际交流于一体的综合科研总部（基地）。建设内容包括综合科研总部（基地）、生态环境部分平台、产业孵化基地、粤港澳生态环境国际交流中心和广东省生态环境应急技术与物资中心等，目标为建成基于5G、区块链技术的区域生态环境智慧决策国家技术创新中心。

（罗宇恒　周雪峰）

能源领域

【科技成果及奖励】 2019年，是中华人民共和国成立70周年，也是深入实施“率先行动计划”，实现“十三五”规划决胜之年。全省能源科技工作以科技创新为中心，注重能源方面科技开发工作，实现了率先行动计划的阶段目标，攻坚克难、勇攀高峰，在科研方面取得了一系列成果，大大地推动了广东省能源领域的开发与利用。

表8–5–1 广东省能源领域部分获奖成果（2019年度）

序号	获奖项目名称	获奖类别	第一完成单位
1	天然气水合物分解机理及调控方法研究	广东省自然科学奖一等奖	中国科学院广州能源研究所
2	高水分有机固废安全处置与土壤高值化利用技术及装备	广东省技术发明奖一等奖	中国科学院广州能源研究所
3	大型半潜式海洋波浪能发电技术与装备	广东省技术发明奖一等奖	中国科学院广州能源研究所
4	深水区超大型海上风电设备安装平台关键设计与制造技术	广东省科技进步奖一等奖	广东工业大学
5	多能源互补分布式可再生能源发电微电网技术研究与示范	广东省科技进步奖二等奖	中国科学院广州能源研究所
6	可再生能源灵活消纳的数字物理智能决策平台研发及应用	广东省科技进步奖二等奖	南方电网科学研究院有限责任公司
7	高功率锂离子电池关键技术研发及产业化	广东省科技进步奖二等奖	深圳市海盈科技有限公司
8	车用燃料电池电堆技术推广与应用	广东省科技进步奖二等奖	广东国鸿氢能科技有限公司
9	健康照明全光谱LED荧光材料及器件的研制与应用	广东省科技进步奖二等奖	广东省稀有金属研究所
10	基于固废资源化利用的绿色低碳混凝土关键技术与应用	广东省科技进步奖二等奖	广州大学
11	一种秸秆生产交通燃料用油的方法（ZL201610304296.5）	广东省专利金奖	中国科学院广州能源研究所

项目名称：天然气水合物分解机理及调控方法研究

主要完成单位：中国科学院广州能源研究所

获奖情况：2019年度广东省自然科学奖一等奖

天然气水合物是重要的清洁替代能源，其开采能耗高、控制不当可能造成海底坍塌和气体泄漏及大量泥沙产出等。因此，确定安全、经济、高效开采方法是亟需解决的世界级难题。

针对天然气水合物开采涉及的多孔介质中的相平衡，分解特性，强制驱动力作用下的分解规律和控制方法等关键科学问题，建立了水合物体系分子热力学理论方程和分解动力学理论方程，揭示了水合物藏中气—水—水合物—固体多孔介质相互作用机理。通过天然气水合物分解实验研究阐明了分解过程中水合物分解反应、热质传递及多相渗流耦合机制。建立了针对目标储层的天然气水合物强制分解方法适应性评价体系，提出了海洋水合物藏优选分解及控制方法，完成了我国天然气水合物藏开采潜力评价。

项目名称：高水分有机固废安全处置与土壤高值化利用技术及装备

主要完成单位：中国科学院广州能源研究所、广东润田肥业有限公司、维尔利环保科技集团股份有限公司

获奖情况：2019年度广东省技术发明奖一等奖

产量巨大的高水分有机固废不仅具有固液分离难、污染特性强、资源化利用率低等共性问题，同时具备有机质比例高、植物营养元素丰富等共性特点，亟待实现快速安全处置与合理资源化利用。该项目以高水分固废降毒转化差异性为切入点，优选热解气化及高温发酵技术，通过共性方法研究、专有设备开发、系统优化与集成，最终形成了高水分有机固废安全处置与土壤高值化利用全链条技术。

主要发明点如下：开发了多源高水分有机固废净化与提质分离预处理技术，提升了固液分离及污染物去除水平；研发了面向土壤利用的高温生态降毒转化技术及装备，有效解决转化效率低、专有设备缺失的问题；发明了基于修复/改良/增肥的产品土壤高值化利用技术，降低了产品环境风险，实现了产品应用；发明了基于高效催化和生化反应的伴生废气废水处理技术，实现了过程副产物清洁处置。

项目名称：大型半潜式海洋波浪能发电技术与装备

主要完成单位：中国科学院广州能源研究所

获奖情况：2019年度广东省技术发明奖一等奖

海洋可再生能源开发可有力支撑远海岛礁建设和海洋经济可持续发展。针对我国波浪能资源特点，该项目研发出了鹰式波浪能发电技术，突破了我国海上漂浮式波浪能装置无法长期稳定发电的系列难题，完成了鹰式波浪能技术由试验样机向工程样机的成功转变。

主要发明点如下：发明了鹰式波浪能技术，获得了高俘获、低耗散的鹰式吸波浮体；发明了蓄能型液压转换系统和液压自治控制技术，实现了高效转换和恶劣海况下无人值守运行；发明了抗台风深水锚泊技术，解决了波浪能装置深远海应用难题；发明了大型海上半潜式可移动能源平台技术，实现了海上多种可再生能源有机耦合互补，开创了海上供能新方式。

基于上述发明点和技术集成，项目建成了10kW概念样机“鹰式一号”、100kW工程样机“万山号”、260kW海上可移动能源平台“先导一号”，形成了我国首台海上波—光—储—海水淡化系统，实现了南海岛礁并网供电，使我国成为全球首个在远海布放波浪能装置并成功并网送电的国家。

项目名称：深水区超大型海上风电设备安装平台关键设计与制造技术

主要完成单位：广东工业大学、南通中远海运船务工程有限公司、启东中远海运海洋工程有限公司、南通润邦重机有限公司

获奖情况：2019年度广东省科技进步奖一等奖

目前海上商业化运行的风机容量最大为8MW级，今后风机容量将更大，安装地点将离岸更远。在风大、浪高、水深的恶劣海域安装8MW

级大型风机的难度极大，不受风浪影响、安全性高、效率高的自航自升式超大型安装平台国内外尚属空白，制造难度大。申报单位经过十多年的研究，解决了大圆形桩腿高精度制造、超长超重绕桩吊车研发、平台自升稳定性控制的关键技术难题，研制成功世界首座8MW级风机的超大型海上安装平台，取得了如下创新性成果：

提出桩腿变形控制和总成建造技术，发明了一整套超高超厚强度钢焊接工艺，解决了100mm厚的E690超厚超强板焊接工艺及变形控制，实现桩腿一次性切割无修正工艺、一次成型并安装到位，完成了桩腿总成建造。桩腿直线度公差控制在±5mm范围内，桩腿对角导轨板平行度控制在±2mm范围内。

提出了结构紧凑的回转支承装置、回转平台、大吨位双联变幅机构，设计了绕桩360°连续回转结构，解决了起重装备占用甲板面积大、重量重和效率低的技术难题；发明了角度可调稳货系统，实现风机吊装作业的平稳性和安全性；研制了大型绕桩式全回转起重装备，最大起吊重量1000t、满载速度5.5m/min。

提出了超大型自航自升式风电安装平台原创设计方法、重量控制和重心平衡技术、平台大载荷提升及同步控制、坞内整船插桩试验方法，研发了集装载运输、自航自升、重型起重、动力定位、海上作业功能于一身的世界首座8MW级风机海上安装平台，解决了在风大、浪高、水深的恶劣海域环境下高效安装8MW级风机的技术难题。

进行了系列化研发与推广，2016年在英国Burbo Bank 海上风场完成世界首批32台8MW风机安装，2018年在丹麦Horns Rev海上风场完成世界首批49台8.3MW风机安装。获得国家重点新产品认定2个。专业刊物《中国远洋航务》评价：多项设计建造指标均创世界第1，填补世界第三代先进海上风电安装特种船舶设计建造的空白。船东评价：这是世界上最先进的海上风机安装船。

项目名称：一种秸秆生产交通燃料用油的方法（ZL201610304296.5）

主要完成单位：中国科学院广州能源研究所

获奖情况：第六届广东省专利金奖

利用农林废弃物生产燃料是清洁能源供给和低碳发展的理想途径之一。该专利发明了秸秆生产交通燃料的新技术，为农林废弃物的高值利用和交通能源结构优化提供了新途径，在技术创新、原料利用及油品品质方面实现重大突破。

该发明能实现秸秆高选择性地生产糠醛与乙酰丙酸及其常温下缩合加聚反应，以及含呋喃环或四氢呋喃环长链中间体的温和加氢脱氧，有效解决了传统技术中生物质原料利用率低、转化效率低、产物单一品质低、原料适用性差、应用推广难等瓶颈问题。

该专利技术实施以来，2016—2018年累计新增销售额达8.39亿元，新增利税0.21亿元，新增出口额4.19亿元。该技术有助于温室气体减排，将显著促进可持续性航空燃料的商业化，潜在的经济、社会、生态效益显著。

【低碳技术创新与示范】

中国城市绿色低碳发展广州国际研讨会　1月25日，中国城市绿色低碳发展广州国际研讨会在广州召开。来自中国、韩国、日本和欧洲等地低碳城市研究领域的专家学者以及城市代表共40余人参加。研讨会围绕“广州绿色低碳发展战略回顾及展望”以及“城市绿色低碳发展的中长期路径、市场机制和金融支撑”两个议题展开。与会专家在听取有关广州低碳发展实践的研究成果后，围绕广州低碳发展、效果以及面临的挑战展开讨论，特别对广州未来低碳发展工作的重点提出建议。各国城市代表分别介绍其所在城市能源和低碳转型的背景、长期发展愿景、目标和政策、效果和挑战、绿色金融进展和挑战，以及新环境下的新机会，并围绕中国中长期低碳发展战略展开讨论。会议有效加强了国家智库、地方智库、国内外研究机构、NGO以及国内外城市的交流和信息分享。

“一带一路”发展中国家可再生能源政策和低碳发展培训班　12月13日，由省科技厅资助的“‘一带一路’发展中国家可再生能源政策和低碳发展培训班”在广州召开。来自喀麦隆、伊拉克、黎巴嫩、苏丹、印度尼西亚、泰国、菲律宾、阿塞拜疆、尼泊尔、肯尼亚、埃及11个国家的18位学员获颁结业证书。培训课程从可再生能源政策、技术、城市绿色协同低碳发展等不同角度进行全方位多层次的展开。授课内容包括能源战略、生物质能、太阳能、地热能、氢能、储能、智能电网、废弃物处理、海洋能技术等，分享了我国在可再生能源技术、政策、管理与产业发展等方面的经验以及如何在政策层面推动绿色低碳发展和实施过程中取得的经验，探讨“一带一路”发展中国家可持续发展的方向。

广州市白云区能源消费状况调研及节能降耗工作方案和行动计划编制　该项目形成了《广州市白云区能源消费状况调研与节能降耗工作方案报告》和《广州市白云区重点用能单位能源“双控”指标分解方案（2019—2020年）》。两项成果对白云区能源消费状况进行了全面分析和准确诊断，提出了涵盖制度优化、技术提升、任务推动等多个重点内容的工作方案，符合实际，可操作性强，对重点用能单位能源“双控”指标分解的研究方法具有科学性，思路明确，结果可行；对白云区能源“双控”工作具有重要的指导和支撑作用。该成果作为国家能源消费总量控制和分解制度由省级和市级宏观层面向区级及重点用能单位等微观层面探索落实的一项研究课题，具有重要的实践意义。

第三届全球可持续科技和创新大会（G-STIC）　11月20日，第三届全球可持续科技和创新大会（G-STIC）在比利时首都布鲁塞尔开幕。中国科学院广州能源研究所首次作为协办单位参会，并组织承办能源专场研讨会，与来自全球各地的专家学者共同为实现联合国“2030可持续发展目标”献计献策。大会开幕式上，多国政府高级官员与专业领域人士围绕推动可持续发展的必要性、科技在实现可持续发展中的重要作用、如何实现可持续发展等主题展开了深度探讨。中国、法国、意大利、德国、巴西、肯尼亚、印度、尼日利亚、奥地利、瑞士等国还分别以国家为单位进行了可持续发展创新科技成果展示。其中，首次亮相的“中国馆”由中国科学院广州能源研究所联合国家能源集团北京低碳清洁能源研究院、陈清泉院士科创中心共同主办，以LED视频、海报等形式介绍中国在生物航空燃料、生物柴油、生物燃气、氢能、海洋能、太阳能、地热能以及能源战略等清洁能源领域的最新科研和应用成果。

【工业节能与综合利用】

粤港澳大湾区能源转型中长期情景研究　该项目为中国工程院院地合作项目，分别从粤港澳大湾区“9+2”城市能源供需特点、国际三大湾区能源转型借鉴与启示、粤港澳大湾区中长期社会经济发展趋势、粤港澳大湾区能源转型中长期情景研究、大湾区能源转型重要路径及政策建议五个方面开展研究工作。在新一轮世界经济发展周期中，大湾区有望成为中国乃至世界经济发展的领头羊，继续保持中高速发展；通过优化能源结构、节能降耗、保障能源供给安全，可为大湾区经济社会的稳定发展注入绿色动能，到2035年大湾区在能源强度、碳排放强度、能源结构方面将会赶上甚至超过届时的东京湾区，并缩小与旧金山湾区、纽约湾区的发展差距。项目研究工作响应了《粤港澳大湾区发展规划纲要》对湾区能源发展的号召，围绕“清洁、低碳、安全、高效”的能源转型目标，从城市和用能部门两个维度，完成了大湾区能源中长期情景分析；以大湾区经济和人口增长、能源和电力消费需求、能源结构优化、分部门能源转型潜力、达峰时间等为重要指标，提供了大湾区未来能源发展的愿景，提出了2035年建成大湾区多元化清洁低碳能源体系的目标和保障举措建议。研究成果对促进大湾区经济和能源高质量融合发展，构建清洁低碳、安全高效的现代能源体系具有重要指导意义，也是大湾区“十四五”及中长期能源发展规划制定和政府决策的重要支撑，为转型路径研究奠定了扎实基础。

宁夏能源化工固废处置与资源化利用战略研究　该项目为中国工程院院地合作重大咨询项目，已顺利启动。宁夏的宁东地区是中国重要的能源基地，拥有丰富的煤炭资源，探明煤炭资源储量331亿t，占宁夏的85%，是国家14个亿吨级大型煤炭基地之一，也是国家千万千瓦级大型煤电基地和现代煤化工产业示范区，2019年获评全国化工园区第6名。宁东基地的发展对宁夏的经济社会发展具有举足轻重的作用。然而，宁东基地位于黄河中上游，生态环境脆弱，随着宁东地区高耗能产业进入持续稳定发展期，日渐增长的工业固体废物给宁东地区带来的环境问题日益凸显。宁夏一般工业固废年产生量为4877.03万t，而综合利用率仅为38.9%，固废处置与资源化利用是宁东地区能源化工产业发展的最重要瓶颈之一。该项目致力于科学制定宁夏固废产业发展技术路线图，凝练固废资源化利用的技术发展方向及重大工程，为宁夏地区工业固废大规模处置和资源化利用提供具有战略性、前瞻性和可操作性的意见和建议，为全国同类地区协调推进生态文明建设和能源产业绿色发展提供示范。

凹凸棒土基复合相变储能涂料　降低建筑物的能耗是当前国内外亟待解决的关键问题。传统的隔热、保温涂料只是单纯地减少建筑中能源的散失，并不能储存过量的热能。因此，需要开发一种储能涂料以解决热能供求在时间和空间上不匹配的矛盾，从而提高能源利用率。该项目以凹凸棒石为原料，对其进行改性，然后以凹凸棒石作为相变蜡的封装材料成功制备了凹凸棒石复合相变材料，进而以凹凸棒石复合相变材料作为功能填料成功制备了凹凸棒石基复合相变储能涂料。

干热岩热能超长重力热管开采　该项目在河北唐山安装试运行了世界上首个3000m重力热管，实现了在地下120℃热岩采热，在地面90℃蒸汽收热的系统循环。该系统采用充注流体介质的单井闭式管换热技术，在深地建设“超级锅炉”，实现热能长距离传输，避免了增强型地热系统（EGS）的技术瓶颈，技术投资风险小，能大幅降低建设成本，仅为传统三井EGS的15%。

【海洋能】　波浪能技术应用于多个国家战略领域。在支持国家岛礁建设和可持续发展上，大型波浪能发电装置“先导一号”实现在三沙并网供电，日发电占岛礁用电8%。与南方电网合作，依托国家项目，正在建设500kK、1MW装置，未来增容新装置预期占比50%。在服务国家海洋牧场建设上，全球首台半潜式波浪能养殖网箱“澎湖号”在珠海投放运行，完成了第一个养鱼期，得到用户高度好评。在支持智慧海洋建设上，开发了系列航标、潜标、测控、信息传送等仪器原位供电小型波浪能发电装置，并与中船系统院合作应用。在服务大洋科考上，谋划研建绿色能源驱动的大洋科考平台，有望填补全球大洋科考有船无站的空白。

海洋可移动能源平台　该项目由自然资源部、中国科学院、中国南方电网公司、国家海洋技术中心等单位支持，2019年已顺利通过成果评价。该项目于2013年12月启动实施，2015年建成100kW鹰式波浪能工程样机“万山号”，配置有蓄电池、逆变器，可在海上输出标准电力，为无人值守型漂浮式电站。实海况试验测得装置可在0.5米微小波高启动发电，4米高大浪工况下安全发电，整机平均转换效24%，最高达37.7%，远超目前国际同行15%~20%的转换效率，实海况转换效率世界领先。2017年4月，装置通过海底电缆并入珠海市万山岛独立电网，实现了我国波浪能电力首次进入海岛居民家庭，在我国海洋能发展史上具有里程碑意义。2017年12月，基于鹰式装置“万山号”优化改建而成的260kW波—光—储海上可移动能源平台“先导一号”，历经远距离海上拖航顺利抵达指定海域，开启了我国波浪能装备首次远海试验。2018年10月，平台成功开始大功率并网运行，最大日并网电量2058.98度。“先导一号”在西沙海域持续运行期间，成功抵御了多个超强台风的袭击，装置在台风中锚泊稳定、姿态正常、运行平稳，显示出稳定的发电性能、良好的环境适应性和工程便利性。

首台深远海波浪发电、养殖、旅游一体化平台首台样机“澎湖号”　该样机已于6月30日在招商局工业集团完成交付。为解决我国传统养殖网箱因能源供给匮乏、抗风浪能力差、无法搭载现代化养殖设备等“卡脖子”问题，该项目在自然资源部海洋可再生能源专项资金、广东省促进经济发展专项资金支持下开展半潜式波浪能养殖平台技术研究，该技术已获中国、欧盟、日本发明专利授权，设计图纸获法国船级社认证，由中国人民保险公司承保。现已在广东大麟洋海洋生物有限公司珠海养殖基地开展渔业养殖示范。

【生物质能】　广东省开发了国际上第一个生物质生产烃类燃料联产化学品产业化技术，相关单元技术已在多家企业应用。整体技术的工业示范工程正在黑龙江、湖南建设。生物天然气制备技术在解决大规模畜禽养殖场粪污处理和资源化问题上发挥积极作用，就地就近提供能源和农用有机肥，构建了废弃物资源化综合利用的农村代谢共生产业园新模式。

纤维素类生物质催化制备生物航油技术研究与示范　该项目为国家重点研发计划项目，为2018年科技部可再生能源与氢能技术重点专项生物质能技术方向获批的4个项目之一，致力于实现生物航油的高效稳定制取，提升生物质转化利用技术水平和农林废弃资源综合利用效率，为我国民航业解决在国际上航空减排的“卡脖子”问题提供技术保障。

生物质气化及热电气多联供系统研发及示范　该项目为“十三五”国家重点研发计划“战略性国际科技创新合作”重点专项，完成了生物质气化及热电气多联供系统核心技术和装备的开发工作，确定了泰国示范工程建设地点和方案，完成了工程设计和设备加工，即将进入施工安装阶段。该项目将通过联合研究和技术应用示范，提高了相关技术和设备在东南亚地区的适应性，提高了我国相关产品的市场竞争力，推动我国可再生能源技术在东南亚等“一带一路”国家的应用，促进探索我国科技成果国际转移转化的路径和新模式。

木质纤维素类和非粮淀粉类生物质原料高效制取生物航空燃料百公斤级关键技术　该研究以南方典型的甘蔗渣和木薯为生物质原料，通过一系列化学催化转化手段，开发研究一项高效生产生物航空燃料关键技术。当前原料收集成本高、转化过程效率低、燃料产品品位低等因素极大限制了木质纤维素生物液体燃料生产技术的应用。发明了低值农林废弃生物质资源转化为高品质航空燃料的新技术，突破了生物质液体燃料品质不高、目标产品选择性低的技术瓶颈。研建了木质纤维素生物质催化合成航空燃油的百公斤中试装置，10t秸秆可生产1t航油产品。有助于工业温室气体的减排，对可持续航空燃料的商业化起到较大的促进和发展作用。

【太阳能】

高寒高海拔地区太阳能集中供暖工程化示范　该项目为中国科学院科技服务网络计划（STS）区域重点项目，已顺利通过验收。该项目围绕高寒高海拔地区冬季供暖的民生重大需求，对西藏太阳能集中供暖进行了研究，在集热、蓄热、辅热、换热和传热、余热资源化利用、牧光互补等方面取得了八项创新型成果；建设了以太阳能为主、多能互补的太阳能区域供暖示范工程，社会、经济和生态效益良好，为全面解决西藏冬季供暖打下坚实基础，符合环境—能源—经济协同发展理念。中国科学院STS 计划包括STS 重点、STS 区域重点和STS 双创引导等三类项目。其中，该项目所属的STS 区域重点项目，是由各分院组织，科技促进发展局统筹部署。其主要目的是面向区域经济社会发展需求，聚焦区域优势特色产业和战略性新兴产业，瞄准地方党委、政府最为关注的“牛鼻子”问题和关系民生的“卡脖子”问题，加强技术的集成应用、工程化示范和产业化推广，为区域创新发展提供科技支撑。

新一代智能隔热贴膜的制备及其在高性能透光隔热玻璃上的关键技术和应用示范　该研究针对高性能隔热贴膜中存在的技术问题，开发一款集隔热、防爆和智能调光为一体的新型隔热贴膜，并实现了小批量的生产与示范应用。获得一整套新的工艺流程制备智能调光纳米粉体和涂膜浆料以及贴膜。建立了年产为10万m^2/年的隔热玻璃贴膜生产线，并应用于2个建筑工程。基于耐候性的结果开发了贴膜的中空玻璃和夹胶玻璃产品。该项目产品新增销售收入达到3 213.85万元，累计新增利税209.94万元。

（白　羽　张丽娟）

交通领域

【概况】 广东省交通运输行业根据行业发展现状及需求，重点在综合交通运输大数据处理与应用、“互联网+”路网综合服务、交通基础设施智慧建养、现代交通运输智能管控与运行效率提升、路运一体化车路协同等方面突破一批重大关键技术瓶颈。

2019年7月，我国交通运输行业首个由粤港澳三地联合共建的工程技术研究机构——粤港澳大湾区交通建设智能维养与安全运营工程技术研究中心挂牌成立。同月，行业科技人才何宁入选交通运输部领军人才。

2019年8月，省交通厅开展遴选2019年度交通运输行业研发中心研发清单支持项目工作，对“基于激光点云技术的道路设施单元划分及BIM建模技术研究”等8项研发中心清单项目进行支持，落实创新平台配套支持政策。

2019年10月，启动“隧道工程长期安全实体实验室”建设工作。11月，广东省交通运输（公路水路）标准化技术委员会成立。

2019年11月，省交通厅召开了2019年度行业研发中心联席会议，审议了《广东省交通运输科技创新协同发展指导意见》《广东省交通运输行业科技创新财政资金管理办法》《广东省交通运输厅重大重点科技项目管理办法》。印发了《广东省交通运输行业5G技术和北斗卫星导航系统试点推广应用方案》，加快推进5G技术、北斗系统在交通运输领域的部署，促进先进信息技术与交通运输深度融合，有力支撑交通强国建设。

2019年11月，省交通厅成功举办2019粤港澳大湾区数字交通技术交流会，以“数字新动力 交通强未来”为主题，打造数字交通领域的政、产、学、研、用交流平台。

2019年11月，深圳机荷高速公路改扩建工程、城市轨道交通智慧安检新技术新模式科技示范工程列入交通运输部2020年度科技示范工程。《广东省“数字交通”战略规划》通过专家评审。新一代国家交通控制网和智慧公路试点工程（广东）实施方案的修编工作完成，并通过交通运输部组织的方案评审，并于12月向交通部综合规划司报送了《新一代国家交通控制网和智慧公路试点工程（广东）资金申请报告》（修编稿）。

2019年11—12月，开展2019年度交通运输重大科技创新成果库入库遴选工作，广东省2项入选部级重大科技创新项目，3项入选部级科技成果推广项目，1项入选部级论文库，1项入选部级专著库。

2019年11—12月，“港珠澳大桥智能化运维技术集成应用”列入国家重点研发专项“综合交通运输与智能交通”，争取国拨经费支持1.6亿元；“生命线交通工程防灾减灾及应急处置技术”列入省科技厅重点专项。

【科研项目资金投入】 2019年，广东省交通科技项目资金的到位率为75.34%，其中政府拨款到位率74.18%，较上一年提升5.88%；依托工程配套资金到位率较高，达到84.26%（见表8-6-1）。

表8-6-1　2019年科技项目资金投入及支出情况

单位：万元

资金类别	计划投入	实际投入	到位率	实际支出	收支比
政府拨款	12 409.4	9 205.4	74.18%	/	/
项目单位自有资金	36 986.7	27 222.4	73.6%	/	/
社会其他资金	773.7	0	0.00%	/	/
依托工程配套资金	15 373.3	12 952.9	84.26%	/	/
总 计	65 543.1	49 380.7	75.34%	44 907.2	90.94%

【科技成果产出及奖励】　2019年，全省依托交通科技项目发表论文433篇，获专利授权107项。2019年度“中国公路学会科学技术奖”方面，“海上装配化桥梁建设成套技术”等2项获科学技术奖特等奖；“公路施工安全视频教程”等3项获省部级科学技术奖一等奖（含科普类）；另有16项获省部级科学技术奖项。

（林静言）

【铁路】　2019年，中国铁路广州局集团有限公司（以下简称“集团公司”）先后与中南大学、华为公司签订战略合作协议，与铁科院、中南大学、中车株洲电力机车研究所、华为公司等院校企业在高铁运营、运输生产、安全管理、经营管理、技术装备、信息化、新技术新产品开发引进等重点领域展开深入的技术交流，充分发挥各自的优势和特色，基本形成联合创新新格局。集团公司与重点科研合作单位积极开展联合创新，推动开展高层互访，指定归口联系部门，建立了顺畅、实效的日常协调工作机制。

2019年集团公司与重点科研合作单位开展联合技术攻关项目总计25项，其中与中南大学开展重点科研合作项目3项，与中车株洲电力机车研究所开展重点科研合作项目7项，与华为公司联合开展“智能广铁”顶层设计研究。客运站管理系统、电子支付、广深港5G覆盖等多个项目的推广应用和建设实施，在服务人民群众的同时，助力了地方国民经济发展，产生了良好的经济和社会效益。

科技计划　集团公司有4个项目获得国铁集团立项，国铁集团投入科研经费230万元。2019年，集团公司科研立项共155项，其中科技创新专项3项、动车技术中心专项5项，集团公司科研项目费用概算907.7万元。集团公司分专业对到期项目组织了结题验收，共41个项目通过结题验收，24个项目批准延期，12个项目同意终止。

科技成果评价　2019年，在确认项目按规定完成试用考核的基础上，组织专家对24个项目的技术水平、实用价值和应用条件进行确认和评价，发布了评审证书（见表8-6-2）。

表8-6-2　2019年中国铁路广州局集团有限公司科技成果评价通过项目表

序号	项目名称	技术评审号
1	车厢序号屏系统	广州局集团技评字〔2019〕1号
2	车载式线路检查仪（350km/h）	广州局集团技评字〔2019〕2号
3	从轨检仪数据生成有砟线路单撬作业方案软件	广州局集团技评字〔2019〕3号
4	牵引变电所高效潮流控制系统	广州局集团技评字〔2019〕4号
5	动车组车体外表面涂料国产化研究——聚氨酯+聚硅氧烷技术	广州局集团技评字〔2019〕5号
6	信号轨旁设备稳固新工法	广州局集团技评字〔2019〕6号

（续上表）

序号	项目名称	技术评审号
7	编组站综合自动化系统（SAM）与TDCS系统信息结合技术应用研究	广州局集团技评字〔2019〕7号
8	铁路退废改客票智能审核设备	广州局集团技评字〔2019〕8号
9	无人值守牵引变电所远程视控系统	广州局集团技评字〔2019〕9号
10	智能化行车公寓集成控制系统	广州局集团技评字〔2019〕10号
11	电缆监测及综合维护管理系统	广州局集团技评字〔2019〕11号
12	和谐机车无电区自走行装置	广州局集团技评字〔2019〕12号
13	货运承运制清算查询及分析决策系统	广州局集团技评字〔2019〕13号
14	双叠自锁垫圈	广州局集团技评字〔2019〕14号
15	广深港客专狮子洋隧道供电设备防腐研究	广州局集团技评字〔2019〕15号
16	机务段防溜智能管理系统	广州局集团技评字〔2019〕16号
17	铁路限高防护架碰撞报警装置	广州局集团技评字〔2019〕17号
18	中国铁路广州局集团有限公司运输能力适应性研究	广州局集团技评字〔2019〕18号
19	铁路通信光缆智能监测系统	广州局集团技评字〔2019〕19号
20	公铁联运新模式——铁路驮背运输方案研究	广州局集团技评字〔2019〕20号
21	机车辅机自动润滑系统	广州局集团技评字〔2019〕21号
22	武广高铁线路能力及开行方案优化研究	广州局集团技评字〔2019〕22号
23	机车智能电动刮雨器	广州局集团技评字〔2019〕23号
24	机车新型电压调整器的研制	广州局集团技评字〔2019〕24号
25	广铁客运收入稽查管理系统	广州局集团技评字〔2019〕25号
26	车机联控智能交互系统	广州局集团技评字〔2019〕26号
27	高速动车组车厢内微小气候和空气质量监测及影响因素分析	广州局集团技评字〔2019〕27号
28	智能紧固器系统	广州局集团技评字〔2019〕28号

科技奖励　2019年，集团公司共6个项目获省部级科学技术奖，其中中国铁道学会科学技术奖4项、中国交通运输协会科学技术奖2项（见表8-6-3）；“牵引变电所高效潮流控制系统”等16项科技成果获得集团公司科学技术进步奖，其中一等奖4项、二等奖7项、三等奖4项、四等奖1项（见表8-6-4）。

表8-6-3　2019年度中国铁路广州局集团有限公司获省部级科学技术奖项目表

序号	项目名称	奖励类别	奖励等级	主要完成单位	主要完成人员
1	动车组LU探测网络化管理平台研究	中国铁道学会科学技术奖	二等	1. 中国铁路广州局集团有限公司 2. 北京主导时代科技有限公司 3. 成都铁安科技有限责任公司	1. 曾旗，2. 王晓东，3. 杜新伟，4. 丁阳春，5. 杨云，6. 詹芝青，7. 张渝，8. 黄炜，9. 章祥，10. 王进，11. 杨凯，12. 文龙，13. 廖小笼，14. 赵波
2	小半径曲线混凝土轨枕及扣件成套技术研究	中国铁道学会科学技术奖	三等	1. 中国铁路广州局集团有限公司 2. 乐昌市安捷铁路轨枕有限公司 3. 衡阳市华鹏铁路器材有限公司	1. 张文仁，2. 李章凤，3. 段利军，4王康梦，5. 徐克文，6. 朱果，7. 蒋小星，8. 刘石城，9. 孙旭亮，10. 张光华
3	高铁客站高大雨棚站台照明补强优化研究	中国铁道学会科学技术奖	三等	中国铁路广州局集团有限公司	1. 赵利民，2. 李庆云，3. 贺海建，4. 李建中，5. 苏汝兴，6. 廖红雨，7. 张颖，8. 苏敏，9. 陈伟龙，10. 李旭
4	变能组合式防雷接地装置	中国铁道学会科学技术奖	三等	1. 中国铁路广州局集团有限公司 2. 扬州华峰防雷新科技有限公司	1. 陈建译，2廖显生，3. 陈文华，4. 林涛，5. 曹龄兮，6. 罗海洋，7. 张志健，8. 蔡仁峰，9. 张万岭，10. 朱世华
5	便携式动车组司机状态预警系统	中国交通运输协会科学技术奖	三等	1. 中国铁路广州局集团有限公司机务部2. 中国铁路广州局集团有限公司长沙机务段3. 北京启辰智达科技有限公司	1. 刘应军，2. 陈锡龙，3. 盛斌，4. 马麓松，5. 李兴华，6. 张威，7. 杨泽宇，8. 周俊泽
6	运输生产数据综合应用系统	中国交通运输协会科学技术奖	三等	1. 广州局集团有限公司运输部 2. 广州局集团有限公司信息技术所	1. 王华，2. 王斌，3. 彭文高，4. 李怀兵，5. 石文洲，6. 吴惠娜，7. 林洁容，8. 郑文元

表8-6-4　2019年度集团公司科学技术进步奖励项目

序号	项目名称	奖励等级	主要完成单位	主要完成人员
1	牵引变电所高效潮流控制系统	一等	1. 石长铁路有限责任公司　2. 中国铁路广州局集团有限公司长沙工程建设指挥部　3. 中国铁路广州局集团有限公司供电部　4. 中国铁路广州局集团有限公司怀化供电段　5. 国网湖南省电力有限公司　6. 湖南大学　7. 湖南华大紫光科技股份有限公司	1. 王荣华（石长）　2. 王延良　3. 陈跃辉　4. 罗隆福　5. 张聚力　6. 文纲　7. 石晓光　8. 林胡根　9. 伍华国　10. 喻献军　11. 严文交　12. 周冠东　13. 潘立强
2	基于大数据分析的电务监控体系8D系统研究	一等	1. 中国铁路广州局集团有限公司电务部 2. 河南辉煌科技股份有限公司	1. 陈建译　2. 钟卫国　3. 陈小平　4. 龚国廉　5. 丁若6. 孙宇飞　7. 周荣　8. 秦汉青　9. 李珑　10. 吴健11. 李建飞　12. 张昕　13. 楚亮高
3	调车作业综合控制系统	一等	1. 中国铁路广州局集团有限公司运输部 2. 中国铁路广州局集团有限公司长沙车务段 3. 中国铁路广州局集团有限公司娄底车务段 4. 北京远光瑞为软件技术有限公司	1. 郭吉安　2. 王斌　3. 李怀兵　4. 石文洲　5. 刘坤彬　6. 周伟龙　7. 周志超8. 蒋如金　9. 游锦华10. 肖梦　11. 钟元刚　12. 喻永红　13. 吴永彬
4	研发货检视频智能报警系统	一等	1. 中国铁路广州局集团有限公司货运部 2. 广深铁路股份有限公司江村车站 3. 辽宁奇辉电子系统工程有限公司	1. 郑化石　2. 张轶弘　3. 黄礼明　4. 宋海涛　5. 尹晔飞　6. 汤罡　7. 许鸽飞8. 李伟　9. 李宏　10. 李丹江　11. 邝健生　12. 邝华彪　13. 孙博
5	双模货物列车尾部安全防护设备及实时监测管理系统	二等	1. 中国铁路广州局集团有限公司运输部 2. 北京市交大路通科技有限公司 3. 中国铁路广州局集团有限公司电务部 4. 广深铁路股份有限公司广州车务段 5. 中国铁路广州局集团有限公司广州通信段 6. 赣韶铁路有限公司	1. 王斌　2. 李怀兵　3. 石文洲　4. 文跃飞　5. 刘坤彬6. 文志雄　7. 周伟龙　8. 李瑞　9. 吴智用

（续上表）

序号	项目名称	奖励等级	主要完成单位	主要完成人员
6	科研项目计算资源集约管理云平台	二等	1. 中国铁路广州局集团有限公司信息技术所 2. 中国铁路广州局集团有限公司科技和信息化部（总工程师室） 3. 中铁信息工程集团有限公司	1. 王奇成　2. 王华　3. 魏兆俊　4. 区奕据　5. 邝华彪　6. 刘洋　7. 戚允　8. 饶伟　9. 王冰
7	动车组列控车载设备智能监测	二等	1. 中国铁路广州局集团有限公司电务部 2. 北京子致科技有限公司	1. 陈建译　2. 刘敏荣　3. 白志伟　4. 刘景天　5. 罗建勇　6. 罗剑　7. 余洁　8. 曾德良　9. 张耀回
8	车载式线路检查仪（350km/h）	二等	1. 中国铁路广州局集团有限公司工务部 2. 北京三岭基业科技发展有限公司	1. 张文仁　2. 毛少虎　3. 刘兴平　4. 杨璞　5. 王劲军　6. 刘小锋　7. 王景瑞　8. 曾佳　9. 康学燕
9	LY设备增加车轮踏面等效锥度检测系统	二等	1. 中国铁路广州局集团有限公司广州动车段 2. 北京主导时代科技有限公司 3. 成都铁安科技有限责任公司	1. 曾旗　2. 何旭升　3. 龙云　4. 王晓东　5. 张锐敏　6. 林森　7. 詹芝青　8. 孙守文　9. 邓兴建
10	智能调车工具箱	二等	1. 广深铁路股份有限公司广州车务段 2. 广州中铁信息工程有限公司	1. 钱力　2. 胡月　3. 李应德　4. 叶海波　5. 陈苏湘　6. 赖承健　7. 孙博　8. 孙荣　9. 周伟龙
11	深圳工程建设指挥部多项目物资采购供应管理信息系统	二等	1. 中国铁路广州局集团有限公司深圳工程建设指挥部 2. 中铁物总国际招标有限公司	1. 李耀球　2. 涂贵文　3. 陈洪波　4. 陈伟庚　5. 许慧松　6. 宾爱国　7. 陈广灼　8. 张道军　9. 林映锋
12	货运车流信息管理系统	三等	1. 中国铁路广州局集团有限公司货运部 2. 广州北羊信息技术有限公司	1. 罗涛　2. 郭吉安　3. 张铁弘　4. 吴文胜　5. 肖艳杰　6. 李主雄　7. 易操
13	列检安全作业智能防护系统	三等	1. 中国铁路广州局集团有限公司车辆部 2. 中国铁路广州局集团有限公司株洲车辆段 3. 广州市东时佳精密工业有限公司	1. 周湧胜　2. 刘远洪　3. 张帆　4. 张波　5. 周演兵　6. 刘英海　7. 李开佳
14	动车组轮轴探伤网络化监管平台	三等	1. 中国铁路广州局集团有限公司广州动车段 2. 北京新联铁集团股份有限公司	1. 杜新伟　2. 龙云　3. 周盛超　4. 曾贻强　5. 黄小剑　6. 冯佳伟　7. 钟海雄

（续上表）

序号	项目名称	奖励等级	主要完成单位	主要完成人员
15	微控制动梁拉力试验机	三等	1．广深铁路股份有限公司广州北车辆段 2．齐齐哈尔四达铁路设备有限责任公司	1．罗松柏 2．丘红兵 3．林思亮 4．徐广强 5．蔡果 6．余观明 7．马德重
16	从轨检仪数据生成有砟线路单撬作业方案软件	四等	1．中国铁路广州局集团有限公司工务部 2．江西日月明测控科技股份有限公司	1．张文仁 2．毛少虎 3．朱洪涛 4．杨璞 5．梁必翔

动车组LU探测网络化管理平台研究　该项目获得2019年度中国铁道学会科学技术奖二等奖。LU探伤检测设备是动车组车轮轮辋辐板的在线超声波探伤设备。该管理平台由LU探伤检测系统、数据传输软件、汇总服务器、信息化网络、网络化监管软件、探伤作业展示软件组成。网络化管理平台采用计算机技术、网络技术、信息化技术实现LU探测设备联网，并通过与其他信息系统交互，将所有信息汇总，再通过专业的信息管理、分析软件实现检测数据的同步分析、检测记录的查询统计、缺陷数据的跟踪管理、设备性能的实时监测、探伤作业的自动编排等功能，确保探测结果真实可靠、提高设备使用管理效率，保障了LU探测设备的有效运用。动车段和各动车所分别布置“动车所数据服务器”，用于段、所基层数据汇总。探伤检测设备通过所内有线或无线方式上传探伤检测数据和诊断信息到“动车所数据服务器”。“动车所数据服务器”再采用以太网接入信息系统局域网，将数据上传到在路局的“段汇总服务器”中。通过权限设置，提供访问范围。该管理平台于2014年5月完成相关软件升级及现场部署。通过对LU实施网络化监管，充分保障了动车组轮对LU探伤作业在检测周期内的实时、有效；通过作业自动提醒功能及计划编排功能，杜绝了动车组车轮超期未检上线；实现了探伤数据的远程分析及诊断，极大地降低了轮轴管理的作业强度、消除了LU探伤作业的漏判误判，保障了轮对的安全。

（邝华彪）

【地铁】　2019年，广州地铁集团有限公司（以下简称“广州地铁”）全面推进重大科技攻关项目研究，有力推动轨道交通领域技术突破，不断探索广州地铁科研创新成果产业化的道路，强化广州地铁在轨道行业上的支撑引领作用。

2019中国（广州）城市轨道产业创新发展大会　4月9日，广州地铁集团联合广州市发改委主办的2019中国（广州）城市轨道产业创新发展大会在广州举行，大会共有5名院士、124家企业单位参会，总人数超过500人。

大会以“创新融合·拥抱湾区”为主题，正式发布《广州市推动轨道交通产业发展三年行动计划（2019—2021年）》，广州地铁集团全面解读《新时代城市轨道交通创新与发展（广州2019）》，贾利民教授、弗雷德·塞泊院士分别作精彩演讲，市国资委和广州地铁集团负责人为22个广州轨道交通产业联盟新会员单位授牌，还举办了智能装备、智慧运营行业高峰论坛。

《新时代城市轨道交通创新与发展（广州2019）》　2019年8月，广州地铁正式出版了《新时代城市轨道交通创新与发展（广州2019）》。该书明确了新时代广州城市轨道交通发展的基本逻辑：以服务交通强国战略为目标，站在粤港澳大湾区的新视野，聚焦湾区市民幸福出行，依托广州地铁二十多年的实践，持续通过科研创新，打造“服务型、引领型、融合型、持续型”的四型轨道交通体系，推进轨道交通系统向网联化、协同化和智慧化方向发展，最终实现三个推动：推动智能服务系统全面升级，推动湾区轨道交通的融合发展，推动湾区轨道交通产业的升级发展。

该书指出了新时代广州城市轨道交通“安全、可靠、便捷、精准、融合、协同、绿色、持续”的发展特征。首次提出“智慧地铁功能等级”体系，该体系分四级，从第1级的基础级，到最高级的第4级，选取乘客服务、行车组织、调度指挥、车站管理、运营维护、安全保障及应急处置6个方面，功能项目细分为22类共80项。

全国首创轨交智慧操作系统穗腾OS1.0　9月9日，智慧地铁示范车站在广州地铁三号线、APM线广州塔站和二十一号线天河智慧城站正式上线，现场同时发布了全国首创的轨交智慧操作系统——穗腾OS1.0。

智慧地铁示范试点车站的上线标志着新时代广州城市轨道交通建设的起航，为全国城轨大规模推广智能化及信息化技术、设备积累经验。智慧地铁示范车站采用迭代更新的轨交智慧操作系统，实现全息感知精准服务、高效安全运行保障、设备智能诊断和健康管理，提高服务质量、运维效率、运营效益，保障运营安全。示范车站的主要智能功能包括无感票务、智能客服、广州地铁乘车码小程序和广州地铁APP、智能照明、智能边门、5G技术应用、移动站务管理、智能化视频监控、扶梯智慧运维系统等。

广州地铁与腾讯公司建设穗腾联合实验室，推出了全国首创轨交智慧操作系统——穗腾OS1.0。该系统实现了站内各类设备系统的智能感知、数据交互、智能分析及联动运作，构建车站各系统设备之间的集成化设备管理模式，完成智能安防、智能客流引导、智能站务管理等一系列智慧功能。其率先推动了互联网技术与轨道交通业务跨界融合，研发出面向智慧城轨、智慧城市、智慧湾区的智能开放操作系统，改变了传统工业控制系统的设计理念，从产品化设计向组件化设计的转变，持续满足轨交业务不断增长的需要，致力打造全智慧型的产业生态链。

重大科技攻关项目　大力推进“十三五”国家重点研发计划相关项目及课题，“复杂环境下轨道交通系统全生命周期能力保持技术”项目完成行车及车站关键设备在线监测系统工程样机、城市轨道交通线网短时客流预测系统研发，项目顺利通过国家科技部组织的中期检查；“城镇安全风险评估与应急保障技术研究”课题建立了城市轨道交通运营关键装备在线监测技术、复合地层条件下盾构装备监测预警及风险管控技术、城市地下人员密集空间安全风险评估技术，并通过课题综合绩效评价；“城市轨道系统安全保障技术”课题任务完成运营典型设备设施检测监测系统的示范应用，形成覆盖 10 列车的应用示范系统；组织完成“下一代城市轨道交通列车关键技术及装备研制”项目所研制的下一代地铁列车现场测试试验。

积极推进广州市“城市轨道交通车站关键设备故障预警与健康管理技术研究与应用”“基于多目标的地铁列车运行节能关键技术研究与示范”“基于定性趋势分析的道岔状态感知关键技术研究与系统研制”“广州轨道交通系统装备安全与智能技术重点实验室”等项目的研发实施工作，并顺利通过政府主管部门验收。

创新成果落地、产业孵化情况　2018年首次编制《集团科技成果转化管理办法》后，2019年又印发《科技成果产业孵化管理规范》、专利技术许可合同范本，进一步健全科技成果转化制度及流程，引导、规范创新成果的推广和专利技术作价投资、权益转让和许可实施机制。据不完全统计，全年共转化实施39项科研成果，充分调动和盘活了集团公司科技成果转化的积极性和创新活力。

以带动优势产业落户广州，补强区域产业短板和产业供给空白为指导思想，依托集团及国家工程实验室的资源整合能力，着力构建列车+核心装备的智能运维产品的本地制造产业链、车站+智慧服务能力的广州供给链、车站+列车的智慧出行体系、产品+服务+研发的检测认证能力，重点打造信号及信号智能运维、车辆智能运维、永磁同步牵引成套系统、智慧安检成套系统、穗腾OS等5个科技成果孵化平台公司。截至2019年年底，已完成2个平台公司组建。

专利情况　2019年全年共完成专利申请287项、获得专利授权 134项，其中发明专利授权19项，广州地铁申请国家专利数累计达 1035项，获得专利授权累计达498项，专利申请数量和质量均稳步持续增长。

（闫　雅）

邮政领域

【科技成果奖励】 2019年，中国邮政集团有限公司广东省分公司（以下简称“广东邮政”）参与集团公司2019年科技创新成果评比，广东邮政18项成果得到集团公司表彰，其中“国际邮件互换局国际小包智能处理工艺建设”荣获一等奖；集团公司开展创新实效奖评选，广东邮政5项成果得到表彰；集团公司“云创平台”评选金点子奖，广东邮政有4个创意获奖。广东邮政评选2019年度科技创新成果奖26项；评定创新工作室19个。

【信息化建设】 顺利完成集团公司重点信息化项目推广，金融网点统一柜面管理平台全省上线，实现了柜面业务场景化、无纸化；完成集团公司新一代寄递业务平台省内推广、ERP系统邮速整合上线。广东邮政基于客户营销管理系统和营销助手，增加了精准营销、活动管理、客户流失、资产转移等辅助功能，系统访问量同比增加44%；广东邮政在全国邮政信息网运维考核中排名第1，为历年最好成绩。

【科技创新】 广东邮政立项开展科技研发项目27项，重点支持金融支撑、邮运网络、普遍服务、成本测算、新技术和新工艺等领域的研发；加大对地市邮政分公司的创新扶持力度，立项开展创新孵化项目33个，涉及市场协同、金融营销、农村电商、工艺优化、企业管理等领域。集团公司“云创平台”动员率达到99.34%，列全国邮政系统第一位，同时承担了集团公司立项的A类、B类创新孵化项目各2个。

【特色项目选介】

国际邮件互换局国际小包智能处理工艺建设 项目由东莞邮政分公司建设，包含客户端系统、生产管理系统、互换局国际业务系统、智能生产处理线四大部分，实现了自动收寄、自动分拣、海关邮政的信息数据共享，通过精准、动态、科学的管理和信息共享，全面提升国际小包运行效率、安全生产和服务质量，实现国际小包生产管控的自动化、可视化、可控化、智能化和信息化。

邮政投递通APP 项目由广州邮政分公司研发，采用物联网等技术，实现揽投作业、邮件内部处理、自提点反馈、临时点投递、信报箱派件、电话录音、段道查询及辅助下段、通话自动录音上传、校园服务中心邮件处理和邮件稽核等功能，优化整合了邮速生产作业流程，实现新一代寄递平台邮件和同城邮件的混合处理，支撑投递全流程作业以及散客上门揽收、智能自助寄件设备揽收、传统信报箱/自提点/临时点派件、校园服务中心生产运作、邮件稽核等多个应用场景运作。系统已在广州全面推广应用。

个人客户综合服务平台 项目由深圳邮政分公司研发，建立了涵盖邮政金融、邮务、小包等邮政全业务个人客户中心，通过采集各系统、渠道、来源的客户数据，整合形成360°客户视图，支撑客户分析和洞察，并在此基础上，实现统一的客户营销、客户服务和会员管理，支撑客户精准营销和交叉销售，支撑跨专业联动营销。平台实现邮政企业各板块、各专业客户信息的整合和客户资源共享，实现跨专业联动营销全流程管理和线上线下结合方式开展营销活动。

代理金融客户身份识别无纸化应用 项目由省邮政信息技术局研发，借助证鉴通设备和免填单系统，将客户身份证彩色扫描影像、联网核查电子信息存储在无纸化系统中，集中授权中心、会计稽核中心自动调取相关影像，实现客户身份识别全流程无纸化。该系统可在9秒以内完成身

份证复印及联网核查，减少柜员操作环节，提高业务办理效率，同时节约了大量单据损耗，为企业节约大量成本。

面向海量X光图像数据的快递包裹违禁品智能鉴别技术　项目由省寄递事业部联合华南理工大学视觉智能科研团队共同研发，借助人工智能技术，开发了违禁品数据自动标记软件，完成11万个违禁品的图样数据的标识标记，在此基础上完成了面向小件包裹的“电池、液体、刀具”的违禁品X光图像识别算法和软件设计开发。经应用验证，快递包裹安检时长由原15秒/件减少为5秒/件，漏检率由16%降低至5%以下，违禁品识别率提高了10%，有效提高了邮件安检工作的效率，受到监管和海关部门一致好评。

“智邮行”·“普遍服务+”金融服务生态圈　项目由广州市分公司研发，项目以“智邮行”微信及线上服务平台和线下网点为中心标识，为客户提供统一标准的综合性邮政服务，通过建立“智邮行”大数据中心的数据归集及分析机制，实现在一个生态系统中完成从吸引客户关注、到业务办理、到需求深层挖掘、再到联动营销的循环。项目2019年产生订单约160万笔，发展ETC客户2.2万户，拉动金融资产规模新增2.4亿元，有效实现了对客户的综合服务。

“双微赋能”打造移动金融生态圈　项目由省邮政分公司研发，通过“聚合支付+商圈运营”平台，打造了“互联网+智慧菜市场”“互联网+餐饮”等多种商业营销场景，赋能金融网点，为网点邮储客户提供吃喝玩乐游娱购等线下生活服务优惠，形成基于网点客户需求的邮商优惠联盟生态圈。项目推广至全国邮政15个省，累计发展商户179万户。

广东警邮智慧车管e网通平台　项目由省邮政寄递事业部研发，以“车驾管业务一网通办”目标，通过“户口数据库校验、电子资料预审、业务主体认证、区块链日志”等功能，向公众提供24小时服务。覆盖多种车驾管理业务办理，连通多个渠道，年度收寄344万件标快邮件。

跨境流程再造，打造“三关合一”查验通关高速公路　项目由深圳邮政分公司研发，实现海关监管无缝嵌入邮件生产作业，经过配置“智能分拣”的物流分拣系统，自动读取包裹货物海关条码，根据海关指令实现货物自动放行，邮件自动进入海关查验区、暂扣仓或放行区，减少了人工搬运邮件，平均每票货物从上线到放行耗时仅22秒，实现全自动化分拣，提升了清关效率。

广东邮政网点移动支付系统　项目由省邮政信息技术局研发，基于企业微信平台的机构人员管理机制，实现用户的认证管理；营销员使用手机微信即可完成收款，资金实时到账至对公账户，既方便上门收款，免去现金繁琐，又可减少现金流动，提高资金安全性。项目支持网点、企业号、快递收寄柜等多渠道接入使用，已在全省近2 000个邮政网点使用。

【科技活动】　2019年11月，广东邮政18个项目获选参展中国邮政科技成果交流会，金融风险管理系统、金融营销助手、深圳邮政国际业务综合服务平台、广州邮政移动设施报障维修系统等项目参展；2019年6—7月，广东邮政举办了创新专题讲座、科技征文、微场景宣传等科技进步月系列活动。

（李汪洋）

气象领域

【概况】 2019年，广东省气象部门加快完善科技创新体系建设，激发气象科技创新引擎作用，增强科技创新策源能力，通过加快粤港澳大湾区新型研究机构建设，持续推进广东省区域数值天气预报重点实验室发展，构建了“9-3-1”GRAPES区域数值模式体系，提升了气象科技核心竞争力。

【气象科技支撑国家重大战略】 服务保障粤港澳大湾区建设。粤港澳大湾区气象监测预警预报中心试运行。谋划粤港澳大湾区气象科技融合创新平台建设。深化粤港澳和中央气象台四地信息互通、联合会商与应急服务机制，共同做好高影响天气服务保障。首次联合港澳气象机构发布大湾区气候监测公报，首次联合香港申报国家重点研发计划。联合开展港珠澳大桥安全运行气象服务工作实现常态化。助力乡村振兴与精准扶贫，“一地一策”开展生态气候宜居宜游品牌与岭南农产品气候优品评定。构建格点化的农业保险服务平台，开展特色林果天气指数保险业务。

【气象现代化建设】 完成4个国家气象地面观测站搬迁，完成粤港澳大湾区12部X波段相控阵天气雷达组网业务试验。建成了茂名电白、深圳国家气候观象台，推进中山大气成分野外科学试验基地建设。组建了广东省气象卫星遥感中心并开展遥感应用相关研究。加强信息化基础设施资源池能力建设，扩建气象大数据云平台，基本完成全省“天镜”统一气象监控平台建设。研究雷雨大风、冰雹智能预报技术。开展基于智能网格预报的风险预警服务。发展了覆盖网格预报全流程的检验技术。发展无缝隙智能网格气候预测系统。

【野外科学试验基地建设】 2019年9月，华南云物理与强降水野外科学试验基地顺利入选中国气象局第二批野外科学试验基地名单，并正式命名为：中国气象局龙门云物理野外科学试验基地。该野外科学试验基地依托中国气象局广州热带海洋气象研究所和中国气象科学研究院，与惠州、韶关、广州、阳江、河源、江门、清远和佛山等市气象局联合共建。试验基地针对华南强降水预报难题，重点围绕“龙门—清远—佛冈”和“阳江—恩平—阳春”两大暴雨中心布设国内外先进气象探测设备，开展云降水微物理和环境场参数野外观测试验，弥补气象业务探测系统不足，为华南强降水机理研究和区域精细数值模式发展提供数据基础。

2019年该试验基地开展了“华南季风降水观测试验（SCMREX）”“华南季风/台风强降水协同观测试验”和“珠三角大城市观测预报协同试验”，吸引了多家高校科研院所和企业参与观测试验。试验获取了华南强降水系统水凝物及环流大量多源观测资料。试验基地研究团队遵循“观测分析—机理研究—数值模拟”发展思路，与国内外学者一道，在云雷达和双偏振雷达数据分析、融合与反演方法，云降水微物理和动力特征分析，华南强降水触发机制和发展机理，双偏振雷达资料同化应用和云微物理参数化方案改进等方面进行了深入合作研究。

【广东省区域数值天气预报重点实验室】 持续推进基于GRAPES区域数值天气预报模式体系发展。华南区域中尺度模式（GRAPES_GZ 3km）扩大了预报范围（由原来覆盖泛华南扩大到覆盖我国大部分地区），延长了预报时效。南海台风模式（TRAMS V3.0）于2019年7月通过中国气象局业务升级评审，针对高分辨区域（台风）模式特点，对模式动力框架、三维参考大气方案、对流参数化、近地层参数化、并行I/O算法等方面进行优化；水平分辨率从原18km提高到9km，范围覆盖西北太平洋、南海和印度洋北部。积极推进国家重点研发计划项目“热带地区区域数值预报模式关键技术研发及应用”，组织召开了项目启动会暨实施方案论证会。

【广东省气象大数据科技协同创新中心】 2019年4月，广东省气象大数据科技协同创新中心召开启动会。该协同创新中心先后开展了广东省气象局业务网的升级改造，基于二三维webGIS框架建立部分气象资料可视化应用示范；实现了气象数据业务“全流程、一体化、可视化”的业务实时监控与运维，实现信息化条件下的集约化监控运维业务能力；完成了面向气象业务和科研用户的数据超市的建设，提供了涵盖结构化数据以及格点数据、图形产品数据、雷达数据、卫星数据和文件数据等非结构化数据的调用服务；建立了一套气象资料和数据产品的存储和服务标准，为政府、军队和气象、农业、交通、水利、民航行业及港澳地区提供数据服务。“基于云技术的气象一体化数据访问服务（IDEA）”荣获2018年度广东省农业技术推广一等奖。

【科技成果及人才培养】 新增科研经费3 282万元，获得广东省科技重点研发计划支持1项，10项自然科学基金获得资助。发表论文341篇，其中41篇被SCI/EI收录，向中国气象局提交科技成果登记申请245项。新增正高级专家9人。出台《广东省气象局研究型业务试点业务与科研双向交流管理办法》，实行科研业务人员双向交流制度。

【科技交流与科普】 2019年组织开展了“3·23”世界气象日、2019年广东省气象科普讲解大赛、“三下乡”活动、“流动气象科普万里行—走进广东，服务粤港澳大湾区”系列活动、全国防灾减灾日、全国科普日等气象科普宣传活动，接待参观人数近6 000余人次。让公众更加走近气象，了解气象，提升识别和应对各种灾害风险能力。组织举办“首届鲁、粤海洋气象技术交流会”“第十六届泛珠三角区域气象学术论坛”等5次学术研讨会，参加人数600余人，收到论文600余篇，旨在学术交流和探讨，促进气象科学技术共享和成果推广，全面推动区域协同创新和开放合作。

（王桂娟）

地震领域

【科技项目管理与实施】 2019年，广东省地震局落实省政府办公厅《防震减灾现代化试点省建设实施意见》，牵头编制了防震减灾现代化建设项目方案和指标体系。按照中国地震局《新时代防震减灾事业现代化纲要（2019—2035年）》，制定了广东省地震局《推进防震减灾现代化试点建设实施方案》和《新时代防震减灾事业现代化建设试点三年行动方案（2020—2022年）》。与南方科技大学合作，推动国家自然科学—广东联合基金重大项目“粤港澳大湾区地震灾害主动防御关键技术与理论研究”立项。广东省地震局牵头的2项国家重点研发计划子专题及局省合作重点科研项目稳步实施，地震科技星火计划项目验收3项，其中2项优秀。

根据《广东省科学技术厅关于下达2019年中央引导地方科技发展专项资金计划（第一批）的通知》，确定广东省地震局社会发展科技协同创新体系建设——省直部门协同创新重点项目“广东沿海地震海啸危险区评价系统建设”“基于地震烈度速报的灾害损失评估系统研究与公共服务信息应用”。5月，签订“广东省防震减灾科技协同创新中心”及两个协同创新重点项目合同。8月，广东省科技厅举办广东省协同创新中心启动会，副省长覃伟中、省政府副秘书长陈岸明为“广东省防震减灾科技协同创新中心”授牌。

推进中国—东盟地震海啸监测预警系统建设。“中国—东盟地震海啸监测预警系统”项目建设内容和预算调整方案获外交部批复。签署中柬合作协议，完成7批次出国建设台站任务，完成印尼14个台站1个数据中心、泰国2个台站的建设任务，柬埔寨6个台站建设已签订施工合同。在广州举办援外地震监测技术第3期培训班，来自4个国家的34名学员参加培训。“一带一路”地震监测台网项目已落实3个综合台的改造内容和5个岛礁台的征租地，核实新增GNSS观测的建设地址，完成湛江深井台初步设计。

【深化改革】

科技体制改革 印发《广东省地震局科技项目管理办法（试行）》《广东省地震局科技成果转移转化实施细则（试行）》。印发《广东省地震局科技创新团队管理办法（试行）》《广东省地震局特殊贡献认定管理办法（试行）》《广东省地震局特殊人才认定管理办法（试行）》，加大对领军人才、骨干人才和创新团队在项目申报、承担重点项目、绩效激励等倾斜支持力度。1人入选中国地震局骨干人才，1人入选中国地震局青年人才；支持1名科技人才公派出国留学。

业务体制改革 推进组建区域地震监测中心站。

行政体制改革 印发《事业单位机构改革方案》，优化局属单位设置，聚焦主责主业。全面推行事业单位绩效工资制度，印发实施《广东省地震局事业单位绩效考核实施暂行办法》和《广东省地震局事业单位绩效工资分配暂行办法》。

【科技创新平台建设】 完善广东省防震减灾科技协同创新中心平台建设，制定了建设方案、章程、组织框架及成员名单，各重点项目按计划推进。做好局省共建“地震监测与减灾技术重点实验室”建设。编制广州城市地震安全研究所组建方案。与深圳防灾减灾技术研究院签署软件成果转化合作协议，派出技术人员合作研发防灾减灾技术，创新防灾减灾产品。组织科研人员与省内高校、科研院所联合编制《广东省地震灾害风险现代防御工程技术指南及实施方案》。与中山大学等签署《合作共建南方海洋科学与工程广东省实验室（珠海）协议》。与中科院广州电子技术研究所、中国移动公司签订《广东省5G+智慧地震监测预警服务合作框架协议》。

【科普宣传】　广东省地震局联合省科技厅、省教育厅、省科协召开首届全省地震科普工作会议。与中国灾协合作，举办“互联网+地震科普”研讨会。大力开展科普创作，做好重点时段科普活动，组织实施知识大赛、科普讲解大赛和科普作品大赛，强化科普阵地建设，加强科普人才队伍建设。

公众开放日及综合性科普活动　2019年，广东省地震局组织5·12防灾减灾日等系列科普活动和省地震科普馆开放日活动等累计约100场，其中，“灾难面前，你可以做得更好——2019年广东省防震减灾科普知识展”系列活动在全省40多家公共图书馆等公共教育场馆展览，观展观众约40万人次。7月19日，组织召开全省地震科普工作会议。组织认定省级防震减灾科普教育基地2个、科普示范学校11所，并对全省防震减灾科普教育基地开展了自查清理和重新认定工作。

科普知识竞赛　7月12日，广东省地震局组织举办全省防震减灾知识竞赛。组织动员全省地震系统参加应急管理和防震减灾科普作品大赛。组织参加全国防震减灾科普讲解大赛，1名选手获得三等奖，广东省地震局荣获优秀组织奖。

科普报告活动　围绕中华人民共和国成立70周年等重大节点，集中开展重大宣传活动。5·12防灾减灾日开展系列宣传活动，“灾难面前，你可以做得更好”科普知识展主场活动，金羊网、广东广播电视台、广州广播电视台、《新快报》等媒体进行了报道。《国家防震减灾》和广东省地震局网站（要闻）栏目刊载《内强业务　外强服务　潮起珠江　防震减灾现代化建设正扬帆》《力推防震减灾现代化试点省　助力广东四个走在全国前列》《靠科技创新求作为　以积极奉献谱青春——记广东省地震监测中心研究员黄文辉》3篇综述性稿件。

科普展品更新　组织编制创作科普挂图、制作地震预警科普短视频和开发微信公共服务小程序。

交流活动　组织专家团队为“中央媒体走基层”新闻宣传提供支持，参与应急管理系统先进典型新闻宣传。组建全省防震减灾科学传播师队伍，举办全省防震减灾科普人员能力提升培训班。

（刘建青）

建设科技

【概况】 2019年，广东省住房城乡建设领域围绕新型城镇化建设、建筑行业转型升级、工程建设领域信息技术、工程质量安全等中心工作，依托科研机构、高等院校、大型企业、社会组织等单位，重点加强城市体检、老旧小区改造、城市信息模型（CIM）平台应用、高品质绿色建筑、超低能耗建筑、建筑机器人等相关实用科学技术研究，取得了丰硕成果。

据统计，2019年，全省共有18个项目获评华夏建设科学技术奖、21个项目列入住房和城乡建设部科技计划、29项省工程建设地方标准发布。2019年，组队参加第四届中国建设工程BIM大赛，共获得BIM技术单项奖5项，其中二等奖2项、三等奖3项；BIM技术综合奖17项，其中一等奖2项、二等奖8项、三等奖7项。参加“标准科技创新奖”比赛，获得全国二等奖1项、三等奖1项。2019年，共42个项目获第十一届广东省土木工程詹天佑故乡杯奖；1001项科技成果通过鉴定，其中达到国际领先水平2项、国际先进水平6项；共评696项为广东省省级工法。

【科技创新体系】 2019年，广东省住房和城乡建设厅制定并发布了《广东省住房和城乡建设厅科技创新计划项目管理办法》，该办法从项目申报、评审与立项、实施与管理，验收和成果发布与推广，都作了明确规定。2019年，广东省住房和城乡建设厅围绕“共建共享共赢”的发展理念，与省科技厅共建了“广东省住房城乡建设科技协同创新中心”。该中心是省住房城乡建设领域开展协同创新的重要载体及平台，各相关单位都可以在该中心上进行建设领域科技攻关和成果示范推广。同时，广东省住房和城乡建设厅依托科研机构、高等院校和大型企业，加强建设工程领域基础性实用技术研究，促进行业创新驱动能力的提升。管理办法的出台和建设科技协同创新中心的建立等基础工作的开展，初步建立了全省建设科技创新工作的机制体系，对全省建设科技相关工作的高质量发展具有巨大的推进作用。

【科技成果转化】 聚焦全省建设重点领域的研发，大力推动建设工程勘察设计、施工建造等重点领域和绿色化、工业化、智能化等关键前沿领域研究，促进行业科技进步与管理创新，推进建设科技成果转化。

广州市打造建设科技交流平台工作，积极开展各类技术交流活动，总结分享工程实践技术经验和成果，促进行业健康发展，不断提升广州市工程建设水平。一是组织了“免模装配一体化钢筋混凝土PI体系应用观摩及交流活动”；二是召开“广州市装配式建筑发展论坛”和“第三届广州BIM论坛”；三是打造了“住建大讲堂”和“住建知识荟”干部培训品牌，邀请知名专家学者和行业领军人物就住房和城乡建设领域有关问题进行主旨演讲和专题讲座，着力提升干部能力建设。深圳市举办面向建设行业相关主管、建设、设计、施工等单位的科技讲堂活动，邀请国内知名专家对结构设计、智能工地新技术等进行讲座；精心组织开展“市民体验装配式建筑产业基地”、“新技术应用项目参观学习”等互动活动。省建筑业协会组织观摩“城市新中心保障房工程（一期）”活动，举办“创建省建设工程优质结构及绿色建造与施工创新经验交流”“促进建筑业健康发展暨推动技术创新、绿色建造、精品工程创优”“工程建设工法编写和建筑业10项新技术应用”等课题培训及讲座，参与人员约2 000人次。培训、论坛和观摩活动的相继开展，不但加强了建设领域技术的交流，加快推进了新技术、新工艺的推广应用速度，同时也快速推进

了建设科技成果的转化，

【建筑机器人】 为减轻一线建筑工人的工作负荷，改善建筑业作业环境，减少资源消耗、污染排放，提升生产效率和安全保障水平，助推建筑业升级发展，广东省住房和城乡建设厅指导碧桂园博智林公司开展建筑机器人研究，将博智林公司列为省住房城乡建设科技协同创新平台的支持和服务对象，省建筑科学研究院集团股份有限公司密切配合，促进双方加强建设科技创新合作，共同开展课题研究，推进建筑机器人及相关设备技术研发及产品推广。至2019年年底，碧桂园博智林公司已有8项关键核心技术、5项关键零部件产品实际应用，已有9款建筑机器人进入工地现场测试，包括墙板安装机器人、地面抹平机器人、地砖铺贴机器人、外墙喷涂机器人、墙板安装机器人、室内喷涂机器人等。在推进博智林公司建筑机器人的基础上，广东省住房和城乡建设厅还赴美的置业睿住科技、中建科工等单位调研，深入了解全省建筑机器人产业发展现状，促进建筑业转型升级。

【BIM应用推广】 BIM技术的普及应用，能改变建筑业原有的传统发展模式，提升行业整体效率，推进建筑业向工业化、信息化、集约化发展。2019年，举办了第五届BIM论坛；在8个城市举办BIM公益宣传活动，包括BIM政策解读、相关BIM标准及定额宣贯、BIM应用大赛作品展示和讲解等，促进了BIM技术的推广应用。2019年6月，住房和城乡建设部办公厅印发了《关于开展城市信息模型（CIM）平台建设试点工作的函》，在广州、南京两个城市开展城市信息模型（CIM）平台建设试点工作，要求试点单位在“多规合一”平台基础上，建设具有规划审查、建筑设计方案审查、施工图审查、竣工验收备案等功能的CIM平台，精简和改革工程建设项目审批程序，减少审批时间，探索建设智慧城市基础平台，为在全国的全面铺开提供有益探索。

【国际交流】 2019年，省住房和城乡建设厅积极支持深圳市举办十五届国际绿色建筑与建筑节能大会暨新技术与产品博览会，与香港机电工程署交流绿色建筑、既有建筑改造等相关工作；组团参加了“2019建造创新博览会”等国际交流活动。指导深圳市绿色建筑协会与德国可持续建筑委员会（DGNB）签署战略合作协议，在超低能耗建筑技术研究等领域开展广泛深入的国际合作，充分学习吸收以德国为代表的欧洲超低能耗建筑技术；开启绿色建筑深标与英国Breeam标准互认研究，促进城市可持续发展和绿色建筑的国际融合交流，提升国际化水平。

【华夏建设科学技术奖】 2019年，全省住房城乡建设系统共获华夏建设科学技术奖18项，其中一等奖1项、二等奖1项、三等奖16项，占比约为全国1/7，位于全国前列。由广州市城市规划勘测设计研究院和广州燃气集团有限公司等单位联合申报的“城市地下管线智能化管理关键技术研究及应用示范”项目获得一等奖；由广东省建筑工程机械施工有限公司和华南理工大学等单位联合申报的“中国散裂中子源工程高精度施工控制技术”项目获得二等奖；由深圳市城市规划设计研究院有限公司申报的“生态文明建设背景下新型市政基础设施规划与管理方法”等16个项目获得三等奖（见表8-10-1）。

表8-10-1　广东省获2019年度“华夏建设科学技术奖”项目汇总表

序号	项目名称	完成单位	获奖等级
1	城市地下管线智能化管理关键技术研究及应用示范	广州市城市规划勘测设计研究院 同济大学 广州燃气集团有限公司 广州城市信息研究所有限公司	一等奖

（续上表）

序号	项目名称	完成单位	获奖等级
2	中国散裂中子源工程高精度施工控制技术	广东省建筑工程机械施工有限公司 广东省建筑工程集团有限公司 华南理工大学	二等奖
3	广州市交通发展年度报告（1997–2017年度）	广州市交通规划研究院	三等奖
4	铝合金模板关键技术研究和标准编制	广东省建筑科学研究院集团股份有限公司 广东建星建造集团有限公司 广东合迪科技股份有限公司 广东省建筑工程集团有限公司 中建三局第一建设工程有限责任公司	三等奖
5	锚杆受力性态分析与关键试验技术集成研究	广东省建筑科学研究院集团股份有限公司 中国建筑科学研究院有限公司	三等奖
6	复杂条件下穿高速铁路无砟轨道路基工程关键技术研究	广州地铁设计研究院有限公司 广州地铁集团有限公司 广东华隧建设集团股份有限公司	三等奖
7	装配式结构设计若干关键技术研究	广东省建筑科学研究院集团股份有限公司 广东省建科建筑设计院有限公司 广东建科施工图审查有限公司	三等奖
8	广州市城市道路全要素设计手册	广州市城市规划勘测设计研究院	三等奖
9	生态文明建设背景下新型市政基础设施规划与管理方法	深圳市城市规划设计研究院有限公司	三等奖
10	广州大型交通基础设施综合开发利用研究	广州市城市规划勘测设计研究院 中国铁路设计集团有限公司	三等奖
11	城市棕地再开发的环境风险与规划管控研究及应用	广州市城市规划勘测设计研究院 广东省环境科学研究院	三等奖
12	珠海市城市总体规划实施评估的大数据集成研究	广东省城乡规划设计研究院	三等奖
13	大数据驱动的交通综合调查关键技术及应用研究	广州市交通规划研究院 广州市交通运输研究所	三等奖
14	城市低空遥感智能化监测分析关键技术研究与应用	广州市城市规划勘测设计研究院 武汉大学	三等奖
15	广州市城市规划勘测设计研究院、武汉大学	上海市建筑科学研究院有限公司 珠海市住房和城乡建设局 珠海市墙体材料革新和建筑节能办公室 广东城智科技有限公司 珠海派诺科技股份有限公司	三等奖

（续上表）

序号	项目名称	完成单位	获奖等级
16	基于BIM的电子招标投标系统建设与应用	深圳市建设工程交易服务中心 广联达科技股份有限公司	三等奖
17	广州市水务工程混凝土管质量监管系统	广州市水务工程质量安全监督站 广州粤建三和软件股份有限公司	三等奖
18	面向城市治理的违法建筑综合监测关键技术研究及示范应用	深圳市规划国土发展研究中心 深圳市规划土地监察局	三等奖

（周锦科）

电力领域

【广东电网有限责任公司】 2019年，广东电网有限责任公司（以下简称“广东电网公司”）年度科技项目投入8.2亿元，同比增长35%；牵头竞争获得国家重点研发计划、军委科技委国防科技创新特区项目、广东省重大科技专项各1项；新增获授权发明专利400件，累计有效发明专利2 347件；完成87项成果转化、958项成果推广，超额完成考核任务。2019年9月6日，南方电网新能源研究中心（广东珠海）在珠海横琴揭牌成立。

重大技术研发 2019年，广东电网公司承担了2项国家重点研发计划项目和4个课题，其中“超导直流限流器的关键技术研究”项目突破低温高电压绝缘关键技术难题，研制世界首台160kV超导直流限流器工程样机；“交直流混合的分布式可再生能源关键技术、核心装备和工程示范研究”项目研发电力电子变压器集群控制系统，建成了首个电力电子变压器集群运行的配用电双级交直流混联系统示范工程。

2019年10月，广东电网公司牵头竞争获得“电力源网荷储智慧联动运营关键技术”广东省重大专项。2019年12月，广东电网公司牵头竞争获得“高效高可靠波浪能发电装置关键技术研发”国家重点研发计划项目，承担世界首台1MW波浪能发电装置关键核心技术攻关任务。

科技项目管理 广东电网公司建立科技项目申报指南立项机制。形成聚焦核心技术、突出回报成效的指南编制规范和评审标准，面向广东电网公司生产经营面临的共性、关键问题，发挥业务部门的创新主体责任，在8个业务领域、12个专业方向，形成一批以核心技术为标志的重点创新项目。

广东电网公司改革科技项目研发机制。构建整体设计聚焦核心技术、技术研发掌控核心技术、整体集成围绕核心技术的自主研发机制，配套建立科研合同标准文本及管控策略，确保研发团队掌握以核心技术为主的系统设计、加工制造和试验检验标准，把握成果转化的主动权。

2019年，广东电网公司以基层减负直接转化为创新成效为目标，建成职工创新数字化平台，系统优化精简职工技术创新管理流程，实现职工创新基层单位全流程自主决策。为基层创新提供全方位的线上服务支撑，将职工创新从“写本子”“填表格”“跑流程”“找审批”等繁琐的事务性工作中解脱出来，创新成效大幅提升，职创立项效率提升66%，全年职创项目申请量同比增长113%，获全国电力职工技术成果奖数量位列全国第1。

科技奖励及转化 2019年，广东电网公司建成能源行业首个链条完整、要素齐全的成果转化体系，做法和经验在南方电网公司范围内全面推广，并在全国能源化工交流会上得到推广，广东电网成果转化模式在能源行业树立创新品牌。建成成果市场化对接平台，实现成果产出与市场需求的有效对接，年度转化科技成果87项，有效支持新兴业务发展。持续完善转化收益奖励激励，向转化项目主要贡献者兑现收益分红，充分激发科研人员创新动力。

2019年，广东电网公司获得全国行业协会科技一等奖数量居全国第1，4项成果提名国家科技奖。（见表8-11-1）。

基于人工智能的复杂电网调度决策关键技术与应用 该成果历经十余年产学研用联合攻关，研制出国内外首套复杂电网“智能机器调度员（AO）”系统，取得了重大原创性成果：提出了基于人工智能的复杂电网调度决策理论，为实际应用奠定了基础；发明了电网调度运行知识自动发现关键技术，攻克了传统运行规则难以适应电网复杂运行方式的难题；提出了电网调度运行知识管理与在线应用关键技术，突破了知识管理复杂和应用场景多变的技术瓶颈；研制了海量电网仿真数据分布式计算平台及分布式特征选择算法，解决了TB级数据规模的“维数灾”难题，计算效率提升10倍以上，克服了在线应用的一个主要障碍。该成果获授权发明专利19项、软件著作权1项、发表论文28篇，成果在广东电网整体应用，关键技术在9个网省级调度机构推广应用。

复杂大电网下电力现货市场交易体系关键技术研究及实践　该成果历时5年，联合政府、高校、企业等多家单位开展科研攻关，在全国率先开展电力现货市场交易体系关键技术研究，为广东的电力体制改革奠定了良好基础。本成果在全国率先建成了包含中长期与现货的电力市场体系并实现工程应用，创新点包括：

1. 提出了适应交直流混联复杂大电网的电力现货交易技术，包括内嵌线性化交流潮流安全校核技术、有效约束条件辨识技术、柔性建模技术，解决了长时序、大规模、非线性、多时段强耦合的市场出清优化难题，实现含3 000余节点、400余断面、24万余变量、26万余约束模型的高效出清，日前出清时间小于20分钟，实时出清时间小于30秒。

2. 首创了场内场外互补、自定义与标准化曲线兼容的中长期电力交易技术，提出了基于复式竞价的年、月、周联合互通集中交易方法，建立了基于保函和量价约束的实时风险控制模型，实现多频次、高流动性的大规模中长期交易，为现货环境下省级实体发用电企业提供了千亿电量级的交易市场，实现与现货市场高效衔接。

3. 研发了适应全周期海量合约的批发零售市场统一结算技术，提出了基于时空分解的中长期、日前、实时三部制结算方法，提出了基于特征模式辨识的零售合约自动化结算技术，解决了多达上千种组合的多元海量合约结算难题，实现结算准确率和准时率双100%。

4. 研发了计划与市场解耦运行技术，提出了不同成本机组同平台竞价方法，建立了涵盖中长期、现货、辅助服务市场共10余个交易品种的电力市场体系，解决了中国国情下计划与市场并轨运行、不同成本机组同台竞价等电力市场设计的重大关键问题，研发全国首套涵盖中长期和现货的电力市场交易平台。

成果申请专利43项（授权13项）、发表论文22篇（SCI收录3篇，EI收录10篇）、登记软件著作权3项，主编省政府核定发布的电力市场交易规则12份。

大电网无人机广域智能巡检关键技术研究与应用　该成果是广东电网承接南方电网重大科技专项，历时5年研发，主要技术创新如下：首次系统提出了无人机自主巡检方法；研制了用于输电线路长距离巡检的多机种无人机巡检系统成套装备；建成了南方电网无人机规模化巡检的空域调度指挥和数据智能化分析平台。

2016—2019年，该成果已在广东电网规模应用，累计巡检输电线路29万公里、发现紧急重大缺陷5.9万项，巡检里程全国第一；完成台风勘灾211架次4 084公里，效率较人工提升7倍，开创了电网机巡规模化勘灾先河；被授予“南方电网机巡作业示范基地”，成为南网机巡作业标准模式。成果授权专利38项（发明专利17项），软件著作权14项，论文61篇（SCI、EI收录32篇），著作2部。制定行标2项，企标4项，主编IEEE国际标准1项，筹建能源行业电网设备智能巡检标委会。

大型交直流SF6电气设备化学衍生物在线监测与缺陷早期预警技术　依托国家自然科学基金重点项目和南网科技项目，历时5年，系统解决了交直流SF6衍生物在线监测与缺陷早期预警技术难题，取得系列成果：攻克了交流设备固体绝缘缺陷诊断难题；突破了直流设备化学诊断技术瓶颈；解决了SF6复杂衍生物痕量检测难题；研制出全新思路的SF6无损在线监测装置。

获授权专利34件（发明专利10件），申请美国专利1件；牵头制修订国标1项、行标2项、企标1项，参编4项；发表SCI/EI收录论文35篇；出版著作1部；获软件著作权7项；研发装置2套。经院士专家组鉴定，成果总体处于国际领先水平。诊断技术及标准大规模应用于南网5 000余间隔GIS、万余台断路器和50余根超特高压套管，成功预警放电和过热重大缺陷15起（500kV GIS 2起、800/500kV套管3起），确保超/特高压套管未再突发故障。

电网台风灾害监测与防控关键技术研究及应用　依托广东电网公司科技项目，历时5年，通

过多学科协同创新，系统性解决了电网台风灾害监测、评估及防控等关键技术难题，取得了突破性创新成果：提出了空间多尺度台风风场精细化分析技术，率先构建了电网微尺度台风灾害监测预警体系；揭示了架空输电线路塔线耦联体系下多重因素对杆塔风致响应的影响规律，提出了材料和结构参数不确定性下的线路倒塌风速分析方法；建立了基于配网多灾损因子的网格化损失预测模型，突破了强台风区域内配网杆塔损失定量评估的难题；建立了台风灾害下系统稳定控制断面识别模型和基于节点综合权值的电力应急物资调度模型，建成了全国规模最大的微气象监测网及30年/50年一遇风速分布图。

获授权专利27项（发明专利14项），发表论文42篇（SCI/EI收录29篇），编制标准2项，软件著作权3项，研发装置6套，系统1套。经鉴定整体达到国际领先水平。成果纳入广东电网公司防风防汛应急体系，全面服务于抗风应急指挥全过程。确立了沿海线路防风设计标准，研制了在运线路加固装置，累计指导主网改造149回，配网改造2.3万km，2017年台风“天鸽”设备损失数量对比2013年同级别台风“天兔”减少90.4%，大幅提升了广东电网公司防风抗灾能力；发布架空线路风灾预警1103条·次，有力支撑调度应急决策；提前24小时间预估配网线路因灾损失，为抢修资源靠前调配争取主动，缩短抢修复电时间。

表8-11-1　2019年度广东电网公司部分获奖情况

<table>
<tr><th>序号</th><th>成果名称</th><th>获奖情况</th></tr>
<tr><td>1</td><td>我国高压柔性直流输电核心技术完全自主化攻关及重大工程应用</td><td>2019年度广东省科技进步奖一等奖（第二完成单位）</td></tr>
<tr><td>2</td><td>智能用电大数据关键技术、装置研发及工程应用</td><td>2019年度广东省科技进步奖二等奖</td></tr>
<tr><td>3</td><td>柔性配电系统关键装备与协调控制技术研究与应用</td><td>2019年度广东省科技进步奖二等奖</td></tr>
<tr><td>4</td><td>可再生能源灵活消纳的数字物理智能决策平台研发及应用</td><td>2019年度广东省科技进步奖二等奖（第二完成单位）</td></tr>
<tr><td>5</td><td>电动汽车智能协同充电关键技术及规模化应用</td><td>2019年度中国机械工业科技进步奖一等奖。</td></tr>
<tr><td>5</td><td>基于人工智能的复杂电网运行断面知识发现与调度辅助决策关键技术及应用</td><td>2019年度中国电力科学技术进步奖一等奖。</td></tr>
<tr><td>6</td><td>电网台风监测与防护关键技术研究及应用</td><td rowspan="3">2019年度中国电力科学技术进步奖二等奖</td></tr>
<tr><td>7</td><td>大电网无人机广域智能巡检关键技术研究与应用</td></tr>
<tr><td>8</td><td>大湾区复杂环境下电网智能调度关键技术与工程应用</td></tr>
<tr><td>9</td><td>海洋性湿热气候下输变电设备污秽外绝缘关键技术与应用</td><td>2019年度中国电力科学技术进步奖三等奖</td></tr>
<tr><td>10</td><td>基于化学衍生物的大型交直流SF6电气设备在线监测与缺陷预警技术</td><td>2019年度中国电力技术发明奖三等奖</td></tr>
<tr><td>11</td><td>超大负荷规模下复杂大电网调度运行关键技术与工程应用</td><td>2019年度电力科技创新大奖</td></tr>
<tr><td>12</td><td>复杂大电网下电力现货市场交易体系关键技术研究及实践</td><td rowspan="2">2019年度电力科技创新奖一等奖</td></tr>
<tr><td>13</td><td>电网台风灾害监测与防控关键技术研究及应用</td></tr>
</table>

（续上表）

序号	成果名称	获奖情况
14	大电网无人机广域智能巡检关键技术研究与应用	2019年度电力科技创新奖一等奖
15	开放共享自动化测试技术，有效提升信息系统测试工作效率	
16	基于数据主人的协同数据治理技术优化与应用、开放共享自动化测试技术	
17	基于多源异构数据融合的数字电网平台研究和实践	
18	电网企业基建“安全，优质，文明”样板工程的创建模式研究与实践	
19	从“三横五纵”到“纵横”监督的管理创新	
20	电力实时数字仿真系统的故障点控制方法和系统	

科技交流　2019年12月，广东电网公司承办第十六届中国南方电网国际技术论坛“电力前沿技术”分论坛。2019年12月，广东电网公司电力机器人科研团队赴日本开展带电作业机器人调研交流。

（陈博群）

【广东南方电力科学研究院】　2019年，广东南方电力科学研究院（以下简称“南科院”）依托数字孪生、人工智能、VR（虚拟现实）、物联网、云计算、区块链等技术手段，面向前沿科技领域，针对新兴行业、新兴科技职业，创新研发、编写电力行业职业技能等级标准和开展数字孪生技术在电力远程可视化运维的应用研究，取得了显著成果。其中，由南科院主编的10kV不停电作业、用户侧微电网工程应用、电能交易区块链应用等3个职业技能等级标准和证书先后入选教育部1+X证书制度试点，在全国范围落地开展10kV不停电作业职业技能等级证书培训考核工作；共有11个职业技能等级标准取得国家版权局颁发的作品登记证书，获得2项发明专利，1项软件著作权，研发的VR远程可视化运维系统已在雄安新区立体化智慧运维巡检示范工程落地应用。

人才培养　南科院针对新兴行业、新兴科技职业，创新研发、编写多项职业技能等级标准和证书，致力于电力行业技能人才培养工作。

2019—2020年，由南科院牵头主导，与多家龙头企业、职业院校合作，精准分析行业职业技能需求，先后开发了《10千伏不停电作业职业技能等级标准》《突发事件应急管理与处置职业技能等级标准》《突发事件应急救援职业技能等级标准》《电力市场交易运营职业技能等级标准》《用户侧微电网工程应用职业技能等级标准》《电力需求侧安全运行及能效管理职业技能等级标准》《220千伏以下电力电缆工程应用职业技能等级标准》《电能交易区块链应用职业技能等级标准》《区块链应用职业技能等级标准》《虚拟现实美术设计职业技能等级标准》《虚拟现实程序设计职业技能等级标准》等11个电力行业职业技能等级标准，取得国家版权局颁发的作品登记证书，为夯实电力行业技术技能人才培养工作奠定了基础。其中，《10千伏不停电作业职业技能等级标准》是全国首个电力行业1+X职业技能等级标准和证书，标准和证书的发布引起了各电力相关专业院校、电力行业和社会各界的广泛关注。

南科院利用自主开发的“PowerVR”开放式虚拟现实仿真平台，利用VR技术创造高沉浸、体验式的学习环境，开发了电力安全事故体验、电力应急演练、带电作业、10kV运维抢修、变电站设备巡视等一系列VR仿真课件，提供了虚拟现实技术仿真体验活动，帮助参训者更好地理解各项专业技术实操环境和流程。

南科院组织行业内优质专家资源起草编写《10千伏不停电作业职业技能等级证书考核站点建设标准》《10千伏不停电作业实训考核基地建设参考方案》《10千伏不停电作业职业技能等级证书考核站点申报指引（试行）》等系列文件，对国内首批10kV不停电作业职业技能等级证书考核站点的建设提出规范化的指引。

南科院组织专家进行遴选与评审，在全国14个省（区）建立了首批共26个10kV不停电作业职业技能等级证书考核站点，遴选建立了10kV不停电作业职业技能等级证书考评专家、考评员库，共有考评专家75名，考评员158名，为下一步以点带面全面铺开10kV不停电作业职业技能等级证书考核评价工作、培养10kV不停电作业人才奠定了基础。

VR远程可视化运维系统　该系统主要用于电力运维中的日常巡检，通过VR虚拟系统实现身临其境般的远程实时巡检。系统具有虚拟电站机房巡检、异常故障报警、故障位置导航、设备台账查看、实时数据查看、现场监控查看等功能。项目的特点在于创设性的将数字孪生和VR虚拟现实技术结合在一起。通过VR虚拟现实技术，把真实的电站机房按1∶1的比例真实的还原到虚拟场景中，逼真的画面、良好的沉浸感，让人产生到真实场景一样的感觉，如同现实中巡检一般。

项目采用3D建模和VR虚拟现实技术，在计算机创建与真实场景一致的虚拟场景，通过远控机和传感器采集所有设备数据，再通过5G无线网络把数据实时传送到服务器并记录存储，同时实时推送到各个终端设备（VR、AR、PC、手机），以数据驱动相关模型变化。为了数据可靠和真实，采用双数据源方式，同时调用在线监控视频，同样方式传输终端设备并叠加到虚拟场景中，在虚拟场景中随时可以查看现实监控中的真实画面，形成双数据源交叉确认巡检中设备可靠性。

（苏福锦）

水利科技

【科研项目管理】 2019年，“抗腐蚀无机聚合物混凝土材料与结构在海堤建设中的应用研究”等 30项广东省水利科技创新项目通过省水利厅验收。

世界银行贷款“中国经济改革促进与能力加强项目”子项目“粤港澳大湾区洪水风险与巨灾保险政策研究”获得了财政部和世界银行批准立项实施。

水利部2019年度水利技术示范项目“城镇长距离供水工程多目标智能感控系统示范”获批立项。

“新一代多卫星降水数据在台暴频发区的洪水模拟研究”和“悬索桥隧道式锚碇‘夹持效应’机制及优化设计方法研究”两项获得中国博士后科学基金面上资助。

省水利水电科学研究院参与承担中国工程院重大咨询项目课题“粤港澳大湾区水资源保障战略研究”，参与水利部重大研究项目“新时期中小河流治理目标与对策研究”。

按照水利部要求，省水利厅组织开展水利科技年报统计工作，编制了广东省水利厅2018年的《水利科技年报统计报表》。

【科研成果及奖励】 2019年，“深厚软土水闸地基处理关键技术研究及应用”获得2019年第七届广东省土木建筑学会科学技术奖一等奖和2019年度广东省科学技术奖二等奖。“河湖管护中无人机、3S、互联网+关键技术应用研究”获得2019年度地理信息科技进步奖二等奖；“大型水力机组性能检测关键技术研究与应用”获得2018年度省农业技术推广奖二等奖。

2019年，“‘互联网+河湖管理’关键技术研究与应用”成果获得2019年度广东省水利学会水利科学技术奖一等奖，“高坝溢洪道大型弧形闸门制作安装施工技术”等2项成果获得二等奖，“大型轴流泵组检修技术”等4项成果获得三等奖。

“基于超磁质发射技术的土质堤坝塑性砼防渗墙质量检测方法研究与应用”和“低环境负荷装配式生态围挡关键技术的研究及应用”获得2019年第七届广东省土木建筑学会科学技术奖三等奖。

项目名称：深厚软土水闸地基处理关键技术研究及应用

主要完成单位：广东省水利水电科学研究院

获奖情况：2019年度广东省科学技术进步奖二等奖、2019年第七届广东省土木建筑学会科学技术奖一等奖

该项目针对广东深厚软土水闸地基处理方面存在的问题，对深厚软土地基非线性沉降和复合地基的承载力及沉降计算进行了研究，在研究成果基础上编制了广东省地方标准《水闸地基处理设计导则》，并获颁布实施，获国家发明专利2项、软件著作权5项。

该成果主要创新点：

1．基于Duncan-Chang 本构模型，首创了用e-p曲线和压缩模量求取切线模量Et进行软土非线性沉降计算的实用新方法。

2．基于桩土变形协调的理念，首次提出了软土刚性桩复合地基的沉降计算新方法及搅拌桩复合地基桩间土承载力发挥系数β的量化取值方法；

3．提出了深厚软土涵闸地基处理的变形控制设计方法。

研究成果已在珠海、南沙、深圳、广州等地得到了广泛应用，珠海市从1997年广昌水闸建成开始全面推广应用，目前已应用于近100座水

闸，效果很好，克服了以往浅基础沉降大、桩基础易发生闸底脱空渗漏的隐患，保证了工程安全，具有显著的社会效益。

【科技人才】 2019年，省水利厅制定出台了《广东省水利科技英才培养管理办法》，明确了杰出英才和英才苗子应具备的基本条件、评选程序以及配套的激励措施等。旨在充分发挥杰出英才学科带头人传帮带的作用，发现、培养具有成长为水利科技英才潜力的英才苗子。

【水利技术标准化】 2019年，地方标准制修订计划项目《广东省用水定额（DB44 /T 1461-2014）》标准修订、《水利工程白蚁防治技术规范》《广东省水利工程生态设计导则》《河道管理范围内建设项目技术规程》获批立项。

【科技交流与合作】 2019年9月22—29日，省水利厅一行6人赴以色列和埃及，调研学习缺水国家节约用水、非常规水资源利用、水污染防治和水资源配置调度管理经验，促进科技合作交流，为广东省落实最严格水资源制度和国家节水行动提供经验借鉴。

2019年11月24日—12月1日，省水利厅一行3人，参加国际小水电中心组织的因公出访团组，赴奥地利和瑞士，交流学习奥地利水电管理和激励措施、瑞士绿色水电认证标准以及相关激励措施，调研学习当地绿色水电发展和安全生产管理等相关经验。

2019年12月8日—12月15日，省水利厅一行6人出访德国和芬兰，推进《广东省河道采砂管理条例》修订，加快河湖监管法规制度体系建设，学习借鉴国外在加强河湖监管、河道采砂监管执法、环境保护与整治等河湖执法方面的先进经验，提高本省水资源管理能力。

2019年12月15—22日，省水利厅一行6人出访美国和加拿大，了解发达国家运用信息化科技手段进行水利工程管理的先进经验，落实广东省“互联网+现代水利”行动计划，推进广东现代水利管理体制改革工作。

（桂江峰）

石油化工领域

【中国石油化工股份有限公司广州分公司】 2019年，中国石油化工股份有限公司广州分公司（以下简称“广州石化”）全年共开展中国石油化工股份有限公司科技项目17项，公司自筹项目24项，累计投入科技开发费用1 628.95万元，全年完成23项科技项目开发任务，申请中国专利 2件，4件专利获得国家知识产权局授权。聚丙烯埋地排水排污管材料B1600、超高流动性薄壁料S990，聚苯乙烯导光板料500T3个新产品成功顶替进口料。全年塑料新产品产量达6.48万t，完成股份公司下达计划的138%。

科技项目　广州石化2019年开展总部科技开发项目17项（含新立项目9项）。完成“内河船用燃料油和机械油加氢技术开发”等 4项总部科技项目开发和总结工作，“内河船用燃料油和机械油加氢技术开发”等5个项目通过股份公司科技部组织的技术鉴定。自主开发接转项目12项，新立计划12项，项目合计经费592.7万元。全年完成结题18项。

2019年，“FCC烟气深度除尘和消除蓝烟技术开发”“石化电网孤网安全稳定防御系统研究”“高压单芯XLPE电力电缆局部放电机理研究”“电力电缆在线监测和故障测距技术开发”“内河船用燃料油和机械油加氢技术开发”等5个科技开发项目通过中国石油化工股份有限公司鉴定。

新产品开发　2019年，开发埋地排污管料B1600、低熔均聚板材料PPH1201、 三高料（J830、J860、J890）、中熔高抗共聚料K9015、NEWCON产品NBC03HRA、高刚性共聚料K8203和K8209、高透聚苯乙烯500HT产品等共10个牌号新产品。累计生产塑料新产品6.48万t，完成年度计划的138%。生产专用料34.93t，完成年度计划的106%，新产品和专用料合计实现创效13 054万元。

获奖情况　“炼化企业胺液系统及酸性水汽提装置节能与长周期高效运行技术”2019年1月获中国石油化工股份有限公司授予的中国石化技术发明奖三等奖，“加氢裂化催化剂湿法硫化-钝化耦合新工艺及节能降耗成套技术”2019年12月获中国石油和化学工业联合会授予的科技进步奖一等奖。

专利申请　2019年共申报国家专利2件，“一种氧化微库仑法测定样品中总硫或总氯含量的石英管及其测定方法”等4件专利获国家知识产权局授权。截至年底，公司拥有有效授权专利50件，其中20件发明专利，30件实用新型专利。专利均在公司实施应用，取得明显的经济效益。

（邓志伸）

【中国石油化工股份有限公司茂名分公司】

专利工作　2019年，中国石油化工股份有限公司茂名分公司（以下简称“茂名石化公司”）持续加快科技创新步伐，加大科技创新激励力度，专利申请工作取得明显成效。全年实现中国专利申请数量50件，其中发明专利数45件，同比分别增加4.17%和36.36%，并获得美国专利授权1件，创历史最好水平。

茂名石化公司2016年提交的“一种配位骨架的铬催化剂及其在催化乙烯齐聚中的应用”专利申请于2019年1月15日获得美国专利及商标局正式授权。该专利是公司牵头的“乙烯选择性四聚生产线型α-烯烃”项目中的一项阶段性成果。线型α-烯烃产品可广泛用于高级润滑油基础油的合成、烯烃共聚单体等领域，目前国内全部依赖进口。公司牵头的该科研项目已进入中试阶段，未来有望打破国外企业的技术垄断，填补国内技术空白。

科技成果及奖励 2019年，茂名石化公司共有6项成果通过省部级科技成果鉴定。其中“20万标立煤制氢特殊换热器研制”成果经中石化鉴定认为项目填补了国内空白，主要性能指标达到国际同类产品先进水平；“高附加值合成树脂关键技术开发及应用”成果经中石化鉴定认为项目所开发的高附加值合成树脂在国内大量替代进口产品，打入日本等发达国家的高端市场，对于促进中国石化产品结构调整迈向产业中高端和推动我国合成树脂产业的供给侧结构性改革均具有重要意义；“DQS催化剂生产新牌号技术开发、抗粘蒸煮型流延膜专用聚丙烯关键技术开发及工业化”两项成果经中石化鉴定认为技术均达到国际先进水平；“高性能高密度聚乙烯大中空系列产品关键技术研究及工业化、基于可控流变的功能性聚丙烯材料性能调控技术及产业化”2项成果经广东省石油和化学工业协会鉴定认为技术均达到国际先进水平。

2019年，茂名石化公司共有9项科技成果获得省部级科学技术奖。其中“加氢裂化-加氢异构脱蜡生产高档基油成套技术开发”、“高附加值合成树脂关键技术开发及应用”、“中国石化智能工厂技术研发与应用”3项成果获2019年度中国石化科技进步奖一等奖，“大型乙烯关键系统改造技术开发”成果获2019年度中国石化科技进步奖二等奖，“20万标立煤制氢特殊换热器研制”成果获2019年度中国石化科技进步奖三等奖；“高性能高密度聚乙烯大中空系列产品关键技术研究及工业”、“云环境下乙烯裂解炉炉管智能健康管理关键技术及应用”两项成果获2019年度广东省科技进步奖二等奖；“低密度聚乙烯高强热收缩膜专用料关键技术开发及产业化”、“气相法釜内合金聚丙烯的相结构调控技术及应用”两项成果获此2019年度中国石油和化学工业联合会科技进步奖三等奖。

新产品开发 茂名石化公司2019年化工新产品和专用料占合成树脂比达77.36%，增效3.24亿元。茂名石化公司2019年共有医用注射器聚丙烯PPB-MT16等10个化工新产品实现首次工业化生产，其中9个为顶替进口牌号产品；新产品产量和数量继续位居系统内第1，其中新产品产量24.94万t，新产品占树脂产品比例为16.0%，新产品和专用料120.59万t，占合成树脂总量比例为77.36%，同比提高5.94个百分点，新产品和专用料合计创收32 384万元。

3月11日，医用注射器聚丙烯PPB-MT16产品在茂名石化公司1号聚丙烯装置首次试产成功，生产过程采用中国石化自主研发的专利技术，产品兼具透明及耐冲击性能，其冲击强度明显高于同熔指的无规透明聚丙烯，具有混合均匀、韧性强、低析出不脱针、跌落不易破损等特点。通过鲁尔分离力的测试（GB/T 1962.1-2015），取得YY/T 0242-2007《医用输液、输血、注射器具用聚丙烯专用料》认证，无需下游改性可直接用于生产医用注射器。

3月下旬，高分子量星型SBS F430B在茂名石化公司橡胶装置实现工业化生产约100t。该新产品具有星型结构、分子量大、硬度高的特点，用于制鞋领域体现出耐磨性好、填充油可充量大等优点。该产品填补了公司在该领域的空白，满足了市场的多元化需求。

4月17日，聚苯乙烯改性用顺丁橡胶（BR）9100在茂名石化公司顺丁橡胶装置试产成功，产品主要是用作聚苯乙烯产品的改性，提高聚苯乙烯的耐高抗冲性能。产品成功研发增加了公司顺丁橡胶产品的种类，改变了此前顺丁橡胶牌号单一的状况，拓宽了产品销路。

5月5日，车饰无纺布背胶专用料625-000在茂名石化公司1号高压聚乙烯装置首次试生产100t。该产品的下游制品具有柔软性强、高抗冲、无异味等优点，能同时满足车饰无纺布背胶用料和食品包装盒盖注塑用料的生产条件。

5月下旬，三元共聚镀铝膜电晕层专用料F4708在茂名石化公司3号聚丙烯装置成功试产约500t。区别于此前的三元共聚牌号，F4708除具有三元共聚特有热封温度低的优势外，还具有光泽度高、室温可溶物含量低，机械性能优良等特点，主要用于食品、药品镀铝膜等包装领域。

6月21日，中熔指透明聚丙烯PPR-MT08在茂名石化公司2号聚丙烯装置成功试产约400t。该产品力学性能优良、透明性好、易于加工，可广泛应用于食品、日用品等行业，具有透明度高、刚韧平衡性好的优点，是公司对该领域应用市场的进一步细分。

8月下旬，抗冲透明聚丙烯树脂PPB-MT02在茂名石化公司1号聚丙烯装置成功试生产约350t。生产过程采用非对称外给电子体技术和橡胶粒径控制技术，产品具有密度低、不含增塑剂，具有良好透明度和光泽度等特点，可媲美国外TVK等公司的产品，填补了国内市场空白。

8月19日，高熔高透丙丁共聚聚丙烯PPD-MT60在茂名石化公司2号聚丙烯装置试产成功。产品具有流动性好、注塑周期短、成型快、高加工速率下低粘度等特性，主要运用于制作快速成型薄壁透明食品容器，有助于下游加工厂商降低加工温度和缩短生产周期，提高生产效率和节约能耗。根据市场调研，该种产品市场需求达到 10万t/年。

10月1日，防水卷材用合成橡胶F730在茂名石化公司橡胶装置成功试产。该产品属线型结构SBS，具有低温柔性好、耐热性能高、延伸性能好等特点，适用于生产自粘型防水卷材。

10月24日，高压聚乙烯电缆料2260H在茂名石化公司2号高压装置成功试产。电缆料2260H作为交联聚乙烯的基础树脂，具有耐击穿强度高，绝缘电阻大，介电常数小、输电容量大、耐热耐老化、耐化学品等多种优点，可用于制作电力电缆绝缘层。

中国国际塑料橡胶工业展览会是亚洲最具规模的橡塑业展会、橡塑业世界第二大展会。5月21日，第三十三届中国国际塑料橡胶工业展览会在广州开幕，应中国石化化工事业部邀请，茂名石化公司作为中国石化6家生产企业之一与会并发布新产品。公司以“特色、顶替、突破”为关键词发表主题演讲，推介了公司近年来开发的透明抗冲聚丙烯、三元共聚聚丙烯等新产品。22日，茂名石化公司针对透明聚丙烯系列产品的市场应用情况做了专题介绍，这是中国石化首次在展览会期间举办合成树脂新产品发布会。

科技人才及团队建设　12月19日，茂名石化公司院士工作站获广东省科协授予“广东省院士专家（企业）工作站”称号。

2019年2月6日，中国石化下发《关于表彰2018年中国石油化工集团有限公司优秀创新团队的决定》，公司申报的“高性能聚丙烯流延膜产品开发创新团队”再次入选。这是公司继“高性能PP材料研产销一体化创新团队”获得2017年中国石油化工集团公司优秀创新团队后第二次获得中石化优秀创新团队。

科技攻关　2019年3月28日，茂名石化公司和上海化工研究院有限公司、中石化上海工程有限公司共同开发的3 000吨/年茂金属PAO中试工艺包通过中国石化的专家评审。该项目于2018年在中石化科技部立项，所开发的工艺包生产流程短、无废水排放、无需除氟等腐蚀性离子。小试结果表明，通过工艺条件的调整，实现可控制备出不同粘度级别的mPAO，粘度级别在4cSt-300cSt，粘度指数160以上，比传统PAO具有更高的粘度指数，产品达到国外企业mPAO产品性能。

中国石化重大科技项目“高附加值合成树脂关键技术开发及应用”项目是2016年中国石化首批试点重大科技项目，由茂名石化公司与北京化工研究院等12家单位共同承担。2019年3月12日，中石化科技部组织在北京召开项目鉴定会，鉴定专家组一致认为，该项目充分发挥“产销研用”联合攻关优势，开发的高附加值合成树脂在国内大量替代进口产品，打入日本等发达国家的高端市场，对于促进中国石化产品结构调整迈向中高端具有重要意义。

（谭达刚）

国土资源领域

【科技成果及奖励】 广东省国土资源技术中心“省级时空大数据平台及分析应用”“省市县一体化不动产登记与监管服务信息平台构建与应用”“新体制下省级地理信息标准体系构建与示范应用”等项目分别获得中国地理信息产业协会颁发的2019年度地理信息科技进步奖二等奖。“广东省第一次全国地理国情普查（省级任务）”，获得中国测绘学会颁发的2019年度全国优秀测绘工程奖金奖；“国土资源大数据建设关键技术研究及在广东省应用”项目及广东省测绘地理信息学会的“新型野外应急测绘保障系统”项目分别获得自然资源部2019年度中国测绘学会科学技术奖二等奖。

广东省国土资源技术中心独立完成的智慧党建精准扶贫系统V1.0、教育设施评估辅助决策系统V1.0、智慧城市时空大数据平台V1.0；与中山大学合作完成的广东省土地利用变化热点探测及巡查路径优化系统V1.0、与广东南方数码科技股份有限公司合作完成的广东省第三次全国土地调查省级初始库及县级数据建库软件V1.0、与武大吉奥信息技术有限公司合作完成的广东省遥感监测综合管理系统V1.0、与浙江臻善科技股份有限公司合作完成的广东省土地市场动态监测与监管系统V1.0、与广州市阿尔法软件信息技术有限公司合作完成的耕地占补平衡系统V1.0等项目获得国家版权局颁发的计算机软件著作权登记证书。

广东省国土资源测绘院承担的“高标准农田立体化监管体系构建的关键技术及应用”获得2019年度地理信息科技进步奖二等奖，“广东省农田灾损风险应急评估与管理关键技术研究及推广应用”获得2019年度中国卫星导航定位协会卫星导航定位创新应用铜奖，参与项目“面向自然资源统一管理的信息化测绘关键技术与应用”获得2019年度中国测绘学会测绘科技进步奖一等奖。该院还获得中国测绘学会科技创新型优秀单位奖。

广东省地图院承接的“汕尾市‘一村一镇一地图’建设”“四会市农村地籍调查服务项目”“五华县农村地籍调查项目”3个项目获得2019中国地理信息产业优秀工程银奖，“韶关市区不动产数据整合建库项目（一期）（二期）”获得2019年度全国优秀测绘工程奖铜奖，“中山市村镇地图编制项目”获得2019年度广州市优秀测绘地理信息工程奖二等奖。自主开发项目获得软件著作权5项，包括“2000国家大地坐标系转换软件”“农村地籍调查辅助软件（解析法调查）V1.0”“天地图·广东红色教育地图服务系统V1.0”“天地图·广东第一次全国地理国情普查公报成果发布系统V1.0”和“三调外业核查工具软件V1.0”等。

广东省土地调查规划院、广州市阿尔法软件信息技术有限公司、武大吉奥信息技术有限公司承担的“广东省土地利用总体规划实施动态监测平台建设与应用”获2019年度地理信息科技进步奖二等奖。该项目为解决广东省土地利用总体规划数据库实时更新、市县共享以及市县级规划实施动态监测及评估技术问题，搭建了一个以集成化数据资源体系、网络化服务共享、动态化规划监管为一体的广东省土地利用总体规划实施动态监测平台，在省级层面上首次建立“备案入库更新——指标体系构建——实时动态监测——多尺度评估——诊断预警”全过程的规划实施动态监管技术体系。项目成果已广泛应用服务于广东省、市、县各级自然资源主管部门，实现全省规划实施信息化监管，提高规划修改备案更新、规划用地审核效率60%以上、县级规划实施评估效率70%以上。

2019年7月3日，广东省土地学会、广东省测绘地理信息学会、广东省遥感与地理信息系统学会、广东省不动产登记与估价专业人员协会、广东省地质灾害防治协会联合开展第七届国土资源（广东）科学技术奖评选活动，评选出2019年国土资源（广东）科学技术奖一等奖10项、二等奖19项。其中“广东省土地变更调查成果质量控制技术研究及应用项目”“广东省土地政策实证监测评估”“深圳市盐田区危险边坡及建筑挡墙远程监测及预警系统”“城市典型要素的低空遥感智能化监测分析关键技术研究与应用”“广东省土地调查规划利用综合管理平台研究与应用”“广州市花都区耕地质量定级与农用地估价试点”“广东省广州市从化良口亚髻山霞石正长岩地球化学特征及大地构造意义研究”“广东省翁源县红岭钨矿接替资源勘查”“广东阳春地区矿产远景调查”“华南碳酸盐岩零散分布区可溶岩地层特征及其岩土工程地质勘察关键技术研究”获得一等奖。

【科技项目】 2019年6月，广东省自然资源厅组织开展2018年度厅科技项目验收工作，共有9个项目通过验收；向项目承担单位下达2019年厅科技项目6个，自筹资金科技项目2个，项目经费共498万元；组织开展2020年度广东省自然资源厅科技项目申报立项工作，“广东省复杂环境下地质灾害变形监测预警预报技术研究—北斗GNSS高精度变形监测技术应用”“广东省重点山区县（市）人工边坡防治对策研究”“广东省国土空间规划‘一张图’建设关键技术研究”等9个项目经专家评审、厅专题会议审议及厅党组会议通过立项，批准经费442万元。

其中“粤港澳大湾区背景下的‘三旧’改造制度创新研究项目”在充分调查粤港澳大湾区中广东省土地资源现状和利用潜力基础上，结合粤港澳大湾区建设战略，分析区域功能定位和战略演变对土地管理制度变革、土地利用管理方式创新、“三旧”改造制度创新等方面的影响；通过不同地区、不同改造模式典型案例剖析，从主观意愿、市场活力、政策执行、社会影响等视角，分析广东“三旧”改造存在的主要问题类型。从主导改造、供地方式、改造利益分享等层面，分析广东“三旧”改造面临的主要难题及成因；从社会制度背景、经济阶段特点、区位于自然条件差异、人文文化传承等视角，围绕项目启动、房屋拆迁补偿、规划编制与调整、利益调节等核心问题，系统梳理国内外大湾区与城市群的土地整治、城市更新经验，从理论支撑、实践借鉴的视角，总结提炼可用于促进“三旧”改造升级提质的经验做法；围绕“三旧”改造主体、改造模式、利益统筹、改造用途、资源配置、规划管控等方面，并基于粤港澳大湾区战略目标，提出创新城市更新制度、完善土地用途管制、拓展用地保障途径和方式等方面的设想与建议。

“广东国土空间规划编制与实施监管信息化技术研究”项目来源于广东省科技计划项目省直部门协同创新重点项目专题，承担单位为广东省土地调查规划院，参与单位为广州地理研究所。项目在充分整合利用多部门数据的基础上，研究集成应用天空地一体化、大数据、人工智能等技术，实现对市县规划的实施监测评价。

【南粤古驿道】 广东省地图院利用遥感、测绘、信息化手段为南粤古驿道活化利用提供地图服务，编制了《南粤古驿道地图册》，完成南粤古驿道实景三维地图服务系统研发，建设了南粤古驿道VR展馆，活化了一批自然风貌、古遗址等自然人文景观。

【地图服务保障】 广东省地图院快速响应公共及政务用图需求，编制了广东省系列标准地图共计176幅，研发了标准地图在线服务系统，编制了《广东省省情图集》《广东省工作用图》《中国（广东）自由贸易试验区》、粤港澳大湾区系列地图、《广东省海洋经济地图》（2019版）等地图，强化地图服务保障。

【一体化自然资源数据体系】 广东省国土资源技术中心完成“广东省一体化自然资源数据体系”建设。该项目基于统一的地理空间框架，持续面向自然资源管理业务，开展基础地理、国土空间规划、土地、矿产、海洋等自然资源专题数据的汇集、分析、整合、质检、建库、数据模型设计与构建、应用支撑服务开发等工作，建立一体化自然资源数据体系，加强自然资源数据治理，实现数据资源的集中管理、共享开放，推动同数同源、权威发布，为自然资源管理和服务提供统一的底板底数底线。目前，一体化数据库汇聚了65类数据、1 030个图层、约3亿个要素，全面覆盖测、地、矿、灾、海、林等内容。累计向各个地市、单位提供部分高频使用的自然资源数据 32 批次382 项。

【土地管理与决策支持系统】 广东省国土资源技术中心完成广东省土地管理与决策支持系统建设，并陆续上线运行。系统涵盖了建设项目用地报批、实施农用地、临时用地、征地信息公开、拆旧复垦、“三旧”改造、重大项目服务保障等土地相关的业务，基于一体化数据库设计，在自然资源大数据基础上整合多源数据，统一数据基准、统一规则、统一流程，实现省、市、县三级在线带图审批。

【矿产资源管理决策系统】 广东省国土资源技术中心完成广东省矿产资源管理决策系统建设，于2019年12月初上线运行。系统以一体化数据库为支撑，搭建了探矿权、采矿权、储量评审备案与登记、建设项目压覆重要矿产资源审批在内的15项业务流程，建设了图形辅助分析功能模块、业务审查评估功能模块、矿业权数据查询统计功能模块等，初步实现了矿产资源管理省级审批权限业务网上申请、受理、审核、审批一体化运作。

【城市地质信息管理服务平台】 广东省国土资源技术中心按照广东省自然资源厅印发的《广东省城市地质工作实施方案（2018—2025年）》，开展了广东省城市地质信息管理服务平台建设咨询服务项目建设，完成了《省自然资源厅城市地质信息管理服务平台建设项目立项方案》的编制，经广东省政务服务数据管理局同意，项目分3年建设。2019年年底完成了项目一期的采购工作，为平台建设奠定基础。

【不动产登记信息管理基础平台】 2019年广东省国土资源技术中心对不动产登记信息管理基础平台进行了优化升级，包括优化系统办事流程，对接信息共享，精简收件材料，提升监管能力，签发不动产登记电子证照；建设一窗受理系统，支撑实现了交易、缴税和登记的一窗受理服务；提升数据质量；以及加强不动产登记信息网络安全保障。

【土地审批业务监管指标体系】 大数据技术支持下新型土地审批业务监管指标体系建设项目依托自然资源信息化的基础，立足于新形势下土地业务审批的监管现状与需求，结合新型土地审批业务流程，着重围绕建设用地审批业务，对案卷质量、业务效能、业务流程等方面形成系统而全面的监管，对多项监管内容进行量化形成多级监管指标，构建成与新政策、新型业务相适应的监管指标体系，有效提升了广东省土地管理工作监管精准管理水平，推动了“放管服”改革精神的落实落地。

【自然资源广东省卫星应用技术中心】 自然资源广东省卫星应用技术中心是在广东省自然资源厅的领导和授权下，经自然资源部审批通过，由广东省国土资源技术中心牵头作为主体建设单位，广东省土地调查规划院、广东省地质环境监测总站、广东省国土资源测绘院、广东省海洋发展规划研究中心、广东省林业调查规划院、国家海洋局南海规划与环境研究院、广东省地质调查院共8家单位联合组建。2019年8月各单位已签订联合单位合作协议，启动广东省卫星应用技术中心机构的非实体化运行，初步建成广东省遥感数据管理与服务系统，完成部省对接和数据的统筹管理；初步建成多源遥感影像处理系统（MIP），提升了多源光学遥感影像数据快速处理能力；初步建立自然资源数据服务审核发布机制，提高了自然资源在线信息共享和开放服务水平。

【科技创新平台建设】 广东省自然资源科技协同创新中心围绕自然资源空天地一体化智能监测体系、自然资源空间大数据平台、自然资源评价技术体系和智能空间决策支持的模型与体系构建，以及广东省自然资源领域政产学研用的综合性科技协同创新平台和高层次管理与科技创新人才培养基地的建设等任务展开工作。重点开展“自然资源智能监测关键技术研究及示范应用”“自然资源大数据评价与分析关键技术研究及示范应用”“基于自然资源的智能空间决策支持关键技术及示范应用”3个科研项目，2019年开展了“基于不透水面密度地理模拟技术的城市暴雨内涝空间特征分析与防治机制研究”“结合地理统计学与多源遥感数据时空融合的高时空分辨率城市地表温度反演研究”“星载微波遥感广东海洋风能资源评估系统与产品开发”等项目的研究。

【咨询专家委员会建设】 2019年6月26日，原“广东省国土资源厅咨询专家委员会”更名为“广东省自然资源厅咨询专家委员会”，并调整设立了国土空间规划管制组、国土空间修复保护组、自然资源权益利用组、国土调查监测确权组、地质矿产勘查防灾组、国土测绘地理信息组、海洋资源利用保护组、林业资源利用保护组8个专家组。调整后，委员和专家共96人。

2019年6月，该咨询专家委员会秘书处组织实施2019年度广东省自然资源管理决策咨询课题研究，开展了“粤港澳大湾区建设背景下的珠三角自然资源治理体系和管理模式研究”“全民所有自然资源资产权益内涵及其工作体系研究”“拆旧复垦助力美丽乡村建设的政策和路径研究”“广东省自然资源监测评价体系构建研究”“广东省海洋预警监测体系共享共建创新模式研究”“珠三角智慧城市群地理空间信息应用研究”等6个课题研究工作。12月9日，秘书处组织专家组对研究课题项目进行验收，6个项目研究成果均符合课题实施方案要求，全部通过了验收。

（杨红漫）

地质领域

【科研项目实施】 2019年，获得广东省财政厅、广东省科技厅等支持的地质科研项目共11项，经费投入1 894.36万元。

矿产与基础地质 研编完成了《中国矿产地质志·广东卷》志书、普及本，涵盖了全省103个矿种2 884个矿床（点），总结了广东成矿演化、成矿模式及其成矿规律，取得了一批新成果。

广东厚婆坳地区铜锡多金属矿整装勘查区矿产调查与找矿预测项目，通过综合研究，划分了3处找矿远景区，新提交了找矿靶区4处，指出了找矿方向，分析了找矿前景。

广东河台金多金属矿整装勘查区矿产调查与找矿预测深穿透地球化学测量示范项目圈定了综合异常16处，找矿靶区5处。对元素的穿透性进行了初步研究，总结元素的水平方向及垂直方向的分带特征，初步探讨了深穿透方法的适用性和有效性。

城市地质 按照《广东省城市地质工作实施方案（2018—2025年）》对全省城市地质工作的安排部署，广东省地质局充分发挥技术优势，积极参与试点区域城市地质工作，全力支撑城市地质工作，为城市的规划、建设、管理和防灾减灾提供基础服务。承担城市地质专项“广深科技创新走廊地下空间资源地质调查与安全评估”，承担“中山市多要素三维城市地质调查”，开展了“城市地质服务规划管理评价方法和三维建模研究”，并积极参与推进江门市新会区、清远市清城区、佛山等城市的城市地质调查项目启动。

环境地质 积极承担场地土壤污染状况调查项目，为地方政府污染地块修复治理及区域规划提供了技术支撑。着力服务全省固体废物处置工作，参与完成佛山、珠海等地的固废处置建设项目环境影响评价的地下水专项，开展省内175个地下水监测点的动态监测以及2处河涌污水治理。

全力协助各级政府部门做好地质灾害防治技术服务工作，累计已与87个市、县（市、区）、镇联合建立了突发地质灾害应急响应机制，参与建设和负责运行维护的地市级地质灾害监测预警系统5个。组织派出5个地勘单位积极参与一线抢险，对地质灾害进行了详细调查、评估及排查，为当地政府地质灾害防治工作决策部署提供了科学依据。

【科技成果与奖励】 2019年2月，中国科学院广州地球化学研究所朱照宇教授团队成果“陕西蓝田黄土—古土壤序列与210万年前古人类活动历史新纪录”获评中国地质学会2018年度“十大地质科技进展”和2018年度中国科学十大进展，该研究成果将人类生活在黄土高原的历史推前至距今212万年。

省地质测绘院作为牵头单位完成的“面向乡村规划的空间数据整合与智能决策平台关键技术及应用”获2019年度地理信息科技进步奖二等奖、“高时空分辨率地面沉降监测体系及其在防灾减灾中的应用研究”获2019年度卫星导航定位科技进步奖二等奖。深圳地质局作为牵头单位完成的“城市危险边坡及建筑挡墙远程监测及预警平台关键技术”获2019年度测绘科技进步奖二等奖。此外，作为参与单位完成的2项科研成果获2019年度地理信息科技进步奖一等奖1项、二等奖1项。

【重点项目选介】

珠江三角洲基底断裂探查研究 该项目工作周期为2017—2019年，为省财政项目，总经费3 876.41万元。项目全面系统地探查研究了珠江

三角洲范围内16条基底断裂的基本属性、空间展布特征和活动性，确定了珠江三角洲新构造运动的时间和特点。在珠江三角洲第四纪软沉积物变形构造、第四纪地震构造特征等领域取得了开创性的成果，为全面支撑本省断裂稳定性监测和预警工作奠定了坚实的基础，为珠江三角洲城镇规划、建设、管理及重大工程建设提供了基础地质依据和技术保障。项目探查研究工作与粤港澳大湾区建设工作紧密结合，项目成果已运用到广州市轨道交通11号线、5号线延长线、7号线延长线、黄茅海大桥等重大工程建设当中，解决了施工单位迫切需要的断裂构造精确定位问题。

城市危险边坡及建筑挡墙远程监测及预警平台关键技术研究　该项目融合无线通讯网、云计算、GIS以及机器学习等技术，首次构建了深圳市盐田区危险边坡自动化远程监测及预警的大数据平台与应用中心，实现了地质灾害实时监测和预报预警及智能分析服务，实现快速、及时、多通道的预警信息发布和分级预警处理；创新性地将时间序列、人工神经网络、支持向量机等预测模型，进行AI智能化预测预警；创新性地建立了危险边坡自动化远程监测综合预警模型、边坡监测预警级别划分和预警指标体系；创新性地提出了一套自动化远程监测预警—研判—处理完整的预警响应处理流程。

云开地区中晚奥陶世生物群及其对华夏早古生代构造演化的启示　该项目是国家自然科学基金项目，工作周期为2018—2022年。经过两年的调查研究及系统的古生物鉴定工作，获得近千件化石标本。经初步鉴定有三叶虫、腕足类和双壳类若干新属，不仅数量丰富，而且铰齿等内部构造保存相当精美，是我国及世界研究中、晚奥陶世双壳类化石不可多得的宝贵材料。

【科研平台建设】　原国土资源部放射性与稀有稀散重点实验室2019年9月顺利通过自然资源部组织的评估答辩，自然资源部放射性与稀有稀散重点实验室正式挂牌。2019年部重点实验室结题开放基金项目6项，通过开放基金项目至9月底发表署名重点实验室的SCI收录论文4篇。

2019年是广东省放射性与三稀资源利用重点实验室建设的第一年，确定了研究方向、研究团队和学术委员会。实验室于8月公布了开放课题申报指南，研究内容涵盖了放射性污染防治、三稀资源综合利用、三稀元素新材料研发等方向。

深圳市地质局地质工程院士工作站于2015年正式揭牌，2019年12月顺利通过了省科技厅组织的评审验收。这是深圳的首个省级地质学科院士工作站，为地质科研创新、人才交流提供了更为广阔的平台。

【学术交流】　8月22—23日，由广东省地质学会等单位承办的“深地、深海与深空对地探测”高端论坛在广州举行。该论坛是广东省科协、省科技厅主办的2019年“岭南科学论坛·双周创新论坛”系列活动之一。论坛围绕保障国家能源资源安全、支撑海洋强国战略和粤港澳大湾区建设，在深地深海高端探测技术开发与装备制造、地下空间开发技术、遥感卫星探测技术、遥感信息技术以及相关研究成果等方面进行为期2天的交流，500多名来自全国各地地质学界的院士、专家和地质工作者参加。

（桓曼曼）

海洋领域

【海洋科技创新平台】 1月8日，南方海洋科学与工程广东省实验室（广州）揭牌，该实验室由广州市人民政府承建，主要共建单位为中国科学院南海生态环境工程创新研究院和广州海洋地质调查局。

1月22日，南方海洋科学与工程广东省实验室（湛江）揭牌，该实验室由湛江市政府承建，主要共建单位为中船重工、中海油和广东海洋大学。

4月7日，南方海洋科学与工程广东省实验室（珠海）召开第一届学术委员会成立大会暨第一次会议，该实验室由珠海市政府承建，中山大学牵头建设。

【第七届中国海洋经济博览会】 10月15—17日，第七届中国海洋经济博览会在深圳开幕。中共中央总书记、国家主席、中央军委主席习近平向博览会发来贺信。该届海洋经济博览会以“蓝色机遇、共创未来”为主题，吸引450余家企业和机构参展，重点围绕现代港口建设、海洋高新技术与装备制造、海洋可再生能源利用、海水淡化与综合利用等热点领域，推出新技术成果，推进中外企业洽谈合作。

【海洋六大产业】 省自然资源厅、省发展和改革委、省工业和信息化厅联合印发《广东省加快发展海洋六大产业行动方案（2019—2021年）》，加快发展海洋电子信息、海上风电、海洋生物、海洋工程装备、天然气水合物、海洋公共服务六大产业，行动方案提出海洋六大产业未来3年发展需要聚焦的重点领域、需要攻克的关键技术、需要掌握的核心产品，并提出保障海洋六大产业发展的工作举措和政策措施。

为重点扶持发展海洋六大产业核心技术研发创新、科技成果转化与产业化和海洋公共服务提升，2019年度省促进经济发展专项资金（海洋经济发展用途）共资助全省55个项目，涉及专项资金共2.98亿元。2018年度省促进经济发展专项资金（海洋经济发展用途）资助的48个项目在2019年完成专利申请或受理76项，海工装备、海上风电、天然气水合物等多项成果在行业关键技术领域取得重大突破。

【涉海高新技术企业】 截至2019年年底，全省现有涉海高新技术企业594家，其中2019年认定涉海高新技术企业147家。

【科技荣誉】 中科院南海海洋研究所张偲院士获得2019年度广东省科学技术奖突出贡献奖；“天然气水合物分解机理及调控方法研究”获2019年度广东省自然科学奖一等奖；“大型半潜式海洋波浪能发电技术与装备”获2019年度广东省技术发明奖一等奖，“深水区超大型海上风电设备安装平台关键设计与制造技术”“南海岛礁多维生态修复关键技术与应用示范”获2019年度广东省科技进步奖一等奖，“高性能双动环梁海上平台升降系统”获2019年度广东省科技进步奖二等奖。

8月，中科院南海海洋研究所牵头，使用自主研发的海底大地电磁探测设备，在南海北部珠江口盆地陆坡—洋陆过渡带—北部洋盆开展了海底大地电磁观测实验，是目前为止国内观测时间最长、观测深度最大、观测剖面最长的海底大地电磁实验。该项成果获评“2019年度中国十大海洋科技进展”。

【海洋科技活动】 7月，广东省自然资源厅组织广东省海洋规划研究院、广东省海洋调查技术中心、广东省国土资源测绘院、广东省土地调查规划院、广东省地图院、广东省国土资源技术中心、广东省海洋发展规划研究中心、广东省测绘产品质量监督检验中心8家技术单位，开始启动广东省海岸线修测工作。对2008年以来广东省的海岸线变化进行了系统、准确的调查和分析，准确掌握了海岸线的位置、长度、类型及开发利用、整治修复等基本情况，为加强陆海统筹，编制国土空间规划，科学制定自然岸线保有率管控目标和实现海岸线资源精细化管理提供决策支撑。

（杨红漫　王成荣）

【科技成果与奖励】

项目名称：南海岛礁多维生态修复关键技术与应用示范

获奖情况：广东省科学技术奖（科技进步）一等奖

主要完成单位：中国科学院南海海洋研究所

主要完成人：龙丽娟、黄晖、喻子牛、李洁、尹浩、张浴阳、张跃环、杨芳芳、杨键、王晓雪、董俊德、黄文、何毛贤、张博、韦章良（均为中国科学院南海海洋研究所人员）

该项目瞄准南海岛礁珊瑚礁生态修复的重大科技问题开展集成攻关，取得了多项创新性突破。针对南海珊瑚礁生态系统结构特征与现状，原创性提出基于生态系统与关键功能恢复的多维生态系统修复新模式，开辟了珊瑚礁生态系统修复的新方向；突破关键功能生物规模化繁育技术，实现了生态修复种苗自给；研发了珊瑚礁生态系统先锋群落构建及其水下礁基生物膜化技术，促进功能生物幼体附着与生长；从“基底修复/再造、功能种群恢复、群落构建、系统养护”等多个维度开展成套技术系统攻关，并集成应用，建成国际上最大的珊瑚礁生态系统修复区，实现快速、高效、可持续的整体修复，生态系统发育稳定，生态效益和社会效益显著，为国家南海岛礁建设、可持续发展和海洋生态文明建设作出了重要贡献。同时，相关团队获2019年度中国科学院杰出科技成就奖。

（韦章良）

获奖情况：2019年度广东省科学技术奖突出贡献奖

获奖人：张偲

所在单位：中国科学院南海海洋研究所

中国科学院南海海洋研究所张偲院士荣获2019年度广东省科学技术奖突出贡献奖。他围绕“热带海洋生物功能活性物质的生态环境效应及其功能利用”和“南海岛礁与粤港澳大湾区生态安全”核心科技问题，阐明海洋生物化学生态防御理论，初步阐释岛礁生态海岸演替与二次天然发育过程，初步揭示大湾区海洋生态系统物质演化规律与海洋生态安全机制，为发展战略性新兴产业、海洋环保事业、南海岛礁国土安全与大湾区海洋岛屿生态安全及可持续利用作出了卓越贡献，充实和丰富了“南海精神”国家之魂的科技内涵，为践行国家“南海战略”奠定了坚实基础。

“突出贡献奖”主要授予在广东省长期从事自主创新工作，为建设科技创新强省做出重大突出贡献的科技人员，每年授奖人数不超过2名。张偲院士投身海洋事业近40年，在广东努力耕耘30多年。他积极推动热带海洋生态工程技术在广东落地应用，为广东海洋科技赶超全国做出巨大贡献。张偲院士始终活跃在科研第一线，不断涌现新思想，提出“海洋透镜”新理念，体现了他的执着和创新思维。

获奖情况：2019年度广东省科技合作奖

获奖人：ILAK PRIYADARSHANA DODAMPE GAMAGE

所在单位：斯里兰卡卢胡纳大学

依托于中国科学院南海海洋研究所建设的中国—斯里兰卡联合科教中心斯方主任、斯里兰卡卢胡纳大学ILAK PRIYADARSHANA DODAMPE GAMAGE教授荣获2019年度广东省科技合作奖。该奖项重点面向粤港澳科技合作、国际科技合作等，授予对广东科技事业做出重要贡献，工作单位在省外（或境外）的个人或注册地在省外（或境外）的组织。作为中国—斯里兰卡海洋科技合作的先驱者，为了强化热带印度洋海域的海洋大气动力过程研究与海上丝绸之路沿线的自然灾害预报预警，TILAK教授积极推动南海海洋所与卢胡纳大学在斯里兰卡南部的“海洋环境联合研究中心”的建设，进而推动中方与斯里兰卡气象局、水生资源开发署、减灾专家委、高教部等科教单位的合作，为2014年习近平主席见证签订的《中国科学院与斯里兰卡高教部合作协议》的签署奠定了重要基础，为中国—斯里兰卡联合科教中心的成立作出了重要贡献。TILAK教授也牵线了广东地区中国科学院华南植物园、中国科学院广州地球化学研究所、广东海洋大学等科教单位与斯方的紧密合作。此外，他还推动了海洋环境科学硕士班项目的开展，打造了一支蓬勃发展、亲华友华、年轻活力的斯方海洋科技队伍。

（李丽璇）

项目名称：国内最长最深海底大地电磁探测

主要完成单位：中国科学院南海海洋研究所、自然资源部中国地质调查局广州海洋地质调查局、中国石油集团东方地球物理公司、中国地质大学（北京）

主要完成人：孙珍、邱宁、林间、徐敏（中国科学院南海海洋研究所）、罗贤虎（自然资源部中国地质调查局广州海洋地质调查局）、孙卫斌（中国石油集团东方地球物理公司）、陈凯［中国地质大学（北京）］

中国科学院南海海洋研究所联合自然资源部中国地质调查局广州海洋地质调查局、中国石油集团东方地球物理公司、中国地质大学（北京）使用自主研发的海底大地电磁探测设备，于2019年8月在南海北部珠江口盆地陆坡—洋陆过渡带—北部洋盆开展了海底大地电磁观测实验，创造了多项深海观测记录。剖面长度超过300km，投放共计30台次，最大投放水深近4 000m，单台次观测最长达3周，是目前为止国内观测时间最长、观测深度最大、观测剖面最长的海底大地电磁实验，收集了揭示南海形成演化机制的第一手资料。此前，科学家在大西洋伊伯利亚—纽芬兰发现了地幔剥露式破裂方式。而近年国际大洋发现计划在南海的钻探结果则显示，南海大陆破裂模式与伊伯利亚—纽芬兰模式不同，有更多岩浆参与。大尺度海底大地电磁测量将为验证南海的独特大陆破裂模式提供重要的观测约束。该项成果入选2019年度中国十大海洋科技进展。

（孙珍）

项目名称：首次揭示“地球第四极”内部结构，引领超深海沟国际前沿研究

发表论文：发表*Journal of Geophysical Research*、*Earth and Planetary Science Letters*、*Geophysical Journal International*等SCI收录论文。

主要完成单位：中国科学院南海海洋研究所、香港中文大学

主要完成人：林间、徐敏、周志远、张帆、曾信、孙金龙、万奎元、夏少红（中国科学院南海海洋研究所），杨宏峰、朱高华（香港中文大学）

研究团队首次公布了“地球第四极”的高精度深部成像，揭示了海洋最深处—马里亚纳海沟“挑战者深渊”下地球内部的复杂结构，并意外发现大量地震活动。国际权威专家撰文指出，该创新成果对揭示地球超深海沟的成因、深部水循环等重大科学问题具有突破性意义。国际著名地质学家、板块俯冲起始机制的创始人斯特恩教授认为该研究成果“为解开挑战者深渊之谜提供了关键举证”。国际顶尖杂志*Science*曾专题报道该创新实验，著名地震学家恩斯教授认为该实验将显著提高对海沟大地震成因的认知。标志着中国科学家开始引领超深海沟地球动力学的研究，对我国在“地球第四级”主导开展大洋钻探等研究计划具有重要作用。

（李　淑）

项目名称：南海所揭示海洋链霉菌产蒽环类抗生素自我解毒抗性机制

发表论文：*CytA, a reductase in the cytorhodin biosynthesis pathway, inactivates anthracycline drugs in Streptomyces*

主要完成单位：中国科学院南海海洋研究所

主要完成人：桂春、鞠建华（中国科学院南海海洋研究所）

海洋放线菌Streptomyces sp. SCSIO 1666 能够产生一系列抗菌和细胞毒活性蒽醌糖苷类化合物。通过生物合成基因簇异源表达，结合生物信息学分析，推测并验证了基因簇中CytA基因编码的还原酶催化C-7还原反应，揭示了一类未知功能蛋白CytA，该蛋白还原性消除蒽环类抗生素C-7位糖基链使之活性消失，从而赋予该菌株自

我解毒的功能。体外催化实验表明CytA具有一定的底物宽泛性。

系统发育树分析结果表明，CytA所属的还原酶家族广泛分布于细菌、古菌和真菌中，而且大多数同源蛋白的功能均未表征。作者团队的研究结果表明CytA及其同源蛋白很可能是蒽环类抗生素生产菌株自我解毒的新手段。由此，CytA基因可作为基因标签用以挖掘更多的蒽环类抗生素，为临床药物筛选提供化学实体。

（孙长利）

项目名称：凡纳滨对虾优异抗逆种质发掘与抗逆良种规模化高效扩繁技术

发表论文：发表*Fish & shellfish immunology*、*PloS one*、*Marine Biotechnology*等SCI收录论文10篇

主要完成单位：中国科学院南海海洋研究所、湛江市海茂水产生物科技有限公司、茂名市金阳热带海珍养殖有限公司、湛江市东海岛东方实业有限公司、广东粤海饲料集团有限公司

主要完成人：胡超群、任春华、张吕平、王艳红、于宗赫、罗鹏、陈廷、黄文、江晓（中国科学院南海海洋研究所）

针对凡纳滨对虾养殖产业对抗逆良种的重大需求，突破优异抗逆种质发掘与抗逆良种选育技术瓶颈。建立了凡纳滨对虾优异抗逆种质发掘、极端低温低盐低碱等抗逆性状分子标记开发、多性状聚合育种等关键技术；优化了多性状分子标记聚合育种技术工艺、病害防控与培育设施技术、亲本营养饲料技术、亲本规模化高效培育和苗种规模化高效扩繁技术；育成了凡纳滨对虾"正金阳1号"新品种。

获国家水产新品种权1个；申请发明专利30件，其中获授权PCT专利3件和中国发明专利5件；培养人才19名；发表SCI收录论文10篇。规模化培育优质亲本11.44万尾，生产销售虾苗140.49亿尾，取得良好的经济效益。

（张艳红）

项目名称：东太平洋极端Coastal El Niño机制的揭示

发表论文：*Coupled ocean-atmosphere dynamics of the 2017 extreme coastal El Nino*, *Nature Communications*（Peng，Q.，et al.，2019）。

主要完成单位：中国科学院南海海洋研究所

主要完成人：彭启华等（中国科学院南海海洋研究所）

2017年春季在东南太平洋区域出现了极端增暖事件。这次事件导致秘鲁出现了20多年来最强的洪涝灾害，给当地社会和经济造成了非常严重的影响。该项目通过实际观测资料、大气和海洋模式综合研究了这次极端事件的形成机制。结果显示暖性开尔文波、沿岸风以及局地的Bjerknes反馈对于生成和维持这次极端厄尔尼诺事件起到了关键的作用。此外NMME模式能够提前一个月对这类事件做预报。CMIP5的模式结果进一步指出这类极端沿岸厄尔尼诺事件发生频率会随着全球增暖而增加。

（方思佳）

【广东海洋大学】　2019年，是新中国成立70周年，是决胜全面建成小康社会的关键之年。广东海洋大学主动对接国家海洋战略和地方经济发展需求，以"增强自主创新能力，提升核心竞争力"为目标，实施内涵发展、特色发展、创新发展三大战略，科技工作谱写新篇章。

2019年，广东海洋大学科研到账经费达1.88亿元，连续7年突破亿元大关。助力南方海洋科学与工程广东省实验室（湛江）获批广东省第二批启动建设省实验室；新增省部级科研平台3个，其中，广东海洋大学深圳研究院获批广东省新型研发机构，实现了该校广东省新型研发机构建设零的突破；广东省海水养殖生物育种工程实验室获批广东省发展和改革委员会广东省工程实验室；广东沿海经济带发展研究院获批成为广东省社会科学研究基地。获批广东省普通高校创新团队1个。获得省部级科研奖励12项，其中"罗非鱼链菌病防控技术的研究与应用"荣获2018年度广东省科技进步奖二等奖；"冷藏对虾黑变酶学机制与控制技术研究及应用"获2018年度海洋科学技术二等奖；《两广地区牡蛎产业价值链特征与政策研究》获广东省哲学社会科学优秀成果奖二等奖。发表学术论文1 300多篇，三大索引收录351篇；全年学校申请专利402件，获得授权专

利241件。

科研成果　“罗非鱼链菌病防控技术的研究与应用”研究成果荣获2018年度广东省科技进步奖二等奖，学校为第一完成单位。该成果研究了罗非鱼链球菌病主要病原无乳链球菌的生理生化特性和分子致病机制，并建立了无乳链球菌LAMP检测技术；阐明了罗非鱼免疫相关因子在抗感染中的作用机理；开发了提高罗非鱼免疫功能并可预防链球菌病的复方中草药添加剂，并对该添加剂在饲料中的添加量和投喂方式进行了优化。该成果在茂名、湛江等地应用示范，取得显著的经济效益。

“冷藏对虾黑变酶学机制与控制技术研究及应用”研究成果荣获2018年度海洋科学技术二等奖，学校为第一完成单位。该成果基于酚氧化酶原激活系统（ProPO-AS）级联反应基本理论，以ProPO-AS 关键性组分丝氨酸蛋白酶（SP）的活性变化和时空迁移为突破口，通过监测冷藏期间ProPO-SP-Ca2+的三元复合物分子构象变化，联合黑变进程与酚氧化酶酶原（ProPO）激活程度及 SP 9176活变化相关性分析，揭示了对虾冷藏期间黑变的酶学规律与生化机制，并在此基础上构建了从养殖源头到冷藏阶段的全程黑变控制技术体系。

产学研合作　11月21日，中国工程院院士、中国水声工程领域知名专家杨德森受聘为广东海洋大学特聘院士并为师生作学术报告。12月18日，在国家杂交水稻工程技术研究中心海南基地，“杂交水稻之父”、中国工程院院士袁隆平从学校党委书记曹俊明手中接过鲜红的聘书，正式受聘为学校特聘院士，并担任该校海水稻研究院荣誉院长，以抢占国际盐碱地利用技术领先地位、培育粮食生产新增长点为目标，共同推动“国家耐盐碱水稻技术创新中心华南中心”建设，并成功进入《广东省乡村振兴科技计划》。

重要专利　学校海洋生物材料创新团队申请的国际发明专利《Wound-healing and hemostatic sponge of squid ink polysaccharide/chitosan, preparation method and use thereof》（专利号：US10，238，768 B2，中文名称《乌贼墨多糖/壳聚糖创伤修复止血海绵的制备方法及应用》）获得美国专利和商标局颁发的授权证书，这是学校获授权的第一个国外发明专利。专利的发明人为黄娜、李思东、胡章等，该止血海绵采用海洋活性多糖制备而成，能够有效地吸附创伤面的血小板形成血痂，进而快速止血、促进伤口修复，有望在皮肤创伤领域得到应用。

科技交流　2019年，广东海洋大学主办、承办国际、国内学术会议12场，邀请国内外128位专家学者来校作学术报告。

8月30日，人工智能与自动化前沿论坛暨CAA青年科学家论坛在湛江开幕。论坛由中国自动化学会和东南大学主办，由广东海洋大学、CAA青年工作委员会、南方海洋科学与工程广东省实验室（湛江）等单位承办。来自清华大学、中科院沈阳自动化研究所、北京航空航天大学、广东海洋大学等20多所高校和研究所的专家参会，吸引了包括“长江学者”“国家杰出青年科学基金获得者”“国家优秀青年科学基金获得者”等在内的120多位国内专业领域的知名学者参会。

11月26日，中国气象局气象服务首席专家、中央电视台《天气预报》主持人宋英杰高级工程师受聘为该校客座教授，并成为广东海洋大学“南海大讲堂”首讲嘉宾。聘任仪式暨“南海大讲堂”开讲仪式在广东海洋大学湖光校区举行。湛江市气象局代表与广东海洋大学师生400余人参加了仪式。

（吴　勇）

广播电视领域

【基于5G技术的电视新闻报道直播系统】 2019年，随着5G通信在国内开始商用，广东广播电视台建成了轻量化5G直播系统和便携传输系统，实现了常态化5G新闻直播及回传。经过持续的优化完善，形成了利用5G移动通信技术进行高清电视新闻节目回传报道、实时连线直播的新型制作模式。5G通信技术传输高速、机动性强的特点，结合高清电视采录、编辑及编解码设备，能够显著提高节目制作的灵活性、可靠性，充分满足电视新闻报道的时效性、安全性和高质量的需求。2019年，广东广播电视台通过广州直播室与省内各地市的5G直播连线，圆满完成了21期大型新闻直播节目《飞越广东》的制作播出。

2019年8月，《飞越广东》深圳篇在深圳莲花山5G直播现场

【基于云计算技术的县级融媒体中心省级技术平台"珠江云"】 2019年年底，广东广播电视台"珠江云"县级融媒体中心省级技术平台建成并为20余个市县提供接入服务，完成了"珠江云"服务平台和广东省全媒体宣传管理系统，在省级技术平台上完成了弹性扩展的混合云搭建，开发完成了采集端、制作端、分析端和客户端的融媒全流程整体平台和全媒体舆情管理系统，构建了平台SaaS云服务集群，导入配套生产、分析、定制、协同、运营等服务的平台服务工具集，以及搭建了符合国家3级等保要求的融盾安全体系。省级技术平台可为各县级融媒体中心提供媒体服务、党建服务、政务服务、公共服务、增值服务等业务，以及支持业务开展的云端服务，形成各家媒体"兵合一处、将打一家"的有利局面，同时可以实现宣传主管部门对各融媒中心的有效监管。

【基于SMPTE ST2110标准的4K超高清电视前期制作系统】 2019年8月，广东广播电视台电视中心二楼4K超高清演播室建成投入使用。该演播室系统是国内首个全链路采用SMPTE-2110标准、无压缩IP架构的4K 直播演播室系统，在行业具有领先意义。系统设计符合SMPTE 2022-7标准，主备网络链路无缝切换，安全性高。

该4K超高清演播室为国内最早采用全流程HDR（高动态范围）、WCG（宽色域）制作和监看工艺进行电视节目制作的演播室，可以给观众提供相对于传统高清电视4倍的亮度细节、2倍的色彩范围，再加上4倍于高清的高分辨率大屏幕，4K HDR超高清电视可以提供更加接近于人眼实景观看的逼真图像，带来身临其境的"沉

4K演播厅

浸”式视觉体验。

该4K超高清演播室支持三维声制作与播出，并配置专业的三维声监听室，相对于立体声、环绕声，三维声增加了垂直方位的声场，把视听效果还原到接近真实世界的立体空间，给观众带来所听即所见的“沉浸”式听觉体验。

2019年10月，广东广播电视台4K超高清转播车建成投入使用。该转播车具备端到端IP化的4K HDR和HD SDR同步制作和2套节目同时制作的能力。整车按照24讯道规模的A类车进行系统设计，现配置10个讯道HDC-4300超高清摄像机，车内预留14个扩展讯道和多达24通道的EVS慢动作制作系统。车体总长度17.1米，展开后车内面积达58平方米，车内设置音频区、主制作区、副制作区、慢动作制作区、技术区等5个工作区，24个工位。在满配情况下，完全满足奥运会等顶级赛事和各类大型活动的转播要求。

4K超高清转播车

同月，广东广播电视台1600演播厅系统建成投入使用。该系统是我国第一个采用 SMPTE 2110无压缩标准的4K/IP大型演播室系统，具备5.1.4的三维声制作和监听能力，演播室系统基于SMPTE 2110标准建设，支持SMPTE 2022-7及SMPTE 2110-10/20/30/40协议，支持NMOS-4/5协议，打通视频、音频、通话、多画面监看等IP信号的互联互通，实现系统的灵活、高效制作，满足各类大型节目的直播和录制需求。

1600演播厅导控室

【4K超高清后期非编制作网络系统】 2019年10月，广东广播电视台4K超高清后期非编制作网络系统建成投入运行使用，服务于4K超高清节目的网络化制作。该系统项目以“新型全流程4K超高清大型智能制作网”为建设目标，采用全IP架构以及高性能分布式存储，实现了6PB物理存储资源池化；网络版4K非编站点资源达到47台，满足4K电视节目的协同制作；具备全流程管理能力，无缝衔接4K收录、4K制作、4K送播以及4K节目媒资管理。

（徐维凡）

【为“粤港澳大湾区之声”开播作出积极贡献】

2019年9月1日上午7时，中央广播电视总台“粤港澳大湾区之声”正式开播。广东省广播电视技术中心（以下简称技术中心）按照中央广播电视总台、广东省广播电视局和广东广播电视台的部署安排，积极协调配合，做了大量工作，为确保“粤港澳大湾区之声”节目的顺利播出作出了积极贡献。

“粤港澳大湾区之声”是中国首个专门面向粤港澳大湾区播出的国家级电台频率，定位于“一流湾区、一流生活”，覆盖粤港澳大湾区内的珠三角9市和香港特别行政区、澳门特别行政区，全天播音21小时，以粤语播音为主，并设有客家话、潮汕话等方言节目，节目类型分为新闻、财经、生活、文化、音乐五大板块。

按照中央广播电视总台、广东省广播电视局和广东广播电视台的部署安排，“粤港澳大湾区之声”调频广播频率98.0MHz在广州市越秀山播出，覆盖广州市区。2019年9月16日按照临时播出要求搭建出调频播出系统；9月20日信号源链路接通，多路不同传输路由的信号源安全可靠，当日“粤港澳大湾区之声”正式在越秀山电视塔开播。10月1日，成功播出“粤港澳大湾区之声”现场直播阅兵式等国庆庆典节目。2020年，将实施更加完备的播出方案，以进一步提高“粤港澳大湾区之声”安全优质播出水平。

技术中心所属九〇九台也按照中央广播电视总台、广东省广播电视局和广东广播电视台的部署安排，利用原来播出华夏之声广播节目的中波频率1215KHz，以50kW的功率播出“粤港澳大湾区之声”，进行中波广播覆盖。

场强收测数据和收听效果分析结果显示，越秀山电视塔和九〇九台播出的“粤港澳大湾区之声”，节目覆盖效果令人满意。技术中心为“粤港澳大湾区之声”安全优质进入湾区千家万户作出了应有贡献，为新中国成立七十周年献上了一份厚礼。

【揭阳中波转播台信号识别检测系统建设】 2019年5月，技术中心在揭阳中波转播台试点构建信号识别检测系统。该系统采用了数字特征（基因）专利技术，通过提取视频、音频内容的特征基因，并将数据通过网络上传到阿里云端存储，对上游和下游提取出来的基因数据进行有效比对，在不改变原始音频下，对特征文件内容做相似性计算，来高效准确地判断两段音频信号内容是否一致，从而得知信号是否被篡改或者播出系统是否有故障。该信号识别检测系统具有多方面的优势：在安全性方面，系统采用分布式设计，信息在传输过程中绝对安全，内网音频采集采用单向通道，在与外网环境进行通讯时，全程需采用加密通道保证信息的安全性和完整性；在稳定性方面，系统采用性能稳定的设备，基于视听内容的“基因身份证”进行识别比对，独立于母本内容的格式、码率、分辨率；在准确性方面，系统基于高精准度识别比对算法，可有效发现任何被篡改的内容，报警信息及时、准确；在便利性方面，系统灵活易用，操作页面简单明确，报警通知采用系统报警和移动终端双向通知，快速响应，方便值班人员及时处理故障。

该项目于2019年7月中旬施工完毕，并于2019年10月中旬通过验收。该系统投入使用以来，运行稳定，工作状态良好，进一步提高了揭阳中波转播台安全播出水平。

【国内最大功率容量CDR调频发射系统】 2019年，技术中心积极贯彻落实国家广电总局和省广电局无线数字化覆盖工程规划，在越秀山建设了国内最大功率容量CDR调频发射系统。

该系统由CDR调频发射机、九工器系统、开关板和160KW天线系统，CDR平台及试验系统，支撑系统安全运行的节目传送系统、配电、空调通风和防雷接地等组成。目前，该系统为国内功率容量最大和最先进的系统，可容纳10套10KW节目并可扩展到10套以上，覆盖效果明显改善，并成为CDR播出最保障的发射台。

该项目有如下闪光点和创新性：一是把原发射机系统“N+1”模式改为每个频道均以“1+1”组播模式；二是多模式多工器重新设计、安装和调试，保证了新多工器的每路输入有效带宽达到fc ± 400Khz，功率等级大于20KW，完全满足FM-CDR全数字广播频谱模式要求，支持模拟、数模同播和全数字工作模式的全部频谱模式，并播出CDR；三是将原意大利SILA的开关板和8层4面水平极化天线系统更换为瑞典卡塞尔（Exir）开关板和德国凯仕林（KATHREIN）6层4面水平极化天线系统，把天馈系统功率等级提升到160KW，可播出10套单机10KW调频节目，容纳更多调频广播频道的发射任务；四是用不同码率进行CDR的试验播出，感受到数字化的强大优越性，为CDR积累了宝贵的经验。

该系统投入使用后，不但增加了广播节目播出套数，取得显著经济效益，还提高了广播覆盖和收听效果，广播信号无线覆盖面扩展到以电视塔为中心方圆80km，受益人群近3 000万人。

国内最大功率容量CDR调频发射系统施工现场

【卫星地球站高功放冷却系统节能技改】 2019年，技术中心所属卫星地球站积极响应国家节能减排号召，针对播出系统主要设备CPI高功放冷却系统的存在问题，组织开展技术攻关，完全依靠自己团队的智慧和力量，圆满完成了高功放冷却系统节能技改工作，取得了节能降耗、减排增效的良好实效。

卫星地球站播出系统主要设备CPI高功放的速调管，是产生热量的关键部件。此次技术改造项目实施前，CPI高功放速调管冷却系统进风口为敞开式结构，通过吸入机房空间空气进行散热，但该进风口与高功放的电源和射频单元的散热排风口位置接近，导致速调管冷却进风口吸入的是混有大量热风的空气，进风温度长期在27℃左右，冷却后出风温度一直维持在78℃，进出风温度差较大，无法满足最佳温度差要求。

经过集思广益和充分论证，卫星地球站决定厉行节能降耗，摒弃增加空调机改善高功放冷却效果的方案，对速调管冷却进风系统进行技术改造，通过采用先进的节能技术及工艺，促进能源资源节约利用，提高能源利用效率。改造方案的要点是，采用目前精密空调的下出风方式，利用地板下的正风压，在防静电地板上开设孔洞，并敷设专用管道，将精密空调冷风精准地送至速调管冷却进风口，使速调管吸入纯冷空气，通过对电源和射频单元排出的热空气，以及机房环境内的其他热空气进行有效隔离，实现对速调管的精准供冷，从而提高速调管的冷却效果。

在此次高功放冷却系统技术改造中，卫星地球站的技术人员开动脑筋，大胆创新，使自己的聪明才智得到了充分展示和发挥。他们对管道材料和连接部件材料进行了大量试验，最终选用了具有自重轻、耐腐蚀、耐压强度高、安全方便等特点的PVC管和油烟排气软管。大家首先对标清1#和2#高功放进行改造试验，使这两个高功放的速调管冷却进风温度由原来的27℃降至23℃左右，出风温度由原来的78℃降至73℃左右，进出风温度差降低到50℃，满足了最佳温度差要求。随后，照此方法对其他CPI高功放的速调管进行了改造，并更换了非必要的留孔静电地板，有效增加了精密空调风压。

改造完成后，全部CPI高功放的进风温度均维持在21℃左右，运行中的高功放出风温度在69℃以下，进出风温差在48℃左右，符合最佳温度差要求，圆满解决了长期以来机房精密空调制冷不足，致使速调管温度高居不下的问题，有效地提高了高功放工作的稳定性和可靠性，延长了速调管工作寿命，同时减轻了精密空调的制冷负担，每年可节省电费约60 000元，大大节约了能源。

国内最大功率容量CDR调频发射系统

（岑　斌）

移动通信领域

【宽带升空通信系统】　中国电子科技集团公司第七研究所（以下简称“七所”）研制的多旋翼无人机超升空通信系统针对不同任务需求，可搭载各型通信载荷，构建中低空通信节点，为地面、空中各类机动用户提供跨障、大覆盖的信息传输能力，可大大提高复杂地形环境下反恐维和及任务的侦查、通信保障能力，具备便携、开设迅速、操作简单、隐蔽侦查及大范围宽带通信覆盖等优点。

2019年，多旋翼无人机升空通信系统多次参加军、警、民应用需求的无人机消防、应急及救灾演练。2019年5月9日，参加广州市举办的首届“广州军民两用技术装备成果交易会”设备展览；2019年9月21日，参加广州市在全民国防教育日举行的防空警报试鸣暨“羊城天盾-2019”城市人民防空演习；2019年10月25日，参加广东省应急厅举行的应急演练。在这些展览、演练中，多旋翼无人机升空通信系统应用效果良好，获得单位用户的认同，后续将在军、警、民继续进行推广应用。

（赵　晨）

【北斗/天通一体化终端】　2019年10月，七所基于北斗/天通卫星通信平台，研制了北斗/天通一体化终端，适用于车辆、舰船等各类机动平台使用，内置多模全向天线，可在复杂地形、无地面网络信号区域，提供卫星应急通信功能。

终端支持天通卫星移动通信话音和短信功能，全球多模定位功能，北斗短报文功能，应急求救短信，运动轨迹实时上报跟踪。面向公安、消防、渔政、边防、林业、户外探险等进行应用推广，为遇险人员提供应急通信，应急求救的位置定位跟踪，提高救援效率。

2019年11月，北斗/天通一体化终端已在四川省消防总队消防监控平台上进行测试应用，应用效果良好，获得消防士兵的认同，后续在总队和各支队进行推广应用。

（周海波）

【软件无线电通信装备】　七所研制的软件无线电通信装备遵循软件无线电架构标准，可在网络信息体系框架下实现全域作战的互联互通，主要以手持/背负作为基型平台，可扩展车载、升空平台等应用，支持有中心接入、无中心自组织网、数据链等等多种通信波形加载运行，提供全IP话音、数据、视频等业务，支持扩展北斗/天通等通信功能。

2019年，七所参与工业时敏网络技术与现场网络交换设备的研发、面向行业5G传输及组网关键技术两个广东省重点领域研发计划项目是软件无线电技术在民用领域成功应用的典范，为软件无线电通信装备参与军民融合业务奠定了良好的基础。

（郑澍鹏）

【平流层通信系统】　平流层通信系统是一张部署在平流层高空的公共机动通信网，是天地一体化信息网络的空中层部分。系统依托平流层高空平台搭载移动通信中心站载荷构建空基通信节点，通过多节点组网构建空中层通信网络，为地面、海上和空中移动用户提供长航时、远距离、高带宽的通信服务。系统具有部署灵活、覆盖范围广、留空时间长、常态化保障能力强、链路损耗小、通信容量大，组织方式多样灵活等特点，可用于偏远地区或海上通信、应急通信等移动通信场景。该通信系统是与地面机动通信网络、卫星通信网络平级，可填补我国高空通信体系的空白。

2019年8月，七所自研的4G移动通信中心站搭载在平流层高空平台上开展了国内首次高空4G移动通信接入试验，在6 000m高空，实现了4G移动通信大区域覆盖、大带宽业务传输，为未来构建平流层高空公共机动通信网奠定了技术基础。

（吴　促）

科技社团及科普、科技宣传

科协与科技社团

【广东省科学技术协会】 截至2019年年底，全省21个地级以上市科协党组已全部独立建制、119个县（市、区）成立了科协，建立618个乡镇（街道）科协组织、1 443个社区科普组织。省科协所属的省级学会187个、园区科协15个、企业科协768个、高校科协71个。

“全国科技工作者日”活动 2019年5月30日，省科协组织召开广东庆祝“全国科技工作者日”暨表彰先进大会。传达学习李希书记、马兴瑞省长批示精神，向第十五届广东省丁颖科技奖获得者颁奖，向优秀科技成果获得者颁发证书，为广东省科技志愿服务队授旗，举行卢永根院士先进事迹报告会，在全省科协系统开展向卢永根同志学习活动。组织开展科技志愿服务行动和送温暖、送政策、送平台活动，看望慰问了一批老科技工作者代表和基层一线科技工作者代表。联合各大媒体对“大国院士”“丁颖奖获奖者”“最美科技工作者”等开展深入报道，进一步在全社会营造尊重知识、尊重人才、尊重创造的良好氛围。

2019中国创新创业成果交易会 6月21日，由中国科协、国家发展和改革委、中国工程院、九三学社中央、广东省人民政府、广州市人民政府共同举办的2019中国创新创业成果交易会在广州开幕，活动由省科协和广州市科协承办。中国科协党组书记、常务副主席、书记处第一书记怀进鹏出席开幕式并致辞。交易会共展出1 200多项海内外科研成果，有99个项目达成合作意向，金额约为1.7亿元。首次设立中科院专利技术成果拍卖会，现场总成交额近1 200万元。为支持大湾区科技成果转移转化，开幕前已在各基地举办了16场推介活动，实现了113个项目对接成功，87个项目签约，交易金额为14.2亿元。

岭南科学论坛·双周创新论坛 2019年，省科协联合省科技厅、省工商联、省社科院举办20场“岭南科学论坛·双周创新论坛”。论坛主题包括毫米波太赫兹技术、极限对地探测、益生菌产业发展、视觉健康、机器人、精准医学、绿色建造科技、科技金融等。共邀请包括22位“两院”院士在内的200多位国内外及港澳知名专家开展主题演讲和对话交流，吸引1 094家企业和5 300多人次参与交流，举办项目路演32场，促成产学研合作意向6项。同步举办展会4场，参展企业54家，参展人员4 000多人次，达成合作意向350多项。形成7份高质量的学术、产业发展报告，供政府有关部门、相关行业和企业参考。

广东“海智计划” 2019年，省科协联合省科技厅将比利时、瑞典2个海外海智工作站成功申报为“广东省海外高层次人才工作站”，推动“海智计划”工作列入本省海外高层次人才工作的整体布局。全年新建省科协海智工作站26个，建站单位开展引才引智引项目活动587场次，签署290项合作协议，落地854个项目，引进海外人才2 232人。组织国际科技交流团组赴德国、英国、俄罗斯、格鲁吉亚、乌克兰等国进行科技合作交流。省科协、深圳市科协成功承办中国科协“2019中瑞产学研发展论坛”，推动瑞典创新资源与中国产业深度对接。

中国工程科技发展战略广东研究院 2019年，省科协高起点推动中国工程科技发展战略广东研究院的工作，推进项目与资金管理制度化、规范化。围绕广东省战略性新兴产业发展“卡脖子”问题、广东省“一核一带一区”产业布局等重大问题，投入经费1 400万元，聚集“两院”院士49名和国内一流科技研发人员80多名，组织开展15个项目的研究工作，部分成果已得到省领导的高度重视，为本省战略性新兴产业发展和传统产业转型升级提供决策参考，助推粤港澳大湾区国际科技创新中心建设。

科技工作者“上山下乡”科技志愿服务行动 2019年，省科协按照需求导向、专业对口、精准对接、靶向合作的人才项目对接服务模式，与省委组织部联合开展广东中青年科学家上山下乡助力乡村振兴科技志愿服务行动。组织480多名中青年科学家赴德庆、仁化、茂名、阳江、河源、韶关、湛江、汕头、汕尾、惠州10个市县开展精准人才对接和科技服务，与基层企事业单位签订合作协议336项，助推地方柔性引才引智，助力地方创新驱动发展和乡村振兴。

“共和国的脊梁——科学大师名校宣传工程”广东汇演活动 9—10月，省科协牵头省直有关部门承办了中国科协、教育部、团中央、中国工程院、中国科学院主办的“共和国的脊梁——科学大师名校宣传工程”广东汇演活动。组织中国地质大学、浙江大学、西北工业大学、天津大学四所著名高校的话剧演出团队，分别赴中山大学、深圳大学、汕头大学、广东医科大学等高校，演出《大地之光》等4部国家级的经典原创话剧，展现李四光、竺可桢等4位科学大师的光辉人生和感人故事，共演出12场次，观看人数超过12 000人，受到科技工作者和青年学生的热烈欢迎，并产生强烈的社会反响。

（刘泽周）

【科技社团】 2019年，省科协全面推进在省市科协所属学会建立党组织，不断扩大党的工作覆盖，截至2019年年底省科协所属科技社团建立党组织102家。继续推进所属学会有序承接政府转移职能改革试点，配合省人社厅制定关于深化工程技术人才职称制度改革的指导意见和实施方案，支持相关学会开展测控仪器工程技术人才和网络空间安全工程技术人才职称评价工作。

科技社团综合能力评估 省科协制定《广东省科技社团创新发展五年工作规划（2018—2022年）》，重新修订《广东省科协团体会员管理办法（修订稿）》，进一步规范和加强对省科协团体会员的管理。对92家科技社团进行综合能力评估，评出五星学会9家、四星学会20家，进一步激发了科技社团的活力。

特色科技社团活动 省科协支持省级学会设立科学技术奖，扩大学会取得广东省科学技术奖提名资格的覆盖面，已有11家学会设立科学技术奖。省标准化协会研制了《广东省企业标准先进性评价》团体标准，为全国标准化工作提供了“广东先进标准”样板。省计算机学会成功举办粤港澳大湾区大学生计算机创新创业大赛。省护理学会成功举办粤港澳大湾区“综合病例站点式”护理技能大赛。

（刘泽周）

科普和科技宣传

【概况】 2019年，全省加快科普信息化建设，在农村专业技术协会、科普示范基地、科普示范社区、科学教育特色学校等基层单位新建科普中国e站107个，建立科普信息化试点县（市、区）9个，进一步提升科普资源精准化服务能力。成立广东省科普新媒体联盟、广东省健康科普联盟，搭建科普创新发展新机制新平台。加强科普信息员队伍建设，全省注册科普员68 965人，分享科普文章74万多篇。

（刘泽周）

【科普活动】

第二届广东科普嘉年华 10月9日，省科技厅联合省科协举办第二届广东科普嘉年华暨广东省科技进步月活动新闻发布会，《南方日报》等12家主流媒体参加。10月12—13日，在广东科学中心举办第二届广东科普嘉年华暨2019年广东省科技进步活动月主场活动，围绕航天科技、人工智能、5G技术、物联网等前沿科技热点及环境保护、卫生健康等民生领域焦点问题，以多元展示、互动体验、快乐参与为主要形式，打造“科普未来城”概念，让观众感受、畅想未来生活；同时，在广东科学中心举办了“广东科技创新成果展”，展示了新中国成立70周年以来广东省科技创新历程大事记和重大科研成果。该次活动展区超5 000m^2，近百家单位、企业参展，共吸引3.1万人入场参观体验。通过线上线下的宣传联动，吸引中央广播电视总台、中新社、《南方日报》、腾讯网等40多家主流媒体，以及广东天气、科普广州等40多家科普新媒体参与活动宣传报道，活动总曝光量超过1亿。网络直播、科普答题等丰富的宣传活动，线上线下参与人次超250万。

第34届广东省青少年科技创新大赛 2019年3月29–31日，第34届广东省青少年科技创新大赛在汕头市澄海区举行。省赛主题为“创新·体验·快乐·成长”，大赛吸引了全省各地科技教育工作者、师生及社会人士近2万人观摩。大赛共收到来自全省22支代表队近1 200项作品参赛，其中307项青少年创新项目、20项优秀科技辅导员创新项目、10项优秀科技实践活动项目和30幅优秀科幻画参加现场展评活动。大赛评出各类参赛作品一、二、三等奖，颁发22项专项奖，奖金近50万元。大赛推荐的作品参加了7月在澳门举办的全国赛，总成绩并列全国第2。

广东省科普讲解大赛 6月4—6日，省科技厅联合省委统战部、省教育厅、省科协等单位在广东科学中心举办广东省首届科普讲解大赛。36家省内外媒体参加大赛新闻报道和现场直播，124名来自省直和19个地市的高校科研院、高新技术企业、中小学生和科普基地等109家单位的选手参赛，香港、澳门首次派出代表团观摩大赛。

广东省少年儿童发明奖评选活动 6月15—16日，“第十七届广东省少年儿童发明奖优秀作品展”在广州市第六中学举办。来自全省及港澳等19个城市和地区近两百所学校、共883项作品申报参展，入围展评作品646项，近2 000人次的参赛师生和公众观摩了活动。

广东省青少年创新思维及科技实践大赛 11月29日—12月1日，大赛在广东省实验中学越秀学校举办。大赛以“与时代同步，和创新同行”为主题，设四大科技教育竞赛项目：创意结构搭建大赛（科技模型建构类）、电子制作锦标赛（电子电路制作类）、KOOV青少年创新挑战（主题式编程类）、AI人工智能公开赛（任务式编程类）。来自全省各地168所学校的共计3 856人次师生参与了活动，吸引了约7 000人次前来现场观摩；广东电视台、广州电视台和珠江新闻台对大赛进行采访和报道，南方网等8家网络媒体报道和转发赛事情况，《广东科技报》等7大报刊相继刊登了大赛详细内容。

（夏兴林　刘泽周）

【全省科技进步活动月】　2019年，省科协持续推动全省文化科技卫生“三下乡”活动，全省科协系统开展集中服务活动700多场次，吸引基层群众、青少年广泛参与。扎实开展广东省“全国科技活动周、防灾减灾日”暨“全省科技进步活动月”、食品安全宣传周等主题宣传活动，推动科普宣传进学校、进农村、进社区、进企业、进机关。

（刘泽周）

【科普教育基地】　2019年，省科协继续做好科技馆免费开放工作，推动补助范围扩大到县级科技馆。持续开展广东省“中国流动科技馆”和“科普大篷车”巡展活动，累计接待参观群众24万人次。开展广东省“十佳科普教育基地”评选活动，组建广东科普讲师团。联合省科技厅、省文化和旅游厅创建广东省科普小镇，推动科普教育与文化、旅游产业融合发展。

广东省青少年科技教育基地建设　组织开展2019年度省青少年科技教育基地认定及复核工作。组织2018年省青少年科技教育基地授牌仪式。3月14日，省科技厅、省委宣传部、省教育厅、省科学技术协会，在广东科学中心对2018年认定的35家青少年科技教育基地颁发证书并授牌。建立广东省青少年科技教育基地数据库，已进入测试阶段。

粤东西北地区农村中小学校科学馆（室）建设试点示范　全年新立项支持34所中小学校，已建和在建的校园科学馆（室）主要有六大功能区：教学阅读区、地方特色区、科技创新区、创客实践区、成果展示区、未来畅想区。

（夏兴林　刘泽周）

【广东科学中心】　2019年，科学中心累计接待公众240多万人次，创历史新高；轨道交通站点建设安全有序，四台大直径盾构在科学中心站顺利始发；低碳&新能源汽车体验馆已开馆并免费向公众开放，食品药品科普体验馆已基本完成并将于近日开馆；引进《超级细菌》等临展7个；成功举办全国科普讲解大赛、广东省科普嘉年华等大型活动近20场，荣获“政务新媒体创新传播精品案例”奖等荣誉近10项。

科普效能大幅提高　一是场馆运行安全平稳有序。2019年开展安全大检查共34次，完成整改342项，开展消防、防恐防暴演练6次，全年未发生安全责任事故，荣获广东省消防安全委员会颁发的2019年度热心消防公益事业先进集体称号。

二是馆政馆企合作成绩喜人。联合广汽集团、省生态环保厅建成国内首个大规模以互动体验方式呈现的“低碳&新能源汽车”主题展馆，已于2019年11月面向公众免费开放；联合省食品药品监督管理局建设食品药品科普体验馆，已进入最后安装调试阶段。

三是科普国际合作成效凸显。与英国科学博物馆集团合作开发《超级细菌》展览，从英国引进《数字革命》展览，从美国引进《世界上最大的恐龙》《星球奇境》展览，与西班牙驻广州总领事馆合作举办《科学摄影展》，与意大利驻广州总领事馆合作举办《知识之美》展览，与法国驻广州总领事馆合作举办《回收利用》展览。

四是场馆更新改造稳步实施。实施主楼球形玻璃幕墙钢结构腐蚀维修、主楼幕墙玻璃维护、排烟窗改造10个项目的更新改造，启动“飞天之梦”展馆、“绿色家园”展馆和“岭南科技纵横”馆现代区的更新改造，完成前期调研和方案策划工作。

五是公众服务品质全面提升。以服务质量专项提升活动和A级旅游景区年度复核工作为着力点，补短板、强弱项，全面提升服务品质。出台多项服务管理制度，优化现有标准体系，实现“四推进”——推进服务管控系统化，推进运行保障高效化，推进服务保障智慧化，推进服务工作品牌化。

展教活动亮点纷呈　一是全国科普讲解大赛永久落户在科学中心，已连续举办6届。2019年，共67个代表队共计223名选手参加决赛，通过线上线下吸引了超过6 000万受众关注和参与。二是广东科普嘉年华主场活动暨广东省科技进步

活动月影响明显扩大，得到上级有关领导的高度认可，荣获“政务新媒体创新传播精品案例”奖。三是成功举办首届广东省科普讲解大赛，36家媒体参加大赛新闻报道和现场直播，75人次通过网上报名参加各地市选拔，大赛网站访问量超过450万，投票次数超过150万。四是持续开展第八届广东省创意机器人大赛、两岸及港澳地区科普交流系列活动、粤港澳大湾区大学生科学影像大赛、第17届广东省少年儿童发明奖优秀作品展等大型赛事活动。五是科普讲坛、研学等展教活动再创佳绩。邀请来自美国、英国、法国、意大利、威尔士和国内的80多位专家举办讲座16场，普惠公众8 500多人次。开展研学活动100余次，修订专项探究教案10个。

开放合作硕果累累　一是打造湾区科普活动样板，服务国际科创中心建设。依托粤港澳大湾区科技馆联盟、省科技馆研究会、广州科普联盟三大平台，开展2019年“科学之光”粤港澳青少年夏令营活动、“科学表演秀展演”等，加强区域科普资源整合，服务乡村振兴战略，助力粤港澳大湾区建设。

二是打造科教服务输出品牌，服务“一带一路”沿线国家。组织开展2019年SteamX马来西亚和泰国学生广州研学活动，接待“促进可持续发展的科技创新战略与政策培训班”、“印尼华侨子女研学团组”等，通过“走出去、引进来、强互通”等多种手段，持续提升科学中心的国际影响力。

三是主动对接省科技厅引智处，做好全省科普支撑服务。协助编制2019—2020年度科技创新普及领域指南，协助推进《广东省科学技术普及条例》立法工作，协助组织“粤东西北农村中小学校科学馆（室）建设”试点专项调研工作等。

综合实力整体跃升　一是做好科普宣传工作。围绕中心展览、活动开展宣传，在新华社、《南方日报》、《科技日报》、广东广播电视台等媒体发布相关新闻报道720多篇次，结合活动开展网络直播21场次；利用5G网络技术实现4K+VR开幕式的全球直播，是国内科技馆领域对5G技术利用的首创。二是做好科普外事工作。与驻穗领事馆及国际科技馆行业保持良好的交流合作关系，接待西班牙驻华大使、西班牙总领事、意大利总领事、英国副总领事、以色列副总领事、英国科学博物馆集团副总监、瑞士丁格利博物馆馆长、意大利那不勒斯城市科学基金会联络与执行部经理等多位外国官员和嘉宾。三是做好业务拓展工作。积极探索科技文化旅游、对外拓展业务，加大影院宣传和科普电影教育活动的力度，扩大中心社会影响力。

（周　静）

【广东科学馆】　2019年，广东科学馆按照打造“科技会议”“科技研究”和“科技普及”的工作定位，通过举办科技培训、推进中国工程科技发展战略广东研究院（以下简称“广东研究院”）各项工作及流动科技馆巡展等，积极为经济社会发展服务，并取得了显著成效。

科技培训　2019年，举办科技会议160场次，参会人数32 000人次；举办科技培训1 521场次，参加人数234 000人次；为营造学术氛围、建设创新型广东发挥了应有的作用。

科技研究　2019年，完成了2018年度研究项目的实施工作。2018年12月初评审确定了2018年度咨询研究项目，包括5个重大项目、5个重点项目和1个专项项目。这些项目由71名院士牵头参与，立足广东重点领域及行业内的智能制造、能源、交通、军民融合、现代农业、新一代信息产业、新材料、科普创新等领域开展战略研究，为党委、政府科学决策提供依据；广东研究院参加了全部11个课题的项目启动（开题）会。

2019年度，完成了中国工程院共建项目资金共452.5万元以及剩余347万元经费的划拨工作。组织完成了2019年度研究项目的征题评审工作，全年在全省院士、地市征集2019年度咨询研究项目的选题工作，共征集了50多个研究选题。共收到中国工程院、省高校、科研院所、地市政府、省级学会和企业等提交的42份申报项目材料，涉及广东九大战略性新兴产业发展瓶颈问题、海洋经济产业、绿色低碳产业、生物医药产业、大湾区国际科技创新中心建设和科技推动区域产业发展6大方向。完成了15个项目的评审立项工作。组织完成项目课题组开展项目调研工作，协调组织了院士专家在广东开展调研工作3次，该活动规格高、站位高、指向强、代表性强，为广东项目课题面临的问题和困难提出了发展思路和解决方案。

2019年，广东研究院共协调、组织、服务2018年度立项课题来粤调研共7批次，共协调组织服务各类考察、座谈会、项目启动会和专题研讨会共20多场次，参与院士200多人次，于2019年7月开展了2018年度立项项目中期进展汇报会。目前，各立项项目顺利推进，大部分项目也接近完成结题。

科技普及　2019年，广东科学馆按照打造“科技普及”的工作定位，不断创新科普展览工作方式，通过努力搭建社会化科普平台，积极承办广东省“中国流动科技馆巡展”活动，精心策划举办主题科普展览，认真开展科普大篷车“三进”活动，着力加强科普资源开发及科普资源共建共享工作，扎实推进重点人群科学素质建设，开创了广东科学馆科普工作的新局面。

广东省“中国流动科技馆巡展”活动　2019年该馆共4个站点开展“中国流动科技馆”广东省巡展活动，活动采用省科协、市科协及地方政府主办，该馆、省科技馆研究会、地市科技馆和县科协承办，县教育局、县科技局、县团委等单位协办的省市县三级联动工作机制，全面带动地市县科普工作的多点开发、全面开展，打开全省科普工作的新局面。

4个站点参观人数共达16万人次，活动受到各地市及县（区）委、政府领导的重视和大力支持，以及群众尤其是青少年学生的热烈欢迎和喜爱，有力推动了全省尤其是粤东西北地区的全民科学素质提高。2019年，共开展“科普大篷车走基层”巡展活动33场次，参观人数8万人次，为提高全省公民科学素质做出了积极贡献。

为科技工作者服务　2019年，广东科学馆继续打造“学术交流中心”“科技工作者活动中心”的工作定位，加大与全省各大专业学会、科技团体的协作，积极提升学术研究工作，努力为科技工作者开展学术交流和科技活动提供平台，并做好各项服务工作，取得较好成绩。

2019年，该馆举办了各类学术交流活动30场次，参加人数约5 000人；举办科普讲座30场次，参加人数5 500人次；举办科技培训1 521场次，参加人数234 000人次；还承办了其他会议60场次；共举办了1 801场次会议，受众人数287 000人次，为营造全省学术氛围、建设创新型广东发挥了应有的作用。

学术交流活动　2019年，广东科学馆继续通过采取优惠措施，鼓励各省级学会前来广东科学馆开展学术交流活动，全年共承办或承接学术交流16场次，受众约2 000人次。

广东科协论坛　2019年，广东科学馆积极配合省科协做好广东科协论坛的会场服务及相关工作，年内，广东科协论坛在广东科学馆举办共2场次，受众800人次。

科技文化会议及文艺演出　2019年，在广东科学馆召开的与科技文化相关的会议共计60场次，受众7 500人次；主办或承办了文艺演出和电影招待会2场次，受众1 200人次。

建设制造强省咨询决策服务　2019年，根据省编办核定广东科学馆开展创新评估、决策咨询的新职能任务，按照职能任务，推进2019年度和2020年度咨询研究项目28项的立项工作，完成了2018年度11项研究项目的中期检查和阶段性成果汇报，先后7次参与中国工程院及项目组来粤调研工作。项目研究成果初显成效，省政府主要领导高度重视周济等10名院士专家撰写的“推动制造业高质量发展，坚定不移建设制造强省”的咨询决策建议，批示省财政拨付专项资金20亿元搞技改，为制造强省建设注进资金。

（黄知锡）

【科技宣传】　2019年，紧紧围绕省委、省政府的中心工作，聚焦广东科技工作的重大事件，重点结合全省科技创新大会、区域创新能力等专题，联合中央和省主流媒体开展了深入宣传报道，打造了一批精品力作，头版头条报道、系列深度报道明显增多，进一步弘扬主旋律，掀起了宣传广东科技工作的小高潮。

区域创新能力专题宣传　10月27日，《中国区域创新能力报告（2019）》在北京发布，广东省2019年度区域创新能力再列全国第一。为展现新时期广东科技创新工作新局面，营造全社会关注、支持和参与科技创新的良好氛围，提升科技创新素养，省政府办公厅、省委宣传部、省科技厅联合策划区域创新能力媒体采风活动，通过组

织媒体采访科技界专家，走访新型研发机构、孵化器、省实验室、高校和高新技术企业，全面对全省区域创新能力进行深度解读和宣传。

报道进展和效果　一是形成省市联动宣传合力。省政府领导高度重视本次专题宣传活动，专门在省政府常务会上听取省科技厅关于广东区域创新能力情况和宣传策划的汇报，并由省政府办公厅召集省委宣传部、省科技厅、南方报业集团等单位研究落实宣传方案。11月13—14日，省委宣传部、省科技厅组织新华社、《人民日报》、中央电视台、《科技日报》、《经济日报》等中央驻粤媒体，以及《南方日报》、广东电视台、广东电台、《羊城晚报》、《广州日报》、《深圳特区报》等17家地方新闻媒体的记者20多人组成媒体采风团，赴广州、东莞、深圳进行专题采风活动，各地市当地媒体也随团报道。媒体记者一行走进广州清华珠三角研究院、华南新材料创新园、东莞松山湖机器人产业基地、东莞松山湖省实验室、深圳南方科技大学、深圳奥比中光等单位，从新型研发机构、科技企业孵化器、省实验室、创新型高校和高新技术企业5个不同类型的创新主体为切入点进行深入的采访。

二是传统媒体集中报道，规模效应更加突出。11月18日起，各传统媒体开始陆续发稿。其中，省内主流媒体最先发力，《南方日报》以上下篇的形式连续两天在显要版面刊发文章，20多个网站进行转载；《羊城晚报》制作"区域创新广东力量"专题，分别对广州、深圳、东莞进行专版报道；广东卫视晚间新闻播出《广东区域创新能力全国居首实现'三连冠'》。地方媒体也同步跟进，《广州日报》刊登《解码广东区域创新能力'三连冠'》；《深圳特区报》刊登《广东蝉联国内区域创新能力首位！让科技创新的基因根植在湾区大地》，深圳电视台、东莞电视台晚间新闻播出专题报道。中央驻粤媒体开展后续报道：新华社刊发《迸发全方位的创新活力——粤港澳大湾区迈向搞成协同创新共同体》，《科技日报》刊发《企业敢啃硬骨头，底气来自创新活力》等文章。在央、省、市媒的连续集中报道下，掀起来一波广泛关注广东区域创新能力的宣传高潮。

三是境外媒体转载，报道影响面不断扩大。据统计，境外网站在11月18—24日共转载关于广东区域创新的报道共26篇。其中，境外网站雪花新闻（xuehua.us）于11月18日转载了《解码广东区域创新能力"三连冠"》《中国区域创新能力评价报告2019：广东三连冠》《未来科技亮相高交会，背后是千千万万粤企成创新主力军》，11月19日转载了《广东创新环境连续3年领跑全国的秘诀是什么？》《广东省全面深化科技体制改革 创新环境得分继续领跑》。美国《商业周刊》中文版于11月19日转载《企业创新能力强成为广东创新核心优势》。

四是新媒体助力，传播叠加效应愈发明显。新媒体是本次专题报道的一个主阵地，11月18—24日，有关广东区域创新能力专题报道在"新闻"平台的报道数量共224条，占总量的69.3%；"新闻APP"平台共76条，占23.5%。其中"广东科技"微信公众号于11月22日发布《创新密码：广东区域创新能力为什么能持续第一》集成了11月22日以前所有新媒体的报道，阅读量超万人次。

媒体宣传工作　传统主流媒体宣传方面，2019年，省科技厅继续加强与报纸、电视、电台等传统媒体的合作，重点围绕全国全年重要科技活动开展专题、专版宣传，策划全年宣传方案，配合主流媒体开展大型专题宣传报道活动。重点加强与中央媒体的合作，全年广东科技工作3次上央视《新闻联播》，在《人民日报》、《南方日报》等十几家主流媒体刊发系列文章，新华社、《人民日报》等多次做内参报道；结合全省科技创新大会，以专题形式，组织媒体对获得2018年度省科学技术奖的先进典型进行报道，如《南方日报》发表评论员文章《加快从创新大省向创新强省转变》，传播效果显著。

新媒体宣传方面，2019年，继续高质量运维"广东科技"微信公众号及其媒体矩阵，坚持每周一精品的传播策略，全年共发布47期，近350条信息，发布信息量比往年增加近60%，全年累计阅读量达85万。到2019年12月初，"广东科技"微信公众号总用户数接近7万人，累计总阅读次数超326万次，总阅读人数近210万人。此外，同步在"南方+""今日头条""企鹅号""百家号""网易号"5个平台累计发布信息2 015条。上线至今，5个政务新媒体平台推送消息累计阅读数近87万次。

广东科技好新闻奖评选　通过办好“广东科技好新闻”、广东科技新闻学术交流论文评选活动，打响广东科技新闻宣传的行业品牌，凝聚科技宣传正能量。9月25日，第二十一届广东科技好新闻颁奖会（含广东省科普好新闻奖、广东科技新闻优秀专项报道奖）举行。此次送评作品都是2018年度发表在各大媒体上的科技、科普类新闻作品，媒体单位涵盖了广东省、广州市、深圳市以及中央驻粤的媒体单位共20多家。送选参评作品共133件，类型有消息、通讯、连续报道、专题报道、音频、电视、推文、短视频、全媒体等。经过网上初评、会议终评，评选出广东科技好新闻奖获奖作品35件、广东省科普好新闻奖21件、广东科技新闻优秀专项报道奖26件，获奖作品共82件。

“岭南科学论坛·双周创新论坛”系列活动　从2019年上半年开始，省科技厅与省科协联合策划推出“岭南科学论坛·双周创新论坛”，着力打造广东省科技信息权威发布平台和科技系统重要舆论阵地，搭建起开放性、互动性、常态化、网络化的政产学研用交流互动平台。“论坛”已连续举办20期，其中“岭南科学论坛”由省科协主办（已举办10期），“双周创新论坛”由省科技厅主办（已举办10期）。“论坛”先后邀请到詹启敏、李培根、侯凡凡、孙玉等20多位“两院”院士和一批外国专家在内的200多位国内外及港澳知名专家开展主题演讲和对话交流，吸引1 600多家企业和6 000多名专业人士和社会公众参与，线上直播参与人数突破35万人。“论坛”在追踪科技发展前沿、宣传解读研讨科技政策、发布推介科技创新成果；拓宽社会对话渠道、凝聚创新主体智慧、激发社会创新活力；助推科技体制机制改革、优化科技政策体系、提升科技管理水平等方面，取得了显著成效。

（陈锡强）

科技交流与合作

【对外科技合作项目】 2019年度共推荐130个省内项目申报科技部重点研发计划战略性国际科技合作/港澳台科技创新合作重点专项，有9项获得科技部立项，中央财政经费支持2 297万元；推荐对发展中国家科技援助项目、发展中国家技术培训班项目、亚太经合组织科技创新交流与合作项目、政府间例会交流项目、中日青少年科学交流计划、中法杰出青年科研人员交流计划、中韩青年科学家交流计划项目、中国南非青年科学家交流计划共47项，已有9项获得科技部立项，共获支持经费79万元。这批项目合作国别包括美国、加拿大、法国、德国、荷兰、英国、白俄罗斯、南非、日本、韩国、以色列、新西兰、澳大利亚等40个国家。完成2项科技部已立项的国际科技合作计划项目财务验收、技术验收推荐工作。

3月完成第二批2018—2019年度广东省国际科技合作领域项目计划的经费安排工作，共下达45项，资助金额1 910万元。2019—2020年度广东省国际科技合作领域合作申报、评审工作于2019年10月7日结束，共受理申报项目971项，已立项下达90项（包括50项国际科技合作项目、3项高水平国际学术交流项目、16项广东青年科研人员赴海外进行学术交流与合作专题项目、6项外籍青年科研人员来广东进行学术交流与合作专题项目、1项重点国别及“一带一路”科技合作项目、3项设立境外研发机构专题项目、8项广东省国际科技合作基地专题项目、3项国际产业技术创新联盟培育专题项目），共资助财政经费5 981.6万元。另有通过评审的2个基地专题项目拟在2020年预算中予以安排，2个与以色列联合资助项目待以方评审结束互换清单后确定经费拨付。

（袁光侠　许　哲）

【境外科技交流合作】

集聚创新资源积极应对中美贸易摩擦　一是稳定深化对日本、韩国的科技合作。2019年7月，完成了与日本经济产业省近畿经济产业局合作谅解备忘录的续签手续，持续推动双方在环保相关领域的科技项目合作，并积极拓展在战略性新兴产业领域与日本的务实合作。5、6月间，支持广东省科学学会与科技管理研究会组织省内高校、研究所代表组成广东医疗器械创新合作代表团赴韩国交流对接；7、8月间，接待韩国著名智库与时斋李光宰院长一行访问广州，参访中新国际联合研究院等科研机构，并邀请韩国知名汉学专家做“新加坡模式与中国未来”专题讲座，与省科技厅及省外办、省政府研究中心、省科协、省社科院等机构代表广泛交流。

二是持续拓展与欧洲、大洋洲等地发达国家的科技合作。与荷兰格罗宁根大学于12月在厅领导出访荷兰期间签订合作谅解备忘录，推动双边联合研究与交流合作。省科技厅积极拓展与欧洲创新型国家科技合作的信息专报得到了省政府主要领导的批示肯定。加强与加拿大国家研究理事会、以色列创新署、英国创新署、新西兰奥克兰大学卓越研究中心等机构的沟通协调，讨论推进2020年度联合研究资助计划的开展。

三是重视民间交往，支持科研人员双向互访。4月组织立项交流项目专题推进会议，就项目成果、执行难点及解决办法等内容进行了经验分享，为切实有效地推进科研人员国际交流与培训工作奠定了坚实基础。在2019—2020年度国际科技合作领域项目中，高水平国际学术交流专题和青年科研人员互访专题新增立项共计25项，共涉及16个国家。

发挥粤港澳大湾区对“一带一路”建设的重要支撑作用　一是推动在巴基斯坦共建信息技术与人工智能卓越中心项目。5月省科技厅王瑞军厅长率团出访巴基斯坦，期间正式与巴基斯坦签署合作备忘录，下半年，省科技厅优先支持粤方两个承担单位的合作研发项目2项，财政经费共计200万元。目前双方已正式发布卓越中心师资招聘工作，预计于2020年3月完成第一批博士生招录。

二是加强与白俄罗斯的双边科技合作机制。5月，与白俄罗斯国家科学院第一副院长齐日科签署了《广东省科学技术厅和白俄罗斯国家科学院科技合作框架协议》，建立未来5年双方常态化工作机制，共同推进基础和应用基础研究、技术转移和成果转化，以及科技人才交流等方面的合作。2019年下半年，省科技厅优先支持与白俄罗斯国家科学院合作的项目1项，支持财政经费100万元。

三是落实科技部与联合国科技促进发展委员会（UNCSTD）的合作承诺，9月再次在广东成功举办“促进可持续发展的科技创新战略与政策培训班”。17名来自埃塞俄比亚、尼泊尔、伊朗、巴西等16个发展中国家的高级官员与学者参加该次培训，受到媒体的广泛报道。省科技厅本年度还同时支持8个其他省内机构组织承办发展中国家培训班，有效促进了广东省与“一带一路”沿线国家的科技人文交流、合作伙伴关系建立和技术产品“走出去”，拓展产业发展空间。

借助国际组织支持省内创新主体融入全球创新网络　一是积极参与国际组织相关会议和活动。2019年2月，派员参加由联合国经济和社会事务部（UNDESA）、联合国贸易和发展会议（UNCTAD）及亚洲太平洋经济社会委员会（ESCAP）在泰国曼谷组织的“可持续发展目标科技创新专题讨论会”，介绍广东省科技创新情况。王瑞军厅长率团于5月12—14日赴日内瓦参加联合国科技促进发展委员会（UNCSTD）第22届年会，作为该组织本届副主席履行工作职责，主持了有关边会，介绍中国科技创新发展最新成就，重点介绍粤港澳大湾区国际科技创新中心建设相关情况，继续推动中国政府与UNCSTD合作措施的落实。应菲律宾共和国科学技术部邀请，7月18日，王瑞军厅长以联合国科学技术促进发展委员会（UNCSTD）第22届副主席和广东省科学技术厅厅长双重身份，在2019年菲律宾国家科学技术周（NSTW）可持续发展主题论坛上，发表题为《发挥科技创新最大潜能，实现可持续发展全球目标》的视频讲话，传递我国开放、包容、共赢的合作创新理念，得到与会代表和菲律宾科技部的高度赞许。

二是推荐中科院广州能源研究所加入全球可持续技术创新会议（G-STIC）组织，联合主办11月19—20日在比利时布鲁塞尔召开的第三届全球科技创新大会。取得圆满成功，得到国内外主流媒体的广泛报道，成为我国科研机构参与国际组织的成功范例。

三是推荐中科院广州生命与健康研究院与德国航天航空中心（DLR）合作，成功申报欧盟项目。

（何　亮）

【粤港澳科技交流合作】

推进省财政科研资金过境港澳使用　年初，省科技厅会同省财政厅制定了港澳高等院校和科研机构参与广东省财政科技计划的若干规定，率先突破支持港澳机构申报广东省财政科技计划项目，允许省财政科研资金直接拨付港澳机构使用。省科技厅重点领域研发计划、省自然科学基金计划指南和粤港澳科技创新合作专题逐步向港澳高校、科研机构开放申报。7月30日，首笔由香港科技大学承担的省级科研项目财政资金316.96万元顺利拨付香港，成功实现粤港澳大湾区财政科研资金跨境使用。

启动粤澳联合资助计划、继续组织实施粤港联合资助　5月，省科技厅与澳门科学技术发展基金签署了《关于开展联合资助两地合作研发项目的工作计划》，明确2019年开始启动粤澳联合资助计划，澳门方面将连续5年每年投入约1 600万元用于该计划。

5月底，与香港创新科技署对接确定2018—2019年度粤港联合创新资助项目的立项清单，共支持11个项目，省级财政经费资助1 100万元，已完成全部经费下达。

7月29日，粤港澳三地同时发布2019年度粤港、粤澳联合资助计划指南，新增粤澳联合创新资助项目、港澳科技成果来粤转化、粤港澳青年创新创业培训交流项目，共有106项入库（粤港73项、粤澳33项），拟于2020年度港澳评审结束互换清单后确定立项项目。

2019年度，共立项支持6项港澳科技成果来粤转化项目，5项粤港澳青年创新创业培训交流项目，完成637.0262万元资金下达拨付，剩余112.9738万元拟于2020年度完成拨付。

密切联系港澳科技界，推动大湾区协同创新体系建设　2019年香港大学校长张翔教授等校领导多次带队来访省科技厅，商讨香港大学参与大湾区国际科技创新中心建设的计划。省科技厅积极协调广州市开发区等部门，加强与香港大学的对接，支持香港大学在湾区内地的发展。支持和指导东莞、佛山等地市争取吸引香港城市大学等港澳机构创新资源落地。

9月，粤港科技创新合作专责小组第十六次会议在广州举行。香港特区政府创新及科技局常任秘书长蔡淑娴女士率团参会。会议总结了2018—2019年度的粤港科技合作工作，并就新一年度有关重点工作达成共识。

9月，由澳门中联办组织，全国人大代表、澳门科学技术协进会理事长崔世平先生率领的澳门粤港澳大湾区科技成果转化考察团访问广东省，在省科技厅安排下，先后参访广州、深圳、东莞、佛山四市重要科研机构，了解珠三角科技成果产业化现状。

（袁光侠）

【民间对外科技交流与合作】

据不完全统计，在政府间国际（地区）科技合作框架下，2019年广东省内由民间组织主办或承办的国际科技交流活动有80多场次，其中包含来粤开展的国际科技交流合作和赴境外开展的科技交流合作。其中，具有代表性与重要意义的活动详见表9-3-1、表9-3-2。

表9-3-1　来粤开展的重要国际科技交流活动一览表

序号	活动名称	时间地点	参加人员	活动目的与作用
1	2019深圳国际石墨烯论坛	4月11—13日 深圳	60余位石墨烯领域世界知名科学家和产业界人士作公开演讲。来自中国、美国、欧洲、日本、韩国、新加坡等国家和地区的近600名代表参会	推进中国石墨烯、其他二维材料及碳纳米材料的研究和产业化应用，加强国际合作与交流，促进国内外相关领域科学研究与产业应用发展
2	第十七届中国国际人才交流大会	4月14—15日 深圳	活动主办方、英国约克公爵安德鲁王子、意大利内阁部长理事会副秘书长史蒂芬诺·布法尼等中外嘉宾出席开幕式	大会以“融全球智力、促创新合作、谋共同发展”为主题，其中粤港澳大湾区科技创新与人才智力展区，集中展示了广州、深圳、珠海等9个地市及香港、澳门特别行政区的创新发展与引智政策
3	第10届亚非石油地球化学与勘探国际会议	5月9—12日 广州	200多名来自印度、印度尼西亚、沙特、尼日利亚、苏丹、美国、英国、德国、加拿大、澳大利亚、波兰、中国等18个国家和地区的代表参加会议	促进我国油气地球化学与勘探的发展和国际交流以及青年人才的成长

（续上表）

序号	活动名称	时间地点	参加人员	活动目的与作用
4	泰国教育部副次长素廷·交帕那代表团来访广东科学中心	6月4日 广州	泰国教育部副次长素廷·交帕那代表团一行31人来访	双方就临时展览引进、科普教育活动开展、教育服务评估、科普宣传等内容展开深入交流并探寻合作的机会
5	西班牙科学摄影展	6月21日 广州	来自西班牙、乌拉圭、日本、墨西哥等驻穗总领馆，欧盟商会、企业、学校和媒体代表参加开幕式	加强两地科技创新合作，共同促进科技的发展和传播，推动科学普及，提高公众科学素养
6	2019粤港澳创新技术对接会	8月14日 广州	来自香港、澳门及省内相关领域的高校、科研机构、科技企业、创新服务机构等近70家单位的120位代表参加	促进粤港澳创新资源共享，提升三地自主创新能力，有助于推动技术项目合作研发与产业化发展与粤港澳大湾区国际科技创新中心建设
7	2019年广东省引进海外高层次人才工作站会议暨2019年海外专家南粤行韶关专场活动	9月11—12日 韶关	来自外方代表、海外高层人才代表32名，中方机构代表62名参加	海外高层次人才工作站签订合作协议，打造高层次创新人才高地。促进了解创新创业环境，并赴企业调研
8	第二届粤港澳合作发展论坛	9月21日 广州	来自国务院港澳办港澳研究所、省社科院、澳门经济学会、暨南大学、中山大学、中央财经大学、香港浸会大学、澳门大学、台湾政治大学等高校及粤港研究机构的近百位专家学者参加	促进湾区经济、社会、科技合作等方面机制衔接，增进粤港澳合作和交流，建立多元化渠道，建设国际金融枢纽，探索湾区建设的中国模式
9	“东盟国家青年科学家创新中国行”活动	9月23—26日 广州、东莞	“发展中国家杰出青年科学家来华工作计划”和“东盟杰出青年科学家来华入桂工作计划”在华工作的东盟国家杰出青年科学家（杰青）共约20人参加	增进与东盟科技创新交流与互动，加深合作的深度和广度，共同寻找搭建沟通交流、凝聚共识、务实合作的路径，形成稳定的合作渠道及网络，加强与东盟国家的技术转移与创新合作

（续上表）

序号	活动名称	时间地点	参加人员	活动目的与作用
10	香港大学校长资深顾问一行到访省科技厅	10月11日 广州	香港大学校长资深顾问孙仁教授、何亦武教授等一行5人到访	交流探索新的合作模式，促进粤港两地经济社会共同发展
11	第二届中国（广东）人工智能发展高峰论坛	10月23—24日 广州	省政府、科技部战略规划司、广州市南沙区、省科协、国内外人工智能产业领域的知名科学家、学者、产业界代表约1600人参加	为推动广东省人工智能产业发展分析把脉、建言献策，学习借鉴境内外的发展经验，为广东省抢占人工智能技术和产业发展制高点奠定基础
12	“首届百名海外博士博士后南粤行”主题大会	10月28—31日 广州、深圳、珠海、东莞、佛山	百名海外博士博士后和省直单位、地市科技部门、有关科研机构及企业代表近400人参加	为优秀人才到广东创新创业营造良好的环境，创造更有利的保障，为广东的创新和发展注入新动力
13	阿斯图–粤港澳中俄大学生创新创业论坛暨交流营活动	11月10日 广州	莫斯科国立鲍曼技术大学、莫斯科航空学院、莫斯科物理技术学院等8所俄方高校，华南理工大学、哈尔滨工业大学、西北工业大学、香港理工大学、香港科技大学、澳门大学等15所中方高校参加	通过连接中俄工科大学联盟与粤港澳高校联盟，共同打造国际教育品牌，实现资源共享、共融互通，深化中俄人文合作交流，促进两国经济社会发展
14	面向“一带一路”沿线国家科技孵化育成体系规划与建设培训班	11月10—23日 广州	来自印度、老挝、缅甸、巴基斯坦、斯里兰卡、泰国、乌干达及越南8个国家科技管理部门、高校、研究机构和孵化器等的15名代表参加	加强与“一带一路”沿线国家在孵化育成领域的国际交流与合作，提升“一带一路”沿线国家孵化育成建设的能力
15	粤港澳大湾区创新与区域发展国际论坛	12月14日 广州	来自国内外各高校院所、规划机构、政府及企业等的代表200多人参会	聚焦粤港澳大湾区创新与区域发展问题，开展广泛深入的讨论，为粤港澳大湾区转型与区域创新发展建言献策并搭建交流合作平台

表9-3-2　赴境外重要科技交流活动一览表

序号	活动名称	时间地点	参加人员	活动目的与作用
1	赴美国“湾区高新技术创新创业及科技成果转化体系建设”培训	1月6—20日 美国	省内高等院校、科研院所、高新区、科技管理机构内从事科技成果转化及高新技术创新创业的专业技术人员	学习美国旧金山湾区城市群区域开放合作创新模式，高新技术产业集群集布局及辐射，科研成果转化与孵化育成体系等内容，为推进粤港澳科技创新资源共享优势互补，实现技术、人才、金融深度融合提供理论与实践经验借鉴
2	2019年广东省专业镇及产业集群科技创新服务交流活动	6月17—21日 6月24—28日 香港	省内专业镇、创新平台、高校及研究机构、科技企业及孵化器机构等人员出访	了解香港协同创新服务平台的管理及运营模式、产学研合作、科技成果转化模式及成效
3	粤港澳高校联盟2019年年会暨校长论坛	7月19日 澳门	来自相关政府部门及粤港澳三地40多所高校的代表约200人出席活动	丰富联盟院校学术交流合作的内涵和领域，各参会代表就发挥自身院校办学特色和联盟作用，推动大湾区建设成为国际科技创新中心与国际教育示范区建言献策
4	香港绿色创科日	8月6日 香港	香港环境局和机电工程署举办，广东省科技厅、广东省科协及广东省生产力促进中心等单位参会	签署《粤港创新与科技发展合作备忘录》，联合共建粤港澳大湾区科技成果与技术转移共享平台，进一步深化合作
5	2019澳门科技活动周暨国家科技创新展	10月8—10日 澳门	广东科技代表团一行出访	与澳门科技界开展深入交流，就进一步加强协同创新，推进粤港澳大湾区国际科技创新中心建设，促进澳门融入国家发展大局达成共识
6	赴加拿大、古巴进行高新技术与现代农业合作对接洽谈等境外交流活动	11月4—11日 加拿大、古巴	科研机构及科技管理机构人员出访	进行高新技术与现代农业合作对接洽谈，推动与加高新技术产业研发合作计划第二轮项目征集实施工作
7	赴芬兰、意大利、西班牙开展科技与人才交流活动	11月21—30日 芬兰、意大利、西班牙	广东省科技代表团一行出访	拓展与相关国家科技和人才交流渠道，为广东省创新发展提供海外人才智力支撑

（续上表）

序号	活动名称	时间地点	参加人员	活动目的与作用
8	赴日本、韩国开展科技与人才交流活动	12月1—8日 日本、韩国	广东省科技代表团一行出访	拓展与相关亚洲国家和地区科技和人才交流渠道
9	第13届中日节能环保综合论坛及技术转移交流活动	12月7—14日 日本、荷兰	广东省科技代表团一行出访	与日合作项目文本交换，与荷兰进行人工智能技术创新及转移转化对接交流活动
10	赴英国、比利时、荷兰进行高新技术产业体系交流及合作对接	12月10—19日 英国、比利时、荷兰	广东省科技代表团一行出访	探讨联合研发及成果产业化合作，双边研发资助计划合作可能性；促进广东省与比利时微电子研究所在芯片研发设计方面的合作

【科技合作基地建设】

粤港澳大湾区农业与食品研究中心 该中心由广东省农业科学院与香港中文大学共建，于1月25日签订合作协议。双方在水稻、果树、蔬菜、花卉、动物医学、农产品加工和质量监测等领域开展深入合作研究，同时，在条件平台建设、人才培养、学术交流、人员互访等方面开展深入合作。

广东省石墨烯创新中心 4月11日，广东省石墨烯创新中心成立大会和授牌仪式在深圳举行。广东省石墨烯创新中心的成立是广东省乃至全国的一个非常重要的标志性事件，创新中心的构建体现了全国性布局与国际化。深圳作为新材料技术研发和产业发展的重要基地，高度重视石墨烯等新材料基础科学研究和产业化发展，先后出台了《深圳新材料产业发展振兴政策》《深圳市十大重大科技产业专项实施方案》和《深圳市关于进一步加快发展战略性新兴产业的实施方案》，重点发展石墨烯在电子信息、新能源领域中的应用技术，将石墨烯列为十大重大科技产业专项进行重点布局。广东省也会加大对石墨烯领域基础研究和产业发展的支持力度，汇集国内外科学家的力量，共同为推动全球科技创新作出更大的贡献。

粤港澳院士专家创新创业联盟 4月21日，粤港澳院士专家创新创业联盟成立大会在广州召开，广州市委书记张硕辅致辞并向联盟主席颁发证书。该联盟由香港大学、澳门大学、中山大学、中科院广州分院等22个粤港澳高校、科研机构及协会共同发起成立，将致力于搭建粤港澳大湾区院士专家重大科技成果转移转化合作平台，深化粤港澳创新机构和高端科技人才交流合作，助力粤港澳大湾区国际科技创新中心建设。

5月27日，“中国科学院深圳先进技术研究院—澳门大学人工智能与机器人联合实验室”揭牌仪式在澳门大学举行，会上双方签署了深圳先进院及澳门大学合作框架协议及博士生联合培养协议。此次联合实验室的成立是在粤港澳大湾区时代背景下，结深圳合先进院融城创新发展理念，在基础研究领域及技术应用领域与湾区高校深度融合，充分发挥中国科学院深圳先进技术研究院及澳门大学在人工智能、大数据、机器人等领域的研究优势，促进彼此在相关学科领域的研究与发展，开展科研创新、人才培养深度合作，为将大湾区建设成具有国际竞争力的科研创新基地矢志助力。

7月4日，广东省“一带一路”农业科教创新联盟正式成立，成立大会审议并表决了联盟章程、联盟理事会及秘书长组成、联盟宣言，华南农业大学校长刘雅红教授当选为联盟首届理事长。联盟汇聚了华南农业大学、广东省农科院、广东省科学院等众多科研院所及企业，将着力构建促进政产学研企等优势资源在农业领域开展多层次的合作与交流，组织“一带一路”沿线各国相关专家共同研究解决其发展中面临的重大挑战和问题，为农业技术和优质产能搭建“走出去”和“引进来”的双向平台。联盟将与“一带一路”沿线国家和地区涉农高校、科研院所、农业高科技园区、创新型农业龙头企业的优势科研团队、示范基地等组织共享农业科技与信息服务资源，开展强强联合协同攻关，积极推动农业企业“走出去”，解决产业链发展的重大共性科技问题。

【国际科技展览】 2019年，来自广东省内的科研机构、高校院所、高新企业等组成的广东科技代表团，参加了全国各地举办的“东盟博览会”“深圳高交会”等多个国际性、专业化重大科技会展活动（详见表9-3-3），有效促进广东省科技创新技术成果转化应用，增强了区域间科技合作交流，推动了科技成果产业化、市场化步伐。

由广东省科技合作研究促进中心主办的国际性专业科技展览展区面积达24.7万m^2，来自全球30多个国家和地区的3 400多家企业参展，接待观众超15万人；同期举办近280场专题技术研讨会与学术论坛，约1.5万多名专业人士与会（详见表9-3-4）。其中华南口腔展、专业音响灯光展规模已居全球前列，影响力不断增强，同期举办的相关技术研讨会规格高、具有行业代表性，为参展参会科技企业、人员提供产业成果展示、交流分享前沿信息技术、先进经验的重要平台。

表9-3-3　2019年广东省科技代表团参加全国重要科技会展情况

序号	展会名称	时间、地点	规模	展会情况
1	第二届中国（广东）人工智能发展高峰论坛	10月24日 广州	参会人员：约600人	论坛以“AI&ALL”（人工智能无处不在）为主题，包括一场主题大会和5场专业平行论坛，围绕AI2.0和工业经济发展智能化、智慧交通、智能金融、智能教育等专题，分别从基础层、技术层、应用层等方面全面展开研讨
2	第二十一届中国国际高新技术成果交易会	11月13—17日 深圳	参展单位：113家 参展面积：800m^2	展示面积、参展规模继续保持居全国各省市展团之首，参展项目涵盖先进制造、新材料、生物医药、电子信息等重点产业
3	第十六届中国—东盟博览会先进技术展	9月21—24日 南宁	参展项目：16项 参展单位：10家 参展面积：48m^2	重点突出展示了新能源新材料、农业育种、无人机应用及科技服务等技术领域的应用成果
4	第七届中国（上海）国际技术进出口交易会	4月18—20日 上海	参展项目：18项 参展单位：17家 参展面积：54m^2	展示了智能制造、人工智能、节能环保、新一代信息技术、新能源及生物医药五大领域的优势产业
5	第十五届中国（深圳）国际文化产业博览交易会	5月16—21日 深圳	推荐项目参展	重点推荐广州科加漫文化传播有限公司的动漫作品参加广东团的现场展示
6	第十六届中小企业博览会	6月24—27日 广州	参展代表：10人	做好河北省代表团一行10人的对口接待工作

（续上表）

序号	展会名称	时间、地点	规模	展会情况
7	2019年第二届中国国际进口博览会	11月5—10日 上海	参展单位：4家	组成科技交易分团参会，重点关注节能环保、高端设备、智能家居、服务贸易等领域
8	第二十三届全国发明展览会·“一带一路”暨金砖国家技能发展与技术创新大赛	11月7—9日 佛山	协助组展工作	协助做好粤港澳大湾区各地市的参展组织工作
9	第十届中意创新合作周	11月26—29日 北京	参展单位：6家 参展代表：近10人	组织了6个科研机构、社会组织及企业的近10名代表参加了合作周现场活动及对接交流

表9-3-4　省科技合作研究促进中心主办的国际性专业科技展览一览表

序号	展会名称	举办时间	活动概况
1	第17届广州国际专业灯光、音响展览会	2月24—27日	来自25个国家和地区的1 353家企业参加，全面覆盖整个专业灯光、音响、活动管理、舞台设计、系统集成和音视频技术产业，吸引81 154名专业观众参观。同期举办32场高端研讨会，邀请海内外顶尖专家剖析市场动向，助力业内人士搭建高效技术交流平台
2	第16届广州国际乐器展览会	2月24—27日	共有690家展商，集中展示乐器技术、产品信息、行业动态，吸引81 154名观众（含同期音响展）参观。同期23场专业研讨会为业内人士提供了经验分享和信息交流机会
3	广州国际分析测试及实验室设备展览会暨技术研讨会	2月26—28日	围绕“科技驱动，创建未来”主题，集中逾420家分析仪器及实验室设备企业展示分析测试领域前沿的技术研究成果，8 469位专业观众进场参观，同期举办5大主题共43场研讨会，助推华南地区分析测试领域的发展进步
4	第24届华南国际口腔医疗器材展览会暨技术研讨会	3月3-6日	展览面积达57 200m^2，999家来自全国各地及境外20多个国家和地区的展商集中展示最新牙科制造技术及世界顶尖牙科品牌和产品。吸引来自92个国家及地区61 702名专业人士与会。展会同期举办185场高技术研讨会，涵盖牙体牙髓、正畸、种植、修复、诊所管理等多个热门专题，199位国内外顶尖专家带来全新的医学研究成果、实用的临床治疗技术、先进的设备应用经验，以及高效的诊所管理方法等

（张　郁）

地市科技发展

广州市

【概况】

创新排名跑出“加速度” 在全球创新集群百强排名由2017年第63位、2018年第32位提升至2019年第21位。广州高新区在全国综合排名提升至第7位。城市创新指数综合得分247.25分，较上年提高29.77分，年均增长11.98%。

创新布局取得重大突破 携手中科院共建广州南沙科学城、明珠科学园，打造综合性国家科学中心主要承载区。4家省实验室［生物岛实验室、南方海洋科学与工程广东省实验室（广州）、人工智能与数字经济广东省实验室（广州）、岭南现代农业科学与技术广东省实验室（广州）］建设全面启动，冷泉生态系统大科学装置等重大科技基础设施建设步伐加快。

原始创新质量大幅提升 26个项目荣获2019年度国家科学技术奖，占广东省的52%，牵头完成9项，占广东省的90%。陈克复院士主持完成的“制浆造纸清洁生产与水污染全过程控制关键技术及产业化”获得国家科技进步奖一等奖。广州市牵头或参与完成的136项（人）科技成果或个人荣获广东省科学技术奖，其中华南理工大学王迎军院士、中国科学院南海海洋研究所所长张偲院士荣获突出贡献奖；11项成果获自然科学奖一等奖，

科技成果转化持续提速 广州市技术合同成交额在2018年翻番的基础上，继续大幅增长77%。2019年共认定登记技术合同21 074项，成交额1 273.36亿元，其中技术交易额975.07亿元，三项数据均稳居广东省首位。

科技创新企业蓬勃发展 广州市高新技术企业数量超过1.2万家；在国家科技型中小企业备案入库9 283家，连续2年居全国城市第一；广州市科技创新企业数据库在库企业突破25万家。

引才引智环境不断优化 在广东省率先落实粤港澳大湾区个人所得税优惠政策。在全国率先实现外国人工作许可及居留许可“一窗受理、并行办理”；率先将外国人工作许可办结时间压缩到7个工作日，在全国主要城市中排名第1。

科技金融取得显著成效 广州企业在第八届中国创新创业大赛获得5个奖项，其中2个一等奖，创历史最好成绩。广州市科技成果产业化引导基金完成第一期申报。科技信贷风险补偿资金池推动银行贷款超过140亿元。5家企业通过科创板上市委审核。

科技体制改革走在前列 出台进一步加快促进科技创新政策措施、合作共建新型研发机构经费使用“负面清单”等全国领先的先行先试文件。首次实现广州市科研资金跨境拨付香港。

【科技政策环境】 出台《广州市关于进一步加快促进科技创新的政策施》；推进落实《广东省人民政府印发关于进一步促进科技创新若干政策措施的通知》；建立市财政科研资金跨境使用机制等制定广州市特色政策，形成广州市“科创十二条”政策措施。印发《广州市服务科研院所建设发展的若干措施》，围绕盘活100家大院大所创新资源，形成了10条扶持措施。

【科技投入】 2019年，广州市财政科技投入经费243.95亿元，其中，市本级财政对科技投入经费91.56亿元，占一般公共预算支出比例为9.63%。归口市科技局管理的科学技术投入经费47.16亿元，其中技术研究与开发经费43.86亿元。归口市科技局管理的财政科技经费中，支持企业或企业牵头承担项目的经费约31亿元，企业创新主体地位进一步凸显。

【科技计划项目】 2019年，围绕综合性国家科

学中心和科技创新强市建设，遵循“科学发现、技术发明、产业发展、生态优化、人才支撑”的全链条创新发展规律，结合财政专项经费配置改革，将十类科技计划整合为四类科技计划，进一步优化财政科技经费投入结构和投入方式，更加突出关键核心技术攻关、基础与应用基础研究、重大科技创新平台建设。按改革后的四类科技计划组织征集2020年科技计划项目2 429项，其中竞争性项目拟立项958项，普惠性政策补助拟安排1471项。结合2018年已征集的2019年市科技计划项目，组织实施十类科技计划，共安排财政科技计划专项资金43.86亿元。

【重大科技项目】

国家重点研发计划　2018年度国家重点研发计划“宽带通信和新型网络”重点专项公示支持的24个项目中，广州市单位牵头的项目数为8个。2019年度在广东省9项“宽带通信和新型网络”重点专项立项项目中，属于部省联动任务的有5项，广州单位获得4项。

省重点领域研发计划　2019年广东省共立项339项，其中，广州地区单位获得立项177项（占全省的一半），比2018年增长了2倍以上。

广州市与省科技厅联动　2019年组织征集“激光与增材制造”“新能源汽车”“智能机器人与装备制造”重大科技专项项目建议书，向省科技厅推荐“重型数控机床及系统国产化的应用研究”等项目建议16项。

科技部“科技助力经济2020”重点专项　推荐“AI人体热成像测温系统及仪器研发”“携带新冠抗原流感疫苗研发”等项目6项，均获得立项公示，获经费支持400万元。

【科学研究专项】　按时拨付2019年度各类项目经费，拨付2018年项目的第二笔经费。对已完成中期检查的2018年市科学研究专项项目拨付第二笔经费，其中科学研究专项重点项目95项，经费7 600万元。二是拨付2019年项目的第一笔经费。按照市科技局统一工作安排及市财政局下达经费的任务要求，完成所负责2019年市科技计划项目，拨付545个项目经费。其中科学研究专项一般项目497项、重点项目48项，年度拨付经费共15 700万元。三是拨付与国家（省）自然科学基金年度合作经费。按照相关合作协议要求，总计拨付合作经费9 000万元，其中NSFC—广东联合基金经费2 000万元、广东联合基金1 000万元以及粤穗联合基金6 000万元。

【新型研发机构建设】　2019年，广州市大力培育发展新型研发机构，新增省级新型研发机构13家，总量已达到63家，增量及总量继续保持广东省第1。另一方面，建设了一批高水平合作共建新型研发机构，其中16家为省级新型研发机构。

【重点实验室】　截至2019年12月，广州市已启动建设3批4家省实验室，已建有国家重点实验（含企业重点实验室）20家，省重点实验室（含企业重点实验室）237家，市（培育）重点实验室（含企业重点实验室）165家。

【科技成果转化】　贯彻落实《广州市促进科技成果转移转化行动方案》，利用广州科技成果库构建和完善广州科技成果转化信息服务平台，提供科技政策的发布和宣传、成果信息的公开检索、项目路演、成果撮合等服务，结合线下的跟踪服务进行精准对接。截至2019年年底，广州科技成果库已入库成果累计达12 876项

建设粤港澳大湾区一站式综合科技服务高端枢纽平台，聚集各类优质创新资源3万余项，吸引了包括华为云、电子五所等在内的全国600多家优质科技服务机构和全省3 000多家科技型企业入驻，上线科技服务产品3 000多件，促成交易服务额2亿多元。

【孵化育成体系】　2019年，新登记39家孵化器，总数达368家，新增孵化面积35万m^2；新登记51家众创空间，总数达253家。2019年，新增10家国家级科技企业孵化器，总数达36家。国家级孵化器培育单位31家，市级孵化器49家。国家备案众创空间49家，省级众创空间试点单位35家。

【独角兽企业】　2019年在市科技局指导下，广州市科技创新企业协会和《快公司》合作，联

合主办了“发现广州独角兽”活动。2019年有13家“独角兽”企业入榜，比2017年增加了6家，“未来独角兽”企业45家。

【企业研发费优惠政策】 2019年，广州市共有12 928家企业享受研发费税前加计扣除政策，减免税额超100亿元。

【民生科技重大专项】 2019年，重大专项分生物医药与健康、乡村振兴、城市发展与生态环保、精准扶贫与科技帮扶4个专题共支持107项项目立项，投入经费10 700万元。

【广州产学研协同创新】 截至2019年12月，广州市备案联盟共175家，涵盖2 700多家成员单位。

【股权交易、新三板及上市】

股权交易 2019年广东股权交易中心新增挂牌展示企业3 822家，占2019年全国区域性股权市场新增企业规模的40%，挂牌企业的质量大幅提高，科技型企业占比也高达60%以上。

2019年，省市区各级出台区域性股权市场挂牌融资扶持政策，截至2019年12月，累计有300家股份公司、470家有限公司已经申请到挂牌补贴，共计1.5亿余元。

新三板挂牌上市 截至2019年12月，广州市挂牌公司322家，排名全国第5。广州市累计有238家挂牌公司完成419次发行，累计股票融资金额155.20亿元，发行次数、累计融资金额均居全国第4。

科创板上市 截至2019年12月，广州市共有10家科技企业申报科创板并获受理，其中2家企业（方邦股份、中国电研）已成功在科创板上市。

【对外合作与交流】

穗港澳科技合作 广州市与澳门大学签订《穗澳科技产业战略合作框架协议》；市科技局与澳门科技大学签署科技合作备忘录；推动成立大湾区科技创新服务中心，助力其与香港理工大学和中银香港分别签订合作备忘录。2019年通过科技合作项目，支持广州市科研单位、企业对港澳开展24项科研合作，投入财政资金4 800万元。

推动创芯国际生物科技有限公司与澳门科技大学签订战略合作协议，计划建立类器官中药现代化实验室；支持广州大学与香港城市大学联合共建“粤港智慧人居环境联合实验室”；广州医科大学附属第一医院联合香港大学、澳门科技大学等共建广东省粤港澳传染病联合实验室；支持开发区设立清华珠三角研究院粤港澳创新中心，并与香港浸会大学签订战略合作协议，与香港缤创孵化器签订合作备忘录；推动海珠区粤港澳大湾区科技金融与数字经济协同创新研究院正式注册落地；积极争取粤港澳大湾区国家技术创新中心落地。首批10家粤港澳联合实验室12月19日正式授牌，其中广州市有6家。

国际科技合作 市科技局与乌克兰国立技术大学签订了《科技创新合作备忘录》；推动以色列联合集团与广汽集团和缤创国际孵化器签约，推动引进默克广东创新中心、广州德国企业中心，推动英国卫星应用技术与创新中心中国唯一总部落地，推动白俄罗斯国家科学院广州创新中心实体化建设等。

中新国际联合研究院建成6个研发平台，引进国际合作项目31个。2019年10月，广州市政府与英国伯明翰大学召开第5次联委会工作会议，再次签订为期五年的《中华人民共和国广州市人民政府与大不列颠及北爱尔兰联合王国伯明翰大学合作协议》，并签订一批科技创新合作协议和合作项目。

2019年广州市与英国、美国、日本、乌克兰、白俄罗斯等31个国家和地区开展的在研科技合作项目共303项，共投入104 330万元。

【科技招商】 2019年5月6日，广州市与中科院在北京签订共建广州南沙科学城、中科院广州明珠科学园合作协议，聚焦海洋、空天、能源等领域。9月26日，明珠科学园正式动工建设，建设规划总面积99平方公里。

2019年，广州市先后引进了中国科学院空天信息研究院粤港澳大湾区研究院、广东粤港澳大湾区硬科技创新研究院、广东省大湾区集成电路与系统应用研究院、广东粤港澳大湾区协同创新研究院、中国科学院自动化研究所广州人工智能与先进计算研究院、广东智能无人系统研究院、广东粤港澳大湾区国家纳米科技创新研究院、中国科学院力学研究所广东空天科技研究院8家国内一流的研究机构，将全面提升广州市商业航天、光电芯片、集成电路、人工智能、纳米材料等领域的科技创新能力。

【科技人才】　截至2019年年底，在广州地区工作的院士共120人，包括中科院院士54人，中国工程院院士45人，国外（或境外）院士21人。在穗工作诺贝尔奖获得者8人。

呼吸疾病国家重点实验室引进培育了中国工程院院士钟南山、加拿大科学院院士张海波等各类人才78人；广州再生医学与健康广东省实验室已引进科研人员970人，包括诺贝尔奖获得者1人，“两院”院士8人，外国科学院和国际知名组织院士6人；南方海洋科学与工程广东省实验室（广州）柔性引进科研人员超过700人，其中院士团队16个，常规合作研究团队31个，有力支撑国际一流海洋科技创新高地建设。广州市已建成19家院士专家工作站，其中“两院”院士牵头13家，外籍院士牵头6家。

积极布局建设了一批集聚人才、科技、信息、资金，支撑和服务于科学研究和技术研发活动的创新平台，其中省级以上创新平台3 145个，吸纳一大批高层次人才，其中大湾区集成电路与系统应用研究院特聘专家、中科航宇（广州）科技有限公司首席科学家陈鲸院士牵头研制的“黄埔一号”先导技术验证载荷，搭载长征四号乙运载火箭在太原卫星发射中心成功发射，北大冠昊研究院首席科学家邓宏魁教授入选英国《自然》杂志发布的2019年全球十大科学人物。

全市63家省级新型研发机构，吸纳博士人才753人、硕士人才1 427人，累计获得国家级奖项超过10个，省级奖项15个，相关行业领域重大奖项25个。广州市368家孵化器和252家众创空间在孵人才团队超过12 590个。

自2016年以来，广州市产业领军人才政策累计投入超过10亿元立项支持创业领军团队30个，创新领军团队27个，创新创业服务领军人才27人，杰出产业人才85人。依托“红棉计划”立项支持17个海外留学人员来穗创业项目。

截至2019年年底，广州市累计颁发人才绿卡6 333张，中科院院士徐涛、加拿大工程院院士叶思宇、新加坡工程院院士李德纮等一批科学家落户广州。

【科普工作】　2019年广州市科学技术局先后获科学技术部办公厅、中国科学院办公厅、广东省科学技术厅授予2019年全国科普讲解大赛优秀组织奖、2019年全国科学实验展演汇演活动优秀组织奖、2019年广东省首届科普讲解大赛优秀组织奖等荣誉奖项。

2019年5月19日至26日，成功举办广州举办以“科技强国科普惠民”为主题的2019广州科技活动周，参与人数达120万人次以上，媒体曝光总量超过1 000万次。

截至2019年12月，广州市科普基地达到175家。

【科技服务业】

2019年，广州市全面落实《国家技术转移体系建设方案》，“华转网”正式上线运行。建立健全技术合同登记认定工作全流程规范，推动业务全流程网上办理，技术合同认定登记办结时限由原来的30个自然日大幅压缩至8个工作日。支持举办广州市首届技术经纪人大赛。实现市科技成果登记线上填报，全年登记的科技成果共870项。编制《广州市建设国家科技成果转移转化示范区实施方案》。2018年全市高技术服务总收入4 631.7亿元。

【大型国际性科技活动】

2019中国海外人才交流大会暨第21届中国留学人员广州科技交流会（以下简称2019海交会）于2019年12月18—19日在广州成功举办，共吸引国内126个政府代表团，116家高校、科研院所及企业机构到会，带来合作项目1761个，职位岗位需求14 790个；总体展览展示面积约2万平方米。

2019中国创新创业成果交易会设立国际组团、创新引领、人工智能等20多个展区（专区），展出创新创业成果项目1 200多项。

2019年还圆满主办和参与举办小蛮腰科技

大会、《财富》全球科技论坛、中国创新创业大赛（广州赛区）、第二届粤港澳大湾区创投50人论坛、2019中国广州国际投资年会科技创新成果展等高端创新活动，进一步汇聚全球智力资源。

（莫小玲　吴　蕾　岳　林）

深圳市

【科技创新环境营造】 出台《深圳市科技计划管理改革方案》，推出科技计划管理改革22条创新举措，形成总体布局合理、功能定位清晰、项目类别齐全的科技计划体系，成为指导今后较长时期科技项目实施的纲领性文件；按照发布“一个改革方案，六项管理办法，二十四个项目管理办法”的总体部署，已修订或出台科技计划项目管理办法、资金管理办法等5项管理办法，制定深港创新圈项目、国家和省项目配套、研发资助及高企培育等11个项目管理办法，实现项目评审、立项、实施、验收和监督全生命周期管理；在项目选题与指南方面，聚焦政府主动布局与企业“卡脖子”技术，建立全球遴选征集渠道；项目评审与立项方面，邀请国际顶尖专家，实施“主审制”；项目实施与绩效评价方面，强化创新主体自主权，探索符合科研规律的项目中长期评价机制。

【高新技术产业发展】 发挥深圳国家高新区和深圳国家自主创新示范区的创新示范和战略引领作用，促进“双区”联动，形成叠加优势；深圳国家高新区总面积增加至159.48 km^2，形成“一区两核多园”发展新格局；立足信息技术产业优势，获批建设国家新一代人工智能创新发展试验区；推进华为、平安、腾讯、商汤获批建设国家新一代人工智能开放创新平台；2019年高新技术企业新增2 586家，总量17 001家、居全省第1、全国大中城市第2。高新技术产值26 277.98亿元，同比增长10.08%；高新技术产业增加值9 230.85亿元，同比增长11.26%；

【科技投入】 全市科技财政专项资金超过120亿元，其中基础研究资金翻番、增至48亿元；全社会研发投入超1 300亿元，占GDP比重4.9%。新设高等院校稳定资助项目，首次设立博士基础研究启动项目、优秀青年基础研究项目和杰出青年基础研究项目，鼓励和支持科研人员开展基础性、前瞻性、探索性研究。

【创新平台建设】 新获批建设人工智能与数字经济广东省实验室（深圳），承建岭南农业广东省实验室深圳分中心，广东省实验室建设取得新突破。鹏城实验室建设取得新进展。启动首届全国人工智能大赛，举办新一代人工智能院士高峰论坛，与华为共同发布鹏城云脑Ⅱ基本型。深圳湾实验建设稳步推进，实验室领导和决策机制初步建立健全。全年新增各类创新载体381家，累计建成各类创新载体2 260家，其中国家级创新载体118家、省部级605家。建设基础研究机构12家、诺奖实验室11家、省级新型研发机构46家。覆盖了国民经济社会发展主要领域，成为集聚创新人才、产生创新成果的重要平台。

【科技金融】 对原科技金融计划的实施情况进行了全方位深层次分析，在审理流程、计划项目设置及过程监督等方面深度优化，完善后的科技金融计划突出科技金融项目资助重点，明确贷款贴息计划申请条件，优化申请流程，明确入库标准和调整程序。将银政企合作贴息、委托全贴息转贷和股权投资三类项目整合成为贷款贴息贴保项目，集中力量做大贷款贴息项目，并进一步扩大合作银行数量，从原来的2家扩充到8～10家，进一步扩大贷款贴息贴保计划规模，着力解决广大中小微科技型企业的融资难融资贵问题。2019年，下达银政企合作贴息项目132个，贴息支持资金3 036万元。

【境内外科技交流与合作】 出台《合作区深圳

园区先期引进国际高端科研项目工作方案（试行）》，已引进或确定入驻的优质科研机构和项目合计70余个，拟引进或正洽谈入驻的优质科研机构和项目合计57个；拓宽深港科技创新合作项目，实现科研资金过港。截至目前，已完成2019年“深港创新圈”A类（深港双边联合资助）、B类（深方单独资助深圳机构）和D类（深方直接资助香港机构）项目立项。A类项目资助13个项目，金额2 240万元；B类项目资助5项，金额500万元；D类项目资助24项，金额6 700万元；首次在港澳高校举办深创赛预选赛，深化深港澳创新人才交流。香港城市大学、澳门大学等8所港澳知名高校参与推荐和遴选，超过50位博士参赛，共吸引香港、澳门、台湾154个团队报名参赛。

【科技成果及奖励】 实施促进科技成果转移转化行动，设立技术合同和技术转移培育资助项目类别，对技术交易卖方、技术转移服务机构和创新验证中心给予资助。截至10月底，全市认定登记技术合同共7 419项，合同数量同比增长7.118%；合同成交额568.36亿元，同比增长43.60%；获得国家科技奖20个，累计获得国家科技进步奖特等奖、技术发明奖一等奖等国家科技大奖135项。

【科技服务体系（孵化体系）发展】 加快构建“众创空间—孵化器—加速器”的创业孵化链条，推动众创集聚区建设。全年累计建设科技企业孵化器193家、众创空间294家，其中国家级孵化器30家、国家备案众创空间94家。

（王　琴）

珠海市

【概况】　珠海市科技创新局是2019年机构改革后成立的珠海市人民政府工作部门。局内设9个科室，包括办公室、综合规划与政策法规科、资源配置与监督科、产学研结合科、高新技术科、科技成果与社会发展科、科技人才科、交流合作科、地震科。

2019年，珠海市647家企业通过高新技术企业认定，总数2 203家；拥有省级新型研发机构16个，省级以上创新平台290家；科技型企业孵化器35家，众创空间35家，在孵企业1 312家。全市承担国家及省科技专项14个，超额完成5个专项的目标。全年经登记技术合同296项，技术合同成交额35.91亿元，其中技术交易额33.61亿元。全市有省领军人才15人，市级院士工作站13个。首都科技发展战略研究院和中国社会科学院城市与竞争力研究中心联合发布的《中国城市科技创新发展报告2019》显示，珠海在全国289个城市的科技创新发展指数排名首次跻身十强，地级市排名全国第2。

【科技政策】　2019年，珠海市制定实施《珠海市贯彻落实“省科技创新十二条”政策措施》《珠海市高新技术企业培育专项资金管理实施细则》《珠海市工程技术研究中心管理办法》《珠海市科技创业孵化载体管理和扶持办法》《珠海市产学研合作及基础与应用基础研究项目管理办法》《珠海市社会发展领域科技计划项目管理办法》等政策，进一步完善科技创新政策体系。

【科技项目投入】　2019年，珠海市地方财政科技投入48.88亿元，占本级财政支出的7.95%。全年下达产业核心和关键技术攻关方向项目资金8 300万元，对35个攻关“卡脖子”技术项目予以支持。格力智能装备、赛纳科技等承担的14个项目申报省重点领域研发计划，获得14 600万元经费支持。

【科技金融】　2019年，珠海市科技创新局出台《珠海市科技创业天使风险投资基金管理办法（暂行）》，设立5亿元科技天使基金。至2019年年底，该基金完成项目投资3家，投资2 150万元。实施《珠海市科技信贷和科技企业孵化器创业投资风险补偿金资金管理办法（试行）》，利用2 000万元科技信贷风险补偿金，通过在合作银行存入风险补偿金、建立差别化风险补偿制度，推动银行为科技型中小企业提供科技信用贷款。至2019年年底，有146项科技信贷项目申请备案，推动新增科技信贷总额2.289亿元，资金池放大倍数为11.45倍。

【创新主体培育】　2019年，珠海市大力培育高新技术企业和开展树标提质行动，全年共有647家企业通过高新技术企业认定，总数达2 203家。2019年，珠海市44家高新技术企业列入高成长创新型企业（独角兽企业）培育库首批榜单，入库企业获研发启动金8 000万元。

【孵化育成体系建设】　2019年，珠海市各类科技企业孵化器达35家，其中国家级孵化器10家，在孵中小企业1312家。截至2019年年底，全市累计培育毕业企业691家，其中上市（挂牌）31家，在孵企业累计获得风险投资25.03亿元。粤澳中医药产业园、金湾智造大街获得国家级孵化器认定。珠海南方软件园、珠海清华科技园（连续）第三年获评“优秀（A类）国家级科技企业孵化器”。横琴金融投资集团有限公司承担的“横琴·澳门青年创业谷提质增效建设”项目获省科技孵化育成体系高质量发展专项“支持粤港澳科技企业孵化器建设与发展”专题100万元立项支持。

【产学研合作】 2019年，珠海市科技创新局出台《珠海市产学研合作及基础与应用基础研究项目管理办法》，以事前立项的形式给予每个项目最高100万元的专项资金扶持。2019年，对珠海深圳清华大学研究院创新中心、珠海中科先进技术研究院、珠海复旦创新研究院3家重大平台拨付财政资金1.4亿元。推动南方海洋科学与工程广东省实验室（珠海）登记注册。全年获批国家重点研发计划项目、国家自然科学基金、广东省科技计划等各类项目233项，其中国家级项目128项，省部级项目50项，累计获得科研经费33 750.04万元。与中国中科院合作共建的横琴先进智能计算平台项目落地实施，已实现平台算力116亿亿次/秒。

【科技创新平台】 2019年，珠海市科技创新局出台《珠海市工程技术研究中心管理办法》。已组建工程中心主要涉及家电制造、电子信息（含软件）、光机电一体化、生物医药及医疗器械、新材料、能源技术等高新技术领域。截至2019年年底，全市拥有高水平创新研究院1个，省级技术创新中心1个，省级新型研发机构16个，省级以上创新平台累计达到290家，其中含省级工程技术研究中心284家、国家级重点实验室1个、省级重点实验室4个、省实验室1个。2019年，珠海中科先进技术研究院、广东省海洋工程装备技术研究所、珠海复旦创新研究院、中德（珠海）人工智能研究院、珠海市斗门区河口渔业研究所、盈科瑞（横琴）药物研究院有限公司等6家科研机构被认定为省级新型研发机构，其中珠海复旦创新研究院、中德（珠海）人工智能研究院还被认定为高水平新型研发机构，分别获得省级财政资金支持1 000万元。

【科技成果与奖励】 2019年，珠海市登记科技成果39项，均为应用技术类成果。有4个项目获2019年度国家科学技术奖。其中，中国铁建港航局集团有限公司参与完成的“海上大型绞吸疏浚装备的自主研发与产业化”项目获国家科技进步奖特等奖；珠海格力电器股份有限公司牵头完成的“大容量高效离心式空调设备关键技术及应用”项目、珠海市司迈科技有限公司参与完成的“微创等离子前列腺手术体系的关键技术与临床应用”项目均获国家技术发明奖二等奖；中航通飞研究院有限公司参与完成的“大型飞机研制强度关键技术及应用”项目获国家科技进步奖二等奖。有14个项目获2019年度广东省科学技术奖，其中珠海格力电器股份有限公司和珠海格力节能环保制冷技术研究中心有限公司完成的“光储空调直流化关键技术研究及应用”获省技术发明奖一等奖，珠海大横琴科技发展有限公司牵头完成的“跨域多维电子围网关键技术及应用”项目获省科技进步奖一等奖，珠海方正科技高密电子有限公司牵头完成的“移动通信系统高可靠性印制电路关键技术及产业化”等12个项目获省科技进步奖二等奖。

【科技交流与合作】 2019年3月，珠海横琴新区与澳门大学签约共建横琴・澳门大学产学研示范基地。5月，珠海市与澳门科技大学签署框架合作协议。10月，市科技创新局参加内地与澳门科技合作委员会第十三次会议并作题为《优势互补、突破创新、携手并进，打造澳珠科技创新极点城市》的交流汇报。11月，横琴新区与澳门科技大学签约共建横琴・澳门科技大学产学研示范基地。12月，澳门中药质量研究国家重点实验室、模拟与混合信号超大规模集成电路国家重点实验室、智慧城市物联网国家重点实验室、月球与行星科学国家重点实验室4所国家重点实验室横琴分部揭牌成立。珠海横琴先进智能计算平台澳门分中心揭牌。

【科技人才引进】 2019年，珠海市参展第十七届中国国际人才交流大会和中国海外人才交流大会暨第二十一届中国留学人员广州科技交流会，承办第十七届中国国际人才交流大会珠海分会场活动——中意创赛和海归博士路演、首届“百名海外博士博士后南粤行”珠海创新创业洽谈会等招才引智活动。认定市级院士工作站13个，给予立项资助1 060万元。至2019年年底，全市聘请外国人单位950家，在珠海市工作的外国人超过

1 500人。7家单位获科技部2019年度“高端外国专家引进计划”立项，获资助经费300万元。3家单位获广东省科技厅2019年度“高端外国专家引进计划”立项，获资助经费33万元。

【防震减灾】 2019年，珠海市开展防震减灾示范城市创建活动，完成年度及各季度地震趋势分析报告。坚持职权法定原则，对地震行政权力进行全面梳理。应对10月12日广西玉林地震影响，做好震情核实通报、舆论引导和市民安抚工作。举办2019年珠江三角洲地区防震减灾工作联席会议暨2020年度珠江三角洲地区地震趋势会商会。市科技创新局与应急、气象部门联合创建综合减灾示范社区8个，新建地震应急避难场所6处。在全市开展地震灾害风险点危险源排查防控专项行动。

防震减灾科普教育　2019年，珠海市创建省级防震减灾科普教育基地2个，培训社区地震应急救援志愿者217人。通过举办防震减灾知识专题讲座、防震减灾教育视频放映、防震减灾科普知识展等活动，开展防震减灾科普教育。全市中小学校均开展应急避震常识专题讲座。组织218所中小学放映防震减灾教育视频。康宁社区、水湾社区等多个社区举办“5·12”防灾减灾日专题宣传活动。印刷《防震减灾基本知识手册》3万册、宣传折页21万张，分发到各中小学校。

应急避震演练　2019年，市科技创新局在香洲区康宁社区、斗门区群兴社区与南峰社区、金湾区西城社区等4个社区和香洲区第四小学、香洲区第十二小学、井岸镇第三小学、六乡中学等8所学校开展地震应急疏散演练活动。举办“地震应急救援志愿者培训班”，在南屏社区、广昌社区、钰海社区、港昌社区、为农社区开展地震应急救援培训5场。

（康念辉）

汕头市

【概况】 2019年，汕头市深入实施创新驱动发展战略，不断提升科技创新能力。出台《关于进一步促进科技创新的若干政策措施》和《关于加强基础与应用基础研究的若干措施》等创新政策。全社会R&D经费投入持续较快增长，2018年增速20.4%、列全省第六位。化学与精细化工广东省实验室建设稳步推进，组织首批19个境内外院士专家团队开展攻关，两个院士团队项目入选省重大科技专项；粤港新发传染病联合实验室获批建设，香港大学—汕头大学联合病毒学研究所朱华晨教授获第十六届中国青年女科学家奖；龙湖工业园申报省级高新区认定已通过省科技厅专家现场考察。200家企业通过高新技术企业认定，认定通过率列全省第3位；新增新型研发机构省级1家、市级3家；市级工程中心22家、市级科技企业孵化器4家。实施省科技专项资金（“大专项+任务清单”）项目，立项144项，支持企业开展技术攻关，加快提升企业技术创新能力。实施科技保险保费补贴，补贴企业103家。认定科技成果16项，技术合同35项、技术交易额4 402万元、技术交易额增长429%，获得2019年度广东省科学技术奖4项（其中牵头2项、参与2项）。认定市级科技创新团队1个、市级科技创新创业领军人才28人；引进外籍高端人才（A类）91人、外国专业人才（B类）111人。

【科技政策】 2019年5月，汕头市贯彻落实省“科技创新12条”，出台《关于进一步促进科技创新的若干政策措施》和《关于加强基础与应用基础研究的若干措施》，突出在创新主体、创新基础、创新资源、创新环境等方面持续用力，完善汕头科技创新制度设计，提高制度可操作性。

【科研团队和人才引进】 按照《汕头市国家、省自然科学基金资助项目课题组主要成员生活补助发放办法》，对“环境条件和养殖模式对大型经济类海藻砷吸收和转化的影响”等82个项目课题组主要成员予以生活补助99.1万元。全市共引进外籍高端人才（A类）91人和外国专业人才（B类）111人，目前在汕工作的外国人才数量共376人。

【科技金融】 2019年，汕头市持续推进普惠性科技金融工作，促进科技、金融与产业深度融合。落实2019年度普惠科技金融专项资金（科技保险保费补贴专题）补贴，共补贴103家企业科技保险保费共202.42万元。

【科技创业孵化载体】 2019年，汕头市新增市级科技企业孵化器4家，总量达到15家，其中国家级1家、省级2家；全市登记备案众创空间14家，其中国家级3家、省级2家。众创空间运营评价获B级1家、奖补20万元，补助科技企业孵化器和众创空间5家、64万元。

【科技创新平台建设】 2019年，汕头市新认定省级工程技术研究中心19家，总数达到226家，兑现2018年度省级工程技术研究中心认定补助48家、960万元；新认定市级工程技术研究中心22家，总数达到332家；新认定省级新型研发机构1家，总数达到9家；新认定市级新型研发机构3家，总数达到17家。推荐2家省级新型研发机构申报省初创期建设补助，其中1家获得补助资金259万元。粤港新发传染病联合实验室获批建设，香港大学—汕头大学联合病毒学研究所朱华晨教授获第十六届中国青年女科学家奖。

【化学与精细化工广东省实验室】 2019年1月

10日，化学与精细化工广东省实验室正式挂牌运作，全国人大常委会委员、中国化学会理事长姚建年院士任实验室主任，何鸣鸿、邱长奕、王熙3人任实验室副主任。3月27日，在全省7个已授牌的省实验室中，率先完成省事业单位登记注册。省实验室已完成一期建设项目可行性研究报告和项目勘察、方案设计和初步设计招标、首期93亩用地划拨报批、2019年市财政1亿元建设经费拨付以及安排实验室总部与综合管理基地等实质性工作；姚建年院士团队和厦门大学副校长江云宝教授团队作为科研核心团队正式入驻。与北京大学深圳研究生院签订合作协议，举办化学与精细化工前沿科技暨企业联盟论坛，推进科技合作与科研成果转化应用。省实验室申报的2个关键技术攻关项目得到省科技厅支持。姚建年院士组织自主项目的评审工作，来自境内外12个科研单位共18个项目初步入选。

【汕头广工大协同创新研究院】　2019年，汕头广工大协同创新研究院结合汕头传统产业发展需求，引进科研实验团队成员8名、技术服务团队成员8名，培养博士研究生、硕士研究生5名。推动高校、科研院所专家团队与汕头多家企业对接，开展工程技术开发、环境综合整治工程实施、技术升级与咨询等服务。组织申报并承担各级科技项目7项，申请发明专利6项、实用新型专利1项。联合广东工业大学研究生院建设创新型研究生实验基地，组织182人次学生到汕开展实习工作。

【产学研结合】　2019年，汕头市持续实施推动科技企业对接“双高大学”三年行动计划。5月份，组织全国高校院所约20位化学化工领域专家教授对该市化学化工类企业进行实地调研，深入了解化学化工产业发展现状与科技需求，探讨开展产学研相关合作；6月份，组织厦门大学专家教授赴该市企业调研，达成初步合作意向。引进名校名院在汕设立创新研究院，推动促成中山大学、华南农业大学分别在该市设立新型研发机构。

【对外交流与合作】　2019年12月9日，广东省科学技术厅在汕头举办“2019年海外专家南粤行汕头专场活动”，18位海外专家围绕产业发展及科技创新建言献策，与近30家企业进行了项目对接，通过项目合作、协同创新等方式，共同促进科技创新、高端人才引进、产业链发展等方面的合作，促进汕头与国外科技创新资源的深度融合。

【高新技术企业发展】　2019年，汕头市推动高新技术企业培育发展，全市通过高新技术企业认定200家，认定通过率列全省第3位，总量达714家。推荐344家企业参与科技型中小企业评价。

【科技计划项目】　2019年，汕头市根据《广东省科学技术厅关于实施2019年省科技专项资金（“大专项+任务清单”）项目的通知》要求，经组织申报、评审、立项公示和市政府常务会议审议等环节，共安排省科技专项资金（“大专项+任务清单”）项目144项、立项金额4 283万元，支持基础与应用基础研究、重大科技专项、国际科技合作等项目的开展，扎实推动各项创新政策措施落实落地。

【农村与民生科技】　2019年，汕头市针对社会发展、农业、医疗卫生领域扶持重点，组织实施一批民生科技、农业科技计划项目，组织实施市级社会发展、农业领域科技计划项目87项、立项金额1 179万元；组织申报六批共298项医疗卫生科技计划项目，其中财政经费支持项目申报44项，获得立项42项、立项金额178万元，自筹经费项目申报254项，获得立项224项。实施市级农村科技特派员下乡工程，出台《汕头市农村科技特派员管理工作指引》，开展市级农村科技特派员认定备案工作，91名农业技术专家被认定为第一批市级农村科技特派员。组织农村科技特派员与省定贫困村开展科技扶贫对接，实现农村科技特派员在全市37个省定贫困村“全覆盖”。推动农业科创平台建设，汕头经济特区澳士兰牧场有限公司、汕头市澄海区怀愉生态种养专业合作社、汕头市潮庭食品股份有限公司3家单位通过省“星创天地”备案。

【科技扶贫】 2019年，汕头市持续开展科技下乡及科普宣传活动。9月10日，市科技局在潮南区陇田镇合力村开展科技下乡活动，组织市海洋与水产研究所、汕头科技馆、潮南区科技局等单位科技工作者、科普志愿者开展科技对接服务、科普进乡村等活动。10月16日，市科技局联合市总工会、建设银行汕头分行到关埠镇路外村开展“决战脱贫攻坚，助力乡村振兴”主题送温暖系列活动。

【科技奖励】 2019年，汕头市共获得广东省科学技术奖4项（其中牵头2项、参与2项），其中广东省自然科学奖二等奖1项，广东省科技进步奖二等奖3项。

【技术合同与交易】 2019年，汕头市转发《广东省科技厅关于进一步加强全省技术合同认定登记工作的通知》，进一步加强和规范技术合同登记工作，召开技术合同宣传培训会，持续做好技术合同认定登记服务。1—12月，汕头市共认定登记技术合同35项，技术交易额4 402.15万元，同比增长429%。

【科技计划项目结题验收】 2019年，汕头市持续推进科技计划项目结题验收管理工作，加强与区县科技主管部门、项目主管部门联动，发挥主管部门能动性，完成省级科技计划项目结题验收50项、市级123项；办理主动终止结题6项、收回财政资金37.04万元。

【科研诚信建设】 2019年，参加市“诚信建设万里行”启动仪式并设点接受咨询、分发宣传资料，召开科研诚信建设座谈会，编制印发科研诚信政策小册子，增强相关单位、人员的科研诚信意识。加强科研诚信建设，联合市发改局等部门制定《关于印发〈关于落实国家关于对科研领域相关失信责任主体实施联合惩戒合作备忘录的实施细则〉的通知》，针对科研领域严重失信行为实施联合惩戒。在组织项目申报中开展诚信守纪承诺，提高项目承担单位、负责人的诚信意识和责任意识。

【科技宣传】 2019年，在全国“科技活动周”、全省“科技进步活动月”、市“全国科技工作者日”期间，市科技局联合市委宣传部、市科协等单位以“科技强市增活力，科普惠民进万家”为主题开展科普系列活动。围绕“弘扬时代新风，助力乡村振兴”主题，举办“三下乡”活动，普及科技知识。7月，市科技局联合市科协、市总工会开展2019年汕头市“科普一日游”活动。

【科普基地建设】 2019年，汕头市新增市级科普基地4家，总数达到39家，其中国家级6家、省级19家，农村科普示范基地27家。

（杜　梓）

佛山市

【概况】　2019年，佛山市财政科技投入98.16亿元，同比大幅增长79.3%，占公共预算支出比例10.43%，带动全社会研发投入超300亿元，佛山市创业引导基金总规模达90.7亿元、投资项目超过100个。高新技术企业总量达4 834家，同比增长22.41%，净增885家。获国家、省科技奖项的数量和质量均为创历史最好成绩，市企事业单位作为参与单位获国家科技进步奖2项(一等奖1项、二等奖1项)，作为第一完成单位获省科技奖12项，作为参与单位获省科技奖5项。20个项目获国家、省重点科研项目立项支持，获得经费3.56亿元。累计科技企业孵化器105家，众创空间74家。重点实验室累计27家，省级新型研发机构26家。

【珠三角自创区】　佛山对照省的要求制定佛山市《2019年创新驱动发展“八大举措”工作要点》，统筹全市相关单位按照“八大举措”任务开展相关工作。5月7日，佛山市委、市政府召开佛山市建设国家创新型城市暨科技创新大会，深入学习贯彻习近平总书记对广东重要讲话和重要指示批示精神，贯彻落实中共中央政治局委员、广东省委书记李希调研佛山时的讲话精神和全省科技创新大会精神，总结2018年科技创新工作，对建设国家创新型城市、深化科技创新进行再部署、再落实。6月11日，组织召开佛山市科技形势分析会，深入分析2019年上半年全市科技工作情况，研究当前形势下存在的突出问题，部署下一阶段科技工作。在年底统计汇总的关键时期，统筹各区做到应统尽统，如实反映该市创新驱动发展“八大举措”工作情况。

【科技创新政策体系】　2019年先后出台市政府1号文《佛山市促进科技创新推动高质量发展若干政策措施》《佛山市财政科技创新资金管理办法（试行）》《佛山市科技创新项目管理办法（试行）》《佛山市科技领域重大风险防范化解工作方案》《佛山市建设国家创新型城市实施方案》以及《促进科技成果转移转化实施细则》《佛山市技术经纪特派员工作方案》《佛山市技术经纪特派员工作评价方案》等政策措施，加快修订市创新创业引导基金、人才团队、科技创新券等方面的扶持政策，深入营造“松绑+激励”的创新环境，加速释放佛山创新潜能，支撑和推动佛山科技创新体系从点的突破向系统提升转变。

【创新平台建设】

重大创新平台建设　2019年佛山市深入实施大院大所合作三年行动计划，加快推进季华实验室、佛山仙湖实验室、华南（佛山）新材料研究院等一批重大创新平台建设。

佛山季华实验室是广东省委、省政府启动的首批省实验室之一。实验室自授牌以来，阶段建设成效获省领导“三快一准一扎实”肯定评价，在省实验室中首个制定系列规章制度、开展大规模人员招聘，首个启动基建施工、确立不动产权，首个获得国家和省重大科技专项立项支持、面向区域产业需求启动科研项目。季华实验室参与国家、省重点项目获得超过4亿元专项经费支持，其中获国家02专项重点课题1项6 600万元，获省重点领域研发计划2项合共1.48亿元经费支持。2019年11月实验室一期工程A区3栋实验楼封顶以来，科研人员规模达600人，其中全职院士1人、兼职院士9人，杰青、政府特殊津贴等领军人才23人。

2019年11月，先进能源科学与技术广东省实验室佛山分中心挂牌，同步启动建设佛山仙湖实验室，与广东武汉理工大学氢能产业研究院实行“三块牌子，一套人马”模式，3年内预计投入

11.6亿元。围绕核心技术攻关、产业共性技术攻关建设13个实验中心，3年内形成不少于200人常驻科研团队、远期形成500人以上常驻科研团队规模，目标5年后建成氢能与燃料电池领域国家重点实验室，打造新能源领域国内一流、国际领先的战略科技创新平台。

深化大院大所合作　经过多年的积累和发展，已与中国科学院、中国工程院、中山大学等国内外重点院校合作组建各类科研创新载体93家。2019年以来，佛山市加快佛山（华南）新材料研究院、中国科学院苏州纳米技术与纳米仿生研究所广东（佛山）研究院、广东省科学院佛山产业技术研究院、湘潭大学绿色智造研究院、华南高等研究院的建设工作，陆续完成注册、启动基础建设和装修工作；协商通过了中国电科大湾区创新中心建设方案。继续保持与北京理工大学、武汉理工大学、中山大学等高校的联系，持续推进校地合作。

【科技创新项目】

基础研究　2019年8月29日，省科技厅、省基础研究与应用基础研究基金委员会、市政府签约共同出资设立广东省基础与应用基础研究基金佛山市联合基金，自2019—2021年，省市每年投入资金达4 000万元，其中：市每年投入3 000万元、省科技厅每年投入1 000万元，围绕佛山市经济社会创新发展中的重大科学问题开展基础与应用基础研究，进一步提升佛山原始创新能力，2019年共受理460个项目申报，获立项支持青年基金项目168项、重点项目10项，立项支持资金达2 680万元。

重点研发项目　2019年累计共推荐76个优质项目申报省重点领域研发计划，18个项目（含佛山科学技术学院1项）获得立项，立项率23.7%，立项经费2.66亿元，较去年增加1.86亿元，同比增长233%。

核心技术攻关　2019年佛山市立项支持“全电动智能化挤出吹塑中空成型机的研发及产业化”等27个市级核心技术攻关项目，支持经费合计12 650万元。

【企业创新体系】

高新技术企业培育　2019年该市高企总量达4 834家，同比增长22.41%，净增885家，增量居全省地市级首位。建立多部门协同机制，遴选标杆高新技术企业50强，每家标杆高企奖励200万元，为培养“瞪羚企业”和“独角兽企业”打下良好基础，全市累计拥有标杆高企100家，入库科技型中小企业1 357家。根据火炬统计年报数据，该市高企中，规模以上的有2 727家，占比56.41%。市、区科技部门2020年将以规模以上高企数占高企总数60%以上的目标为着力点，重点针对销售收入1 500万元以上2 000万元以下的高新技术企业，加强科技金融、知识产权、研发设计、挂牌上市等辅导，培育规下高企发展壮大，把高企数量优势转化为质量发展优势。

企业研发机构　2019年新增2家省企业重点实验室、省级新型研发机构3家、市工程中心106家。全年申请加计扣除企业3 861家，减免税额超过10亿元，有效为具有研发活动、产生研发投入的企业减轻了成本，有效地激发了企事业单位整合自身科研资源、建设研发机构的热情。

【孵化育成体系】　组织2019年度孵化器培育和众创空间培育项目申报，共给予10个新建孵化器和10个众创空间共1 100万元资金资助；2019年，该市科技企业孵化器共105家（其中国家级22家、省级8家），众创空间共74家（其中国家级20家，省级11家），全市孵化器在孵企业3 235家，当年毕业企业422家，创业孵化绩效明显。

【引才工作体系】

拓宽引才渠道　依托季华实验室，陆续引进高中级人才406名，启动博士硕士招才行动，录用博士155人、硕士180人；依托广东工业大学佛山研究院等新型研发机构，精准引进高端人才。

佛山市组织企业参加“国际人才交流大会”“海交会”“百名海外博士博士后南粤行”等活动，展出重点人才引进项目，重点宣传该市人才扶持政策、产业布局及营商创业环境。通过支持中国创新创业大赛和中国创新创业大赛港澳台赛在佛山举办，吸引获奖团队落地佛山，2019年报名团队近600个，部分优秀团队将落户佛山。开设便民服务窗口、下放审批权限到5个区，为外国人来华就业提供高效便捷的政务服务，2019年已批准外国高端人才来佛山工作许可202人，外国专业人才来佛山工作许可1 999人。

【科技金融】　佛山市修订《佛山市创新创业引导基金管理办法》，继续做好原市场化子基金政策，吸引风险投资、创业投资机构和资本流入佛山，营造佛山创投机构集聚、创投氛围突出、创投业务活跃的社会氛围。截至2019年年底，双创基金共设立合作子基金9支，投资项目100个，总规模90.7亿元，实现财政资金放大13.27倍。其中投资佛山地区项目为29个，投资额为9.64亿元。2019年共举办12场路演，有效服务企业50家，促成2家路演企业获得融资800万元，协助辅导80余家企业完善路演商业计划书。探索“投补联动”等方式，适当调整财政扶持方式，探索财政资金股权投资，由引导基金对部分重大平台、重点项目、高层次人才团队、重大专项成果转化等进行投资，通过阶段性持有股权、适时退出、循环使用的方式，实现财政资金的良性循环和叠加放大效应。

【科技成果转化】

科技创新成果产出成效　2019年佛山市获国家、省科技奖项的数量和质量均为创历史最好成绩，市企事业单位作为参与单位获国家科技进步奖2项(一等奖1项、二等奖1项)，作为第一完成单位获省科技奖12项，作为参与单位获省科技奖5项；组织开展2019年广东省科学技术奖培育项目入库工作，共有25项优秀科技成果进入省科技奖培育库；继续支持和指导社会科技奖，其中，季华实验室、中国发明成果转化研究院、市科技人才协会等获得省科技奖提名资格。

技术交易市场　强化技术合同登记服务，在全市五区共建立合同登记点10个，构建政府、高校、科研院所、行业协会、企业共同参与的技术合同登记服务格局。2019年技术合同成交金额12.01亿元，同比增长61%，其中技术交易额1 117亿元，同比增长59.3%。

【科技交流与合作】

广佛合作　截至2019年年底，该市开展的包括核心技术攻关、产学研专项资金、院市合作（科技创新）在内的合作项目超过300个，其中来自广州的高校、科研院所作为参与单位的超过110个。

走进清华　2019年成功组织第三届佛山企业“走进清华”活动，搭建企业家与高校专家面对面交流平台。参与该项活动的政企人员近100人。组织12批次共74人次清华大学校内专家来该市开展调研、对接活动，对接企业约69家、项目约49个。积极开展科研合作项目专项资金申报工作，促进清华大学校内创新资源与该市企业开展合作，2019年共收集了58项引导启发类专项和3个重大专项，涵盖智能制造、电子信息、能源环保、生物医药等4个重点领域。

港澳合作　开展佛山市香港科技大学产学研合作专项活动，吸引来自全国10多个地区近130个项目报名参赛，并对评选出的17个项目进行资助，总资助金额3 500万元。

【国家创新型城市建设】

制订实施方案　5月，以佛山市府办名义印发《佛山市建设国家创新型城市实施方案》，重点提出了产业创新构建工程、企业创新提升工程、科技金融创新工程、创新载体升级工程、创新人才高地工程、创新环境支撑工程、知识产权推进工程七大工程，贯彻落实国家区域发展战略，破解城市经济社会发展系列问题。

政策研究　为加快推进佛山市创新型城市建设，深入调研，结合全市产业结构，形成《佛山创新型城市建设发展战略与创新政策研究》报告，从背景意义、现状、对标城市等进行分析研究，总结了全市主要经验做法，提出了全市建设创新型城市实施路径。研究报告于11月7日经科技部审定通过。对照周边和国内先进城市，研究撰写《佛山市创新能力分析报告》，研判佛山市科技创新的优势和弱点，供全市科技工作决策参考。

【科普工作】　2019年，佛山科学馆荣获“佛山市科普教育基地”称号。该馆以科普教育“走出去”战略为理念，开展形式多样的科普教育活动一共19场，由单一的常设展览到举办大型科普展览、“馆校结合”科普进校园、科普下乡、科普讲座，以及首次组织科技大赛，受众面由学校覆盖到乡镇基层社区，服务人数达15万人次。

【重大会议和科技活动】 2019年4月，国家科技重大专项成果转移转化工作会议在佛山市召开，大会展示了近年来科技部重大专项项目情况，开展了项目对接。同时也展示了该市在新能源汽车、增材制造（3D打印）技术、工业互联网、智能机器人、量子科学等重要领域取得的优秀成果。

5月24日，第八届中国创新创业大赛（广东佛山赛区）、第七届“珠江天使杯”科技创新创业大赛（佛山赛区）暨佛山农商银行杯创新创业大赛正式启动。10月18日，举办佛山市赛总决赛，共吸引219家企业报名参赛，其中进入市复赛项目90个，进入市半决赛项目36个，进入市总决赛项目12个。获奖企业中，佛山华铕光电材料股份有限公司、广东德同环保科技有限公司分获初创组和成长组一等奖。

12月2—5日，由佛山市政府、广东省科技厅指导，中国国际科学技术合作协会主办，佛山市科技局与佛山高新区管委会、季华实验室联合承办的“科技之家大使、外交官·2019佛山行”活动举行。活动共邀请到12位中国前驻外大使、12位前驻外科技参赞等外交官莅临佛山市，先后举行圆桌对话交流会、现场考察等活动，大使、外交官较为深入地了解了该市经济社会发展成就、并一致作出高度评价，认为广东、佛山在依靠科技创新、投入科技创新推动高质量发展方面走在了全国前列。

2019年国家科技重大专项成果转移转化工作会议

2019年第八届中国创新创业大赛（广东佛山赛区）、第七届“珠江天使杯”科技创新创业大赛（佛山赛区）暨佛山农商银行杯创新创业大赛获奖企业

第五届中国（广东）国际“互联网+”博览会开幕式现场

“科技之家大使、外交官·2019佛山行”活动科技参赞圆桌对话会议现场

（何国华　董梦蝶）

韶关市

【概况】　2019年，韶关市优化顶层设计，成立由市长担任组长的韶关市科技领导小组，建立健全技术创新体系作为重点内容，加强创新工作统筹协调；出台并落实了《韶关市人民政府关于进一步促进科技创新若干政策措施》，分为加强创新主体培育扶持、加快企业研发能力提升、强化区域创新能力建设、加快创新人才高地建设、推进现代农业创新发展、促进科技金融深度融合、加强科研用地保障、优化科技创新生态八个方面，为该市科技创新发展提供了重要的政策保障。

【高新区建设】

创建国家级高新区　4月16—17日，科技部成果转化与区域创新司率领专家组一行来韶，就韶关高新区升级国家高新区工作开展咨询调研。专家组一行先后考察了韶关高新区规划展览馆、国家级科技企业孵化器、中国广州分析测试中心韶关实验室、韶关市欧莱高新材料有限公司、韶关液压件厂有限公司、广东萱嘉医品健康科技有限公司、华科城·莞韶双创（装备）中心、丽珠集团利民制药厂，详细了解韶关高新区升级建设情况。在韶关高新区升级国家高新区专家咨询调研座谈会上，专家组听取了韶关市创建国家级高新区工作情况汇报。截至12月底，韶关高新区在经济发展、基础设施、创新驱动、平台建设、产学研、体制优化等方面均取得一定突破，逐步成为粤北地区创新资源集聚，带动经济增长的一个重要区域。全年韶关高新区高企有89家，新增36家，入库科技型中小企业有49家。实施企业研发机构覆盖计划，已有省级工程技术研究中心有31个。2019年韶关高新区94家企业获省高新技术产品共379个。

省级高新区　9月9—10日，省科技厅率专家组一行11人，到乳源县开展省级高新区现场考察。考察期间，专家组围绕乳源经济开发区创建省级高新区，实地考察东阳光公司、东阳光药业、东阳光化成箔、广东硕成科技等公司，详细听取相关情况介绍，了解企业的研发、运营等情况。

【国家农业科技园区】　11月19日，科技部下发了《关于第七批国家农业科技园区验收结果的通知》，广东韶关国家农业科技园区（下称“园区”）名列其中。该园区是2015年12月经科技部批准成立的第七批国家级农业科技园区。5年来，园区出台了20余项扶持政策，重点推进34个农业科技示范基地、现代农业产业化项目和农业科技创新平台建设，打造现代农业科技创新转化示范基地、农业科技特派员创业基地和现代农业新兴产业孵化基地，拥有广东现代农业科技创新中心3家、农业类省市级工程技术研发中心23家、院士工作站2家、新型研发机构2家，以及2家国家级星创天地和一批科技检测服务平台，基本实现“科技兴园、产业强园、生态立园”目标。

【研发机构建设】　2019年，企业类省重点实验室实现零的突破，利民制药厂被列入省重点实验室（企业类）。全年新增企业研发机构50家，营业收入亿元以上企业研发机构覆盖率61%，规模以上企业研发机构覆盖率37%。东阳光科技研发有限公司新型研发机构建设获省科技厅立项，设有电极箔研究所、电子铝箔研究所、软磁铁氧体材料研究所、新能源动力电池材料研究所、电容器研究所、高分子材料研究所以及检测中心、孵化中心等专业科技研发部门，主要研究方向为电子铝箔、电极箔、软磁铁氧体材料、新能源动力电池材料、铝电解电容器、锂电池用氟树脂等电子材料及元器件技术的开发，其·"高能量安全快充型动力电池关键技术研究及产业化"项目获得省重点领域研发计划重大科技专项1 000万元支持。成立矿山机械产业技术创新联盟、汽车零部件产业创新联盟，与北京科技大学、华南理工大学、广东工业大学等省内外高校和科研院所建立了长期、稳定的产学研合作关系。

【成果奖励】 2019年，韶关市参与承担的科技项目"重金属矿业废弃地生态修复的直接植被技术及应用项目"荣获2019年度广东省科技进步奖一等奖。

该项目系统研究了重金属矿业废弃地生态修复的核心理论与技术问题，建立了在国际上独树一帜、具有完全自主知识产权的生态修复技术——重金属矿业废弃地的直接植被技术。该技术不仅可以长期有效地控制废弃物酸化与重金属污染，而且成本相比传统方法降低一半以上，对于矿业废弃地的生态恢复与重金属污染的控制具有重要意义。

广东省大宝山矿业有限公司通过植物品种的发掘和合理配置，发明了基于生物多样性的植物配置技术；研发了以废治废、综合利用矿业废弃物和农业有机废弃物的矿业废弃地生态修复模式，建立了零覆土的原位基质改良工程措施，基于柔性治理和依山就水的原理，创建了近自然的直接植被工程措施，摈弃原有的硬质隔离手段，减少大量土方工程。在建立重金属矿业废弃地生态修复的直接植被技术过程中做出重要贡献，并对项目整体技术的推广应用发挥了关键作用。

广东桃林生态环境有限公司提出将调控微生物群落的理念应用到新的基质改良策略中，发明了基于微生物调控的酸化控制与重金属稳定技术，分离和制备了具有自主知识产权的专用液体菌剂；参与建立了零覆土的原位基质改良工程措施，基于柔性治理和依山就水的原理，创建了近自然的直接植被工程措施。在重金属矿业废弃地直接植被生态修复技术的研发和推广应用中发挥了重要作用。

项目系统建立了重金属矿业废弃地生态修复的直接植被技术。获发明专利授权16件、高新技术产品5项，在*ISME J*等国际知名杂志发表SCI收录论文107篇。工程实施1年植被覆盖率达95%以上，生物多样性高，生态系统稳定性强；土壤及场地外排水pH值从2.5左右提升到7.0左右，重金属有效态含量下降50%以上，大幅降低外排水重金属含量（重金属稳定效率最高可达99%以上），该项技术可长期有效地控制矿业废弃地的环境污染。成果应用已产生的直接、间接经济效益合计6.104亿元。

【孵化载体建设】 依托国家级、省级科技企业孵化器、众创空间以及众投邦加速器、达安创谷孵化器、华科城莞韶双创装备中心等孵化平台，打造"众创空间—孵化器—加速器"完整孵化链条。加强韶关高新区技术创新服务平台建设，园区孵化场地面积超过38 700多m^2，为入孵、加速企业提供检测、设计、投融资和创业指导等高端服务，如中国广州分析测试中心韶关实验室获批为省级紧固件检测公共服务平台，具有国家级CMA、CNAS资质认证，实现检测数据和结果国际互认。2019年9月，韶关高新区机械基础零部件产业基地被科技部认定为"国家专用工程机械及关键零部件高新技术产业化基地"。11月13日，中科院新型特种精细化学品技术创新与产业化联盟中试与产业化验证平台在南雄建成揭牌。截至2019年年底全市拥有科技企业孵化器（众创空间）总量达到17家。

【创新创业大赛】 组织完成了第八届中国创新创业大赛（广东·韶关赛区）。9月，广东邦固化学科技有限公司从全省3 000多家报名企业中晋级问鼎，荣获第八届中国创新创业大赛（广东赛区）暨第七届"珠江天使杯"科技创新创业大赛新材料行业成长组第一名。其参赛的"光学级修复涂料的研发及产业化"项目，具有科技创新性和社会广泛的应用性，核心竞争力强，性能均衡可调，修复、拉伸、耐污性高，市场前景宽阔，可应用于汽车隐形车衣、手机曲面全屏水凝膜、高档箱包等，获得大赛评委一致好评。

【高新技术企业】 2019年，韶关市高新技术企业存量为236家，提前1年实现三年倍增目标。

其中浈江区、南雄市、武江区居前3位，分别达到45家、28家、26家，占全市41.95%。韶关新区2019年高新技术企业存量33家，占全市的13.98%。翁源县、曲江区2019年高新技术企业数量增速最快，翁源县2018年仅1家高新技术企业，2019年认定了8家，增速达700%；曲江区2018年仅3家高新技术企业，2019年认定了14家。增速达366.67%。2019年该市高新技术企业认定（含重新认定）数量为106家，同比增长29.27%；浈江区、武江区和乐昌市目标完成率最高，其中：武江区认定24家，净增21家，完成率350%；浈江区认定20家，净增16家，完成率320%；乐昌市认定9家，净增10家；完成率200%。

【传统产业升级】　加快推进韶关高新区与芙蓉新区融合发展，打造对接粤港澳大湾区和深圳先行示范区“双区”的重大平台，组建了城投集团和韶实集团2大城市基础设施建设和产业服务发展发展实体，在财政、税收、创新和经济等方面进行充分授权。企业开办时间整体压缩至3.5个工作日内，办理效率在粤东西北处于前列，提高了企业办事效率，为高质量发展奠定良好基础。

【人才工作】　新引进61名产业发展领域紧缺适用人才和664名产业科技人才。办理外国人来华工作许可86人，其中A类人才15人。

（刘锡禧）

河源市

【企业创新主体】 2019年，河源市新增高新技术企业29家，存量达到170家。出台《河源市高新技术企业树标提质行动工作方案》，量质并举，持续推进高新技术企业高质量发展，推荐申报省级创新型企业试点认定16家、省级创新型企业认定10家。推动206家科技型企业入选国家科技型中小企业评价库。在省科技专项资金（大项目+任务清单）中安排1 080万元，专项用于支持科技型中小企业技术创新，共27家企业获得资助，每家获得经费支持40万元。

【科技创新平台】 2019年，该市新增省新型研发机构1家、总量达5家；新增省级工程技术研究中心4家，总数达91家。新组建市级工程技术研究中心26家，总量达155家；市级农业科技创新中心15家，总量达88家。全市规模以上工业企业研发机构覆盖率达28.1%，大型工业企业研发机构实现全覆盖。该市顺利推进深圳大学湾区（河源）研究院、广东技术师范大学河源研究院、华南农业大学驻灯塔盆地现代农业综合试验站、灯塔盆地现代农业科技企业孵化器等重大科技创新公共服务平台建设。推动天津大学院士工作站、河源广工大协同创新研究院、省科学院河源研究院等平台提质增效。

【孵化育成体系】 该市注重孵化器运营能力提升，组织开展科技企业孵化器和众创空间运营评价工作。注重加强与湾区孵化机构对接，与广东拓思软件科学园有限公司签订了《河源市孵化育成体系提质增效辅导服务协议》，助力该市孵化育成体系提质增效。2019年，新增国家级科技企业孵化器1家，新增省级“星创天地”备案11家。深河金地创谷孵化基地以及河源首个民企创办的意汇孵化园正式运营，新增科技和孵化场地1万多m^2，实现在孵科技型中小企业341家，当年毕业出孵企业39家。

【园区建设发展】 2019年，该市高新区坚持创新驱动发展，制定“创新14条”措施，出台《高新区促进人才优先发展的实施意见（试行）》，积极对接湾区科创资源，实施“科技创新十项行动”，加强园区创新发展监测评估，园区综合竞争实力不断提升，综合评价排名位列全国第117位，较2018年提升7位，排名进位幅度位列全省第1。

对标国家农高区建设要求，“补短板、强弱项”，引导农副产品精深加工科技成果在园区转化落地，做大做强园区农副产品精深加工主导产业。该市灯塔盆地成为广东省唯一一家国家农高区申报创建单位上报科技部。该市源城区成功申报广东省农业科技园区建设单位。

【科技创新环境】 出台《河源市加快融入粤港澳大湾区建设 打造粤港澳大湾区国际科技创新中心重要拓展区三年（2019—2021年）行动计划》，明确了科技融湾的发展定位和具体措施。全面贯彻省创新“十二条”，制定《河源市关于进一步促进科技创新的若干政策措施》，进一步加大科技创新支持力度。组织7家企业参加第八届中国创新创业大赛暨第七届“珠江天使杯”科技创新创业大赛，联合湾区高端科创机构共同举办2019年河源市创新创业大赛，受理参赛报名245项，举办“河源首届5G技术及应用高峰论坛”等各类创新创业讲堂、论坛沙龙等赋能活动30余次，营造创新创业良好氛围。全面落实《科技创新若干政策措施》，为该市企业、科研院所等兑现政策资金4 411.181万元，科技创新动力得到进一步激活。

【科技金融】　修订完善《河源市联合科技信贷风险准备金管理办法》，进一步放宽科技信贷的受限条件，激励银行等金融机构加大科技型中小企业放贷额度。2019年，该市联合科技信贷风险准备金规模扩充至3 400万元，新增企业科技信贷1.282亿元，累计贷款2.182亿元。

【产学研合作】　组织实施省科技专项（“大专项+任务清单”）项目，组织申报“提升科技型企业创新能力专题”“引进重大科技创新平台和项目专题”等四大专题八大专项，共立项44项、立项资金2 500万元。

【科技成果与奖励】

成果奖励　景旺电子科技（龙川）有限公司完成的“车用高导热基材和高端印制板关键技术研究及应用”以及广东海川科技有限公司完成的“低碳高性能沥青混凝土关键技术创新及产业化应用”项目获2019年度广东省科技进步奖二等奖。

技术合同　组织开展了全市技术合同认定登记培训与科技创新券培训工作，参加培训企业近200家。全年受理15项技术合同认定登记，技术合同成交额及技术交易额分别达到0.16亿元、0.066亿元。

【农业科技】　面向粤港澳大湾区等国内高校、科研院所征集高质量农村科技特派员360名，助力该市脱贫攻坚。2019年，全市共立项支持重大农业科技创新平台项目2项、科技精准扶贫精准脱贫基地9项、农副产品精深加工项目2项、星创天地能力提升建设项目1项。

【民生科技发展】　该市围绕人民群众关注的热点、难点和社会问题等，组织开展市级社会发展领域科技计划项目的申报评审。2019年，全市共有145个项目获得市级社会发展科技计划项目立项，领域涉及医疗卫生、生态保护、环境治理和食品安全等。

（黄　强）

梅州市

【概况】 2019年，梅州市科技系统紧紧抓住中央推动老区苏区振兴发展、推进粤港澳大湾区国际科技创新中心建设等重大机遇，围绕落实省委“1+1+9”工作部署和市委“123456”思路举措，充分发挥创新第一动力的作用，聚焦“企业主体、发展载体、科技人才、创新环境”四大要素，突出重点、精准发力、攻坚克难，推动梅州科技工作取得了实实在在的成效。

【科技人才队伍】 2019年，梅州市实施人才计划专项工作以来，2013—2019年立项9项，总金额3 200万元，引进人才51人，其中院士1人、博士31人、硕士12人、本科5人、学士2人。

【高新技术产业培育】 梅州市按照“科技型中小企业—高新技术企业培育企业—高新技术企业—上市企业”全链条促进高新技术产业发展。2019年新认定高新技术企业50家，高新技术企业存量229家。积极实施“科技型中小企业培育工程”，通过公示并入库的科技型中小企业230家。至2019年年底，梅州市高新技术企业数量位居粤东西北第5位；有两家高新技术企业成功在科创板上市，截至2019年年底，高新技术企业中在主板上市2家，科创板上市2家，新三板挂牌16家。年内，梅州市企业新产品开发能力不断提升，全年全市组织申报高新技术产品认定245件。

【自主创新能力提升】

世界客属青年创新创业中心　2019年，世界客属青年创新创业中心一期、二期入驻企业50多家，合作服务机构8家，入驻企业带动就业创业人员500多人，举办分类创新创业活动50多场，一期毕业企业19家，二期在孵企业24家。

科技企业孵化器　梅州在广东省网登记的科技企业孵化器有11家，其中有1家国家级科技企业孵化器、2家国家级科技企业孵化器培育单位。

众创空间　梅州有21家机构进行众创空间登记，其中有4家国家科技部备案众创空间、8家广东省众创空间试点单位。

工程技术研究中心　梅州市建有省级工程技术研究中心89家，市级133家。全年全市规模以上企业建省、市工程技术研究中心164家，占规模以上企业总数的35%。

重点实验室　梅州建有2家学科类省重点实验室，分别是由梅州市人民医院申报的广东省客家人群精准医学与临床转化研究重点实验室、广东省山区特色农业资源保护与精准利用重点实验室；广东嘉元科技股份有限公司申报的广东省锂离子电池铜箔企业省重点实验室为企业类省重点实验室。

新型研发机构　2019年，新建梅州市华师昆虫发育生物学与应用技术重点实验室广梅园研发中心、航天生物集团广梅航天育种研发中心和广东洪裕智能制造研究院3家省认定新型研发机构，实现零的突破。

三院一基地建设　2019年，梅州市按照大农业的概念，将市属农业科学院、林业科学研究所、微生物研究所、水产研究所等科研机构整合为直属市政府管理的市农林科学院；与省科学院合作设立的广东省科学院梅州产业技术研究院有限公司于2019年9月注册设立，省科学院及梅州市首期建设资金相继到位，研究院场地正紧锣密鼓规划装修中。功能微生物与大健康（蕉岭）研究院、梅州市富硒生物科技创新中心建设、稀土光电功能陶瓷研发应用实验室等一批科技合作项目落地实施；市人民医院围绕打造区域医疗卫生高地建设梅州市医学科学院，已正式挂牌，医学科学院大楼正在加快建设；梅州高新区科技成果转化基地建设进展顺利，仲恺（广梅园）教学实践和科技成果转化基地建设加快推进。

【专业镇及产业技术创新联盟】 截至2019年年底，全市有51家省级专业镇，其中工业类专业镇有19家，农业类有26家，第三产业（旅游）6家。按区域分兴宁市9家、五华县9家、平远7家（被撤1家上举镇）、梅县区8家、蕉岭县3家、丰顺县6家、大埔县7家、梅江区2家。针对梅州特色产业的技术创新平台有序推进，成立了大埔陶瓷产业、丰顺电声产业、梅县金柚及广东电子电路应用4家省级产业技术创新联盟。

【科技助力乡村振兴】 梅州不断壮大农村科技特派员队伍，至2019年年底，全市有省级农村科技特派员78名，市级农村科技特派员入库212人；梅州注重抓好星创天地建设，全市有7家国家备案星创天地，25家省备案星创天地。注重发展县域农业科技园，2019年共推荐3个县（市、区）申报广东省农业科技园区，大埔农业科技园区有望获得认定。

【科技计划项目管理】 梅州市申报2019年广东省科技专项资金（“大专项+任务清单”管理模式）的项目有126项，获得立项50项，项目资金2 500万元；首次组织实施市级应用型科技专项，围绕支持关键技术攻关，有28个项目申报，获得立项项目10项，项目资金600万元；广东万山土壤修复技术有限公司联合华南农业大学等5家科研院所共同承担的“农业面源污染与农田重金属污染监测治理与生物合成制剂研发”项目获省重点科研专项立项。

【科普工作】 据统计，截至2019年年底，梅州市有16家省级青少年科技教育基地，科普画廊4个，梅州市有科普专职人员15人。

10月29日，以“创新引领未来，科技惠及民生”为主题的2019年梅州市科技进步活动月大型科技活动在梅州市作新小学举行，活动由梅州市科技局主办，联合梅州市微生物研究所、市林科所、梅州爱尔眼科医院等单位协办。活动通过免费提供发送科技资源、专家现场提供咨询、现场科技动手实践等方式，进行科技、地震、知识产权、种养技术等方面的宣传及指导，吸引在校学生及市民近2 000多人参加，共同营造创新引领未来、科技改变生活的良好氛围。

【重大科技活动】

“完善科技创新体制机制”调研活动　11月下旬，市委常委、副市长闫景军带领市科技局围绕“完善科技创新体制机制”调研主题开展调研，梳理分析梅州科技创新体制机制方面不适应形势发展的11个存在问题，主要包括创新主体、科技投入、创新人才、创新环境四大方面。在此基础上，以习近平新时代中国特色社会主义科技创新思想作为根本遵循，立足当前，着眼长远，系统谋划，以问题为导向，提出从完善创新主体机制、完善科技投入机制、完善人才培养与激励机制、完善创新环境体制四大要素入手，形成《关于完善科技创新体制机制，全面激发创新支撑作用的对策建议》，以完善的科技创新体制机制有力支撑梅州经济社会的高质量发展。

广东省科学院梅州产业技术研究院正式揭牌　8月7日，全市科技创新大会在梅州召开，省科学院党委书记、院长廖兵和副院长李定强，梅州市委副书记、市长张爱军，市委常委、市政府党组副书记吴晓晖共同为广东省科学院梅州市产业技术研究院成立揭牌。自梅州市人民政府与广东省科学院签署全面战略合作框架协议以来，双方充分发挥各自优势，围绕梅州在生物健康、现代农业、生物育种等领域方向积极推进省科学院的科技创新资源与梅州的产业发展对接，功能微生物与大健康（蕉岭）研究院、梅州市富硒生物科技创新中心建设、稀土光电功能陶瓷研发应用实验室等一批科技合作项目落地实施。

表10-8-1　梅州市与省科学院已落地实施科技合作项目

序号	合作方式	创新平台
1	吴清平院士领衔，省微生物研究所、深圳市华汉投资有限公司、深圳市铁汉生态环境股份有限公司共同投资设立	功能微生物与大健康（蕉岭）研究院
2	省生物工程研究所、蕉岭县人民政府与广东蕉岭妆家都富硒生物科技有限公司共同投资设立	梅州市科学院富硒生物科技创新中心
3	省科学院材料与加工研究所与梅江区政府合作，材料与加工研究所投资设立	粤科新材料与绿色制造研究院
4	省科学院材料与加工研究所获国家科技进步二等奖和广东省专利金奖的科研成果，以技术成果转化方式与平远县所属企业合作投资设立	广东粤科新材料有限公司（生产金属基复合材料耐磨零部件等高附加值产品）
5	大埔县与省科学院生物工程所签署合作协议	在乡村振兴和特色农业科技方面开展深入合作
6	省科学院梅州产业技术研究院与大埔县协同推进，广东省稀有金属研究所与广东欣红陶瓷公司联合建设	稀土光电功能陶瓷研发应用实验室暨大埔产业创新中心

8月7日，广东省科学院梅州　产业技术研究院正式揭牌

（黎巧君）

惠州市

【概况】　2019年，按照市委、市政府的决策部署，市科技局大力实施创新驱动发展战略，全面融入粤港澳大湾区国际科技创新中心建设，努力推动科技创新工作与经济社会发展更加紧密结合，为本市建设国内一流城市更好地发挥科技创新的支撑作用，为经济高质量发展培育壮大新动能。2019年全市R&D经费支出占GDP比重为2.4%，市、县（区）财政科技投入25.19亿元。

【科技政策】　2019年，制定出台《惠州市关于进一步促进科技创新的若干政策措施》（市科创二十条），从粤港澳大湾区国际能源科技创新中心、产业集群创新能力、创新人才、科技创新平台、科技型企业、科技成果转化、科技金融、科技创新环境8个方面提出20条政策措施；出台《惠州市推广第二批支持创新相关改革举措的工作方案》，围绕全市创新驱动发展重点工作，进一步加快体制机制改革创新，优化创新创业环境；出台《惠州市对接广深港澳科技创新走廊实施方案（2019—2023年）》，深入贯彻习近平总书记对广东重要讲话和重要指示批示精神以及省委、省政府战略部署，落实《粤港澳大湾区发展规划纲要》，主动对接广深港澳科技创新走廊，加快建设国内一流城市。修订出台《惠州市科学技术局促进新型研发机构发展的扶持办法（修订）》《惠州市科学技术局科技企业孵化器认定管理办法》《惠州市科学技术局 惠州市知识产权局关于推进惠州市专利工作实施意见的操作规程》《惠州市科学技术局关于市工程技术研究中心管理办法》等规范性文件。

【高新技术企业发展】　2019年，积极落实《惠州市人民政府办公室关于加快培育发展高新技术企业的实施意见》要求，大力组织高新技术企业认定申报工作，全年新增465家企业通过认定，通过率居全省前列，完成整体迁入高新技术企业1家，高新技术企业总量达1 305家。开展创新型企业百强及百强培育企业工作。落实高新技术企业认定各项奖补资金，全年两批共下达市级资金9 500万元。全年举办高新技术企业政策专题宣讲、业务培训、工作研讨会15场，培训企业科技管理人员、企业管理人员、技术和财务人员3 700人。开展科技型中小企业评价工作，全年组织5批共1021家企业通过评价。制订高新技术企业培育辅导服务机构监测评价指标体系，引导在惠州市范围的科技服务机构规范经营，对服务水平进行科学计分排名，通过对排名靠前的进行奖补，鼓励优质机构做大做强。

【科技研究与开发】

孵化器体系建设　截至2019年年底，惠州市已建成众创空间39家、孵化器44家，孵化面积116.9万平方米，其中国家级和省级众创空间分别有12家、2家，国家级和省级孵化器分别有7家、5家，市级孵化器培育单位7家，全市在孵企业1313家，当年毕业企业120家，已逐步形成梯次培育发展格局。修订《科技企业孵化器认定管理办法》，引导惠州市科技企业孵化器高质量发展，支持科技型中小微企业快速成长，构建良好的科技创业生态，推动大众创业万众创新上水平；落实《惠州市人民政府关于促进科技创业孵化育成体系建设的意见》，测算落实政策所需资金，积极向省内外意向投资主体宣传政策。成立惠州市科技企业孵化器协会，进一步整合全市孵化载体创新资源。促进孵化载体高质量发展，新增2家国家级孵化器，4家孵化器和1家众创空间运营评价获得A等级。

新型研发机构　2019年，修订出台《惠州市科学技术局促进新型研发机构发展的扶持办法（修订）》，进一步推动惠州市新型研发机构的建设和发展。2019年，新认定省级新型研发机构1家（惠州TCL云创科技有限公司），省级新型研发机构10家。新增市级新型研发机构2家。成立了惠州市新型研发机构发展协会，协会有会员近60家，其中省级新型研发机构10家、市级新型研发机构9家、在建新型研发机构近10家、亿元以上省级工程中心23家。

专业镇　截至2019年年底，惠州市共有省级专业镇26家（其中1家为纳入管理），占全市镇（街）的1/3，惠环、陈江依托各类电子信息企业，以庞大的电子信息产业基础，形成了电子信息产业集群；园洲的服装产业，集聚许多服装加工企业，形成服装产业集群；惠东铁涌、稔山马铃薯专业镇，通过“公司+经营网+农户”的形式，组织实施标准化生产，成为全国最大的马铃薯冬种基地之一。

产学研合作　2019年，惠州市加大与高端创新资源的对接转化，鼓励企业、科研机构、高校建立科技人员奖励制度，吸引了一批科技创新顶尖人才和团队落户惠州，新引进中国科学院近代物理所离子膜材料团队，签订了《共建重离子微孔膜产业研发创新中心合作协议》，并成立了惠州市科近离子膜材料研究院。

创新平台　2019年，以先进能源省实验室为重点，抓创新平台建设取得新成效。出色完成科学与技术先进能源省实验室建设工作，在第三批省实验室中实现率先挂牌、登记、建设。面向万亿级产业建设创新平台按计划在推进。新一代工业互联网研究院、核孔膜创新研究院、哈工大国际创新研究院已落地正式运作。与广东石油化工学院签署战略合作协议，共建高水平石化产业协同创新平台。

【科技成果】　2019年，办理技术合同认定登记共计95份，合同成交总金额5.62亿元，合同技术交易额5.35亿元，分别比上年增长76%和139%。组织省市科技成果登记23项，组织结题验收省、市级科技计划项目277项（其中没有经费支持的医疗卫生类项目263项、阶段性小结81项），组织申报2019年度惠州市科技计划医疗卫生项目470项，立项374项。

【乡村振兴】　2019年，深入实施乡村振兴战略，创建广东省农业科技园区1个，培育广东省“星创天地”创新创业新载体5家，实现惠州省级农业科技园区、星创天地“零”的突破，构建了省、市、县域农业科技园区梯次推进乡村振兴新格局；征集、选派省农村科技特派员60多人下乡与全市46个省定贫困村开展科技对口扶贫脱贫工作，实现了全覆盖的省定目标。

【科技人才】　发挥纽带桥梁作用，组织惠州市31家高校、企业及科研机构参加第十七届中国国际人才交流大会以及2019中国海外人才交流大会暨第21届中国留学人员广州科技交流会，参加交流会的人才与智力项目交流对接活动，共收到简历400多份，吸引了近700名求职者到惠州市展位咨询求职，达成初步意向43人。

（温志彬）

汕尾市

【科技环境与制度建设】　2019年，汕尾市先后出台了《汕尾市人民政府关于印发汕尾市贯彻落实〈关于进一步促进科技创新的若干政策措施的实施意见〉的通知》《汕尾市科学技术局关于印发〈汕尾市科学技术局关于汕尾市企业研究开发中心认定的管理办法〉的通知》《汕尾市科学技术局、汕尾市卫生健康局、汕尾市市场监督管理局关于印发〈汕尾市医药科技计划项目管理细则（修订）〉的通知》等支持科技创新政策文件和配套政策，为进一步提高科技服务水平、激发创新创业活力、增强自主创新能力提供科技政策支撑。

【先进能源科学与技术广东省实验室汕尾分中心】　汕尾市积极参与第三批广东省实验室建设，以中广核工程有限公司为依托，联合海上风电装备制造企业、高等院校、检测认证机构等16家单位共同建设先进能源科学与技术实验室汕尾分中心。8月29日，广东省实验室（第三批）建设启动会召开，先进能源科学与技术广东省实验室汕尾分中心正式获省批准启动建设。汕尾市委书记、市人大常委会主任石奇珠同志参加启动会并领取汕尾分中心牌匾。这标志着先进能源科学与技术广东省实验室汕尾分中心正式获省批准启动建设，从此告别基础与应用基础研究空白的历史。

汕尾分中心由汕尾市政府牵头，以中广核工程有限公司为依托，联合海上风电装备制造企业、高等院校、检测认证机构等16家单位共同建设。该分中心建设六大硬件平台（即：四个实验室、一个试验风场、一个安全研究中心），开展风机关键部件国产化核心技术、多能互补、设计建造技术、柔性直流送出技术、防腐关键技术、智能运维六大方向研究，着力解决海上风电产业发展“卡脖子”的关键共性技术，目标是建成全国一流的海上风电实验室。

【科技项目】　开展汕尾市2018年省级科技创新战略专项资金（“大专项+任务清单”管理模式）第一批、第二批项目评审工作，共获立项35项，经费2 500万元。开展汕尾市2019年省科技专项资金（“大专项+任务清单”）项目申报、评审、立项工作，受理申报项目28项，完成“农业科技创新平台”9个项目的评审立项工作，下达专项经费340万元。另外入库市县项目库项目16个。开展2017年度汕尾市创新驱动发展战略专项补助资金项目58项，补助经费791.5万元；2018年度汕尾市创新驱动发展战略专项资金项目共54项，奖补资金627万元。2019年组织专家开展医药卫生科技项目立项评审共91个；开展2013—2017年度医药卫生科技项目结题验收15个。

【科技创新体系】

高新技术企业培育　2019年，汕尾市共推荐20家企业申请高新技术企业认定，经认定，共有13家企业通过认定，其中新认定企业7家，重新认定企业6家。2019年汕尾市共受理了13家科技型企业申请入库高新技术企业培育库，经评审，批准同意10家企业为汕尾市2019年广东省高新技术企业培育库入库企业。根据省科技厅2019年科技型中小企业培育入库评价工作安排，组织推荐6批次科技型中小企业参评，经省科技厅评价，2019年汕尾市共有59家企业成功入库科技型中小企业。

科技企业孵化育成体系建设　2019年，汕尾市科技局开展市级科技孵化器、众创空间认定工作，经广泛征集，受理了申请认定汕尾市科技孵化器、众创空间各1家，经专家实地考察与评审，前瞻孵化器、汕尾搭伙创业空间通过了市级认定，共核定面积2 300平方米。

科技企业创新平台建设　2019年汕尾市科技局受理申报市级研究开发中心22家，通过认定19家；组织开展2019年省级工程技术研究中心的认定工作，共有4家企业申报认定。

农业科技企业建设备案　2019年推荐申报省级农业科技园区1家，对接农村科技特派员167人并已报省科技厅备案。

【科技成果转化】　汕尾市积极推进企业科技成果转化，主动融入大湾区创新体系，鼓励企业与广州、深圳等城市开展协同创新，将汕尾高新区、海丰生态科技城、陆丰产业转移园、陆河新河工业园、陆丰海工装备基地打造为科技成果转化承载主阵地。2019年，推荐上报高新技术产品68个，通过认定48个。

【创新创业大赛】　积极举办2019年第八届中国创新创业大赛（广东·汕尾赛区）暨汕尾市第三届“红海杯”创新创业大赛。汕尾市创新创业大赛参赛企业数量呈现逐年递增的良好态势，参赛项目涉及行业广泛，覆盖互联网、电子信息、先进制造、节能环保、生物医药等多个领域。赛事集聚全市高新领域企业，涌现出许多高精尖的项目和众多优秀企业。

2019年6月5日，汕尾市在市技工学校举行第二届“红海杯”创新创业大赛颁奖仪式暨第三届大赛启动仪式

8月13日，第八届中国创新创业大赛（广东·汕尾赛区）暨汕尾市第三届“红海杯”创新创业大赛复赛在汕尾高新区红草园区举行，共有45家企业进入复赛，其中成长组32家、初创组13家。评审采用现场演示、答辩、当场亮分等方式进行，最终12家企业进入市决赛，初创组和成长组各6家。

8月13日，第八届中国创新创业大赛（广东·汕尾赛区）暨汕尾市第三届“红海杯”创新创业大赛复赛在汕尾高新区红草园区举行

【科学技术普及】

基层科普　2019年汕尾市举办了科普讲解大赛，推选出6名选手参加广东省首届科普讲解大赛并荣获优秀奖，汕尾市科技局在21个省直单位和各地级以上市代表队中荣获优秀组织奖；二是举办了文化科技卫生“三下乡”集中服务活动，2019年6月28日，在海丰县梅陇镇永红村举办了“文化、科技、卫生三下乡集中服务活动”，接受科普咨询和发放科普书籍、药品和纪念品等物资，着力提高全民科学素质；三是举办了2019年汕尾市科技进步活动月启动仪式暨科技创新成果展，通过图片、视频展示近年来我国科技工作者取得的30多项代表性科研成果，激发人民群众的爱国热情。

科普基地建设　汕尾市共有5家单位申报认定省青少年教育基地，并对2家已认定的省青少年教育基地的复核材料审核后上报给省科技厅。

首届科普讲解大赛　2019年6月5—6日，广东省首届科普讲解大赛在广东科学中心举办。汕尾市科技局领导率领市选拔赛推选出的6名选手代表汕尾市参加省首届科普讲解大赛。汕尾市6名选手荣获优秀奖。汕尾市科技局等11个单位在省直单位和各地级以上市代表队中荣获优秀组织奖。

汕尾代表队参加广东省首届科普讲解大赛——汕尾市科技局荣获优秀组织奖

（蔡一妍）

东莞市

【概况】 2019年，根据首都科学发展战略研究院和中国社会科学院城市与竞争力研究中心联合发布的“中国城市科技创新发展指数2019”，东莞科技创新发展指数位居全国地级市第5名。东莞市主要科技指标位居全省前列，全市高新技术企业数量持续增长，达6 217家，居全省地级市首位。国家创新型城市建设扎实推进，“源头创新—技术创新—成果转化—企业培育”全链条的创新体系稳步构建，创新的系统性、科学性增强，创新能力和创新格局进一步提升。

【科技计划与政策体系】 2019年，东莞市突出加强创新型城市的顶层设计，推进科技体制改革，着眼谋划新一轮科技创新计划和政策体系。

明确“全链条”创新的思路 以全面建设国家创新型城市为总目标，明确系统构建“源头创新—技术创新—成果转化—企业培育”创新体系的思路，开展全链条创新和全域创新。

制订科技计划改革方案 在地级市层面率先启动科技计划体系改革，制订《东莞市科技计划体系改革方案》，对市级科技计划项目的设置进行整体性、系统性谋划，构建由源头创新专项、平台载体专项、科技人才专项、技术创新专项、企业培育专项和成果转化专项6大专项组成的全链条创新、全科技要素创新的科技计划体系。

制订科技创新配套政策 全面贯彻中央和省有关财政资金、科技项目管理新政要求，围绕建设国家创新型城市的主线，在材料实验室、新型研发机构、创新型企业培育、战略科学家引进、重点领域技术攻关、创新强镇建设等重点环节制订扶持政策，逐步建立适应新形势、新需求的科技政策体系。

【重大创新平台】 2019年，东莞市与中科院就共建松山湖科学城达成初步共识，松山湖科学城纳入综合性国家科学中心省建设方案。中国散裂中子源运行良好，前2轮开放运行完成课题101项，用户包括清华大学、北京大学、香港大学、剑桥大学等国内外的高等院校，在新型锂离子电池材料、太阳能电池柔性薄膜、芯片中子单粒子效应等方面取得多项研究成果。松山湖材料实验室全链条创新取得实质性进展，在世界顶级学术期刊*Nature*发表论文6篇；启动阿秒激光等重大科技基础设施建设；承担国家、省科技重大项目8项，获国家、省资助金额超过1亿元；申报国家发改委中央预算内粤港澳大湾区建设专项，拟资助金额2.3亿元；引进双聘和全职人员409人；其中，“两院”院士10人，国家杰出青年科学基金获得者55人，国家优秀青年科学基金项目获得者19人。

【基础与应用基础研究】 2019年，东莞市获得国家自然科学基金项目60项，资助金额2 160万元，同比分别增长62.2%、35.3%；获得省级科技项目99项，资助金额2.84亿元，同比分别增长149%、39%，特别是在首批省基础与应用基础研究重大项目上，东莞市承担和参与承担的项目有4项，占全省立项总数的30.7%，涉及资助金额1.77亿元，居全省第3位。

【创新型经济发展】 2019年，东莞市高企数量持续增长，达6 217家，居全省地级市首位；科技企业孵化器数量达到122家，其中，国家级孵化器23家，全省地级市首位。全市4 203家规模以上工业企业进行了研发机构登记备案，规上工业企业研发机构建有率达42%，顺利完成省下达的2019年度目标任务。成果转化的市场活跃度明显增强，2019年全市认定登记技术合同417份，其中合同成交额222.07亿元，技术交易额221.47亿元，较上年同比增长均为11倍，居全省第3位。

【科技创新氛围】 截至2019年年底，东莞市累计建立了26个研究生联合培养（实践）工作站，吸引来自103所国内外知名高校院所1 418名研究生来莞培养（实践），为东莞市265家企事业单位提供科技创新和人才支撑，毕业生留莞率超过40%。海外人才工作站建设取得新进展，新增设立独联体联盟、美国芝加哥、日本东京、中国香港4个海外人才工作站，全市海外人才工作站达到8个，组织了204名海外人才、40个海外创新创业项目参与东莞高层次人才活动周。先后成功举办2019年粤港澳大湾区院士峰会暨第五届广东院士高峰年会、国际欧亚科学院粤港澳大湾区首届院士论坛、粤港澳大湾区科技创新论坛等，邀请、吸引院士、专家学者270余人次来莞出席学术交流，进一步深化了高端人才对东莞科技创新的了解认识。

【松山湖材料实验室】 2019年，东莞市加快推进基建工程建设，强化实验室作为源头创新平台的支撑作用，鼓励其加强原创性技术研发和成果转化，争取跻身创新体系的“国家队”。

大科学装置 充分发挥实验室作为松山湖科学城重大平台的功能作用，启动阿秒脉冲激光装置前期研究论证工作，搭建材料计算与数据库平台、材料制备与表征平台、微加工与器件平台、中子科学平台等4大公共创新平台；与中国航空发动机集团有限公司、航天五院钱学森实验室共建研究中心，推动多学科的交叉研究与运用。

拓展前沿研究 实验室已经明确“实用超导薄膜”“生物界面材料”等16个前沿技术研究方向并取得了突破性的进展，其中，王恩哥院士团队向全世界首次证实二维冰的存在，为高温超导电性、深紫外探测、冷冻电镜成像等研究提供全新理论基础；王健君研究员团队向全世界首次证实“临界冰核”的存在，为全世界低温细胞和疫苗的冻存等研究提供全新的理论基础。

完善机制做好服务 制定专项扶持办法，赋予充分的自主权；设立“政策与服务专责工作小组”，解决进口科研仪器设备免税资格、院士专家住房、实验室过渡场地、科研成果转化空间等问题。

【产业关键核心技术攻关】 2019年，东莞市围绕重点培育发展的五大领域十大产业，开展“卡脖子”技术项目入库工作，共征集了9大领域350个项目，筛选入库项目88项；组织推荐企事业单位申报2019年省重点领域研发计划项目110项、填写揭榜制建议161条，获省重点领域研发项目立项15项，获省资助经费1.64亿元。其中，围绕5G关键器件与材料国产化着力解决进口替代的“卡脖子”技术问题，组织力量支持省科技厅科技应急专项，松山湖材料实验室、广东生益科技股份有限公司承担了4项，获省资助金额2 676万元，立项数与资助金额均居全省第2位。支持天域半导体科技有限公司参与组建广东省第三代半导体技术创新中心，获省立项并建设东莞基地。

【新型研发机构】 2019年，东莞市校（院）地共建的新型研发机构获得发明专利授权数102件；获得国家、省重点研发资助项目立项25项，比去年同期增加78.6%；孵化企业654家，比去年同期增加169家；技术服务金额2.22亿元，比去年同期增加12.2%；新增2家省级新型研发机构，总数达26家。

集聚创新资源，强化本土研发力量 广东省智能机器人研究院开展光刻机、高功率激光器等关键技术研发，着力解决国外高端芯片制造技术封锁，获得省部级项目立项5项，资助金额7 060万元；北大光电研究院与松山湖材料实验室联合承担省“第三代半导体材料和器件”重点研发项目，获得省立项资金5 000万元；东莞同济大学研究院成为军委科技委国防科技特区主题技术专家组成员单位，承担了军委科技委某基础加强项目和前沿技术创新专题项目，其自主研制产品成功中标国家某军工招标项目，并交付使用；华南设计创新院成立广东省智能终端工业设计研究院，获广东省工信厅认定为省级工业设计研究院。

深耕前沿技术研发 贾波教授团队组建的先进光纤应用技术研究院参与国家级安全通信示范工程建设，有望入选国家级技术创新中心；张书彦团队组建的材料基因高等理工研究院与散裂中

子源合作建设工程材料衍射谱议；联合中广核开展“基于材料基因工程的先进能源装备材料服役性能评价技术及其应用研究”，获省基础与应用基础研究重大项目立项；李泽湘教授团队组建的松山湖国际机器人研究院顺利通过绩效考核，研究院及孵化企业在建设期内累计缴纳税收达到5 469.42万元。

投资孵化类新型研发机构加快产生效益 支持清华东莞创新中心简化投资项目审批程序，将项目投资和退出权限从1 000万元提高到3 000万元；该中心投资的清能光伏、安凯微电子、朗呈医疗等公司股权普遍增值2～3倍，部分增值达10倍，2019年退出项目获得投资收益接近1 500万元。

【创新型强镇】 2019年，东莞市推动10个镇街参与科技创新强镇建设，引导创新强镇集聚创新创业人才，推动科技成果转化落地和重点新兴产业集聚，做好基层科技创新的发展规划和顶层设计，选定创新体系的优势进行重点突破，做出成效和示范，提升东莞市基层创新能力。

【科技成果转化】 2019年，东莞市创新样板工厂已引进18个技术创新与产业化团队，团队已注册成立了8家产业化公司，注册资本总计近1亿元。研究制定建设粤港澳大湾区科技成果转移转化中心实施方案，加快科研众包平台等成果转化载体建设，“东莞科技在线”累计发包项目250项，促成众包服务168项，累计交易成功率为67.20%，交易金额231万元。组建成果转化专业对接队伍，举办2019年东莞市技术经理人培训班和RTTP培训班，培养一支熟悉专业技术和科技成果转化全流程的服务队伍，推动科技成果转化工作。

【企业培育】 2019年制定《东莞市培育创新型企业实施办法》，建立创新型企业的遴选标准，构建“高新技术企业—瞪羚企业—百强创新型企业” 培育梯队，对不同发展阶段的企业给予多元化、多层次的分类支持，初步组织了112家企业参与预申报。引导银行金融资本推出科技贷、科创贷、倍增贷、专利质押、科保贷等信用类贷款，加大对企业技术创新的信贷支持力度，2019年合作银行预计发放科技信贷超过100亿元。支持企业购买科技保险，降低科技创新风险，全年为308家企业补贴科技保险保费700多万元。

【孵化育成体系】 2019年，东莞市新增认定8家国家级科技企业孵化器，总量达到23家，居全省地级市第1位；组织6家单位申报国家备案众创空间，增量和存量预计居全省地级市第1。目前，全市科技企业孵化器预计122家，众创空间81家。全市获评省科技企业孵化器、众创空间优秀（A级）15家，获评国家级科技企业孵化器优秀（A类）3家。修订科技企业孵化器产权分割管理暂行办法，明确分割销售的操作步骤，扫清了科技企业孵化器分割转让的程序障碍，激发社会力量建设孵化器的热情。

【科技融资】 2019年，该市的合作银行预计发放科技信贷超过100亿元。支持企业购买科技保险，降低科技创新风险，全年为308家企业补贴科技保险保费700多万元。配合东莞市金融工作局推动宇瞳光学、佳禾智能、祥鑫科技3家高新技术企业在深交所上市，开普云公司在科创板的首发上市申请成功过会，实现东莞市企业科创板上市“零”的突破。

（李月玲）

中山市

【概况】　2019年，中山市紧抓高新技术企业认定和培育工作，2019年全市高新技术企业总量达到2 562家，338家企业纳入高新技术企业培育名单。全市入库国家科技型中小企业1550家，获得市级创新券支持企业367家，核定兑现金额4 023.74万元，带动企业研发投入2.75亿元。组织完成700家企业的2 947个项目的研发费加计扣除技术鉴定工作。

【科技计划】　2019年，市级科技财政专项资金增至8.89亿元，包括安排科技发展专项资金6.91亿元（其中：科技创新专项资金1.09亿元、协同创新专项资金2 200万元、科技金融专项6 500万元、科技创新券3 000万元、科技企业孵化器及众创空间专项资金3 500万元、高新技术企业发展专项资金1.7亿元、新型研发机构专项资金3 500万元、引进高端科研机构创新专项资金1.6亿元、科技服务业发展专项资金1 000万元、翠亨新区科技创新平台专项资金5 500万元）；安排产业扶持资金（中山市科技创新创业投资引导基金）1亿元；安排科学技术事业发展专项资金（社会公益科技研究资金）1 100万元；安排引进高端科研机构事业费（包括市级引进高端科研机构事业费和翠亨新区引进高端科研机构事业费）5 443万元。

【科技管理改革】　2019年，中山市调整优化全市科技计划体系，设置5类科技计划，包括重点研发计划、企业创新计划、创新环境计划、人才计划、公益与基础研究计划（事业费），各计划下设若干专项，制定了《中山市科技创新券服务机构入库管理暂行办法》《中山市促进技术交易和科技服务业发展专项资金使用办法》《中山市科技创新平台专项资金使用办法》《中山市工程技术研究中心认定管理办法》《中山市科技发展专项资金管理办法》《中山市企业科技创新发展专项资金使用办法》《中山市社会公益与基础研究专项资金管理办法》《中山市重大科技专项资金使用办法》《中山市科技孵化育成体系专项资金使用办法》9份规范性文件。牵头制定《中山市促进科技创新推动高质量发展若干政策措施》和《中山市推进粤港澳大湾区国际科技创新中心建设专项行动计划》《中山市加快新一代人工智能发展行动计划（2019—2021年）》，同时，更新《中山市创新驱动发展政策汇编（2019年版）》等政策宣传材料。在出台规范性文件时，同步在中山市科技局政务网发布解读文件，并在市科技局微信公众号“中山锐科技”上开展图文并茂的政策解读专题，多渠道、多方式对科技政策进行解读。11—12月，全市分5个组团开展2019年科技创新政策巡回宣讲培训，面向全市企业开展科技创新政策宣传。

【科技管理服务】　2019年，中山市科技局加强科技信息化建设，不断改进系统功能，继续推动中山市大型科学仪器设备共享平台的使用，加快推进中山市科技创新管理一体化系统的建设和验收工作，按要求进行中山市产业扶持资金系统数据对接工作。

科技项目管理　积极开展科技项目中期检查和结题验收工作，市科技局联合镇区，引进第三方专业会计审计机构，对96个在研市级重大科技项目进行了中期检查，全年共发出项目到期通知11份，累计组织验收项目120项。

科研诚信管理　全年共发出信用处理告知书25份，向市信用办报送失信名单64条，执行内部进行信用审查28次，执行外部进行信用审查6次，与市税务局、环保局、市场监督管理局、人社局、文广旅局等部门联动，累计审查对象9 489

家次，审查出失信对象48家次，涉及企业荣誉1项，科技发展专项资金723.34万元。

服务事项再造 深入推进一窗通办集成服务，对13个事项进行梳理再造。通过中山市技术转移和知识产权交易协同创新中心（中山协同创新网），为企业提供技术转移、知识产权等技术创新服务。全年服务企业2 960家，征集企业技术难题需求510项，平台线上签订技术交易合同46项，合同金额2 230.46万元。组织开发了“中山市科技创新政策指南针系统”，为各创新主体应用科技政策提供引导。引入广州生产力促进中心、广东拓思软件科学园有限公司2家科技服务机构入驻市科技服务集聚基地。

【科技企业培育】

高新技术企业树标提质 2019年新增高新技术企业689家，总量达2 562家。高新技术产品申报3 483件，通过认定2 444件。优化高企技术人才服务，共有406名人员符合高新技术企业人才积分加分要求，平均加分达22分。

科技型中小企业评价 全市全年有1 550家企业通过科技型中小企业评价。

核心技术攻关 全市共推荐14家企业申报广东省科技发展专项资金，涵盖第三代半导体材料与器件、电子信息、高端医疗器械、激光与增材制造、新药创制等领域。通过2019年省科技专项资金（“大专项+任务清单”管理模式），支持科技型中小企业加强技术创新和企业研发机构建设，主动承接国家、省重大科技项目在中山进行持续的技术攻关和成果落地转化，立项26项，共安排扶持资金2 000万元。支持高端装备制造、新一代信息技术、生物医药、光电等技术领域技术攻关，“科技强企计划”立项项目28个，扶持资金总额为13 400万元。

【科技创新平台】

引进建设重大科技创新平台 复旦大学中山联合创新中心、智能移动机器人（中山）研究院和中山—香港科技大学联合创新中心正式挂牌成立。与中国工程物理研究院激光聚变研究中心、中国科学院理化技术研究所、北京车辆研究所、复旦大学4所优质高校、科研院所协议共建创新中心，推动科研成果在该市转化，全市创新平台总数增至8个。与完美公司共同推进“完美生命健康科技研究院”建设，围绕健康美丽产业重点发展领域开展关键核心技术攻关。

建设各类研发机构 2019年新认定市级工程技术研究中心178家，推荐申报省级工程技术研究中心认定116家，2019年年底市级工程技术研究中心908家，省级工程中心325家。推进省级企业重点实验室建设，全市现有省级企业重点实验室5家。中山市北京理工大学研究院和中山市武汉理工大学研究院获批设立了博士后创新实践基地，进一步完善了对高端创新平台的人才引进方式。

【科技企业孵化器】 2019年，中山市努力打造“众创空间—孵化器—加速器”科技创业孵化育成体系链条。截至2019年年底，该市新增1家国家级孵化器，该市有市级以上科技企业孵化器与众创空间65家，其中，国家级孵化器6家，国家级众创空间5家，省级国际众创空间2家，省级孵化器11家，省级众创空间10家。鼓励支持现有孵化器参加2018年度广东省科技企业孵化器众创空间运营评价工作，通过省级运营评价机制，引导孵化器完善管理体系，提升孵化器的孵化绩效，促进该市孵化器提质增效。出台《中山市科技孵化育成体系专项资金使用办法》，鼓励市级以上科技企业孵化器、众创空间加强与港澳的高校、科研院所、社会团体合作，遴选优质科技创新项目落户中山培育孵化。

【科技人才建设】 2019年审批来中山工作外国专家1 661人次，截至2019年12月31日，全市持有有效外国人来华工作许可证人员1 044位；出台《中山市实施粤港澳大湾区个人所得税优惠政策财政补贴暂行办法》，重点推进粤港澳大湾区个人所得税优惠政策财政补贴。

【科技金融】 2019年，组织申报中山市科技创新创业投资引导基金，已完成材料初审及专家论证工作，同时，整合现存5支科创基金，其中3支已完成退出。科创基金累计投资55个项目，投资金额6.44亿元，其中投资中山项目27个，投资金额3.9亿元。科技贷款风险准备金资金池规模增至

3亿元，采用多梯度、多层次风险补偿的方式，撬动科技银行20倍科技信贷。全市拥有科技银行12家，科技贷款入池企业2 361家，累计审批贷款超75亿元，贴息6 220.64万元。截至2019年年底，全市具备科技保险资质的保险公司9家，科技保险专管专营机构1家。2019年对197家购买了科技保险的企业发放科技保险补助，补助总金额为845.88万元。试点推广全国首创的科技项目研发费用损失保险、科技成果转化费用损失保险，分散企业科技创新风险。

【创新创业大赛】　2019年，共217家企业成功报名参加中国创新创业大赛（广东·中山赛区）暨中山市科技创新创业大赛，33家企业晋级省决赛并获得奖项，报名数、获奖总数均位列广东赛区第2；晋级全国总决赛的6家企业中，共5家获得优秀企业称号。大赛期间，组织开展大赛宣讲培训活动，承办生物医药领域和先进制造领域省决赛，并配合赛事安排政策宣讲、科技金融暖企、现场参观等活动。工商银行对本届参赛企业授信10亿元，截至2019年12月共核定意向授信企业10家。

6月3日，2019年中国创新创业大赛（广东·中山赛区）启动仪式在中山市举办

【科技创新券】　2019年开展两个批次市级科技创新券兑现工作，共兑现447张科技创新券，核定兑现金额4 023.74万元，带动企业研发投入2.75亿元。该市全年共有51家企业获得省级科技创新券专项资金，金额262.61万元；共有24家服务机构入库省级科技创新券服务机构库。

（张书姝）

江门市

【概况】 2019年，江门市出台了《江门市关于进一步促进科技创新推动高质量发展的工作措施》。江门市财政科技投入15.4亿元，研发经费71.06亿元、占GDP比重达2.26%，规上工业企业研发机构覆盖率达61%。

【科技融资】 2019年，江门市以“科技杯”大赛决赛为契机，邀请20家投融资机构进行现场对接，达成意向投融资金额超27.8亿元。全年新增备案科技支行5家，科技支行总数增至23家，实现四市三区科技支行全覆盖。江门市还设立了2家科技小额贷款公司和2个经省科技厅同意设立的科技金融综合服务中心，全市服务科技型企业的专业金融机构数量和质量均位居全省前列。

科技金融扶持资金贷款贴息 2019年该市收到科技贷款贴息项目申请365个，比2018年增长75%，通过备案申请242项，最终结算179项，涉及402笔贷款，贷款总额93 297.76万元，合共安排扶持资金1 715.14万元。其中，专利质押项目7个，涉及专利质押贷款17笔，贴息101.18万元。

设立省市联动的风险准备金池 联合市知识产权局、市场监管局，进一步扩大资金池规模，2019年财政资金投入达2 610万元（其中科技资金1 500万元，市市场监管局资金1 110万元），利用财政资金的杠杆效应，放大30倍，带动金融机构向江门市科技型小微企业提供近8亿元的科技贷款。截至2019年年底，已向科技型小微企业提供融资28笔，金额4 545万元。江门市地方财政设立的创业引导基金有8支，额度合共达94 927万元，其中财政资金48 575万元。

【科技创新创业环境】

江门市连续7年举办江门市“科技杯”创新创业大赛，并开展了团队赛和承办了中国创新创业大赛港澳台赛的新材料、生物医药及大健康行业赛。江门市“科技杯”创新创业大赛每年为参赛企业提供约1 000万元的扶持资金和引导对接超10亿元的风险投资基金，大赛还整合了15项支持政策，包括：争取省资金300万元，增加获奖企业数量；整合“邑科贷”政策，获奖企业可获最多500万元科技贷款；整合贷款贴息政策，参赛企业贴息扶持最高可达50万元；整合人才奖励政策；整合孵化载体的减租免租优惠；整合上市辅导和融资担保等政策支持。

【科技创新平台建设】 2019年度江门市新认定省级工程技术研究中心53家，其中企业类52家，公益类1家，新增数量位居全省地级市第5位。截至2019年年底，江门市省级工程技术研究中心已增至395家，总数位居全省地级市第5位，市级工程技术研究中心累计达到1 557家。截至2019年年底，江门市规模以上工业企业研发机构覆盖率达到61%，位居全省第1位，主营业务收入5亿元以上工业企业研发机构持续实现全覆盖。

【孵化育成体系】 7月12日，江门市科技企业孵化协会正式成立，标志江门孵化育成体系建设进入一个新阶段。出台了《江门市科学技术局 江门市财政局关于科技企业孵化器、众创空间后补助试行办法》，在2019年广东省运营评价中，获A级评价单位2家（孵化器1家，众创空间1家），每家得到省财政30万元奖补；获B级评价单位4家（孵化器3家，众创空间1家），每家得到市财政10万元奖补，合共100万元。启迪之星（江门）孵化器申报的“启迪之星海外（粤马）孵化平台”、珠西创谷孵化器申报的“珠西创谷（江门）科技园粤港澳科技企业孵化器建设”两个项目获得2019—2020年度广东省科技孵化育成体系高质量发展专项立项，分别获省财政100万元资金扶持。启迪之星（江门）孵化器获得“国际化科技企业孵化器”称号，成为江门首家获国际化称号的孵化器；珠西创谷孵化器获得“粤港澳科技企业孵化器”称号，成为江门首家获省级资质的粤港澳孵化器。截至2019年年底，江门市共有孵化器39家，面积约51万m^2，在孵企业1 153家，累计国家级孵化器2家，省级孵化器5家，粤港澳科技企业孵化器1家，国际化科技企业孵化器1家。众创空间41家，面积7.76万m^2，累计国家备案众创空间3家，省级众创空间4家。

7月12日，江门市科技企业孵化协会成立大会暨2019首届江港澳科技创新发展峰会召开

【高新技术企业】　2019年，江门市共推荐952家企业申请高企认定，其中560家企业通过认定，有效高企存量达1 582家；江门市共有1 169家企业被评为2019年科技型中小企业；科技型小微企业在库数量累计达4 028家。

【产学研合作】

高水平理工科大学　制定《江门市人民市政府与五邑大学市校联席会议制度》，围绕江门市五大新兴产业发展、重点项目推进中的科研、人才、技术等资源开展供需对接。加强江门市企业与五邑大学智能制造学部、生物科技与大健康学院、轨道交通学院等院（部）的对接交流，促成了柔性传感材料与器件研究开发中心与江门市盈骅光电科技有限公司在柔性锂电池和柔性应力传感器技术产业化方面的合作。

推动五邑大学与香港理工大学合作共建“纺织材料粤港联合实验室”，并在2019年省科技专项资金“大专项+任务清单”予以立项资助100万元；与香港岭南大学合作共建“居家养老联合研究创新中心”“智能居家养老示范实验室”；五邑大学与澳门大学、北京师范大学—香港浸会大学联合国际学院等17所大湾区高校合作建立“粤港澳大湾区西岸科技创新和人才培养合作联盟”。推动五邑大学与中国科学院半导体研究所合作共建“数字光芯片联合实验室”，与中国科学院广州生物医药与健康研究院合作共建“人类重大疾病大动物模型联合创新基地”。

8月19日，17所大湾区高校参与的“粤港澳大湾区西岸科技创新和人才培养合作联盟”正式成立

与广东省科学院共建产业创新平台　2019年，贯彻落实《广东省科学院与江门市人民政府全面战略合作框架协议》，积极开展江门市与省科学院产业技术育成中心、省半导体产业技术研究院、省新新材料研究所、省材料与加工研究所、省工业分析检测中心、省智能制造研究所及省海洋工程装备技术研究所等骨干院所的对接合作。加快建设省智能制造研究所江门中心，4家知名企业进驻江门中心平台，与江门银特银数控机床有限工资、江门市辉隆塑料机械有限公司、广东亿恒工业装备有限公司等企业签订技术合同，开展了“智能制造专题研修班”等多场专题培训。

10月11日，江门市科技局与广东省半导体产业技术研究院在江门高新区举办珠西科技产业创新服务中心挂牌仪式暨广东省半导体产业技术研究院江门中心成立大会。会上，双方签订共建江门中心合作协议，省半导体产业技术研究院江门中心在江门市落户。该中心与广东德力光电股份有限公司等3家企业开展了项目合作，并在广东世运公司建立江门市首个“广东省科学院企业工作站”。

政产学研合作交流　6月，由市长刘毅、市委常委利为民带队，与哈尔滨工程大学进行了产学研对接与交流，江门市人民政府与哈尔滨工程大学签署全面科技合作协议，双方将围绕高端装备制造、新一代信息技术、新材料、船舶与海洋工程等重点领域发展，共建科技创新平台。7月，组织广东道氏技术股份有限公司、广东富华重工制造公司、江门市中心医院等13家单位到国家纳米科学中心、中国科学院半导体研究所、北京航空航天大学、北京理工大学进行了产学研对接与交流。

【农业科技计划】

顶层规划设计　制定实施《江门市乡村振兴科技创新三年行动方案（2019—2021年）》《江门市加快星创天地建设工作实施方案（2020—2022年）》，方案从“着力开展创新示范区域创建行动、着力强化农业农村科技创新供给、着力完善农业科技创新平台体系、着力引进农业科技创新人才、着力强化成果转化和推广应用体系、着力发展壮大农业高新技术产业”六个方面，强化乡村振兴的创新驱动力，引领带动乡村全面振兴发展。

乡村创新创业　全市6支农业创新创业团队和企业获得第八届中国创新创业大赛（广东·江门赛区）暨2019年江门市“科技杯”创新创业大赛奖项，获得超过200万元资金扶持。特别是，由3位香港青年罗伟特、梁立锋、谭慧敏领衔的“鱼菜共生联合气雾栽培循环农业种养技术”参赛项目，在大赛中荣获初创企业组一等奖，并获得第六届“创青春”中国青年创新创业大赛农业农村初创组第一名。

农业创新载体　台山市国家创新型县（市）和广东江门国家农业科技园区建设并获得省科技厅600万元的专项资金扶持。台山鳗鱼产业园成功创建成广东省农业科技园区。星创天地建设取得新成效，5家单位通过省科技厅第三批“星创天地”的认定，通过数量位居全省第2。截至2019年年底，江门市建成国家级创新型县（市）1个，国家级农业科技园区1个，省级现代农业科技创新中心6家，涉农市级以上新型研发机构2家、院士工作站6家、工程技术研究中心32个，形成了“一市（县）一园多中心”的农业创新平台体系。

科技特派员行动　2019年，江门职业技术学院共派出23名农业科技特派员进驻到本省11个贫困村开展帮扶脱贫活动，获得省科技厅100万元资金扶持。江门职业技术学院申报的“新兴县天堂镇科技精准扶贫精准脱贫紫米产业基地建设”项目，获得省科技厅30万元资金支持。目前，江门市已引进高校院所50多名农村科技特派员入驻到基层，建立农业科技特派员工作站20家，实施技术开发项目200多项，为乡村振兴发展搭载了强大的人才“引擎”。

【科技交流与合作】

科技合作与项目引进　6月15日，江门市参加了在哈尔滨举行的江门—七台河对口合作座谈会，以及七台河市招商推介暨签约仪式。签约仪式上，广东千色花化工有限公司、宝泰隆新材料股份有限公司、北京石墨烯研究院三方签订了共建BGI宝泰隆研发中心—江门石墨烯产业基地的协议。11月，加拿大皇家科学院院士、温莎大学副校长、加中科技联盟专家委员会主席萧锦荣教授，加中科技联盟共同主席、北京特聘海外院士专家汤友志教授等一行5人到访江门市中心医院，双方就“精准医学生物技术产业化”项目的合作事宜进行磋商。

科技人才交流　积极联合市人才局等部门组团参加“2019中国国际人才交流大会”和“2019中国海外人才交流大会”；江门市首获海外人才交流大会“最佳组织奖”殊荣。

积极申请承办2019年“海外专家南粤行”江门专场活动，联合市人才局积极向省科技厅争取“海外专家南粤行”活动承办权，吸引了来自发达国家的48个海外专家项目，其中来自加拿大皇家科学院院士萧锦荣教授与江门市中心医院对接“精准医学生物技术产业化”项目合作。

【科技人才队伍】

外国专家管理　全面优化外国人来华工作许可审批服务。通过微信群、QQ群等渠道大力宣传外国人来华工作许可政策和业务办理指南，24小时在线答复各种咨询，及时帮助海外人才和聘请单位解决问题。大力推行“网上办”，全部业务实现了“最多跑一次”，个别业务实现了“零跑动”。

建立全省首家外国人才驿站。在江门文化的原点墟顶社区建立了江门市外国人才驿站，为外国人才提供沟通交流、休憩休闲、深度体验江门传统文化的平台。通过驿站平台，组织了外国人才“五邑行”、五邑文化主题摄影比赛、迎新年联谊会等活动，进一步增强外国人才对江门的认同感和归属感。

院士服务　2019年，积极引进院士团队及其创新成果到江门市转化落地，制定了《院士工作站对接工作机制》，加强与院士团队的沟通联系。为打好“院士牌”，市委书记、市人大常委会主任林应武调研院士工作站建设，与中国科学院陈小明院士、韩国翰林院金南衡院士面对面深入交流，强调要充分发挥江门籍院士人数多和现有院士工作站的优势，以乡情为纽带、以产业为支撑，深化该市高校、科研机构、企业等与院士团队及其科研单位的对接合作，加快推动高端创新资源向该市集聚。常务副市长许晓雄和市科技局领导先后拜访了任咏华、甄永苏、李椿萱、叶大年、邝宇平、赵宇亮、王贻芳、余艾冰、宋尔卫等院士，并邀请了殷国茂、陈小明、吴清平、戚发轫等院士团队先后到江门市开展对接交流活动。推进涂永强院士、金南衡院士在五邑大学分别建立了“江门市先进生物医药院士研发平台”和“江门市天然产物合成和方法学院士研发平台”，引进国家纳米科学中心“癌症捕手”技术成果到在江门市中心医院转化落地。截至2019年年底，江门市已建设11家院士工作站，涵盖智能装备、生物医药、大健康、新材料、航天育种、农业科技等领域，获得省、市科技扶持资金350万元。

海外服务工作站　一是扩容。深化“联络五邑”海外服务工作站建设，2019年新建美国站和德国站，有助于吸引更多来自欧美的科研创新人才及优质项目落地江门，引导更多国际创新资源集聚江门。截至2019年年底江门市现有海外服务工作站数目达到8家。

二是提质。认真做好江门市存量工作站的考核工作，对考核达标的工作站按协议规定发放工作经费，对考核不达标的工作站已提出整改意见并定期督促落实整改。

三是增效。通过走访中国香港工作站、澳大利亚工作站、加拿大工作站、法国工作站等相关负责人在江门市设立的公司，主动了解各工作站引才工作进展情况，了解疑点难点，为工作站排忧解难，提供服务。同时，通过微信定期与各工作站沟通联系，及时向工作站提供江门市人才需求及相关政策，提高引才引智和宣传推介江门的成效。

高层次人才团队创业启动资助　加大高层次人才创业激励力度，结合科技型中小企业的培育，制定了高层次人才团队创业启动资助办法并组织实施。加强业务培训，及时召开科技系统人才强市新四十条业务培训会，为各市（区）业务负责人员讲解政策的重点难点，为业务受理和审核工作做好充分准备。广泛发动江门市高层次人才团队积极申报创业启动资助项目，安排专人跟踪，分片区包干落实，使资助政策应知尽知。2019年，江门市共受理审核8个高层次人才团队创业启动资助项目。

（黄京华）

阳江市

【产学研结合】 促成省部高校、科研院所与阳江市企业开展项目合作并申报科技计划项目，共组织实施项目11项，包括重大科技专项4项，产学研合作项目6项，对接融入粤港澳大湾区项目1项，下达项目资金965万元。

【科技创新平台】

新型研发机构　2019年，广东广青金属科技有限公司、广东省阳江第一建筑集团有限公司分别注资组建“广东省高端不锈钢研究院有限公司”和“阳江市联荣建材产业研究院”被认定为阳江市新型研发机构。广东省高端不锈钢研究院有限公司与北京科技大学合作，通过2019年度广东省新型研发机构“粤东西北新型研发机构建设专题”立项，获得省科技厅800万元项目扶持资金。该项目实施对于促进阳江市合金材料产业集群发展、推动阳江市五金刀剪产业转型升级，融入粤港澳大湾区经济带具有重要意义。

工程技术研究中心　组织阳江市睿精模塑有限公司、阳江市天骄家庭用品制造有限公司等16家企业申报并通过市级工程技术研究中心认定。推荐阳江市安佳乐厨业有限公司、昌龙科技（阳江）有限公司等4家企业申报并通过省级工程技术研究中心认定。截至2019年年年底，阳江市共有工程技术研究中心195家，其中市级、省级工程技术研究中心分别155家、40家。

【科技计划项目】 2019年，阳江市共组织实施省、市级科技计划项目80项，其中省级科技计划项目8项，省“大专项+任务清单”项目53项、市级科技计划项目19项。省、市项目资金共4 170万元，其中省级项目资金950万元，省“大专项+任务清单”专项资金2 500万元，市级项目资金720万元。

【高新技术产业】 2019年，广东广星气体有限公司等19家企业获认定为高新技术企业；广东拓必拓科技股份有限公司等11家企业通过高新技术企业重新认定。全市89家高新技术企业工业总产值达527.56亿元。2019年，阳江市共有79项产品获省科技厅认定为“广东省高新技术产品”。9月27日，阳江国家高性能新型镍合金高新技术产业化基地被科技部被认定为国家高新技术产业化基地，成为该市唯一一个国家高新技术产业化基地，进一步促进高新区高新技术发展。

【孵化育成体系】 2019年，阳江高新区科技企业孵化器获批为国家级科技企业孵化器，实现阳江市国家级科技企业孵化器“零”的突破，该孵化器在孵企业177家，当年毕业企业43家。

【科技成果与奖励】 广东广青金属科技有限公司参与的“红土镍矿冶炼镍铁及冶炼渣增值利用关键技术与应用”项目荣获2019年度国家科技进步奖二等奖。阳江市农村盛宴农业发展有限公司参与的“不同熟期优质荔枝系列新品种选育和高接换种技术创新及应用”项目荣获2019年度广东省科技进步奖一等奖。

【农业科技】

科技攻关　2019年，根据企业和阳江参与的市农业产业发展的需求，扶持阳西县恒生水产养殖专业合作社、阳江市渔乡子水产科技实业有限公司等企业申报现代农业新技术研究与示范项目10项，下达项目资金共150万元。

农村科技特派员　牵头联合阳江市农业科技研究所和阳江职业技术学院等单位组织农村科技特派员共25人与阳江市在省建档的46个贫困村进行对接帮扶，下达帮扶资金155万元。为贫困村引进科技创新资源并提供科技服务和产业支撑。

“星创天地” 2019年，2家企业获得广东省第二批“星创天地”，1家企业获得第三批国家级“星创天地”，实现了国家级星创天地“零的突破”。阳西县恒生水产养殖专业合作社运营的恒生水产养殖星创天地获评省级与国家级星创天地；阳江市智库管理顾问有限公司运营的智库+星创天地获评省级星创天地。

【实验室建设】

广东省实验室 8月29日，先进能源科学与技术广东省实验室阳江分中心授牌成立；10月17日，材料科学与技术广东省实验室阳江分中心授牌成立；两个省实验室分中心于12月27日完成事业单位登记注册。

重点实验室 该市新增3家市级重点实验室，分别为阳江市水产种业选育繁育企业重点实验室、阳江市分子医学重点实验室、阳江市南药质量研究重点实验室。

【专业镇】 2019年，阳江市新增以淮山种植为特色产业的阳春市陂面镇为省级专业镇。截至2019年年底，阳江市有省级专业镇15个，市级专业镇14个，覆盖五金刀剪、金属制品、海洋养殖与捕捞、农业种养、旅游等五大领域。

【粤港澳大湾区创新合作】 支持阳江市企业引进粤港澳大湾区高端创新资源，鼓励企业与大湾区高校、科研院所和行业龙头企业合作联合开展产业重大共性科技攻关，共建协同创新平台，推动粤港澳大湾区优秀科技成果在阳江市转化和推广应用。在科技计划项目中设立粤港澳大湾区重大科技创新合作专项，并予以倾斜性扶持。其中，阳江市生产力促进中心引进香港浸会大学创新技术，2019年在阳江市建立基于区块链技术的阳江五金刀剪行业防伪溯源公共服务平台，安排200万元扶持资金推动阳江市重大科技专项建设，平台的建设为阳江市五金刀剪产业提供产品信息溯源、商品真伪查询。

（关 潘）

湛江市

【高新技术产业】

高新区　2019年9月，湛江市政府批复通过《湛江市国家高新技术产业开发区海东园区规划》，高新园区各项基础设施建设逐步启动，国家高新区海东园区规划已获批准，湛江市国家高新区发展高新技术产业的主战场布局在海东新区；海洋科技产业创新中心一期二标的企业总部、专家工作室、海眼、配套公寓共14栋建筑已全部建设完成，现共入驻科技企业、创业团队共71家，科研机构5家，建成市级孵化器1家，孵化面积达10 000m^2；大力支持廉江经济开发区申报省级高新技术开发区，10月8日，省科技厅对廉江经济开发区申报省级高新区的工作进行了实地考察；12月20日，湛江市政府印发《湛江市人民政府关于印发湛江国家高新区“一区多园”建设管理办法（试行）的通知》。

高新技术企业　湛江市1月1日开始实施《湛江市高新技术企业培育扶持办法》，对高新技术企业培育扶持政策进行调整，认定高新技术企业的相关补助有所提高。2019年共安排高新技术企业认定补助经费2 391.7万元。通过组织举办高新技术产业宣讲培训活动、建立高新技术企业后备培育库、一对一辅导、扶持科技服务机构、加大督导考核力度等措施，全面宣传国家高新技术企业和企业研发费用税前加计扣除等优惠政策，充分激发企业申报高新技术企业热情。2019年，湛江市共有高新技术企业237家，增长20.9%；科技型中小企业入库企业123家，增长12.84%。

高新技术产品　2019年，湛江市共有高新技术产品1 369个，新增234个，增长19.56%。

【实验室建设】

湛江湾实验室　2019年，南方海洋科学与工程广东省实验室（湛江）（以下简称“湛江湾实验室”）相继完成了实验室理事会、学术委员会、筹备主任委员会和首批“3+2”研究架构的组建工作，建立了一系列规章制度，首批科研团队和行政人员已进驻了广东海洋大学霞山校区过渡办公场所；吸引了吴有生、周守为、曾恒一等多位院士领衔的人才团队参与湛江湾实验室建设；国内外100多位涉海专家多批次到湛江调研考察；累计自主立项9个科研项目，加快了中国船舶重工集团有限公司、中国海洋石油集团有限公司在湛江的创新和产业资源的布局，带动湛江高校学科建设和科研发展；已完成该省实验室在海东新区的规划和选址，项目建议书已获批复。2019年，中国船舶重工集团有限公司的第702研究所、第750研究所、第760研究所、武昌船舶重工集团有限公司、中国船舶集团海装风电股份有限公司，中国海洋石油集团有限公司的中海油研究总院有限责任公司、中海油能源发展股份有限公司、中海油田服务股份有限公司等在国内外海洋相关领域极具科研优势的单位先后参与了湛江湾实验室建设。

重点实验室　2019年，湛江市共有8家单位申报省重点实验室，其中申报企业类省重点实验室4家、学科类省重点实验室4家。经专家评审及现场考察，湛江市2家学科类重点实验室获得省科技厅立项，占全省的12.5%，粤东西北地区仅有湛江市获得立项，分别是中国热带农业科学院农产品加工研究所申报的“广东省天然橡胶加工重点实验室”和岭南师范学院申报的“广东省特殊儿童发展与教育重点实验室”。两家省重点实验室共获得省500万元资金支持，市科技专项资金配套支持230万元。截至2019年年底，湛江市建有重点实验室38家，其中省级重点实验室13家，同比增长18.2%，市级重点实验室25家。

【科技创新平台】 2019年，湛江市累计有院士工作站5家、特派员工作站2家，省级新型研发机构3家、工程技术研究中心84家、重点实验室13家、企业技术中心27家。截至2019年年底，湛江市有省级以上研发机构达156家，同比增长20%，全市科研机构达362家，比上年度增长13.5%。

创新型县（市） 廉江市是国家首批创新型县（市）建设单位，是广东省仅有3个国家创新型县（市）之一，2019年获得省财政资金400万元支持。

新型研发机构 2019年，湛江市新增省级新型研发机构2家。广东海装海上风电研究中心有限公司申报的“国家海上风力发电工程技术研究中心广东分中心”获得省新型研发机构认定，获得省财政扶持资金500万元支持；广东医科大学医药研究院获得省新型研发机构认定，获省财政支持资金800万元。截至2019年年底，湛江市有省级新型研发机构3家。

工程技术研究开发中心 2019年，湛江市新增广东省工程技术研究开发中心12家、湛江市工程技术研究开发中心17家。截至2019年年底，湛江市共有各级工程中心84家。

【科技项目】 该市形成了《关于加强科技计划项目管理的调研报告》。2019年，推荐省级科技项目16项，其中精准农业项目1项、重点实验室认定1项、科技创新普及领域9项、促进新型研发机构高质量发展2项、孵化器、众创空间运营评价后补助3项；竞争性分配项目72项；全年共获得扶持经费4 400万元。

核心关键技术攻关 2019年，设置科技型中小企业技术创新专题、高新技术企业树标提质行动计划专题和高新技术领域重点研发专题等多个省、市科技计划项目，安排扶持资金900万元，对高新技术企业、省高新技术企业入库企业等实行倾斜性支持。

社会民生科技攻关 2019年，通过设立和实施“社会民生领域研究专题项目”“医药应用和疾病防治技术研究专题项目”和“非资助科技攻关计划项目”，支持资源环境、节能减排、生态园林、公共安全、医疗卫生等相关项目332项。推进广东医科大学医药研究院建设，研究院建立了“南海海洋生物医药资源研发公共服务平台”，申请发明专利30项，发表高水平论文42篇，完成5种产品中试，孵化了1家科技公司。

【农业科技】 截至2019年年底，湛江市有国家级农业科技园1个，省级现代农业创新中心（基地）21个，国家级星创天地6个，省级星创天地2个。

国家农业科技园 组织完成了国家农业科技园综合评估工作，筛选了16家涉海科研院所和企业列为湛江国家农业科技园区建设单位，推动特色水海产业发展。截至2019年年底，园区内建有院士工作站2个、省部级研发平台34家、水海产业高新技术企业46家，形成了产业链完整、集聚程度较高、创新能力较强的水海产业集群。

农村科技特派员 按省科技厅2019年农村科技特派员“暑期大下乡”电视电话启动会要求设立分会场，组织各县（市、区）科技主管部门业务分管领导、科技特派员派出单位负责人和特派员代表约50人到场收听收看。湛江市共有99名省级农村科技特派员入库。其中，省科技厅对中国热带农业科学院南亚热带作物所科技特派员建设给予50万元支持；市科技局安排资金支持3个科研院所开展科技特派员对接省定贫困村工作，支持资金150万元。

科技项目 根据省科技厅两批次省科技专项资金（“大专项+任务清单”）项目的通知要求，分别拟订项目申报指南并组织企业申报。第一批次的省科技专项中，农业项目立项2个，安排资金100万元；第二批次的省农业科技创新平台项目支持国家级创新型县（市）、星创天地、湛江国家农业科技园等平台建设，立项16个，项目资金合计640万元。编制设立了现代农业重点领域研发、特色农海产品高效加工技术研究与产业化示范、特色农作物新品种选育与产业化示范、现代农业装备技术研究与应用4个专题，立项项目9个，支持资金1 060万元，其中现代农业重点领域研发专题支持湛江市对虾新品种自主选育和保种技术体系研究，项目支持资金700万元。推荐广东海洋大学、湛江双双赢农业发展有限公司2个单位申报省级星创天地。

【产学研合作】

产学研协同创新　2019年，新增设置产学研协同创新专项和产学研协同创新专题，围绕海洋生物、现代农业、大健康、信息技术、新材料、新能源、高端制造和大数据等新兴产业，支持企业与高校、科研院所等合作开展产学研协同创新。组织申报“先进热带作物材料国际联合研究中心”和“广东省特色热带作物装备技术‘一带一路’国际转移中心建设”2项广东省国际合作基地项目。

创新资源引进　2019年，引进中国科学院过程工程研究所“膜法制糖”技术到湛江产业化。9月9日，湛江市人民政府与鹏城实验室签约暨全国水下机器人（冬季）大赛启动活动举行，市政府与鹏城实验室完成签约，促成双方人工智能相关的海洋科研试验设施建设与共享、科技项目联合研究和科技成果转化。湛江将与鹏城实验室共同开展人工智能领域科学研究与试验，建设高水平人工智能相关技术竞赛基础设施，湛江将作为国家级水下机器人相关技术竞赛的长期举办地。

2019年，湛江市热带作物精深加工创新产业园区进展顺利。天然橡胶加工产业联盟已制定筹建方案。中国船舶集团海装风电股份有限公司实施的“海上浮式风电装备研制”项目正式启动，总投资1.59亿元，获得国家财政资金7 980万元支持，实施期3年。

【技术合同登记】　2019年，湛江市技术合同登记164项，登记额达9745万元，登记额同比增长138%。其中，高校登记数量和交易额分别占全市的90.85%和82.06%。增设中国热带农业科学院农产品加工研究所和广东海洋大学2个符合要求的二级技术合同登记点。

【孵化育成体系】　8月，修订印发了《湛江市科技企业孵化器、众创空间管理办法》，推动孵化育成载体向专业化、资本化、国际化发展。2019年，湛江高新区科技创业服务中心被国家火炬中心批准为国家级科技企业孵化器，实现湛江市国家级科技企业孵化器“零的突破”。支持思维盒子申报国家级众创空间，截至2019年年底已通过省级审核。3家孵化运营机构获得广东省2019年运营评价后补助，共80万元。截至2019年年底，湛江市拥有市级以上科技企业孵化器8家，众创空间10家。其中国家级孵化器1家、众创空间4家，省级众创空间3家；国家级科技企业孵化器培育单位1家；孵化面积约5.5万m^2，同比增长10%。服务科技型初创企业678家，同比增长61%。

【人才引进】　2019年，新获得青年拔尖人才2项，引进海外名师18项，通过湛江湾实验室重大平台引进周守为、吴有生、杨德森、曾恒一等15位院士。

【科普工作】　2019年，获得省科技厅中小学校科学馆建设项目立项1项，科普建设事后补助2项，事前补助1项。市级竞争性分配立项3项。组织人员参加首届科普讲解大赛，取得优秀组织奖1项、二等奖1项、优秀奖6项，获奖数量在粤东西北地区排名第1。组织科技创新培训班，高校、科研院所、科技企业、政府部门、县（市）区科技管理部门共计50人参加。

截至2019年年底，湛江市有市级以上的科普教育基地30个。其中，2019年新建1个市级科普教育基地，1个农村科普示范基地和1个科普示范社区，14所青少年科技教育特色学校。2019年，《湛江科技报》共出版50期共10万份；《老年保健养生健康周刊》出版50期共250万份。

5月8日，在全市科技创新大会上为“湛江市微创新系列活动”最终评选出来的30名微创新达人（团队）颁发了荣誉证书，微创新系列活动营造了全民创新的良好社会环境，激发了全民创新氛围。

【防震减灾】　2019年，湛江地区建有市级地震监测中心1个，由7个测震子台、1个省级测震子台、5个强震监测点、2个前兆地下流体监测点和3个宏观观测点组成。市辖地震局（办）7个，全市从事防震减灾事业工作人员54人（含业余观测员7人）。湛江地区全年记录到地震13次，其中最大震级ML4.2（M3.6）。3月05日12时49分，雷州市龙门镇（北纬20.68度，东经110.03度）发生M3.6级地震，湛江市地震局启动地震应急处置工作，地震没有出现人员受伤和财产受损情况。

2019年，湛江市地震局组织“防震减灾知识进万家宣讲团”，举办讲座10多场次，到街头、社区宣传10多次，发放宣传资料3 000余册。完成了17个示范村建设工作；完成了金沙湾社区等6个国家级地震安全示范社区建设。湛江市已建成市级防震减灾科普示范学校22所。

（陈军成）

茂名市

【科技政策法规】 11月20日，茂名市科学技术局出台了《茂名市科学技术局科技企业孵化器认定和管理办法》，促进茂名市科技企业孵化器的健康发展。11月25日，出台了《茂名市科学技术局关于新型研发机构管理的暂行办法》，扶持和培育茂名市新型研发机构，规范新型研发机构的管理，促进新型研发机构的健康发展，为完善茂名市区域创新体系和实施创新驱动发展战略提供有力支撑。

【科技计划项目】 2019年，茂名市共获批准立项中央和省项目128项，获批资金支持8 063万元；组织实施茂名市科技专项资金项目29项，下达资金220万元；市级科技计划项目立项475项。其中，中国石化销售有限公司华南分公司承担的“油气储运重大基础设施灾害防御关键技术及装备研发与示范”获省扶持1 000万元；广东冠利达海洋生物责任有限公司牵头的“工厂化水产健康养殖精准调控关键技术研究与示范”重点领域研发项目，获省立项支持550万元。

【创新平台建设】 2019年，茂名市组织申报省级新型研发机构3家、省重点实验室4家、省级工程中心29家，组织认定市级工程中心45家。认定省级新型研发机构1家、认定省级工程中心12家，认定市级工程中心45家。在省战略专项资金计划项目中设立省实验室专项，共立项3项，支持270万元，支持广东省石化装备故障诊断省级重点实验室和广东省石油化工污染过程与控制重点实验室围绕茂名市产业需求开展基础研究和应用基础研究。截至2019年年底，全市建有创新平台333家，包括国家级创新平台分支机构5家、省实验室1家、省级重点实验室2家、省级新型研发机构3家、省级工程技术研究中心82家、市级工程技术研究中心240家。

【孵化育成体系】 2019年，茂名市共组织4家科技企业孵化器和4家众创空间参加了广东省科技企业孵化器和众创空间运营评价。其中，高新区科技企业孵化器被评定为（B级）孵化器，信宜市青年电子商务创业中心被评定为（B级）众创空间，以上孵化器和众创空间将分别获得省财政20万元奖补资金。截至2019年年底，茂名市科技企业孵化器和众创空间总数达到24家，其中国家级科技企业孵化器1家、国家级科技企业孵化器培育单位2家、市级科技企业孵化器3家、国家级众创空间4家、省级众创空间试点单位5家，无级别孵化器9家。

【产学研结合】 2019年，茂名市企事业单位与华南理工大学、广东工业大学、电子科技大学、清华大学环境学院、浙江大学联合化学反应工程研究所、广东科学院微生物研究所、中国科学院广州南海海洋研究所等28家高校和科研院所签订了合作协议，共同开展协同创新、技术攻关、产品开发和人才培训等合作。

2019年，茂名市新组建院士专家企业工作站4家并获得省的立项批准。截至2019年年底，茂名市共有11个院士工作站、7个博士后工作站。

【科技金融】 2019年，茂名市成功推动粤科金融集团与茂名市合作组建2亿元创新创业投资基金，正式成立广东省粤科粤茂创新创业投资基金，发挥政府资金对创新驱动的扶持引导作用，吸引更多的社会资金共同投入到科技创新领域，助力产业转型升级。

【科技成果与奖励】 2019年度，茂名市有9个项目获2019年度广东省科学技术奖，其中推荐3项，包括一等奖1项、二等奖2项，获奖项目数量居粤东西北地市第1，全省第5；中国石化销售有限公司华南分公司牵头的“长输成品油管道关键设备创新与产业化应用”项目获一等奖，广东石油化工学院牵头的“云环境下乙烯裂解炉炉管智能健康管理关键技术及应用”项目以及由中国石油化工股份有限公司茂名分公司牵头的“高性能高密度聚乙烯大中空系列产品关键技术研究及工业化”项目分别获得二等奖。参与项目获奖的有5项，其中一等奖1项、二等奖4项。

2019年，茂名市首次承办第八届中国创新创业大赛地方赛，发动了茂名市53家企业参加，决出茂名赛区成长组和初创组一等奖2名、二等奖6名、三等奖5名、优胜奖6名，并择优推荐17家企业参加省赛。在省赛中，茂名获得二等奖2项，其中广东燕佳药业有限公司获先进制造行业初创组第二名、广东中准新材料科技有限公司获新材料行业成长组第二名，获优胜奖14项，其中二等奖数量与中山市并列全省第3名，一、二、三等奖获奖数量排名全省第5名；有5家企业入围国家行业赛，入围国赛企业数量排名全省第5名。在国赛中，茂名宜和化工科技有限公司进入全国前10名，荣获“中国创新创业大赛优秀企业”荣誉称号，成为广东唯一一家进入全国总决赛的企业。

8月15日，茂名市组织举办2019年第八届中国创新创业大赛（广东茂名赛区）决赛

【高新技术产业】　2019年，茂名市共组织74家企业申报国家高新技术企业，获认定国家高新技术企业60家，全市高新技术企业达到146家。组织申报广东省高新技术产品101个，获认定广东省高新技术产品94个。茂名市新增了茂名国家高新区绿色化工和氢能产业园，并纳入国家级高新区“一区多园”管理范围。

【农业科技】

农业产业发展　2019年，茂名市新获省认定农业现代产业园2家，分别是茂名市信宜市三华李产业园、高州市龙眼产业园。茂名国家农业科技园区项目获省支持260万元。广东冠利达海洋生物责任有限公司牵头的“工厂化水产健康养殖精准调控关键技术研究与示范”重点领域研发项目，获省立项支持550万元，以该项目为依托，生产一批有价值、高水平的科技成果。

广东省实验室　8月，广东省委、省政府正式批准茂名市建设岭南现代农业科学与技术广东省实验室茂名分中心。该实验室将对标国家实验室建设，承担国家和省重大科技任务的组织实施，打造国内外具有重大影响力的一流农业创新高地。

8月29日，茂名市获批建设岭南现代农业科学与技术省实验室分中心

农村科技特派员　2019年，广东省农科院茂名分院、华南农业大学茂名现代农业研究院，以集中启动、分别对接的形式组织了大批专家到基层开展培训和成果转化，促进乡村振兴和扶贫产业发展。获中央引导地方科技发展专项农村科技特派员对接项目资金共250万元，省科技厅农村科技特派员专项资金60万元。扩充农村科技特派员队伍，2019年茂名市新增农村科技特派员140

名。全面对接服务省定贫困村。2019年，茂名市800多名农村科技特派员主动深入企业和农村调研，有针对性地经常组织乡镇科技集市活动和科技培训活动。7月，茂名市在广东石油化工学院设立了农村科技特派员“暑期大下乡”活动启动会分会场；为了鼓励广大农村科技特派员深入基层，开展“暑期大下乡”活动组织的动员出征仪式。

【专业镇】 2019年，茂名市共有省级创新专业镇19个，其中农业专业镇12个，石化产业专业镇4个，高岭土专业镇、电子产品、鞋业加工各1个。

【科普工作】 9月，茂名市科技局与茂名市科协联合举办了2019年茂名市“科技进步活动月”主题宣传活动，宣传活动现场吸引众多市民群众参与，当晚参与活动市民群众达到2 000人次，宣传活动有效提高广大群众健康生活和科学素养，进一步弘扬科学精神，促进科技创新和科学普及协调发展。

2019年，高州泗水中学“粤东西北地区农村中小学校科学馆（室）建设试点示范”项目获省科技厅立项，支持资金20万元。

（文　妙）

肇庆市

【概况】　2019年，肇庆市继续开展国家创新型城市和国家知识产权示范城市创建，实施创新驱动发展“1133”工程。四会市入选年度全国科技创新百强县市。肇庆大华农生物药品有限公司承担的项目“禽流感预警和防控关键技术创新与应用”获2019年度广东省科学技术进步奖一等奖。

【科技孵化育成体系】　2019年，肇庆市新增6家市级科技企业孵化器，全市共建成高水平科技企业孵化器26家，其中国家级3家、省级3家、市级20家；高水平众创空间5家，其中国家级3家、省级2家。科技企业孵化器在孵企业总数超800家，在孵企业从业人员超5500人；众创空间服务创业团队超350个，创业团队人员超1 100人。

12月，肇庆市华智科创企业孵化器有限公司负责运营的华智科创互联网企业孵化基地，被科技部认定为2019年度国家级科技企业孵化器。

【“1133”工程实施】　2019年，肇庆市高新技术企业连续3年每年新增100多家，2019年总数达544家。

全市在建的4所高等院校各项工程如期开展，其中肇庆医学高等专科学校（广东健康学院）迁建工程全面推进，广东华航航空学院（高要区）一期工程进展顺利，广东华商学院（四会市）6幢教学楼主体工程基本完成，广东华农珠江学院（四会市）扩大建设规模，工程施工全面启动；新签约2所高校（香港公开大学、广州松田学院）。

全市有市级以上新型研发机构20家，其中新增省级2家、市级9家；有省级以上创新平台214家，比2018年增加17家，全市规模以上工业企业研发机构覆盖率超46%。岭南现代农业科学与技术广东省实验室肇庆分中心获省政府批准建设。

建成高水平科技企业孵化器26家，2019年新增6家，其中国家级3家、省级3家、市级20家；高水平众创空间5家，其中国家级3家、省级2家。

【珠三角（肇庆）国家科技成果转移转化示范区建设】　2019年，肇庆市加快珠三角（肇庆）国家科技成果转移转化示范区建设，印发了《肇庆市关于进一步促进科技成果转移转化的实施意见》《肇庆市2019年创新驱动发展工作要点》《肇庆市2019年实施创新驱动发展“1133”工程工作方案》等，部署推进科技创新工作落实及示范区建设。全市技术改造投资完成121.6亿元，增速为12.2%，比全省高0.5个百分点；实施技术改造企业225家。

【第八届中国创新创业大赛（肇庆赛区）选拔赛】　5—10月，第八届中国创新创业大赛（肇庆赛区）选拔赛在肇庆举行，全市有 220家企业组队参加。10月19日，第八届中国创新创业大赛（肇庆赛区）暨第二届肇庆人才节“星湖杯”创新创业大赛创新团队组总决赛及大赛颁奖典礼举行，决赛分成长成熟企业组、初创企业组和创新团队组进行，其中11 支队伍进入省决赛。在2019年8月30日的省决赛中，肇庆的广东大象虚拟现实科技有限公司获初创组二等奖，进入全国总决赛，获得了入围总决赛的荣誉证书；肇庆市智慧城市科技有限公等10个企业获初创组优胜奖。

【创新企业百强工程】　10月，市科技创新办公室发布2019年度肇庆市“创新百强”名单，其中肇庆宏旺金属实业有限公司、广东风华高新科技股份有限公司、广东鸿图科技股份有限公司等100家企业入选，对入选企业在政策、技术、金融、人才、土地、服务等方面给予重点支持。

【肇庆市科技创新大会】 4月29日，肇庆市科技创新大会暨“366”“1133”工程政策奖励大会召开。会议总结2018年度肇庆科技创新工作，部署全市创新驱动发展工作。通报2018年全市创新驱动发展考核情况及“366”“1133”工程政策奖励情况。符合工业发展“366”工程政策奖励标准的企业（单位）59家，获奖项目60个，获奖金额9 941万元；新认定高新技术企业、新型研发机构、科技企业孵化器、众创空间、工程技术中心等，获市财政奖补资金8 178万元。会议期间，还开展政银企现场对接活动。

4月29日，肇庆市科技创新大会暨“366”“1133”工程政策奖励大会召开

【高新技术产业】

高新技术企业　2019年，肇庆市持续开展高新技术企业培育工作，通过财政扶持、政策引导、加强服务、建立信息库、一企一策、领导挂点、市县联动等措施，构建“科技型中小企业—市级高新技术企业—国家高新技术企业”梯次培育机制，实现高新技术企业数量的快速增长。组织332家企业参加高新技术企业申报，申请企业数量比上年增加50家，增量排全省第1。经评审，新增认定高新技术企业150家，总数达544家，比上年增长31.7%。加强高新技术企业后备梯队建设，推荐252家企业申报市级高新技术企业，107家通过认定。全市441家企业通过国家科技型中小企业评价入库。

高新区　2019年，肇庆高新区高新技术企业存量116家；在建和拟建新型研发机构8家，其中省级2家（其中：新增1家）、市级5家；组建了省级以上企业技术创新平台（工程中心、重点实验室）55家，规模以上工业企业设立研发机构比例达48%；建成孵化器8家，其中认定为国家级孵化器1家、省级孵化器1家和市级孵化器4家，园区主要科技创新指标居全市前列。

8月28—29日，肇庆西江高新技术产业开发区通过省科技厅评审，该高新区成为广东省恢复开展省级高新区评审后首批认定的省级高新区之一。肇庆西江高新区规划面积247.95hm^2，由3个区块组成。

肇庆市高新技术企业协会　1月4日，肇庆市高新技术企业协会举办成立仪式，协会接受市科技局和市政府相关职能部门业务指导和市民政局的监督管理。截至2019年年底，该协会会员单位200多家。

【研发机构】

规模以上工业企业研发机构　2019年，肇庆市推进规模以上工业企业研发机构建设，引导有条件的企业建立创新平台，规模以上工业企业拥有研发机构625个，全市覆盖率46%，超额完成省的目标任务43%。

新型研发机构与创新平台　2019年肇庆市有市级以上新型研发机构20家，其中新增省级2家、市级9家。其中新认定2个省级新型研发机构，分别是华农（肇庆）生物产业技术研究院有限公司与封开县低频时码授时台。组织推荐54家企业申报省级工程中心认定，其中广东力丰机械制造有限公司、广东协进陶瓷有限公司、肇庆市鼎晟纺织染整有限公司等10家企业获认定。截至2019年年底，全市县级以上国有研究与开发机构、科技情报和文献机构15个；有省级以上创新平台214个，比上年增加17家。

【农业科技】

农业科技创新　2019年，广宁县和德庆县的科技园入选广东省第五批省级农业科技园建设名单，其中广宁县省级农业科技园以油茶科技园和竹子产业园为核心区，规划面积965.07km^2；德庆县省级农业科技园区将打造成为农业创新驱动发展试验区，园区主导产业为南药和德庆贡柑，以健康产业园和创业园为核心区，规划面积

128km²。获批建设岭南现代农业科学与技术广东省实验室肇庆分中心。

“星创天地”项目　1月3日，省科技厅公布第二批省级“星创天地”备案名单，肇庆市的广宁县智慧网络科技有限公司（国家级）、德庆县德鑫农业发展有限公司、广东德康农业科技有限公司（国家级）、肇庆市华威电子商务有限公司入选，获批数位列全省第4。截至2019年年底，全市共有省级“星创天地”农业科技企业5家。

广东省农村科技特派员工作站（肇庆站）　2月26日，由肇庆市科技局、肇庆学院、肇庆市农业科学研究所、肇庆市农业学校共同组建的广东省农村科技特派员工作站（肇庆站）在肇庆学院揭牌。工作站成立优质高产水稻技术推广、南药种植技术推广、特色花卉引种与栽培技术推广、农产品加工技术推广4个科技特派员团队，对全市111个省定贫困村进行全覆盖的生产指导和技术帮扶，为实施乡村振兴和精准扶贫提供科技支撑。

2月26日，由肇庆市科技局、肇庆学院、肇庆市农业科学研究所、肇庆市农业学校共同组建的广东省农村科技特派员工作站（肇庆站）在肇庆学院揭牌

岭南现代农业科学与技术省实验室肇庆分中心　8月29日，广东省实验室（第三批）建设启动会在广州举行，肇庆市获省政府授牌筹建岭南现代农业科学与技术广东省实验室肇庆分中心，实现肇庆重大科技基础设施布局建设“零”的突破。该中心将依托华南农业大学，整合肇庆大华农生物药品有限公司和华中农业大学、广东省微生物所、肇庆学院等机构的高端人才团队与技术创新平台科技研发优势资源，以动植物重大生物灾害防控、农产品加工与食品安全等为研究重点，加强基础研究与产业技术研究，攻克热点难点问题和关键共性技术，推动肇庆现代农业产业高质量发展。

【科技服务与管理】　2019年，肇庆市开展科技创新指导类项目的申报及验收，全市创新指导类项目受理申报470个，其中获立项459个；创新指导类项目通过结题验收148个。全市纳入科技专家库管理的专家490名，完成鉴定专家抽取195人次，先后完成各类专题项目、结题验收、企业评审等专项工作的专家抽取。组织实施2019年省科技专项资金（“大专项+任务清单”）项目申报，设立“提升科技型中小企业创新能力”“引进重大科技创新项目建设”“支持乡村振兴战略和农村科技创新”“提升地市科技服务能力”四大专项11个专题，向省推荐申报项目199个，获批立项69个，比2018年增加17个，获省支持资金2 000万元。

外国专家管理　2019年，肇庆市共发放外国人来华工作许可证198个，截至2019年12月31日在有效期内的许可证件数共206个。该项业务由原来的10个工作日办结缩短至5个工作日办结。

科技成果登记与技术市场　2019年，肇庆市完成省部级以上科技成果47项（按成果登记数）比2018年增加7项。完成技术合同登记96项，比2018年增加90项；技术合同成交额2.06亿元，比2018年增加1.88亿元。

【科技金融】　2019年，肇庆市实施省科技专项资金（“大专项+任务清单”）项目中的科技贷款贴息补助专题项目，其中获立项11个，获支持金额300万元。开展科技金融工作，2019年9月29日，“肇庆市企业在线科技金融服务系统”上线暨“前海创投孵化器肇庆办事处”挂牌仪式举行。“在线科技金融服务系统”由前海创投孵化器和市科技局联合开发，系统包含商业计划书在线生成系统、企业估值系统、前海资本学院、在线路演对接平台等。

【肇庆市科技中心】 2019年，肇庆市科技中心接待观众4.08万人次，包括20人以上团体43个。招募371人次党员志愿者和科技志愿者开展科普进校园、科普进社区、科技下乡等活动48次。3月22日，全市文化科技卫生“三下乡”活动启动仪式在封开县大洲镇东畔村举行，800人次参加。5月25日，主题为“科技强国科普惠民”的肇庆市全国科技活动周、全省科技进步活动月启动仪式暨大型科普集市活动在市体育中心举行，500人次参加。活动月期间，市科技中心到市第十一小学等小学开展科普进校园活动，与市科协、市地震局、百花社区等举办科普进社区志愿服务活动。每月依托科技馆青少年科普教育阵地开展“科技亲子一日游”“小小工程师”“科技强国，创新圆梦”等主题科普活动，全年共开展20场青少年和家长参与的科普展览、有奖问答、模型组装等活动，7 400人次参与。

5月25日，肇庆市体育中心举办全国科技活动周活动

【防震减灾】 1月23日，肇庆市委编办印发《关于市地震局调整的通知》，将原属市地震局的“震灾应急救援”职能划归市应急管理局，“地震应急预案备案”职能划归市科学技术局。9月26日，市编办印发《关于调整市地震局机构编制事项的复函》，市地震局更名为市地震监测中心。

防震减灾服务 12月19—21日，在粤桂交界及邻近地市防震减灾合作联动工作座谈会上共同签订《粤桂交界及邻近地市防震减灾合作交流会议制度》《粤桂交界及邻近地市防震减灾合作联动协议》，服务粤桂交界和邻近地市跨区域地震联防合作工作。市地震监测中心修订《肇庆市科学技术局地震应急预案》，更新市防震抗震救灾工作联席会议成员、全市地震部门、应急部门接收地震信息短信接收人员的名单。

地震应急救助 2019年，市地震监测中心与市教育局共同认定肇庆市第一小学等17所学校为防震减灾科普示范学校。截至2019年年底，全市共有89所防震减灾科普示范学校。5月27—28日，市监测中心和市教育局共同主办肇庆市防震减灾科普示范学校校园安全培训班，89所防震减灾科普示范学校分管安全生产工作的副校长参加培训，省市专家分别以“地震应急与自救互救”“校园安全与防震减灾”为题授课，17所市防震减灾科普示范学校获授牌。

防震减灾宣传 2019年，市地震监测中心在全市的乡镇、中小学校举行26场以“减少灾害风险，建设安全肇庆”为主题的科普宣传系列活动，3 400多人参加，派发各类宣传资料7 000多份。参加全国防灾减灾日等大型科普宣传活动，派发各类宣传资料1万多份。派员参加广东省首届科普讲解大赛，推广防震减灾科普知识。

（史盛兰）

清远市

【概况】　2019年，清远市科技创新工作紧紧围绕建设环粤港澳大湾区创新发展先行市的目标，以落实创新发展“八大举措”为抓手推动产业发展，全市科技综合实力和自主创新能力稳步提升。持续推动企业科技创新能力提升，认定国家科技型中小企业154家。

【重大创新载体建设】　2019年，清远国家高新区进入全国百强，排名第97位，比2018年上升4位。围绕园区创新创业升级，清远国家高新区成功申报“国家科技资源支撑型创新创业载体推动中小企业创新创业升级”项目，获国家财政资金支持5 000万元，成为广东省获批三家园区之一。广州白云（英德）产业转移工业园成功认定省级高新区，引领县域创新驱动发展。英德市广东省农业科技园成功认定省级农业科技园，推动区域农业科技资源集聚。

【科技创新平台】　科技创新平台建设取得突破，新增华南师范大学（清远）科技创新研究院、清远高新华园科技协同创新研究院有限公司、清远市智慧农业研究院3家省级新型研发机构，增量位居粤东西北第1，获得省新型研发机构经费支持3 286万元。建成广东省高性能锂电池正极材料前驱体研发与应用企业重点实验室。新增省级工程技术研究中心10家，市级工程中心25家。截至2019年年底，全市共有国家级工程中心1家，省级工程中心119家，市级工程中心220家。

【科技计划】　2019年清远市科技计划项目、省科技创新战略专项资金（“大专项+任务清单”管理模式）项目共72项，支持企业技术创新资金3 600万元。首次在科技创新战略专项资金（“大专项+任务清单”管理模式）设立市级重大科技项目，重点支持主导产业技术创新。

国家科技重大专项　广东先导稀材股份有限公司牵头承担的“集成电路核心材料用关键原材料产品技术开发”项目有望获得国家重大专项支持；江西铜业（清远）有限公司参与了“多源固废冶炼尘泥分离提纯与定向富集技术研究”国家重大专项项目。

省科技重大专项　开展核心关键技术攻关，组织实施省重大科技专项3项，获省财政资金支持1 700万元。广东先导稀材股份有限公司承担了“太阳能电池用银超细粉体关键技术研发及产业化”项目；广东金正大生态工程有限公司承担了“生物农药和杀虫剂生物合成关键技术研究与示范”项目；广东嘉博制药有限公司承担了“复杂注射液（丙泊酚长链脂肪乳与中/长链脂肪乳注射液）一致性评价研究”项目。

【科技创新环境】

科研诚信　探索建立科研诚信体系，制定清远市科研领域严重失信行为专项整治行动方案，出台了《关于对科研领域相关失信责任主体实施联合惩戒的合作备忘录》，通过加强科研领域诚信建设，加大对严重失信行为惩戒力度，提升全市科研诚信水平，构筑诚实守信的科技创新环境。

孵化育成体系　全面加快完善“众创空间—孵化器—加速器—科技园区”全链条科技企业孵化育成体系，出台了《清远市科技企业孵化器培育单位认定和管理办法》，做好科技企业孵化器梯队培育，推动科技企业孵化器发展建设，构建良好的创新创业生态。2019年，新增国家级科技企业孵化器2家；成立清远市科技企业孵化协会，该协会是粤东西北地区首家科技企业孵化协会。

激励科技创新　兑现《清远市激励科技创新十条政策》，加大资金支持，引导企业加大研发投入，2019年共支持135个项目，奖励额度7 703万元。落实市委全面深化改革委员会会议要求，加快修改完善《清远市激励科技创新十条政策》，延长政策的实施期限，修订有关奖励资金用途和资助方式，引导企业加大研发投入，将省实验室、高水平创新研究院、省技术创新中心等纳入政策支持范畴。

【高新技术企业】　清远市高新技术企业保持高速增长，推荐144家企业申报高新技术企业，2019年新增高新技术企业83家。截至2019年年底，全市共有高新技术企业321家，比2018年增长24.9%，数量居粤东西北地区第2；高新技术企业实现工业总产值超800亿元，占全市工业总产值42.8%。

【科技金融】　发挥市财政联合科技信贷资金作用，引导银行信贷投入科技型中小企业，降低企业融资成本。截至2019年年底，推荐进入清远市联合科技信贷风险准备金池的科技型企业38家（90%以上为高新技术企业），其中35家企业获批复，31家企业获投放资金，金额达1.9亿元。获联合科技信贷支持的科技企业，销售收入较上年同期平均增长18%，净利润较上年同期平均增长12%。2019年，金融机构向高新技术企业贷款余额141亿元，居粤东西北地区第1。

【科技创新大赛】

创新创业大赛　成功举办2019年第八届中国创新创业大赛（广东赛区）暨第七届“珠江天使杯”科技创新创业大赛，其中广东航科新材料有限公司获初创组二等奖成功晋级国赛，清新丽豪化工有限公司获初创组优胜奖，广东锐涂精细化工有限公司获成长组优胜奖。

2019全国高校博士生（新材料）技术创新大赛　8月23日，2019全国高校博士生（新材料）技术创新大赛决赛举行，吸引了来自复旦大学、四川大学、北京化工大学等37所国内高校的共69个博士团队报名参加。经过前期网络初评，筛选出40个项目到清远展开决赛。大赛采取8分钟路演+3分钟专家问答赛制，经过激烈比拼，中山大学的“新型光学加密材料与防伪应用技术”项目获得第一名，复旦大学的“生物墨：癌症精准治疗的领航者”项目获得第二名，中山大学的“可用于动力电池的金属（铝、锌）空气电池阳极材料的制备和应用技术”项目获得第三名，中南大学的“UHMWPE多孔材料压制烧结技术及除尘器用塑烧板研发”等6个项目获得大赛优秀奖。通过举办大赛，推动高校科技成果与清远新材料企业及创业资源精准对接，为成果转移转化提供直观高效的对接平台及服务窗口，发掘出一批新材料行业创新前沿的好项目，推动高校科技成果转化，满足地方企业技术创新和转型升级的需求。

“华炬杯”粤东西北创新创业大赛　10月30日，第五届“华炬杯”粤东西北创新创业大赛启动仪式暨“奋斗新青年　创领新时代”青年人才创业路演在华南863科技创新园举行。“华炬杯”粤东西北创新创业大赛成功升级为省级主办赛事。第五届“华炬杯”创新创业大赛分粤东西北小组赛、高校专场赛和海归精英赛三大板块，历时4个多月共收到有效参赛项目1 979个，在10所高校及全省17个地级市举办了30场，实现粤东西北12个地市全面覆盖。12月18日，大赛总决赛和颁奖仪式在清远举行，莱檬（清远市）生物科技有限公司的“年产6 000吨果胶和柑橘膳食纤维的产业化建设项目”获一等奖。

清远市创意机器人大赛　5月11日，清远市创意机器人大赛暨广东省创意机器人大赛清远市预选赛举行，全市共有48所中小学校、94支参赛队，188名学生参赛。大赛分机械赛、电路赛、竞速赛和创意赛四个阶段。经过比拼，共评出小学组一等奖7个，初中组一等奖4个，高中组一等奖4个。

广东省首届科普讲解大赛　6月4—6日，广东省首届科普讲解大赛在广东科学中心举行。连山壮族瑶族自治县佛山希望小学何碧莹、清城区东城街中心小学陆钰森、清新区第三中学邓嘉健、英德市第一小学刘晓瑜、清远职业技术学院李璐璐组成清远市代表队参赛。何碧莹选手以“负氧离子知多少”为题，诠释了连山壮族瑶族自治县“天然氧吧”的由来，以小组第三的成绩晋级总决赛。最终，清远市代表队1人获得三等奖，4人获得优秀奖。

【产学研合作】

广东金融学院到清远市开展产学研对接 7月19日，广东金融学院到清远市开展产学研对接交流。双方围绕在清远探索开展科技金融合作，省市共建广东省重点实验室（学科类）、省级大学科技园，高端人才资源引进等主题进行了深度交流互动，达成了一系列共识，就下一步开展项目达成了初步合作意向。广东金融学院清远校区的建设填补了清远市没有本科院校的空白，为清远市提供了人才支持。清远市科技局建议双方结合清远实际，围绕省级重点实验室、大学科学园、诺贝尔奖工作站等领域共同谋划，推进相关科技项目，借助当前清远战略优势，争取国家和省支持布局更多科技平台，发挥科技部门在推动清远入珠融湾，解决城乡二元结构问题的积极作用。

产学研合作助力英德兰花产业发展 7月18日，英德君泓兰花股份有限公司与国家航天植物育种工程技术研究中心举行第二个五年产学研合作签约仪式。自2014年英德君泓兰花股份有限公司与该中心签订产学研战略合作协议以来，双方开展了全方位合作，建成实验室、年产200万苗的组培工厂以及33.3hm^2（100多亩）的新品种产业化种植示范大棚，实现了产值6 250万元，收入2 600万元，利润600万元。其中，玉女兰新品种获得2019年世园会盆花特等奖。同时以新品种种苗+技术+回收的模式参与了5个精准扶贫项目，实现170户贫困户帮扶工作。

【科技宣传】

新华社广东分社采访农村科技特派员工作 7月24日，新华社广东分社记者到清远调研采访农村科技特派员相关工作，广东省农科院李育军教授、清远职业技术学院罗忠实老师和市农业科技推广服务中心廖侦诚农艺师三位农村科技特派员接受采访。李育军教授介绍了在清新区浸潭镇塘坑村开展科技扶贫，指导新品种的引进和先进种植技术推广经验。罗忠实老师介绍了清远职业技术学院组建12支科技特派员队伍，对接清远市108个行政村，研究和推广稻花鱼养殖技术和九龙豆腐保鲜等工作。廖侦诚农艺师介绍对接联系3个扶贫村，指导选育当地茶种和引进英红九号等情况。

清远市“行风热线”节目 10月21日，清远市科技局上线清远市“行风热线”节目直播，向听众介绍了清远市科技工作现状和下一步工作计划，与广大市民对科技工作开展交流，接听多名市民来电，围绕省市科技计划项目、企业研发费补助、高新技术企业认定、科技型中小企业申报、省农业科技园申报等科技业务问题进行现场解答。

【人才交流】

第五届“创新驱动发展”高端人才交流会 10月30日，第五届“创新驱动发展”高端人才交流会暨“海外专家清远行”活动举办，邀请了美籍华人张志一博士、比利时籍专家Walter De Bates先生分别作了生物医药领域和新材料领域的讲座，与26家生物医药行业、新材料行业代表开展对接交流，走访了5家企业开展技术问诊和疑难解答。

清远市科技局组团参展“海外人才交流会” 12月18—19日，中国海外人才交流大会暨第二十一届中国留学人员广州科技交流会于在广州举办。清远市科技局组织广东佳致新材料研究院、广东嘉博制药有限公司、清远简一陶瓷有限公司、广东聚石化股份有限公司、丽珠集团新北江制药股份有限公司参展，展位以“入珠融湾　打造粤北人才高地”为定位积极展示清远形象，宣传清远市人才政策。展会期内吸引高端人才洽谈20余人次，接洽项目咨询对接交流10余项。

（张　凌）

潮州市

【科技体制改革】 开展"放管服"科技专项资金管理体制改革，实施"大专项+任务清单"管理模式，将部分财政资金委托县区自主立项、自主管理，2019年下达市级科技专项资金460万元给予县区组织实施"大专项+任务清单"项目。12月修订出台《潮州市科技计划项目结题管理实施细则》，将财政资金10万元及以下市级科技项目结题工作委托交由县区组织，规范提升市级科技计划项目结题效率。

【重大平台建设】 全面加快国家级高新区创建工作，7月，凤泉湖高新技术产业开发区创建国家级高新区申报材料上报省政府。4月3日，化学与精细化工广东省实验室潮州分中心揭牌成立，市级财政安排预算资金4 500万元，引进武汉理工大学张联盟院士团队和华南理工大学赵谋明教授（长江学者）团队，建立包括中国工程院院士、院士级国外学者等在内的高层次科研团队，申报承担省重点领域研发计划2项，获批省博士后创新实践基地并引进博士后1名。

化学与精细化工广东省实验室潮州分中心揭牌

【科技企业】 2019年，潮州市推荐31家企业参与高新技术企业认定，29家企业通过评审。全市高新技术企业存量实现三年翻番，截至2019年年底达110家。落实高新技术企业扶持政策，发放2018年度高企认定补助865万元，其中市级补助346万元。新增高新技术产品113项。加强创新型企业培育工作，启动市级高新技术企业培育库建设，遴选93家具有一定研发能力的企业入库培育；推动75家符合产业导向、成长性好、创新性强、发展前景广阔的优质中小企业认定科技型中小企业。

【自主研发能力】 2019年，潮州市研发经费支出6.87亿元，市级科技专项资金投入增长1.6倍。引导规上工业企业设立研发机构，占规上企业比例达35%。建立形式多样、机制灵活的企业自主研发创新体系，2019年新增市级工程中心8家、推荐省级工程中心认定4家、培育省级新型研发机构2家，累计建设市级工程中心116家、省级工程中心59家、省级新型研发机构2家、省级重点实验室1家。

【科研人才队伍】 2019年，强化农村科技工作支撑，采取"三放宽一提高"的应对措施，打造科技特派员制度"升级版"，实现45个省定贫困村科技特派员全覆盖。累计引进外国高端人才（A类）4人、外国专业人才（B类）27人、其他外国人员（C类）11人。

【核心技术】 三环集团的“固体氧化物燃料电池电堆工程化开发”项目成功列入国家重点研发计划，获得国家资助2 769万元，实现潮州企业承接国家重大科研任务零的突破。化学与精细化工广东省实验室潮州分中心与三环集团联合申报的“5G通信基站用高容量MLCC项目研究”项目成功列入省快速响应重大科技专项，获省资助1 800万元；“IC芯片封装用陶瓷劈刀及应用研究”项目成功列入省省重点领域研发计划项目，获省资助1 200万元，在粤东西北地区省实验室分中心中率先承接省重点领域研发计划项目。

【双创服务】 2019年，潮州市新认定市级科技企业孵化器1家，众创空间1家；全市累计在省孵化在线平台登记孵化器9家、众创空间5家，其中省级孵化器2家、国家级众创空间1家、省级众创空间1家，排名粤东西北地区第4；全市孵化器总面积近10万m^2，在孵企业221家，累计毕业企业8家。6月14日，第八届中国创新创业大赛（广东·潮州赛区）暨潮州市第二届创新创业大赛举办，参赛企业数量71家，同比增长130%。21家企业晋级省赛，同比增长91%；1家企业获全国总决赛优胜奖，3家企业获省赛三等奖，19家企业获省赛优秀奖，国赛、省赛获奖数量居全省第5、粤东西北地区首位。

2019第八届中国创新创业大赛（广东·潮州赛区）暨潮州市第二届创新创业大赛决赛获奖代表合影

【科技金融】 继续加强与商业银行的科技信贷风险准备金的合作，科技信贷风险准备金池扩大到900万元，合作银行3家，促成14家科技型企业获信贷融资7 400万元。

【科普教育】 围绕营造有利于创新的观念和精神，着力推进广东省青少年科技教育基地申报认定及复核工作，截至2019年年底，潮州市累计建设省级青少年科技教育基地9家。推荐实施省科技创新普及领域项目2项，获省科技厅立项及资金支持。动员组织优秀选手参加广东省首届科普讲解大赛，获一等奖1名、优秀奖5名，是粤东西北地区唯一获一等奖的地市。

（苏伟涛）

揭阳市

【科技创新重点工作】　揭阳市围绕国家、省加紧建设粤港澳大湾区的战略部署和全市全域“融湾建带”工作的需要，2019年9月，制定出台《揭阳市进一步促进科技创新的若干政策措施》，从融合对接粤港澳大湾区科技创新工作等11个方面提出了力度更大的政策，其中对获得高新技术企业认定的奖励金额为粤东西北地市中最高。下发《2019年揭阳市科技创新发展重点工作任务》，加强对非均衡科学技术创新发展体系情况的监测，掌握全市科技创新的发展态势。2019年新增科技企业孵化器、众创空间4家。广东越群海洋生物研究开发有限公司的“重要海水鱼类种苗开口饲料研发及应用”项目获得2018年度广东省科学技术奖二等奖。

【榕江实验室】　2019年，揭阳市科技局从加强顶层设计、推进机构建设和建设资金保障三方面推进榕江实验室建设。牵头制订了《化学与精细化工广东省实验室揭阳分中心（简称榕江实验室）建设运行实施方案》，经省科技厅和揭阳市政府主要领导同意，明确以天津大学为榕江实验室主要合作共建单位，并成立揭阳市榕江实验室建设工作领导小组。2019年9月27日，榕江实验室在第五届中德（欧）中小企业合作交流会上举行揭牌仪式，统筹推进榕江实验室管理和科研团队建设工作。根据省财政厅要求组织共建高校团队起草了《化学与精细化工实验室（揭阳分中心）建设省级补助预算文件评审材料》，切实做好省实验室省级财政补助资金管理项目评审评估的相关准备。

9月27日，榕江实验室揭牌

【国家高新区】　揭阳市科技局按照揭阳市委、市政府《关于创建国家级揭阳高新技术产业工作方案》全力推进国家级高新区创建工作，多次到科技部汇报揭阳市高新区创建工作，并到重庆等地学习创建国家高新区的经验做法。积极推动揭阳高新区“一核三区”建设，2019年3次邀请国家高新区规划专家来揭调研交流，优化国家高新区发展战略规划、产业发展规划等材料。9月27日，揭阳市委常委会议明确了以省级高新区（空港经济区）为申报主体申报国家高新区，高新区管委会与空港经济区管委会两块牌子一套人马。

【企业创新】　2019年召开高新技术企业申报认定、科技统计等培训会，全市约450人参加。全年组织55家企业通过高新技术企业认定，截至2019年12月底，揭阳市高新技术企业数量达到159家。全年共有96家企业通过科技型中小企业评价入库。

【自主核心技术攻关】　2019年组织实施省科技“大专项”和揭阳市科技创新发展专项资金项目160项，总项目资金为省级2 500万元、市级2 220万元。与中国银行揭阳分行加强联动，全年全市金融科技产业融合风险准备金引导银行为48家科技型企业贷款5.1亿元，有效缓解企业融资难问题。

【科技创新平台】 2019年组织全市新建省级工程中心11家，揭阳市新型研发机构1家，揭阳市工程中心33家；全市规上工业企业研发机构覆盖率达30.34%，其中11家企业申报获得揭阳市2017年度大型工业企业研发机构建设省级奖补资金（第二批）。

【科技服务】 建设揭阳市“互联网+科技创新”服务平台、技术转移中心和科技创新服务联盟等科技服务机构。2019年组织揭阳市企业前往湖南、广州、汕头等地区高校开展产学研对接活动，并邀请武汉理工大学来揭阳召开科技合作与成果转化交流会，共组织产学研活动6场次、参加企业73家。积极开展科技服务“五城同创”和“科技服务进社区（村）”专项活动，组织揭阳学院科技特派员开展科技下乡服务，深入揭西和普宁乡村、农业企业开展技术推广应用活动，为企业的农业项目提供了农业科技服务。

【科技人才】 2019年推荐揭阳市润达肠衣有限公司的“肝素及其副产物增值开发技术研究项目”成功列入“广东省重点高端外国专家项目计划”。发动揭阳市高校院所、企事业单位参加省举办的“走出去”人才科技交流合作活动。

【科普活动】 5月和9月，该市科技局联合市科协等部门在全市9个中小学开展广东“科普大篷车走基层”“广东省科技进步活动月（揭阳分会场）”等社区校园科普活动。组织揭阳产业园月城镇棉洋小学、揭东第四小学、空港京南小学3所学校申报省粤东西北地区农村中小学校科学馆（室）建设试点项目，各获得省科技厅20万元资助。

（李桂瀚）

云浮市

【科技项目】

省级以上科技项目 2019年，全市省级以上科技计划项目立项66项，立项资金合计5 670万元。其中，科技部“高端外国专家引进计划”项目立项1项，立项资金40万元；省科技创新战略专项资金（“大专项+任务清单”）项目立项56项，立项资金2 500万元；省重点领域研发计划项目2项，立项资金合计1 000万元；省科技创新战略专项资金项目（新型研发机构结转）立项2项，立项资金共1 000万元；省科技创新战略专项资金（产学研合作和国产技术产品市场化第三批）立项1项，立项资金1 000万元；省级科普项目立项3项，立项资金50万元。

市级科技项目 2019年，全市市级科技项目立项29项，立项资金合计551.5万元。其中，市级科技计划项目立项10项，立项资金共206.5万元；市级产学研结合项目立项2项，立项经费100万元；新型研发机构发展专项立项17项，立项经费245万元。

【农业科技】

科技计划项目 2019年共组织实施乡村振兴战略类科技计划项目33项，资金支持共2 495万元。

星创天地 2019年全市新增3家国家级“星创天地”，分别是新兴县温氏华农养猪训练营星创天地、罗定市罗竹星创天地、云城区大唐特色林果产业星创天地；新增4家省级“星创天地”，分别是温氏华农养猪训练营星创天地、仁善田园星创天地、天绿星创天地、互联网+智慧农业星创天地。截至2019年12月31日，全市共有国家级“星创天地”4家，省级“星创天地”8家，涵盖了禽畜、林果、竹制品、农村电商等特色农业产业。

农村科技特派员 实施乡村振兴科技创新行动，推进实施农村科技特派员选派对接，支持农村科技特派员到贫困村开展农业科技服务。2019年度征集认定农村科技特派员55名，全市共有派驻农村科技特派员130人（包括省科技厅派驻的特派员），实现对接省定相对贫困村全覆盖。

农业科技园区 积极推进农业科技园区建设，罗定市以稻米产业建设的农业科技园区被认定为省级农业科技园区。

【科技与金融】

2019年，为推进科技金融的发展，修订完善并印发了《云浮市科技信贷风险准备金管理办法》。充分发挥“云浮市科技信贷风险准备金”的作用，2019年组织12家科技型中小企业加入“云浮市科技信贷风险准备金”风险池，引导云浮市银行业金融机构、科技小贷公司为科技型中小企业发放贷款427.72万元。组织21家企业参加国家、省创新创业大赛。其中，罗定市原始蛋鸡养殖有限公司等3家企业在2019年第八届中国创新创业大赛（广东赛区）暨第七届“珠江天使杯”科技创新创业大赛现代农业省级专业赛中获优胜奖，云浮市中科石材创新科技有限公司、广东溢康通空气弹簧有限公司等3家企业在2019年第八届中国创新创业大赛（广东赛

8月25日，第九届中国创新创业大赛（广东·云浮赛区）颁奖现场

区）暨第七届“珠江天使杯”科技创新创业大赛获成长企业组先进制造行业优胜奖。

【科普工作】 2019年，罗定市博物馆被认定为省级青少年科技教育基地；郁南县消防大队被认定为省科普教育基地；云浮中学、郁南县青少年宫2家省级青少年科技教育基地通过复核；云城区河口香港海员希望小学、新兴县河头镇中心小学2所学校获批粤东西北地区农村中小学校科学馆（室）建设试点示范学校。联合举办2019年广东省科技进步活动月——云浮市分会场活动，积极开展科普宣传，共设置宣传展板50块，内容涉及智能无人机、航天航空技术等科学知识，参观人数3 000余人次，共发放各类科普书籍、手册5 000余册，科普宣传单3 000余份。

【科技人才】

科技人才引进 2019年，引进氢能产业科技创新领军人才1人，柔性引进专家团队1个，团队成员3人。引进高校、科研院所科研人员入驻该市企业，协助企业开展项目研究、专利申请、研发平台建设等科技活动。

外国专家工作许可服务 提升外国人来云浮工作许可服务，2019年办理外国人来华工作许可业务60件。其中，注销11件；新办及延期共49件，含外国高端人才（A类）5件，外国专业人才（B类）26件，其他外国人员（C类）18件。

【企业科技特派员】 2019年，对申报企业科技特派员专项补助的18名企业科技特派员进行补助，并对在企业开展项目研究、专利申请、研发平台建设等科技活动表现突出的4名优秀企业科技特派员进行奖励，金额共计20万元。截至2019年年底，进驻该市企业有效期内的企业科技特派员共41名。

【高新技术产业】

高新技术企业 2019年，组织43家企业申报高新技术企业，其中36家企业通过专家评审，被认定为国家高新技术企业。截至2019年年底，全市有效期内高新技术企业数量79家，比2018年增长39%。有效期内高新技术企业按地域划分：新兴26家，罗定21家，新区10家，云城10家，郁南9家，云安3家。按所属技术领域划分：新材料27家，生物与新医药17家，先进制造与自动化13家，资源与环境8家，电子信息7家，新能源与节能4家，高技术服务3家。市财政落实高新技术企业认定（培育）专项补助资金共730.5万元。

高新技术产品 2019年，组织52家企业共193个产品申报广东省高新技术产品，同比增长77%。其中123个产品被认定为省高新技术产品，同比增长52%。截至2019年年底，全市有效期内的省高新技术产品287个，同比增长49%。

高新区 2019年6月，国务院将云浮市高新区申报国家高新区材料转科技部研究办理；11月，邀请中科院、工信部赛迪研究院等从事国家高新区建设工作多年的专家对云浮市2份规划报告进行论证，根据专家意见对规划报告重新完善后，作为申报国家高新区材料提交至科技部。

项目申报与立项 2019年，根据《关于开展云浮市2019年省科技专项资金（“大专项+任务清单”）项目申报入库工作的通知》精神，组织科技型中小企业技术创新能力、创建国家高新区工作专项等4个专题申报，立项资金共980万元。

2019年共有7家企业承担的项目被列入2019年云浮市科技计划项目，立项金额共151.5万元。

【科技企业孵化器】 2019年，云浮市孵化器面积达到16 500m^2，众创空间面积3 800m^2，全市共有2家孵化器，2家众创空间，初步形成了众创空间—孵化器培育体系，吸引一批科技型项目或团队入园孵化。其中省级众创空间云浮创新设计中心运营效果良好，2019年引进孵化团队18个，拥有有效知识产权41件，完成新研发设计产品超100款。

【科技成果与奖励】

科研成果及应用 2019年，云浮市级科技成果登记48项，省级科技成果登记7项。广东国鸿氢能科技有限公司、佛山（云浮）氢能产业与新材料发展研究院等单位共同研发的“车用燃料电池电堆技术推广与应用”科技成果，已经实现了批量化生产。广东国鸿氢能科技有限公司生产的电池电堆是燃料电池汽车的动力装置，是该公司的核心产品，电池以氢气为燃料，有效解决锂电电动车续航不足的问题，加氢时间远少于锂电的充电时间，燃料电池的能量密度远高于锂离子电池，且燃料电池的零部件90%可回收利用。该成果解决了电堆使用寿命短、低温启动困难等技术难题。电池电堆使用寿命可达15 000小时，电堆可在零下40℃存储，在零下30℃无辅助启动。该成果拥有授权专利16件，其中发明专利5件，实用新型11件。该技术生产的燃料电池已用于氢能公交车。

科学技术奖　云浮市企业获2019年度国家科学技术奖2项，其中温氏食品集团股份有限公司参与项目“家畜养殖数字化关键技术与智能饲喂装备创制及应用”获国家科学技术进步奖二等奖；广东温氏大华农生物科技有限公司参与项目“动物专用新型抗菌原料药及制剂创制与应用”获国家科学技术进步奖二等奖。

云浮市企业获2019年度广东省科学技术奖2项，其中广东国鸿氢能科技有限公司牵头、佛山（云浮）氢能产业与新材料发展研究院参与项目“车用燃料电池电堆技术推广与应用”获省科学技术进步奖二等奖；李世坤参与项目“高水分有机固废安全处置与土壤高值化利用技术及装备”获省技术发明奖一等奖。

技术合同认定登记　2019年度全市认定登记技术合同共8项，同比增长7倍；认定技术交易额3 350万元，同比增长165.87%，办理减免增值税176.4万元。其中广东温氏大华农生物科技有限公司的大额技术合同认定登记2项，合同交易总额2 400万元，认定技术交易总额2 400万元。

【产学研结合】

项目立项与管理　2019年，市级产学研结合项目立项2项，立项经费100万元；新型研发机构发展专项立项17项，立项经费245万元。省科技创新战略专项资金项目（新型研发机构结转）立项2项，立项资金共1 000万元。

新型研发机构　2019年，云浮中科石材创新科技有限公司被认定为市级新型研发机构，累计达4家；佛山（云浮）氢能产业与新材料发展研究院通过省级新型研发机构评估，累计达4家。

工程技术研究中心　2019年，认定市级工程中心8家，累计达49家；组织17家依托单位申报省级工程中心，其中9家被认定为省级工程中心，累计达37家。

广东省实验室　8月29日，“岭南现代农业科学与技术广东省实验室云浮分中心”和“先进能源科学与技术广东省实验室云浮分中心”2个省实验室获省政府授牌正式启动建设。现代农业实验室分中心主任由江青艳担任，禽畜领域学术委员会主任由中科院黄路生院士担任，南药领域学术委员会主任由中国工程院黄璐琦院士担任；先进能源实验室分中心主任由张久俊担任，学术委员会主任由叶思宇担任。

规上工业企业研发机构　2019年，该市在库规模以上工业企业总数为341家，设立企业研发机构的有88家，占比25.81%。

省部产学研合作　7月17日，推动华南农业大学与云浮市人民政府签订合作协议，就省实验室、南药研究院、农产品深加工、农业科技成果转化等方面开展深度合作；6月25日，推动新兴中药学校与广药集团签订合作协议，共建国家中医药管理局南药资源综合开发国际合作重点研究室—云浮研究室，开展大南药领域基础研究与应用基础研究，促进云浮市中医药产业创新发展；6月24日，推动广东颂春药业有限公司与华南农业大学签订合作协议，共建云浮市南药产业发展研究院，突破核心关键技术，加强南药种植、研发和生产，促进云浮市南药产业高质量发展。

【科技交流合作】

国际科技合作　2019年，创建云浮国际创新院，通过政府购买科技服务的形式，开展云浮市与“一带一路”沿线国家的科技合作与交流。先后组织云浮市经贸代表团、云浮市科技经贸代表团赴俄罗斯、白俄罗斯、捷克和立陶宛、格鲁吉亚、以色列出访交流及进行项目洽谈。分别于5月、10月先后邀请格鲁吉亚、俄罗斯、乌克兰和白俄罗斯的高层次专家来云浮举办国际先进技术推介会作技术交流与推广。邀请东欧独联体专家深入企业进行需求调研、项目推介、项目对接和洽谈，促成合作意向2项。2019年，云浮市先后与格鲁吉亚哥里市签署了友好城市合作备忘录，与立陶宛科技创新署签订

2019年5月，在新兴县举办国际先进技术推介会

了合作备忘录。9月20日，推动广东药科大学和俄罗斯普希诺国立自然科学院签署合作协议。

科技交流培训 2019年，云浮市分别召开了云浮市教育科技创新大会、云浮乌克兰焊接和材料先进技术交流会，落实了全省教育大会、科技创新大会精神，推动了乌克兰专家与云浮市企业进行技术交流。举办了云浮市科技业务培训班、广东省科技创新券、技术合同管理、市级项目管理系统业务培训班、“广东省农村科技特派员培训班”云浮专场，参加培训人数360余人。

（甘炎民　梁悦群　谭璘峰　傅小铃　何燕红　陈怡莹）

科技统计资料

全省科技统计指标

【科技人力】 2019年，广东省国有企业、事业单位专业技术人员达156.01万人，在国有企事业单位专业技术人员中，工程技术人员、农业技术人员、科学研究人员分别有19.51万人、1.20万人、0.78万人，分别占总体的12.51%、0.77%、0.50%，与2018年相比，工程技术人员、卫生技术人员和教学人员数量均有所增长。（见表11-1-1）

表11-1-1 全省国有企业、事业单位专业技术人员数（2014—2019年）

指标	2014年		2015年		2016年		2017年		2018年		2019年	
	绝对人数（人）	比重	绝对人数（人）	比重	绝对人数（人）	比重	绝对人数（人）	比重	绝对人数（人）	比重	绝对人数（人）	比重
工程技术人员	155 964	10.45%	139 817	9.65%	151 883	10.22%	169 994	10.96%	178 876	10.88%	195 106	12.51%
农业技术人员	12 772	0.86%	16 076	1.11%	16 681	1.12%	13 161	0.85%	12 111	0.74%	12 001	0.77%
卫生技术人员	283 499	18.99%	288 384	19.90%	308 402	20.75%	306 208	19.74%	298 778	18.18%	301 505	19.33%
科学研究人员	5 850	0.39%	6 139	0.42%	7 340	0.49%	10 992	0.71%	12 286	0.75%	7 752	0.50%
教学人员	888 862	59.53%	928 348	64.06%	893 189	60.10%	897 089	57.84%	883 820	53.77%	901 015	57.75%
其他人员	146 148	9.79%	70 491	4.86%	108 587	7.31%	153 566	9.90%	257 944	15.69%	142 695	9.15%

注：其他人员含经济人员、财会人员、统计人员、文艺人员、外语翻译人员。

【科技经费】 R&D经费保持稳定增长。2019年全省R&D经费3 098.49亿元，比2018年增长14.6%；R&D经费占全省地区生产总值（GDP）的比例为2.88%，比上年提高0.17个百分点；政府科技经费拨款1 168.79亿元，比2018年增长13.0%，占财政支出的6.76%，比2018年提高0.18个百分点。（见表11-1-2）

表11-1-2　全省科技活动经费增长情况（2014—2019年）

指　标	2014年	2015年	2016年	2017年	2018年	2019年
R&D经费（亿元）	1 605.45	1 798.17	2 035.14	2 343.63	2 704.70	3 098.49
#占GDP比重	2.37%	2.47%	2.56%	2.61%	2.71%	2.88%
政府科技经费拨款（亿元）	274.33	569.55	742.97	823.89	1 034.71	1 168.79
占政府财政支出的比重	3.00%	4.44%	5.53%	5.48%	6.58%	6.76%

2019年，全省科研机构R&D经费投入112.16亿元，高等院校投入185.78亿元，企业投入2 740.77亿元，分别占总体的3.6%，6.0%，88.5%。按经费来源分，政府资金397.26亿元，占12.8%；企业资金2 649.95亿元，占85.5%；国外资金及其他资金51.28亿元，占1.6%。（见表11-1-3）

表11-1-3　全省R&D经费明细情况（2019年）

单位：亿元

项 目	合计
R&D经费	3 098.49
#政府资金	397.26
企业资金	2 649.95
国外资金	0.44
其他资金	50.84

【科技研究机构】　2019年，广东省科技研究机构增至32 347个，其中科研机构有187个，全日制普通高校科技研究机构有1 781个，企业研究机构有30 199个，事业单位研究机构有180个，分别占总数的0.6%、5.5%、93.4%、0.5%。（见表11-1-4）

表11-1-4　科技研究机构概况（2019年）

指　标	合　计	企业	科研机构	高等院校	事业单位
研究机构数（个）	32 347	30 199	187	1781	180
R&D人员（万人）	86.20	81.23	2.43	1.62	0.92
R&D经费支出（亿元）	3 530.05	3 363.32	112.16	30.04	24.53

科学研究与技术开发机构　2019年，全省共有科研机构187个，R&D人员2.43万人,R&D经费为112.16亿元。

高等院校科技机构　2019年，广东省有高等院校154所，拥有研究机构1 781个。高等院校科技机构共有R&D人员1.62万人，R&D经费为30.04亿元。

企业研究机构　2019年，企业研究机构30 199个，机构R&D人员81.23万人。全年企业研究机构R&D经费3 363.32亿元。

【科研课题与科技成果】　2019年，全省各类单位共开展R&D课题项目22.49万项，参与R&D课题项目人员76.56万人年，R&D课题项目经费2 961.65亿元。

科技成果不断涌现。2019年，全省科技执行部门共发表科技论文147 710篇，其中科研机构9 823篇，高等院校106 172篇，企业22 521篇。全省科技执行部门共申请专利36.39万件，其中科研机构、高等院校、企业分别申请专利4 351件、27 042件、329 375件。全省科技执行部门共出版科技著作2 789种，其中科研机构、高等院校分别出版279种、2 365种（见表11–1–5）。2019年，全省共获国家科技进步奖50项，评选省级科技奖励成果173项，省级重大科技成果登记2 755项。（见表11–1–6）

表11–1–5　科研课题及科技产出情况（2019年）

指　标	合计	企业	科研机构	高等院校	其他
R&D课题项目数（项）	224 904	120 617	7 947	91 361	4 979
R&D课题人员（人年）	765 591.8	697 965.3	15 156.4	36 898.5	15 571.6
R&D课题经费内部支出（亿元）	2 961.65	2 767.64	56.72	102.69	34.60
专利申请数（件）	363 906	329 375	4 351	27 042	3 138
发表科技论文（篇）	147 710	22 521	9 823	106 172	9 194
出版科技著作（种）*	2 789	–	279	2 365	145

*注：因企业出版科技著作无汇总数，合计数不包含企业的数据。

表11–1–6　国家及省级科技成果奖励情况（2014—2019年）

单位：项

指　标	2014年	2015年	2016年	2017年	2018年	2019年
国家科技奖励成果	46	32	33	38	45	50
省级科技奖励成果	249	237	239	246	171	173
省级重大科技成果	1 748	2 133	1 963	2 511	2 461	2 755

（幸　雯）

科技统计表（2019年）

表11-2-1 R&D人员折合全时工作量（2019年）

计量单位：人年

指　标	R&D折合全时工作量	按活动类型分组			
		#研究人员	基础研究	应用研究	试验发展
总　计	27 744	18 805	8 072	9 420	10 252
1. 按机构所属地域分布					
广东省	27 744	18 805	8 072	9 420	10 252
广州市	15 701	10 574	4 242	5 483	5 976
韶关市	35	17	0	2	33
深圳市	7 263	5 033	3 148	2 922	1 193
珠海市	617	504	181	147	289
汕头市	239	130	6	1	232
佛山市	792	521	17	321	454
江门市	57	42	5	0	52
湛江市	280	208	86	61	133
茂名市	12	4	0	0	12
肇庆市	34	19	0	0	34
惠州市	332	242	79	87	166
梅州市	62	44	0	3	59
汕尾市	0	0	0	0	0

（续上表）

指　标	R&D折合全时工作量		按活动类型分组		
		#研究人员	基础研究	应用研究	试验发展
河源市	16	12	0	12	4
阳江市	29	17	0	8	21
清远市	2	2	0	0	2
东莞市	1 982	1 235	288	286	1 408
中山市	129	98	20	70	39
潮州市	37	22	0	10	27
揭阳市	66	28	0	0	66
云浮市	59	53	0	7	52
2．按机构所属隶属关系分布					
中央部门属	9 396	6 608	3 679	2 987	2 730
#中国科学院	4 969	4 069	2 649	1 777	543
地方部门属	18 348	12 197	4 393	6 433	7 522
省级部门属	7 350	4 707	1 727	2 800	2 823
副省级城市属	796	515	43	416	337
地市级部门属	2 515	1 735	118	588	1 809
其他	7 687	5 240	2 505	2 629	2 553
3．按机构从事的国民经济行业分布					
科学研究和技术服务业	27 744	18 805	8 072	9 420	10 252

（续上表）

指　标	R&D折合全时工作量	按活动类型分组			
		#研究人员	基础研究	应用研究	试验发展
研究和试验发展	21 859	14 957	7 054	7 274	7 531
专业技术服务业	4 359	2 703	534	1 644	2 181
科技推广和应用服务业	1 526	1145	484	502	540
4．按机构服务的国民经济行业分布					
农、林、牧、渔业	2 703	1 889	546	671	1 486
农业	1 087	769	236	128	723
林业	439	302	84	116	239
畜牧业	213	136	14	59	140
渔业	539	426	113	295	131
农、林、牧、渔专业及辅助性活动	425	256	99	73	253
采矿业	124	102	29	22	73
有色金属矿采选业	100	86	5	22	73
其他采矿业	24	16	24	0	0
制造业	2 004	1 473	566	525	913
农副食品加工业	336	204	76	67	193
化学原料和化学制品制造业	113	77	6	10	97
医药制造业	949	790	408	329	212
化学纤维制造业	16	10	0	0	16

（续上表）

指　标	R&D折合全时工作量	按活动类型分组			
		#研究人员	基础研究	应用研究	试验发展
非金属矿物制品业	88	34	0	7	81
黑色金属冶炼和压延加工业	4	3	0	0	4
专用设备制造业	160	133	7	35	118
铁路、船舶、航空航天和其他运输设备制造业	100	100	0	17	83
电气机械和器材制造业	38	14	0	3	35
计算机、通信和其他电子设备制造业	151	78	28	57	66
仪器仪表制造业	41	22	41	0	0
其他制造业	8	8	0	0	8
电力、热力、燃气及水生产和供应业	10	3	0	10	0
电力、热力生产和供应业	10	3	0	10	0
建筑业	13	13	0	0	13
土木工程建筑业	13	13	0	0	13
交通运输、仓储和邮政业	21	17	0	6	15
道路运输业	6	6	0	6	0
水上运输业	15	11	0	0	15
信息传输、软件和信息技术服务业	664	469	31	241	392
电信、广播电视和卫星传输服务	91	65	0	21	70
互联网和相关服务	43	33	0	39	4

（续上表）

指　标	R&D折合全时工作量	按活动类型分组			
		#研究人员	基础研究	应用研究	试验发展
软件和信息技术服务业	530	371	31	181	318
科学研究和技术服务业	19 606	12 979	5 990	6 985	6 631
研究和试验发展	13 170	8 403	4 323	4 606	4 241
专业技术服务业	4 943	3 420	1 164	1 821	1 958
科技推广和应用服务业	1 493	1 156	503	558	432
水利、环境和公共设施管理业	1 137	756	183	442	512
水利管理业	342	220	60	55	227
生态保护和环境治理业	767	518	121	382	264
土地管理业	28	18	2	5	21
居民服务、修理和其他服务业	22	15	10	12	0
其他服务业	22	15	10	12	0
教育	391	340	285	100	6
教育	391	340	285	100	6
卫生和社会工作	834	564	416	304	114
卫生	834	564	416	304	114
文化、体育和娱乐业	105	89	16	61	28
文化艺术业	71	63	12	31	28
体育	34	26	4	30	0

（续上表）

指　标	R&D折合全时工作量	按活动类型分组			
		#研究人员	基础研究	应用研究	试验发展
公共管理、社会保障和社会组织	110	96	0	41	69
国家机构	110	96	0	41	69
5. 按机构所属学科分布					
自然科学领域	6 373	4 368	2 816	1 944	1 613
信息科学与系统科学	305	250	19	141	145
力学	1	1	1	0	0
物理学	92	60	10	35	47
化学	314	154	20	107	187
地球科学	3 332	2 147	1 632	760	940
生物学	2 329	1 756	1 134	901	294
农业科学领域	3 415	2 316	630	866	1 919
农学	1 899	1 301	394	338	1 167
林学	615	382	102	163	350
畜牧、兽医科学	352	200	21	70	261
水产学	549	433	113	295	141
医学科学领域	2 459	1 830	1 107	917	435
基础医学	726	633	403	274	49
临床医学	806	512	441	243	122

（续上表）

指　标	R&D折合全时工作量	按活动类型分组			
		#研究人员	基础研究	应用研究	试验发展
预防医学与公共卫生学	309	211	82	114	113
药学	452	340	97	267	88
中医学与中药学	166	134	84	19	63
工程科学与技术领域	14 757	9 798	3 453	5 120	6 184
工程与技术科学基础学科	1 224	926	195	297	732
信息与系统科学相关工程与技术	2 027	1 790	870	729	428
自然科学相关工程与技术	3 030	1 798	1 385	643	1 002
测绘科学技术	219	85	0	125	94
材料科学	1 073	623	161	378	534
矿山工程技术	110	95	5	24	81
机械工程	467	246	46	40	381
动力与电气工程	272	158	6	138	128
能源科学技术	605	532	49	353	203
核科学技术	8	8	8	0	0
电子与通信技术	834	566	20	208	606
计算机科学技术	1 440	617	223	809	408
化学工程	65	43	0	44	21
产品应用相关工程与技术	488	344	0	119	369

（续上表）

指　标	R&D折合全时工作量	按活动类型分组			
		#研究人员	基础研究	应用研究	试验发展
纺织科学技术	29	21	0	13	16
食品科学技术	465	234	66	174	225
土木建筑工程	56	50	0	24	32
水利工程	341	219	60	54	227
交通运输工程	129	113	0	38	91
航空、航天科学技术	328	205	49	156	123
环境科学技术及资源科学技术	889	596	292	311	286
安全科学技术	616	499	11	438	167
管理学	42	30	7	5	30
社会、人文科学领域	740	493	66	573	101
马克思主义	211	140	45	166	0
艺术学	31	23	0	31	0
考古学	40	40	12	0	28
经济学	107	67	0	105	2
社会学	144	95	0	103	41
民族学与文化学	31	23	5	26	0
图书馆、情报与文献学	42	29	0	12	30
教育学	100	50	0	100	0

（续上表）

指　标	R&D折合全时工作量	按活动类型分组			
		#研究人员	基础研究	应用研究	试验发展
体育科学	34	26	4	30	0
6. 按机构从业人员规模分					
≥1000人	2 941	2 168	929	914	1 098
500～999人	4 921	3 206	2 018	1 581	1 322
300～499人	5 198	3 561	1 777	2 073	1 348
200～299人	3 298	1 996	611	1 226	1 461
100～199人	5 276	3 669	1 154	1 934	2 188
50～99人	2 980	2 037	583	860	1 537
30～49人	2 249	1 531	913	607	729
20～29人	513	369	41	99	373
10～19人	290	211	33	112	145
0～9人	78	57	13	14	51

表11-2-2　R&D经费内部支出按活动类型和经费来源分（2019年）

计量单位：万元

指标	R&D经费内部支出	按活动类型分			按经费来源分			
		基础研究	应用研究	试验发展	政府资金	企业资金	国外资金	其他资金
总　计	1 521 920	417 725	564 666	539 529	1 197 977	81 212	1 458	241 274
1. 按机构所属地域分布								

（续上表）

指标	R&D经费内部支出	按活动类型分			按经费来源分			
		基础研究	应用研究	试验发展	政府资金	企业资金	国外资金	其他资金
广东省	1 521 920	417 725	564 666	539 529	1 197 977	81 212	1 458	241 274
广州市	1 014 974	282 307	356 185	376 482	770 702	48 987	1 458	193 828
韶关市	1 019	0	95	924	694	325	0	0
深圳市	277 319	96 036	140 571	40 713	210 360	29 398	0	37 562
珠海市	25 549	10 032	5 883	9 634	25 549	0	0	0
汕头市	8 388	2 900	13	5 475	7 192	0	0	1 196
佛山市	70 767	2 260	31 217	37 290	67 619	638	0	2 511
江门市	13 407	11 818	0	1 589	12 830	412	0	165
湛江市	5 094	1 052	988	3 054	5 094	0	0	0
茂名市	206	0	0	206	206	0	0	0
肇庆市	691	0	0	691	386	0	0	305
惠州市	23 024	835	17 586	4 603	22 539	0	0	485
梅州市	984	0	45	939	906	0	0	78
汕尾市	0	0	0	0	0	0	0	0
河源市	277	0	201	76	277	0	0	0
阳江市	293	0	52	242	293	0	0	0
清远市	20	0	0	20	20	0	0	0
东莞市	76 488	10 414	11 343	54 732	70 411	1 216	0	4 861

（续上表）

指标	R&D经费内部支出	按活动类型分			按经费来源分			
		基础研究	应用研究	试验发展	政府资金	企业资金	国外资金	其他资金
中山市	1 167	72	373	722	980	37	0	150
潮州市	528	0	110	417	528	0	0	0
揭阳市	759	0	0	759	683	0	0	75
云浮市	967	0	4	962	709	200	0	58
2. 按机构所属隶属关系分布								
中央部门属	572 937	211 799	181 742	179 396	478 711	46 555	1 284	46 387
#中国科学院	250 282	127 481	94 106	28 695	217 111	29 120	799	3 253
地方部门属	948 984	205 927	382 924	360 133	719 266	34 657	174	194 887
省级部门属	553 830	115 196	234 734	203 900	424 361	9 794	173	119 503
副省级城市属	37 613	2 727	18 924	15 963	28 899	30	0	8 684
地市级部门属	64 357	1 250	20 518	42 588	54 563	1 568	0	8 226
其他	293 184	86 754	108 748	97 682	211 443	23 265	1	58 474
3. 按机构从事的国民经济行业分布								
科学研究和技术服务业	1 521 920	417 725	564 666	539 529	1 197 977	81 212	1 458	241 274
研究和试验发展	1 219 204	317 926	491 740	409 537	967 539	75 277	1 458	174 930
专业技术服务业	230 192	62 301	57 370	110 522	190 607	5 194	0	34 391
科技推广和应用服务业	72 524	37 498	15 556	19 470	39 831	741	0	31 953
4. 按机构服务的国民经济行业分布								

（续上表）

指标	R&D经费内部支出	按活动类型分			按经费来源分			
		基础研究	应用研究	试验发展	政府资金	企业资金	国外资金	其他资金
农、林、牧、渔业	132 933	18 863	40 794	73 276	126 455	1 559	0	4 919
农业	47 481	6 737	8 103	32 641	44 382	1 099	0	2 001
林业	22 697	3 266	7 485	11 946	22 258	362	0	76
畜牧业	14 735	606	3 437	10 693	12 710	0	0	2 026
渔业	35 535	6 673	19 435	9 426	35 437	98	0	0
农、林、牧、渔专业及辅助性活动	12 485	1 582	2 334	8 570	11 668	0	0	817
采矿业	4 680	302	1 080	3 298	2 675	1 840	165	0
有色金属矿采选业	4 575	196	1 080	3 298	2 570	1 840	165	0
其他采矿业	106	106	0	0	106	0	0	0
制造业	106 923	27 734	23 188	56 001	85 989	7 685	51	13 199
农副食品加工业	12 702	1 191	1 390	10 121	9 319	2 770	0	613
化学原料和化学制品制造业	9 923	2 900	474	6 550	9 923	0	0	0
医药制造业	57 237	22 750	18 193	16 294	47 734	2 569	51	6 884
化学纤维制造业	237	0	0	237	146	0	0	91
非金属矿物制品业	4 671	0	100	4 572	317	0	0	4 355
黑色金属冶炼和压延加工业	145	0	0	145	7	0	0	138
专用设备制造业	8 486	96	1 142	7 248	8 486	0	0	0
铁路、船舶、航空航天和其他运输设备制造业	4 291	0	806	3 485	2 928	1 363	0	0

（续上表）

指标	R&D经费内部支出	按活动类型分			按经费来源分			
		基础研究	应用研究	试验发展	政府资金	企业资金	国外资金	其他资金
电气机械和器材制造业	975	0	13	962	879	96	0	0
计算机、通信和其他电子设备制造业	7 060	122	1 070	5 868	5 056	887	0	1 117
仪器仪表制造业	676	676	0	0	676	0	0	0
其他制造业	520	0	0	520	520	0	0	0
电力、热力、燃气及水生产和供应业	241	0	241	0	193	49	0	0
电力、热力生产和供应业	241	0	241	0	193	49	0	0
建筑业	71	0	0	71	29	41	0	0
土木工程建筑业	71	0	0	71	29	41	0	0
交通运输、仓储和邮政业	808	0	369	440	357	30	0	421
道路运输业	369	0	369	0	338	30	0	0
水上运输业	440	0	0	440	19	0	0	421
信息传输、软件和信息技术服务业	17 159	342	4 855	11 962	9 572	4 247	1	3 339
电信、广播电视和卫星传输服务	5 102	0	1 557	3 545	2 400	910	0	1 792
互联网和相关服务	1 061	0	971	90	560	500	1	0
软件和信息技术服务业	10 995	342	2 327	8 327	6 612	2 836	0	1 547
科学研究和技术服务业	1 110 446	331 461	426 311	352 674	904 159	58 040	1 234	147 014
研究和试验发展	754 428	240 703	288 621	225 103	652 337	38 568	520	63 004
专业技术服务业	285 764	53 153	119 684	112 926	213 952	18 548	714	52 550

（续上表）

指标	R&D经费内部支出	按活动类型分			按经费来源分			
		基础研究	应用研究	试验发展	政府资金	企业资金	国外资金	其他资金
科技推广和应用服务业	70 255	37 604	18 006	14 645	37 870	924	0	31 461
水利、环境和公共设施管理业	50 439	6 849	17 614	25 976	39 904	7 638	8	2 890
水利管理业	17 650	2 419	2 993	12 239	9 947	6 100	0	1 603
生态保护和环境治理业	32 377	4 409	14 570	13 399	29 545	1 538	8	1 287
土地管理业	412	22	52	339	412	0	0	0
居民服务、修理和其他服务业	394	131	263	0	312	83	0	0
其他服务业	394	131	263	0	312	83	0	0
教育	7 882	4 000	3 862	20	7 738	0	0	144
教育	7 882	4 000	3 862	20	7 738	0	0	144
卫生和社会工作	77 164	26 785	42 538	7 842	12 814	0	0	64 350
卫生	77 164	26 785	42 538	7 842	12 814	0	0	64 350
文化、体育和娱乐业	9 059	1 258	2 960	4 841	4 075	0	0	4 984
文化艺术业	7 663	1 200	1 622	4 841	2 679	0	0	4 984
体育	1 396	58	1 338	0	1 396	0	0	0
公共管理、社会保障和社会组织	3 721	0	592	3 130	3 707	0	0	14
国家机构	3 721	0	592	3 130	3 707	0	0	14
5. 按机构所属学科分布								
自然科学领域	411 807	218 446	103 559	89 803	350 850	7 301	525	53 131

（续上表）

指标	R&D经费内部支出	按活动类型分			按经费来源分			
		基础研究	应用研究	试验发展	政府资金	企业资金	国外资金	其他资金
信息科学与系统科学	9 320	334	4 144	4 843	7 783	1 386	1	150
力学	13	13	0	0	13	0	0	0
物理学	33 692	11 920	16 399	5 374	33 578	96	0	18
化学	17 631	3 336	5 383	8 912	10 927	12	0	6 692
地球科学	239 312	132 657	54 009	52 647	231 091	5 171	229	2 822
生物学	111 838	70 187	23 624	18 028	67 457	635	296	43 450
农业科学领域	164 371	21 698	47 821	94 853	154 488	3 562	0	6 322
农学	79 375	10 705	16 409	52 260	74 452	2 090	0	2 833
林学	27 128	3 485	8 071	15 572	26 684	362	0	82
畜牧、兽医科学	21 529	834	3 906	16 789	17 224	1 012	0	3 293
水产学	36 340	6 673	19 435	10 232	36 129	98	0	113
医学科学领域	191 570	77 187	83 145	31 238	114 994	3 105	51	73 420
基础医学	47 199	21 450	20 921	4 828	44 069	2 505	51	574
临床医学	109 612	49 268	47 202	13 142	45 649	0	0	63 963
预防医学与公共卫生学	8 459	1 664	2 150	4 645	2 134	0	0	6 325
药学	23 644	3 256	12 612	7 776	21 315	52	0	2 277
中医学与中药学	2 656	1 548	260	848	1 828	548	0	281
工程科学与技术领域	711 832	97 041	300 516	314 275	541 853	66 064	882	103 034

（续上表）

指标	R&D经费内部支出	按活动类型分			按经费来源分			
		基础研究	应用研究	试验发展	政府资金	企业资金	国外资金	其他资金
工程与技术科学基础学科	54 924	6 158	14 870	33 896	29 558	4 895	0	20 472
信息与系统科学相关工程与技术	72 259	26 042	31 796	14 420	52 603	19 072	0	584
自然科学相关工程与技术	120 732	28 174	33 637	58 920	79 736	2 147	0	38 849
测绘科学技术	5 081	0	2 479	2 602	1 762	1 038	0	2 281
材料科学	66 518	8 792	16 918	40 808	57 409	2 841	0	6 267
矿山工程技术	4 949	196	1 175	3 578	2 849	1 935	165	0
机械工程	12 354	1 251	2 394	8 709	10 172	442	0	1 741
动力与电气工程	51 004	2 139	24 263	24 601	47 478	3 525	0	0
能源科学技术	31 620	3 590	16 359	11 671	26 112	2 550	232	2 726
核科学技术	170	170	0	0	170	0	0	0
电子与通信技术	21 595	69	3 930	17 596	11 859	1 798	0	7 938
计算机科学技术	87 621	5 194	73 801	8 626	83 440	2 911	0	1 270
化学工程	847	0	578	269	847	0	0	0
产品应用相关工程与技术	24 775	0	11 085	13 690	21 606	435	0	2 733
纺织科学技术	911	0	674	237	472	0	0	439
食品科学技术	13 777	1 264	2 173	10 341	8 895	4 254	0	628
土木建筑工程	3 892	0	2 305	1 588	1 502	0	0	2 390
水利工程	17 617	2 419	2 960	12 239	9 924	6 090	0	1 603

（续上表）

指标	R＆D经费内部支出	按活动类型分			按经费来源分			
		基础研究	应用研究	试验发展	政府资金	企业资金	国外资金	其他资金
交通运输工程	4 751	0	2 106	2 645	1 515	1 434	0	1 802
航空、航天科学技术	12 766	884	6 119	5 764	11 224	109	0	1 434
环境科学技术及资源科学技术	75 584	10 480	43 952	21 152	58 798	10 587	486	5 714
安全科学技术	27 293	14	6 890	20 389	23 162	0	0	4 131
管理学	793	206	52	536	761	0	0	33
社会、人文科学领域	42 340	3 354	29 625	9 361	35 792	1 180	0	5 368
马克思主义	12 384	1 854	10 530	0	12 384	0	0	0
艺术学	1 622	0	1 622	0	1 622	0	0	0
考古学	6 041	1 200	0	4 841	1 057	0	0	4 984
经济学	4 923	0	4 614	310	3 433	1 180	0	310
社会学	9 536	0	6 255	3 282	9 536	0	0	0
民族学与文化学	1 433	242	1 191	0	1 433	0	0	0
图书馆、情报与文献学	1 144	0	215	929	1 070	0	0	74
教育学	3 862	0	3 862	0	3 862	0	0	0
体育科学	1 396	58	1 338	0	1 396	0	0	0
6. 按机构从业人员规模分								
≥1000人	138 455	31 875	49 505	57 075	78 404	18 807	0	41 244
500～999人	380 474	167 696	121 056	91 721	247 986	19 512	1 002	111 975

（续上表）

指标	R&D经费内部支出	按活动类型分			按经费来源分			
		基础研究	应用研究	试验发展	政府资金	企业资金	国外资金	其他资金
300～499人	301 829	84 221	143 862	73 746	263 013	10 736	282	27 798
200～299人	158 750	42 321	51 266	65 163	136 723	4 210	8	17 810
100～199人	271 594	32 052	109 051	130 491	238 404	14 138	165	18 887
50～99人	136 836	15 158	48 002	73 677	107 548	11 280	1	18 007
30～49人	78 206	20 826	33 267	24 112	73 759	1 544	0	2 903
20～29人	25 007	3 324	4 782	16 901	22 585	689	0	1 733
10～19人	16 912	8 181	3 682	5 049	15 748	294	0	870
0～9人	13 860	12 073	192	1 595	13 808	4	0	47

*本年鉴未对小数点进行机械调整，部分数据由于四舍五入取舍不同而产生计算误差。

表11-2-3　R&D经费内部支出按经费类别分（2019年）

计量单位：万元

指标	R&D经费内部支出	日常性支出	人员劳务费	其他日常性支出	资产性支出	土建费	仪器与设备支出	资本化的计算机软件支出	专利和专有技术支出
总　计	1521 920	1 178 765	541 183	637 582	343 156	114 350	222 271	5 660	875
1. 按机构所属地域分布									
广东省	1 521 920	1 178 765	541 183	637 582	343 156	114 350	222 271	5 660	875
广州市	1 014 974	831 054	371 758	459 296	183 921	52 520	128 784	2 079	539

（续上表）

指标	R&D经费内部支出	日常性支出	人员劳务费	其他日常性支出	资产性支出	土建费	仪器与设备支出	资本化的计算机软件支出	专利和专有技术支出
韶关市	1 019	1 019	786	233	0	0	0	0	0
深圳市	277 319	229 891	117 725	112 166	47 428	1 292	42 559	3 491	86
珠海市	25 549	5 975	3 205	2 770	19 574	62	19 485	0	27
汕头市	8 388	3 508	2 604	904	4 880	4 636	244	0	0
佛山市	70 767	30 838	9 978	20 860	39 929	35 462	4 430	31	7
江门市	13 407	1 561	1 137	424	11 846	4 826	7 020	0	0
湛江市	5 094	3 163	1 985	1 179	1 930	925	1 005	0	0
茂名市	206	206	133	73	0	0	0	0	0
肇庆市	691	684	541	143	7	0	7	0	0
惠州市	23 024	6 351	3 860	2 491	16 673	14 407	2 251	12	3
梅州市	984	979	775	204	5	0	5	0	0
汕尾市	0	0	0	0	0	0	0	0	0
河源市	277	255	176	79	22	0	22	0	0
阳江市	293	263	242	22	30	8	21	0	1
清远市	20	10	5	5	10	0	10	0	0
东莞市	76 488	59 799	24 322	35 477	16 689	126	16 303	48	212
中山市	1 167	1 166	629	537	2	0	2	0	0
潮州市	528	524	426	98	4	0	4	0	0

（续上表）

指标	R&D经费内部支出	日常性支出	人员劳务费	其他日常性支出	资产性支出	土建费	仪器与设备支出	资本化的计算机软件支出	专利和专有技术支出
揭阳市	759	741	684	57	18	5	13	0	0
云浮市	967	778	214	564	188	81	108	0	0
2. 按机构所属隶属关系分布									
中央部门属	572 937	472 199	196 209	275 990	100 738	26 783	72 669	918	367
#中国科学院	250 282	203 809	87 415	116 394	46 473	8 305	37 755	156	256
地方部门属	948 984	706 566	344 975	361 592	242 418	87 567	149 602	4 741	508
省级部门属	553 830	395 716	189 046	206 670	158 114	54 955	99 275	3 691	192
副省级城市属	37 613	30 827	19 696	11 131	6 786	680	6 106	0	0
地市级部门属	64 357	51 622	28 002	23 620	12 734	5 401	7 206	74	53
其他	293 184	228 401	108 231	120 171	64 784	26 531	37 015	976	263
3. 按机构从事的国民经济行业分布									
科学研究和技术服务业	1 521 920	1 178 765	541 183	637 582	343 156	114 350	222 271	5 660	875
研究和试验发展	1 219 204	923 778	426 227	497 551	295 426	99 975	189 701	4 973	778
专业技术服务业	230 192	186 413	87 728	98 685	43 779	13 728	29 440	542	69
科技推广和应用服务业	72 524	68 574	27 228	41 346	3 950	648	3 130	145	28
4. 按机构服务的国民经济行业分布									

（续上表）

指标	R&D经费内部支出	日常性支出	人员劳务费	其他日常性支出	资产性支出	土建费	仪器与设备支出	资本化的计算机软件支出	专利和专有技术支出
农、林、牧、渔业	132 933	116 785	59 047	57 738	16 147	4 427	11 631	72	18
农业	47 481	43 312	27 238	16 074	4 170	580	3 561	28	1
林业	22 697	18 514	10 255	8 259	4 182	1 606	2 572	0	4
畜牧业	14 735	13 168	5 955	7 213	1 567	0	1 567	0	0
渔业	35 535	31 216	9 418	21 798	4 319	1 997	2 314	5	3
农、林、牧、渔专业及辅助性活动	12 485	10 576	6 181	4 394	1 909	244	1 617	39	9
采矿业	4 680	4 403	3 514	890	277	0	277	0	0
有色金属矿采选业	4 575	4 317	3 445	872	258	0	258	0	0
其他采矿业	106	86	68	18	19	0	19	0	0
制造业	106 923	80 981	42 613	38 369	25 942	12 175	13 743	24	0
农副食品加工业	12 702	10 457	7 394	3 063	2 245	487	1 758	0	0
化学原料和化学制品制造业	9 923	5 138	3 344	1 794	4 785	4 636	149	0	0
医药制造业	57 237	40 092	21 229	18 864	17 145	6 957	10 164	24	0
化学纤维制造业	237	208	127	80	29	0	29	0	0
非金属矿物制品业	4 671	4 186	3 103	1 083	485	0	485	0	0
黑色金属冶炼和压延加工业	145	145	99	46	0	0	0	0	0

（续上表）

指标	R&D经费内部支出	日常性支出	人员劳务费	其他日常性支出	资产性支出	土建费	仪器与设备支出	资本化的计算机软件支出	专利和专有技术支出
专用设备制造业	8 486	7 883	3 277	4 607	603	15	588	0	0
铁路、船舶、航空航天和其他运输设备制造业	4 291	4 048	1 631	2 417	243	0	243	0	0
电气机械和器材制造业	975	603	255	348	372	80	292	0	0
计算机、通信和其他电子设备制造业	7 060	7 054	1 411	5 644	5	0	5	0	0
仪器仪表制造业	676	647	611	36	29	0	29	0	0
其他制造业	520	520	132	387	0	0	0	0	0
电力、热力、燃气及水生产和供应业	241	238	29	209	3	0	0	0	3
电力、热力生产和供应业	241	238	29	209	3	0	0	0	3
建筑业	71	71	55	15	0	0	0	0	0
土木工程建筑业	71	71	55	15	0	0	0	0	0
交通运输、仓储和邮政业	808	808	718	90	0	0	0	0	0
道路运输业	369	369	295	74	0	0	0	0	0
水上运输业	440	440	423	16	0	0	0	0	0
信息传输、软件和信息技术服务业	17 159	15 336	9 818	5 518	1 823	670	1 035	40	78

（续上表）

指标	R&D经费内部支出	日常性支出	人员劳务费	其他日常性支出	资产性支出	土建费	仪器与设备支出	资本化的计算机软件支出	专利和专有技术支出
电信、广播电视和卫星传输服务	5 102	3 778	2 097	1 681	1 325	670	605	0	50
互联网和相关服务	1 061	1 061	645	417	0	0	0	0	0
软件和信息技术服务业	10 995	10 497	7 076	3 421	498	0	430	40	28
科学研究和技术服务业	1 110 446	819 868	374 423	445 445	290 578	96 134	189 001	4 801	642
研究和试验发展	754 428	523 365	235 529	287 837	231 062	88 576	138 424	3 683	380
专业技术服务业	285 764	231 506	112 385	119 121	54 258	6 960	46 091	974	233
科技推广和应用服务业	70 255	64 997	26 509	38 488	5 258	599	4 485	145	30
水利、环境和公共设施管理业	50 439	43 781	27 432	16 349	6 659	771	5 039	715	134
水利管理业	17 650	14 084	7 953	6 131	3 566	704	2 092	676	94
生态保护和环境治理业	32 377	29 417	19 223	10 195	2 960	67	2 814	39	40
土地管理业	412	279	256	23	133	0	133	0	0
居民服务、修理和其他服务业	394	385	332	53	9	0	9	0	0
其他服务业	394	385	332	53	9	0	9	0	0
教育	7 882	7 882	4 633	3 249	0	0	0	0	0
教育	7 882	7 882	4 633	3 249	0	0	0	0	0
卫生和社会工作	77 164	76 152	13 170	62 981	1 013	0	1 013	0	0

（续上表）

指标	R&D经费内部支出	日常性支出	人员劳务费	其他日常性支出	资产性支出	土建费	仪器与设备支出	资本化的计算机软件支出	专利和专有技术支出
卫生	77 164	76 152	13 170	62 981	1 013	0	1 013	0	0
文化、体育和娱乐业	9 059	8 978	3 424	5 554	81	0	81	0	0
文化艺术业	7 663	7 600	2 376	5 225	63	0	63	0	0
体育	1 396	1 378	1 049	329	18	0	18	0	0
公共管理、社会保障和社会组织	3 721	3 097	1 974	1 123	624	173	443	8	0
国家机构	3 721	3 097	1 974	1 123	624	173	443	8	0
5. 按机构所属学科分布									
自然科学领域	411 807	309 368	129 535	179 833	102 439	36 089	65 504	626	221
信息科学与系统科学	9 320	8 222	4 177	4 045	1 098	0	1 079	19	0
力学	13	13	0	13	0	0	0	0	0
物理学	33 692	5 992	915	5 077	27 700	18 932	8 757	12	0
化学	17 631	9 251	5 296	3 955	8 380	4 636	3 732	0	12
地球科学	239 312	181 242	64 154	117 088	58 071	12 217	45 070	575	208
生物学	111 838	104 648	54 992	49 656	7 190	304	6 866	20	0
农业科学领域	164 371	144 763	74 762	70 001	19 608	5 514	13 997	80	18
农学	79 375	71 761	43 620	28 140	7 614	1 325	6 243	36	10

（续上表）

指标	R&D经费内部支出	日常性支出	人员劳务费	其他日常性支出	资产性支出	土建费	仪器与设备支出	资本化的计算机软件支出	专利和专有技术支出
林学	27 128	21 953	12 397	9 556	5 175	1 606	3 526	39	4
畜牧、兽医科学	21 529	19 336	9 142	10 194	2 193	281	1 912	0	0
水产学	36 340	31 714	9 603	22 111	4 627	2 303	2 316	5	3
医学科学领域	191 570	140 514	46 785	93 730	51 055	19 768	30 892	353	43
基础医学	47 199	33 610	15 090	18 520	13 589	6 470	6 988	132	0
临床医学	109 612	79 229	12 438	66 791	30 383	12 810	17 388	157	28
预防医学与公共卫生学	8 459	7 374	6 305	1 069	1 085	0	1 085	0	0
药学	23 644	17 698	11 758	5 940	5 946	487	5 393	65	1
中医学与中药学	2 656	2 605	1 194	1 411	51	0	38	0	14
工程科学与技术领域	711 832	542 218	263 448	278 771	169 614	52 970	111 480	4 570	594
工程与技术科学基础学科	54 924	38 316	23 766	14 550	16 609	4 798	11 384	409	18
信息与系统科学相关工程与技术	72 259	61 935	28 383	33 552	10 324	354	9 906	38	26
自然科学相关工程与技术	120 732	93 889	44 521	49 368	26 843	6 948	19 832	49	14
测绘科学技术	5 081	4 962	2 898	2 064	119	0	99	20	0
材料科学	66 518	53 062	24 437	28 625	13 456	172	13 203	46	35
矿山工程技术	4 949	4 691	3 758	934	258	0	258	0	0

（续上表）

指标	R&D经费内部支出	日常性支出	人员劳务费	其他日常性支出	资产性支出	土建费	仪器与设备支出	资本化的计算机软件支出	专利和专有技术支出
机械工程	12 354	11 602	6 340	5 261	753	48	705	0	0
动力与电气工程	51 004	14 718	5 069	9 649	36 286	34 559	1 693	34	0
能源科学技术	31 620	23 332	10 909	12 423	8 287	1 460	6 651	135	41
核科学技术	170	165	120	45	5	0	5	0	0
电子与通信技术	21 595	18 120	9 346	8 774	3 475	689	2 527	14	245
计算机科学技术	87 621	60 215	38 173	22 041	27 406	0	24 467	2 939	0
化学工程	847	696	317	379	151	0	151	0	0
产品应用相关工程与技术	24 775	21 755	7 902	13 853	3 020	1 905	1 108	3	5
纺织科学技术	911	707	538	169	204	0	204	0	0
食品科学技术	13 777	11 914	7 815	4 099	1 863	2	1 839	0	22
土木建筑工程	3 892	3 593	356	3 237	300	0	300	0	0
水利工程	17 617	14 051	7 928	6 123	3 566	704	2 092	676	94
交通运输工程	4 751	4 751	2 958	1 793	0	0	0	0	0
航空、航天科学技术	12 766	8 518	2 953	5 565	4 248	586	3 632	28	2
环境科学技术及资源科学技术	75 584	69 049	22 967	46 082	6 535	565	5 788	142	41
安全科学技术	27 293	21 520	11 546	9 974	5 773	180	5 505	37	51
管理学	793	659	450	208	135	0	135	0	0
社会、人文科学领域	42 340	41 901	26 653	15 248	440	10	399	31	0

（续上表）

指标	R&D经费内部支出	日常性支出	人员劳务费	其他日常性支出	资产性支出	土建费	仪器与设备支出	资本化的计算机软件支出	专利和专有技术支出
马克思主义	12 384	12 179	8 283	3 896	204	0	175	29	0
艺术学	1 622	1 622	1 004	618	0	0	0	0	0
考古学	6 041	5 978	1 371	4 607	63	0	63	0	0
经济学	4 923	4 827	3 573	1 254	96	0	94	2	0
社会学	9 536	9 495	6 154	3 340	42	10	32	0	0
民族学与文化学	1 433	1 416	1 097	319	17	0	17	0	0
图书馆、情报与文献学	1 144	1 144	713	431	0	0	0	0	0
教育学	3 862	3 862	3 408	454	0	0	0	0	0
体育科学	1 396	1 378	1 049	329	18	0	18	0	0
6. 按机构从业人员规模分									
≥1000人	138 455	115 088	58 658	56 429	23 367	5 616	17 687	38	26
500～999人	380 474	335 214	110 233	224 981	45 260	7 859	36 602	541	258
300～499人	301 829	226 296	112 338	113 958	75 533	10 401	61 573	3 442	117
200～299人	158 750	110 373	57 769	52 604	48 377	14 497	33 275	398	207
100～199人	271 594	200 954	109 787	91 167	70 639	42 334	27 899	280	127
50～99人	136 836	116 187	57 594	58 593	20 650	8 603	11 350	649	47
30～49人	78 206	39 304	22 468	16 836	38 901	15 088	23 525	226	63
20～29人	25 007	17 622	7 120	10 502	7 384	4 738	2 606	39	2

（续上表）

指标	R&D经费内部支出	日常性支出			资产性支出				
			人员劳务费	其他日常性支出		土建费	仪器与设备支出	资本化的计算机软件支出	专利和专有技术支出
10～19人	16 912	15 821	4 048	11 772	1 091	423	615	46	7
0～9人	13 860	1 906	1 168	739	11 953	4 792	7 140	0	22

*本年鉴未对小数点进行机械调整，部分数据由于四舍五入取舍不同而产生计算误差。

表11-2-4　R&D经费外部支出（2019年）

计量单位：万元

指标	R&D经费外部支出	对境内研究机构支出	对境内高等学校支出	对境内企业支出	对境内其他单位支出	对境外机构支出
总　计	120 497	32 542	27 399	55 316	5 241	0
1. 按机构所属地域分布						
广东省	120 497	32 542	27 399	55 316	5 241	0
广州市	79 518	23 138	7 895	45 830	2 654	0
韶关市	26	0	26	0	0	0
深圳市	15 807	6 129	6 678	598	2 403	0
珠海市	3 385	673	2 166	546	0	0
汕头市	0	0	0	0	0	0
佛山市	20 497	2 553	9 729	8 032	184	0
江门市	28	28	0	0	0	0

（续上表）

指标	R＆D经费外部支出	对境内研究机构支出	对境内高等学校支出	对境内企业支出	对境内其他单位支出	对境外机构支出
湛江市	0	0	0	0	0	0
茂名市	0	0	0	0	0	0
肇庆市	0	0	0	0	0	0
惠州市	500	0	500	0	0	0
梅州市	45	20	0	25	0	0
汕尾市	0	0	0	0	0	0
河源市	0	0	0	0	0	0
阳江市	0	0	0	0	0	0
清远市	0	0	0	0	0	0
东莞市	595	2	405	189	0	0
中山市	0	0	0	0	0	0
潮州市	0	0	0	0	0	0
揭阳市	0	0	0	0	0	0
云浮市	96	0	0	96	0	0
2. 按机构所属隶属关系分布						
中央部门属	65 731	16 666	5 261	43 614	190	0
#中国科学院	13 536	11 518	1 210	808	0	0
地方部门属	54 766	15 876	22 138	11 702	5 051	0

（续上表）

指标	R&D经费外部支出	对境内研究机构支出	对境内高等学校支出	对境内企业支出	对境内其他单位支出	对境外机构支出
省级部门属	40 142	13 534	14 976	9 216	2 416	0
副省级城市属	155	8	0	147	0	0
地市级部门属	1 694	655	499	426	114	0
其他	12 775	1 679	6 663	1 913	2 521	0
3．按机构从事的国民经济行业分布						
科学研究和技术服务业	120 497	32 542	27 399	55 316	5 241	0
研究和试验发展	67 402	27 519	22 992	11 823	5 068	0
专业技术服务业	52 161	5 022	3 765	43 300	74	0
科技推广和应用服务业	933	0	641	193	99	0
4．按机构服务的国民经济行业分布						
农、林、牧、渔业	5 253	5 142	64	32	15	0
农业	185	101	54	30	0	0
林业	46	21	10	0	15	0
农、林、牧、渔专业及辅助性活动	5 022	5 020	0	2	0	0
采矿业	74	30	44	0	0	0
有色金属矿采选业	74	30	44	0	0	0
制造业	1 507	292	601	608	6	0
医药制造业	29	2	5	22	0	0

（续上表）

指标	R&D经费外部支出	对境内研究机构支出	对境内高等学校支出	对境内企业支出	对境内其他单位支出	对境外机构支出
黑色金属冶炼和压延加工业	6	0	0	0	6	0
专用设备制造业	1 057	290	506	261	0	0
铁路、船舶、航空航天和其他运输设备制造业	415	0	90	325	0	0
信息传输、软件和信息技术服务业	870	79	14	730	48	0
电信、广播电视和卫星传输服务	350	0	0	350	0	0
软件和信息技术服务业	520	79	14	380	48	0
科学研究和技术服务业	111 349	26 658	26 188	53 332	5 172	0
研究和试验发展	93 819	13 150	23 715	52 074	4 879	0
专业技术服务业	16 431	13 423	1 767	1 046	194	0
科技推广和应用服务业	1 100	84	705	211	99	0
水利、环境和公共设施管理业	1 078	341	249	488	0	0
生态保护和环境治理业	1 009	272	249	488	0	0
土地管理业	69	69	0	0	0	0
公共管理、社会保障和社会组织	366	0	240	126	0	0
国家机构	366	0	240	126	0	0
5．按机构所属学科分布						
自然科学领域	68 855	15 385	9 182	44 098	190	0
物理学	500	0	500	0	0	0

（续上表）

指标	R&D经费外部支出	对境内研究机构支出	对境内高等学校支出	对境内企业支出	对境内其他单位支出	对境外机构支出
地球科学	66 468	15 147	7 179	43 952	190	0
生物学	1 887	238	1 503	146	0	0
农业科学领域	6 448	5 477	614	341	15	0
农学	6 390	5 443	605	341	0	0
林学	59	34	10	0	15	0
医学科学领域	3 522	438	625	60	2 400	0
临床医学	3 317	400	480	37	2 400	0
中医学与中药学	205	38	145	22	0	0
工程科学与技术领域	41 585	11 214	16 949	10 792	2 630	0
工程与技术科学基础学科	4 809	635	4 054	120	0	0
信息与系统科学相关工程与技术	261	84	64	113	0	0
自然科学相关工程与技术	8 340	4 801	1 136	0	2 403	0
测绘科学技术	416	20	15	381	0	0
材料科学	6	0	0	0	6	0
矿山工程技术	99	30	69	0	0	0
机械工程	565	0	46	350	169	0
动力与电气工程	19 652	2 487	9 628	7 537	0	0
电子与通信技术	917	0	400	517	0	0

（续上表）

指标	R&D经费外部支出	对境内研究机构支出	对境内高等学校支出	对境内企业支出	对境内其他单位支出	对境外机构支出
计算机科学技术	1 670	679	656	287	48	0
产品应用相关工程与技术	987	520	184	283	0	0
纺织科学技术	8	0	4	0	4	0
食品科学技术	14	8	0	6	0	0
交通运输工程	560	0	90	470	0	0
环境科学技术及资源科学技术	1 009	272	249	488	0	0
安全科学技术	2 107	1 610	353	144	0	0
管理学	165	69	0	96	0	0
社会、人文科学领域	87	28	29	25	6	0
经济学	42	7	29	0	6	0
图书馆、情报与文献学	45	20	0	25	0	0
6. 按机构从业人员规模分						
500～999人	65 408	16 362	5 453	43 594	0	0
300～499人	1 364	220	975	169	0	0
200～299人	8 464	997	4 694	373	2 400	0
100～199人	34 261	12 786	11 620	9 269	586	0
50～99人	3 166	1 093	1 207	482	384	0
30～49人	7 283	1 056	3 182	1 180	1 865	0

（续上表）

指标	R&D经费外部支出	对境内研究机构支出	对境内高等学校支出	对境内企业支出	对境内其他单位支出	对境外机构支出
20～29人	368	0	240	128	0	0
10～19人	183	28	29	121	6	0

*本年鉴未对小数点进行机械调整，部分数据由于四舍五入取舍不同而产生计算误差。

表11-2-5　R&D日常性支出（2019年）

计量单位：万元

指标	R&D日常性支出	按活动类型分组			按来源分组				
		基础研究	应用研究	试验发展	政府资金	企业资金	事业单位资金	国外资金	其他资金
总　计	1 178 765	323 056	428 368	427 341	888 774	76 239	208 219	1 321	4 212
1. 按机构所属地域分布									
广东省	1 178 765	323 056	428 368	427 341	888 774	76 239	208 219	1 321	4 212
广州市	831 054	223 835	300 981	306 238	616 296	45 655	165 377	1 321	2 406
韶关市	1 019	0	95	924	694	325	0	0	0
深圳市	229 891	87 952	105 547	36 392	165 924	27 838	35 358	0	771
珠海市	5 975	893	864	4 219	5 975	0	0	0	0
汕头市	3 508	440	13	3 055	2 312	0	1 188	0	8
佛山市	30 838	552	9 333	20 954	28 360	634	1 797	0	47
江门市	1 561	33	0	1 528	983	412	0	0	165

（续上表）

指标	R&D日常性支出	按活动类型分组			按来源分组				
		基础研究	应用研究	试验发展	政府资金	企业资金	事业单位资金	国外资金	其他资金
湛江市	3 163	645	577	1 941	3 163	0	0	0	0
茂名市	206	0	0	206	206	0	0	0	0
肇庆市	684	0	0	684	379	0	305	0	0
惠州市	6 351	815	1 435	4 101	5 967	0	372	0	12
梅州市	979	0	45	934	901	0	78	0	0
汕尾市	0	0	0	0	0	0	0	0	0
河源市	255	0	179	76	255	0	0	0	0
阳江市	263	0	50	214	263	0	0	0	0
清远市	10	0	0	10	10	0	0	0	0
东莞市	59 799	7 820	8 765	43 214	54 292	1 188	3 517	0	803
中山市	1 166	72	372	722	978	37	150	0	0
潮州市	524	0	110	413	524	0	0	0	0
揭阳市	741	0	0	741	670	0	71	0	0
云浮市	778	0	4	774	621	150	8	0	0
2. 按机构所属隶属关系分布									
中央部门属	472 199	175 162	151 059	145 979	390 973	42 711	36 217	1 147	1 150
#中国科学院	203 809	104 509	76 126	23 174	175 304	25 276	1 963	661	605
地方部门属	706 566	147 894	277 310	281 362	497 801	33 528	172 002	174	3 061

（续上表）

指标	R&D日常性支出	按活动类型分组			按来源分组				
		基础研究	应用研究	试验发展	政府资金	企业资金	事业单位资金	国外资金	其他资金
省级部门属	395 716	74 745	167 705	153 267	274 828	9 559	110 991	173	165
副省级城市属	30 827	2 114	18 099	10 615	27 244	30	3 531	0	22
地市级部门属	51 622	1 221	15 302	35 100	42 883	1 550	6 513	0	676
其他	228 401	69 814	76 204	82 380	152 846	22 389	50 967	1	2 198
3. 按机构从事的国民经济行业分布									
科学研究和技术服务业	1178 765	323 056	428 368	427 341	888 774	76 239	208 219	1 321	4 212
研究和试验发展	923 778	233 826	370 396	319 556	700 450	70 897	148 314	1 321	2 797
专业技术服务业	186 413	51 750	45 248	89 416	151 701	4 602	28 769	0	1 342
科技推广和应用服务业	68 574	37 480	12 725	18 369	36 623	741	31 136	0	73
4. 按机构服务的国民经济行业分布									
农、林、牧、渔业	116 785	16 904	34 708	65 173	110 626	1 557	4 293	0	310
农业	43 312	5 984	7 367	29 961	40 447	1 097	1 756	0	11
林业	18 514	2 665	6 190	9 660	18 079	362	0	0	73
畜牧业	13 168	595	3 142	9 432	11 143	0	1 801	0	225
渔业	31 216	6 167	16 431	8 618	31 118	98	0	0	0
农、林、牧、渔专业及辅助性活动	10 576	1 494	1 579	7 503	9 840	0	736	0	0
采矿业	4 403	272	1 019	3 112	2 441	1 798	0	165	0
有色金属矿采选业	4 317	185	1 019	3 112	2 354	1 798	0	165	0

（续上表）

指标	R&D日常性支出	按活动类型分组			按来源分组				
		基础研究	应用研究	试验发展	政府资金	企业资金	事业单位资金	国外资金	其他资金
其他采矿业	86	86	0	0	86	0	0	0	0
制造业	80 981	17 610	17 070	46 301	62 687	6 859	11 401	34	0
农副食品加工业	10 457	966	1 092	8 398	7 073	2 770	613	0	0
化学原料和化学制品制造业	5 138	440	474	4 224	5 138	0	0	0	0
医药制造业	40 092	15 355	12 490	12 248	32 788	1 751	5 519	34	0
化学纤维制造业	208	0	0	208	117	0	91	0	0
非金属矿物制品业	4 186	0	89	4 097	264	0	3 922	0	0
黑色金属冶炼和压延加工业	145	0	0	145	7	0	138	0	0
专用设备制造业	7 883	85	1 047	6 751	7 883	0	0	0	0
铁路、船舶、航空航天和其他运输设备制造业	4 048	0	800	3 248	2 685	1 363	0	0	0
电气机械和器材制造业	603	0	8	595	515	88	0	0	0
计算机、通信和其他电子设备制造业	7 054	117	1 070	5 868	5 050	887	1 117	0	0
仪器仪表制造业	647	647	0	0	647	0	0	0	0
其他制造业	520	0	0	520	520	0	0	0	0
电力、热力、燃气及水生产和供应业	238	0	238	0	193	46	0	0	0
电力、热力生产和供应业	238	0	238	0	193	46	0	0	0
建筑业	71	0	0	71	29	41	0	0	0
土木工程建筑业	71	0	0	71	29	41	0	0	0

（续上表）

指标	R&D日常性支出	按活动类型分组			按来源分组				
		基础研究	应用研究	试验发展	政府资金	企业资金	事业单位资金	国外资金	其他资金
交通运输、仓储和邮政业	808	0	369	440	357	30	421	0	0
道路运输业	369	0	369	0	338	30	0	0	0
水上运输业	440	0	0	440	19	0	421	0	0
信息传输、软件和信息技术服务业	15 336	295	4 162	10 879	9 074	4 247	2 014	1	0
电信、广播电视和卫星传输服务	3 778	0	1 153	2 625	2 400	910	467	0	0
互联网和相关服务	1 061	0	971	90	560	500	0	1	0
软件和信息技术服务业	10 497	295	2 038	8 164	6 114	2 836	1 547	0	0
科学研究和技术服务业	819 868	250 245	305 144	264 479	641 193	54 120	119 548	1 113	3 894
研究和试验发展	523 365	168 318	192 288	162 760	434 875	36 188	48 552	448	3 302
专业技术服务业	231 506	44 327	98 809	88 371	173 041	17 018	40 237	665	545
科技推广和应用服务业	64 997	37 601	14 047	13 349	33 277	914	30 759	0	47
水利、环境和公共设施管理业	43 781	6 045	15 900	21 837	34 961	7 458	1 346	8	8
水利管理业	14 084	1 851	2 523	9 710	7 335	6 100	649	0	0
生态保护和环境治理业	29 417	4 179	13 342	11 897	27 347	1 358	696	8	8
土地管理业	279	15	35	229	279	0	0	0	0
居民服务、修理和其他服务业	385	129	256	0	302	83	0	0	0
其他服务业	385	129	256	0	302	83	0	0	0
教育	7 882	4 000	3 862	20	7 738	0	144	0	0

（续上表）

指标	R&D日常性支出	按活动类型分组			按来源分组				
		基础研究	应用研究	试验发展	政府资金	企业资金	事业单位资金	国外资金	其他资金
教育	7 882	4 000	3 862	20	7 738	0	144	0	0
卫生和社会工作	76 152	26 312	42 131	7 708	12 086	0	64 066	0	0
卫生	76 152	26 312	42 131	7 708	12 086	0	64 066	0	0
文化、体育和娱乐业	8 978	1 244	2 943	4 791	3 994	0	4 984	0	0
文化艺术业	7 600	1 187	1 622	4 791	2 617	0	4 984	0	0
体育	1 378	57	1 321	0	1 378	0	0	0	0
公共管理、社会保障和社会组织	3 097	0	567	2 530	3 094	0	3	0	0
国家机构	3 097	0	567	2 530	3 094	0	3	0	0
5．按机构所属学科分布									
自然科学领域	309 368	171 053	67 668	70 648	252 063	6 060	48 847	451	1 947
信息科学与系统科学	8 222	232	3 396	4 595	6 691	1 386	144	1	0
力学	13	13	0	0	13	0	0	0	0
物理学	5 992	135	851	5 006	5 886	88	18	0	0
化学	9 251	830	3 566	4 856	4 074	12	5 000	0	165
地球科学	181 242	103 229	37 538	40 475	174 505	3 991	2 187	179	380
生物学	104 648	66 614	22 318	15 716	60 895	583	41 498	270	1 402
农业科学领域	144 763	19 450	41 077	84 236	135 440	3 561	5 325	0	438
农学	71 761	9 651	14 442	47 667	67 139	2 089	2 406	0	127

（续上表）

指标	R&D日常性支出	按活动类型分组			按来源分组				
		基础研究	应用研究	试验发展	政府资金	企业资金	事业单位资金	国外资金	其他资金
林学	21 953	2 832	6 639	12 482	21 511	362	6	0	73
畜牧、兽医科学	19 336	800	3 565	14 971	15 186	1 012	2 913	0	225
水产学	31 714	6 167	16 431	9 116	31 604	98	0	0	12
医学科学领域	140 514	48 856	69 401	22 258	67 342	2 265	70 873	34	0
基础医学	33 610	14 579	15 740	3 291	31 316	1 687	572	34	0
临床医学	79 229	28 961	41 857	8 410	16 446	0	62 783	0	0
预防医学与公共卫生学	7 374	1 360	1 816	4 198	1 431	0	5 943	0	0
药学	17 698	2 420	9 740	5 537	16 351	52	1 294	0	0
中医学与中药学	2 605	1 535	249	821	1 799	525	281	0	0
工程科学与技术领域	542 218	80 391	220 916	240 912	398 576	63 173	77 854	836	1 780
工程与技术科学基础学科	38 316	5 112	11 221	21 983	19 436	4 895	13 431	0	554
信息与系统科学相关工程与技术	61 935	22 628	26 823	12 484	44 055	17 734	146	0	0
自然科学相关工程与技术	93 889	22 637	26 330	44 922	60 798	1 906	30 833	0	352
测绘科学技术	4 962	0	2 420	2 541	1 732	1 038	2 191	0	0
材料科学	53 062	6 905	14 651	31 506	44 397	2 830	5 788	0	47
矿山工程技术	4 691	185	1 114	3 392	2 634	1 893	0	165	0
机械工程	11 602	1 176	2 195	8 230	9 428	442	1 356	0	376
动力与电气工程	14 718	432	4 772	9 514	11 210	3 508	0	0	0

（续上表）

指标	R&D日常性支出	按活动类型分组			按来源分组				
		基础研究	应用研究	试验发展	政府资金	企业资金	事业单位资金	国外资金	其他资金
能源科学技术	23 332	2 878	13 170	7 284	19 489	2 041	1 617	186	0
核科学技术	165	165	0	0	165	0	0	0	0
电子与通信技术	18 120	63	3 146	14 911	10 439	1 798	5 884	0	0
计算机科学技术	60 215	4 612	47 095	8 507	56 034	2 911	827	0	443
化学工程	696	0	476	220	696	0	0	0	0
产品应用相关工程与技术	21 755	0	9 122	12 633	19 455	425	1 875	0	0
纺织科学技术	707	0	500	208	268	0	439	0	0
食品科学技术	11 914	1 138	1 693	9 084	7 574	3 712	628	0	0
土木建筑工程	3 593	0	2 127	1 466	1 502	0	2 091	0	0
水利工程	14 051	1 851	2 491	9 710	7 312	6 090	649	0	0
交通运输工程	4 751	0	2 106	2 645	1 515	1 434	1 802	0	0
航空、航天科学技术	8 518	714	3 084	4 721	7 676	109	734	0	0
环境科学技术及资源科学技术	69 049	9 682	40 544	18 823	54 220	10 408	3 928	486	8
安全科学技术	21 520	14	5 800	15 707	17 918	0	3 602	0	0
管理学	659	199	35	425	626	0	33	0	0
社会、人文科学领域	41 901	3 307	29 307	9 287	35 353	1 180	5 321	0	47
马克思主义	12 179	1 823	10 356	0	12 179	0	0	0	0
艺术学	1 622	0	1 622	0	1 622	0	0	0	0

（续上表）

指标	R&D日常性支出	按活动类型分组			按来源分组				
		基础研究	应用研究	试验发展	政府资金	企业资金	事业单位资金	国外资金	其他资金
考古学	5 978	1 187	0	4 791	995	0	4 984	0	0
经济学	4 827	0	4 527	300	3 337	1 180	284	0	26
社会学	9 495	0	6 227	3 267	9 495	0	0	0	0
民族学与文化学	1 416	240	1 176	0	1 416	0	0	0	0
图书馆、情报与文献学	1 144	0	215	929	1 070	0	53	0	22
教育学	3 862	0	3 862	0	3 862	0	0	0	0
体育科学	1 378	57	1 321	0	1 378	0	0	0	0
6. 按机构从业人员规模分									
≥1000人	115 088	27 183	41 453	46 451	64 371	17 469	33 247	0	0
500～999人	335 214	149 965	110 047	75 202	208 201	18 522	106 958	927	605
300～499人	226 296	66 988	101 479	57 829	197 310	8 676	19 512	220	578
200～299人	110 373	20 274	40 946	49 154	90 182	4 200	15 430	8	554
100～199人	200 954	25 922	75 705	99 327	171 664	13 894	13 921	165	1 310
50～99人	116 187	13 761	40 635	61 791	89 231	11 049	15 515	1	391
30～49人	39 304	9 955	11 625	17 724	35 909	1 446	1 659	0	291
20～29人	17 622	837	2 799	13 987	15 291	689	1 623	0	20
10～19人	15 821	7 884	3 494	4 443	14 760	291	355	0	416
0～9人	1 906	288	186	1 433	1 855	4	0	0	47

*本年鉴未对小数点进行机械调整，部分数据由于四舍五入取舍不同而产生计算误差。

表11-2-6 专利（2019年）

指标	专利申请受理数	#发明专利	专利授权数	#发明专利	#国外授权	拥有有效发明专利总数	专利所有权转让及许可数	专利所有权转让及许可收入
	件	件	件	件	件	件	件	万元
总　计	6 217	4 414	3 076	1 751	133	11 540	318	78 721
1. 按机构所属地域分布								
广东省	6 217	4 414	3 076	1 751	133	11 540	318	78 721
广州市	2 745	1 981	1 589	839	95	6 202	85	1 011
韶关市	13	7	13	3	0	23	0	0
深圳市	2 273	1 604	905	598	27	3 313	189	77 672
珠海市	121	93	25	13	0	139	0	0
汕头市	12	9	10	10	0	36	0	0
佛山市	380	276	126	67	0	543	9	33
江门市	10	4	6	2	0	2	0	0
湛江市	117	51	84	18	0	276	5	3
茂名市	0	0	0	0	0	0	0	0
肇庆市	0	0	0	0	0	0	0	0
惠州市	32	16	33	22	0	105	0	0
梅州市	5	3	5	3	0	14	0	0
汕尾市	0	0	0	0	0	1	0	0
河源市	36	18	9	5	9	14	0	0
阳江市	5	4	1	0	0	1	0	0

（续上表）

指标	专利申请受理数	#发明专利	专利授权数	#发明专利	#国外授权	拥有有效发明专利总数	专利所有权转让及许可数	专利所有权转让及许可收入
	件	件	件	件	件	件	件	万元
清远市	0	0	0	0	0	0	0	0
东莞市	410	311	253	164	2	797	30	3
中山市	10	6	10	2	0	68	0	0
潮州市	0	0	0	0	0	0	0	0
揭阳市	1	1	0	0	0	1	0	0
云浮市	47	30	7	5	0	5	0	0
2. 按机构所属隶属关系分布								
中央部门属	2 655	1 698	1 495	899	89	5 633	190	52 290
#中国科学院	1 863	1 245	933	668	42	3 801	178	52 057
地方部门属	3 562	2 716	1 581	852	44	5 907	128	26 432
省级部门属	1 621	1 277	648	355	14	2 561	47	182
副省级城市属	35	21	45	6	0	112	8	170
地市级部门属	419	306	244	151	2	903	28	36
其他	1 487	1 112	644	340	28	2 331	45	26 044
3. 按机构从事的国民经济行业分布								
科学研究和技术服务业	6 217	4 414	3 076	1 751	133	11 540	318	78 721
研究和试验发展	5 171	3 690	2 587	1 519	65	9 885	264	52 919
专业技术服务业	628	386	339	137	45	1 198	15	154

（续上表）

指标	专利申请受理数	#发明专利	专利授权数	#发明专利	#国外授权	拥有有效发明专利总数	专利所有权转让及许可数	专利所有权转让及许可收入
	件	件	件	件	件	件	件	万元
科技推广和应用服务业	418	338	150	95	23	457	39	25 648
4. 按机构服务的国民经济行业分布								
农、林、牧、渔业	568	383	343	188	8	1 415	9	184
农业	163	105	119	62	4	372	0	0
林业	44	23	30	14	0	126	0	0
畜牧业	103	92	34	28	4	188	4	104
渔业	197	119	125	58	0	629	5	80
农、林、牧、渔专业及辅助性活动	61	44	35	26	0	100	0	0
采矿业	51	48	11	10	0	56	0	0
有色金属矿采选业	51	48	11	10	0	56	0	0
制造业	404	253	214	67	7	867	10	18
农副食品加工业	125	94	49	19	1	235	5	3
化学原料和化学制品制造业	9	2	8	1	0	1	0	0
医药制造业	48	46	31	26	5	284	5	15
化学纤维制造业	2	2	1	1	0	4	0	0
非金属矿物制品业	5	3	6	4	0	23	0	0

（续上表）

指标	专利申请受理数	#发明专利	专利授权数	#发明专利	#国外授权	拥有有效发明专利总数	专利所有权转让及许可数	专利所有权转让及许可收入
	件	件	件	件	件	件	件	万元
黑色金属冶炼和压延加工业	4	2	4	2	0	10	0	0
专用设备制造业	114	51	74	7	1	104	0	0
铁路、船舶、航空航天和其他运输设备制造业	45	23	20	0	0	15	0	0
电气机械和器材制造业	27	15	12	1	0	39	0	0
计算机、通信和其他电子设备制造业	17	12	8	5	0	115	0	0
仪器仪表制造业	8	3	1	1	0	37	0	0
电力、热力、燃气及水生产和供应业	7	5	0	0	0	13	0	0
电力、热力生产和供应业	7	5	0	0	0	13	0	0
交通运输、仓储和邮政业	3	0	0	0	0	0	0	0
水上运输业	3	0	0	0	0	0	0	0
信息传输、软件和信息技术服务业	242	174	87	59	1	385	17	40
电信、广播电视和卫星传输服务	154	96	65	41	0	102	1	40
互联网和相关服务	7	5	2	2	0	3	0	0
软件和信息技术服务业	81	73	20	16	1	280	16	0

（续上表）

指标	专利申请受理数	#发明专利	专利授权数	#发明专利	#国外授权	拥有有效发明专利总数	专利所有权转让及许可数	专利所有权转让及许可收入
	件	件	件	件	件	件	件	万元
科学研究和技术服务业	4 668	3 384	2 280	1 364	108	8 123	270	78 302
研究和试验发展	3 570	2 552	1 567	1 036	72	5 900	192	52 637
专业技术服务业	605	434	508	209	13	1 691	28	18
科技推广和应用服务业	493	398	205	119	23	532	50	25 648
水利、环境和公共设施管理业	216	125	107	51	9	591	12	178
水利管理业	59	32	49	22	0	144	0	0
生态保护和环境治理业	157	93	58	29	9	447	12	178
教育	17	16	5	4	0	17	0	0
教育	17	16	5	4	0	17	0	0
卫生和社会工作	14	9	7	2	0	58	0	0
卫生	14	9	7	2	0	58	0	0
文化、体育和娱乐业	1	1	1	1	0	5	0	0
体育	1	1	1	1	0	5	0	0
公共管理、社会保障和社会组织	26	16	21	5	0	10	0	0
国家机构	26	16	21	5	0	10	0	0
5．按机构所属学科分布								
自然科学领域	884	716	455	274	88	1 943	66	25 797
信息科学与系统科学	103	72	22	16	9	53	0	0

（续上表）

指标	专利申请受理数	#发明专利	专利授权数	#发明专利	#国外授权	拥有有效发明专利总数	专利所有权转让及许可数	专利所有权转让及许可收入
	件	件	件	件	件	件	件	万元
物理学	34	19	19	4	0	145	0	0
化学	125	89	37	18	0	198	3	3
地球科学	258	193	205	105	58	683	28	164
生物学	364	343	172	131	21	864	35	25 630
农业科学领域	727	470	461	240	13	1 958	25	356
农学	354	210	250	121	9	897	8	3
林学	50	26	34	15	0	147	8	170
畜牧、兽医科学	126	115	52	46	4	280	4	104
水产学	197	119	125	58	0	634	5	80
医学科学领域	131	109	56	42	5	476	9	43
基础医学	48	48	29	24	5	287	5	15
临床医学	23	19	6	2	0	42	0	0
预防医学与公共卫生学	2	1	1	0	0	16	0	0
药学	39	28	6	6	0	83	4	28
中医学与中药学	19	13	14	10	0	48	0	0
工程科学与技术领域	4 406	3 067	2 094	1 192	27	7 144	218	52 525
工程与技术科学基础学科	232	158	148	48	0	417	3	425
信息与系统科学相关工程与技术	1 557	999	681	483	9	2 471	176	51 665

（续上表）

指标	专利申请受理数	#发明专利	专利授权数	#发明专利	#国外授权	拥有有效发明专利总数	专利所有权转让及许可数	专利所有权转让及许可收入
	件	件	件	件	件	件	件	万元
自然科学相关工程与技术	429	307	147	99	1	550	0	0
测绘科学技术	3	1	2	2	0	8	0	0
材料科学	344	280	97	66	0	513	7	22
矿山工程技术	62	53	19	12	0	70	0	0
机械工程	209	155	146	67	1	473	1	3
动力与电气工程	109	106	12	6	0	40	0	0
能源科学技术	269	185	143	81	13	615	12	366
电子与通信技术	292	201	135	74	1	373	17	40
计算机科学技术	164	145	74	67	1	222	0	0
化学工程	21	15	20	20	0	80	0	0
产品应用相关工程与技术	129	80	67	23	0	147	0	0
纺织科学技术	2	2	5	5	0	26	0	0
食品科学技术	128	95	55	24	1	124	0	0
水利工程	59	32	49	22	0	144	0	0
交通运输工程	41	23	15	0	0	6	0	0
航空、航天科学技术	151	112	44	22	0	116	0	0
环境科学技术及资源科学技术	119	69	158	39	0	396	0	0
安全科学技术	70	39	72	27	0	348	2	4

（续上表）

指标	专利申请受理数	#发明专利	专利授权数	#发明专利	#国外授权	拥有有效发明专利总数	专利所有权转让及许可数	专利所有权转让及许可收入
	件	件	件	件	件	件	件	万元
管理学	16	10	5	5	0	5	0	0
社会、人文科学领域	69	52	10	3	0	19	0	0
经济学	12	3	9	2	0	4	0	0
图书馆、情报与文献学	0	0	0	0	0	10	0	0
教育学	56	48	0	0	0	0	0	0
体育科学	1	1	1	1	0	5	0	0
6. 按机构从业人员规模分								
≥1000人	1 615	1 010	668	483	10	2 560	156	51 632
500～999人	543	422	489	238	74	1 309	33	25 782
300～499人	918	703	525	305	20	2 075	48	390
200～299人	504	394	180	115	10	1 574	27	137
100～199人	1 382	978	636	313	6	1 991	26	712
50～99人	767	583	413	226	4	1 362	21	38
30～49人	303	201	113	41	0	281	0	0
20～29人	81	49	27	10	9	119	0	0
10～19人	82	58	20	15	0	167	4	28
0～9人	22	16	5	5	0	102	3	3

*本年鉴未对小数点进行机械调整，部分数据由于四舍五入取舍不同而产生计算误差。

表11-2-7　论文、著作及其他科技产出（2019年）

指标	科技论文	#国外发表	科技著作	形成国家或行业标准数	集成电路布图设计登记数	植物新品种权授予数	软件著作权数	新药证书数
	篇	篇	种	项	件	项	件	件
总　计	13 586	7 050	342	387	0	51	941	1
1. 按机构所属地域分布								
广东省	13 586	7 050	342	387	0	51	941	1
广州市	8 169	3 414	279	250	0	40	649	1
韶关市	16	0	0	0	0	0	2	0
深圳市	3 875	3 137	33	83	0	5	181	0
珠海市	145	92	1	4	0	0	14	0
汕头市	65	11	0	6	0	0	0	0
佛山市	171	45	15	7	0	2	30	0
江门市	34	0	0	2	0	0	0	0
湛江市	231	61	5	11	0	3	4	0
茂名市	10	0	0	0	0	0	0	0
肇庆市	18	0	0	0	0	0	0	0
惠州市	140	17	1	4	0	0	2	0
梅州市	73	0	0	0	0	0	7	0
汕尾市	0	0	0	0	0	0	0	0
河源市	3	0	0	0	0	0	0	0
阳江市	5	0	0	0	0	0	0	0

（续上表）

指标	科技论文	#国外发表	科技著作	形成国家或行业标准数	集成电路布图设计登记数	植物新品种权授予数	软件著作权数	新药证书数
	篇	篇	种	项	件	项	件	件
清远市	7	0	0	0	0	0	0	0
东莞市	536	268	5	19	0	0	51	0
中山市	60	4	3	0	0	0	1	0
潮州市	9	0	0	0	0	0	0	0
揭阳市	17	0	0	0	0	1	0	0
云浮市	2	1	0	1	0	0	0	0
2. 按机构所属隶属关系分布								
中央部门属	5 564	3 721	76	83	0	15	306	0
#中国科学院	3 585	2 986	23	1	0	0	68	0
地方部门属	8 022	3 329	266	304	0	36	635	1
省级部门属	3 596	1 353	83	134	0	25	282	1
副省级城市属	453	11	126	16	0	3	15	0
地市级部门属	848	192	13	52	0	2	39	0
其他	3 125	1 773	44	102	0	6	299	0
3. 按机构从事的国民经济行业分布								
科学研究和技术服务业	13 586	7 050	342	387	0	51	941	1
研究和试验发展	11 672	6 681	299	175	0	50	710	1
专业技术服务业	1 532	154	39	202	0	0	148	0

（续上表）

指标	科技论文	#国外发表	科技著作	形成国家或行业标准数	集成电路布图设计登记数	植物新品种权授予数	软件著作权数	新药证书数
	篇	篇	种	项	件	项	件	件
科技推广和应用服务业	382	215	4	10	0	1	83	0
4. 按机构服务的国民经济行业分布								
农、林、牧、渔业	2 065	673	34	42	0	45	180	0
农业	620	156	11	6	0	29	97	0
林业	278	63	7	11	0	15	1	0
畜牧业	268	124	4	0	0	0	24	0
渔业	655	250	9	16	0	0	45	0
农、林、牧、渔专业及辅助性活动	244	80	3	9	0	1	13	0
采矿业	62	10	0	1	0	0	0	0
有色金属矿采选业	62	10	0	1	0	0	0	0
制造业	486	180	9	27	0	2	29	0
农副食品加工业	140	52	3	7	0	2	8	0
石油、煤炭及其他燃料加工业	2	0	0	0	0	0	0	0
化学原料和化学制品制造业	35	13	1	13	0	0	0	0
医药制造业	101	52	2	2	0	0	1	0
化学纤维制造业	5	0	0	0	0	0	0	0
非金属矿物制品业	19	0	0	1	0	0	0	0
黑色金属冶炼和压延加工业	2	0	0	0	0	0	0	0

（续上表）

指标	科技论文	#国外发表	科技著作	形成国家或行业标准数	集成电路布图设计登记数	植物新品种权授予数	软件著作权数	新药证书数
	篇	篇	种	项	件	项	件	件
专用设备制造业	97	25	0	2	0	0	20	0
铁路、船舶、航空航天和其他运输设备制造业	26	0	0	0	0	0	0	0
电气机械和器材制造业	2	1	0	2	0	0	0	0
计算机、通信和其他电子设备制造业	38	21	0	0	0	0	0	0
仪器仪表制造业	19	16	3	0	0	0	0	0
电力、热力、燃气及水生产和供应业	4	2	0	0	0	0	0	0
电力、热力生产和供应业	4	2	0	0	0	0	0	0
信息传输、软件和信息技术服务业	192	98	6	6	0	0	45	0
电信、广播电视和卫星传输服务	68	29	1	4	0	0	7	0
互联网和相关服务	0	0	0	0	0	0	5	0
软件和信息技术服务业	124	69	5	2	0	0	33	0
科学研究和技术服务业	9 582	5 545	153	302	0	4	621	1
研究和试验发展	6 832	4 706	109	73	0	4	347	0
专业技术服务业	2 316	610	40	204	0	0	174	1
科技推广和应用服务业	434	229	4	25	0	0	100	0
水利、环境和公共设施管理业	479	153	35	5	0	0	64	0

（续上表）

指标	科技论文	#国外发表	科技著作	形成国家或行业标准数	集成电路布图设计登记数	植物新品种权授予数	软件著作权数	新药证书数
	篇	篇	种	项	件	项	件	件
水利管理业	175	33	19	0	0	0	56	0
生态保护和环境治理业	298	120	16	5	0	0	6	0
土地管理业	6	0	0	0	0	0	2	0
居民服务、修理和其他服务业	27	0	0	0	0	0	0	0
其他服务业	27	0	0	0	0	0	0	0
教育	349	286	100	0	0	0	0	0
教育	349	286	100	0	0	0	0	0
卫生和社会工作	288	103	3	2	0	0	2	0
卫生	288	103	3	2	0	0	2	0
文化、体育和娱乐业	49	0	2	0	0	0	0	0
文化艺术业	34	0	1	0	0	0	0	0
体育	15	0	1	0	0	0	0	0
公共管理、社会保障和社会组织	3	0	0	2	0	0	0	0
国家机构	3	0	0	2	0	0	0	0
5．按机构所属学科分布								
自然科学领域	2 950	2 091	34	31	0	4	162	0
信息科学与系统科学	146	116	0	1	0	0	36	0
物理学	20	15	0	2	0	0	0	0

（续上表）

指标	科技论文	#国外发表	科技著作	形成国家或行业标准数	集成电路布图设计登记数	植物新品种权授予数	软件著作权数	新药证书数
	篇	篇	种	项	件	项	件	件
化学	265	44	4	16	0	0	4	0
地球科学	1 305	911	14	3	0	0	47	0
生物学	1 214	1 005	16	9	0	4	75	0
农业科学领域	2 469	785	52	60	0	45	253	1
农学	1 101	322	26	27	0	30	169	0
林学	347	71	11	17	0	15	1	0
畜牧、兽医科学	360	142	6	0	0	0	38	1
水产学	661	250	9	16	0	0	45	0
医学科学领域	675	357	9	52	0	0	3	0
基础医学	86	73	0	0	0	0	0	0
临床医学	287	150	3	0	0	0	1	0
预防医学与公共卫生学	56	6	0	2	0	0	1	0
药学	121	18	6	34	0	0	1	0
中医学与中药学	125	110	0	16	0	0	0	0
工程科学与技术领域	6 916	3 813	90	230	0	2	513	0
工程与技术科学基础学科	343	72	3	17	0	0	15	0
信息与系统科学相关工程与技术	1 627	1 457	1	14	0	0	60	0
自然科学相关工程与技术	1 439	893	13	30	0	0	77	0

（续上表）

指标	科技论文		科技著作	形成国家或行业标准数	集成电路布图设计登记数	植物新品种权授予数	软件著作权数	新药证书数
		#国外发表						
	篇	篇	种	项	件	项	件	件
测绘科学技术	119	0	0	3	0	0	23	0
材料科学	674	370	2	58	0	0	14	0
矿山工程技术	68	10	0	1	0	0	0	0
机械工程	118	31	0	14	0	0	10	0
动力与电气工程	27	18	0	0	0	0	5	0
能源科学技术	545	214	4	2	0	0	17	0
电子与通信技术	236	83	7	7	0	0	41	0
计算机科学技术	298	224	2	16	0	0	31	0
化学工程	17	10	0	0	0	0	0	0
产品应用相关工程与技术	179	99	2	20	0	0	17	0
纺织科学技术	21	0	0	3	0	0	0	0
食品科学技术	197	27	4	1	0	2	12	0
水利工程	170	33	19	0	0	0	56	0
交通运输工程	79	2	0	0	0	0	7	0
航空、航天科学技术	122	110	0	0	0	0	43	0
环境科学技术及资源科学技术	436	148	27	5	0	0	78	0
安全科学技术	185	9	5	39	0	0	5	0
管理学	16	3	1	0	0	0	2	0

（续上表）

指标	科技论文	#国外发表	科技著作	形成国家或行业标准数	集成电路布图设计登记数	植物新品种权授予数	软件著作权数	新药证书数
	篇	篇	种	项	件	项	件	件
社会、人文科学领域	576	4	157	14	0	0	10	0
马克思主义	217	1	29	0	0	0	0	0
艺术学	34	0	1	0	0	0	0	0
经济学	78	2	10	1	0	0	0	0
社会学	61	0	11	0	0	0	0	0
民族学与文化学	15	0	2	0	0	0	0	0
图书馆、情报与文献学	94	0	3	13	0	0	1	0
教育学	62	1	100	0	0	0	9	0
体育科学	15	0	1	0	0	0	0	0
6. 按机构从业人员规模分								
≥1000人	1 779	1 531	9	23	0	0	96	0
500～999人	2 028	1 154	45	30	0	0	199	0
300～499人	2 717	1 387	26	85	0	2	100	0
200～299人	1 543	676	42	60	0	3	52	0
100～199人	2 996	1 207	181	100	0	23	267	1
50～99人	1 241	520	25	82	0	22	169	0
30～49人	1 007	510	9	5	0	0	40	0
20～29人	116	28	2	2	0	1	7	0
10～19人	128	34	3	0	0	0	11	0
0～9人	31	3	0	0	0	0	0	0

表11-2-8 对外科技服务（2019年）

计量单位：人年

指标	合计	科技成果的示范性推广工作	为用户提供可行性报告、技术方案、建议及进行技术论证等技术咨询工作	地形、地质和水文考察、天文、气象和地震的日常观察	为社会和公众提供的检验、检疫、测试、标准化、计量、计算、质量控制和专利服务	科技信息文献服务	提供孵化、平台搭建等科技服务活动	科学普及	其他科技服务活动
总　计	16 443	1 782	2 238	570	8 355	304	516	935	1 743
1．按机构所属地域分布									
广东省	16 443	1 782	2 238	570	8 355	304	516	935	1 743
广州市	9 404	881	1 486	416	4 848	198	220	472	883
韶关市	202	70	27	0	30	1	6	18	50
深圳市	3 063	94	305	60	2 175	44	72	138	175
珠海市	367	67	21	25	144	6	30	49	25
汕头市	235	58	12	0	113	7	5	15	25
佛山市	371	84	84	1	23	13	66	22	78
江门市	152	55	19	0	22	1	1	17	37
湛江市	199	56	29	0	63	3	2	13	33
茂名市	86	26	7	3	16	2	1	11	20
肇庆市	46	16	10	0	1	0	0	4	15
惠州市	670	74	51	64	374	4	6	54	43
梅州市	128	33	24	0	7	5	4	28	27
汕尾市	9	3	0	0	0	1	0	0	5

（续上表）

指标	合计	科技成果的示范性推广工作	为用户提供可行性报告、技术方案、建议及进行技术论证等技术咨询工作	地形、地质和水文考察、天文、气象和地震的日常观察	为社会和公众提供的检验、检疫、测试、标准化、计量、计算、质量控制和专利服务	科技信息文献服务	提供孵化、平台搭建等科技服务活动	科学普及	其他科技服务活动
河源市	89	37	8	0	2	1	4	12	25
阳江市	28	21	1	0	0	2	0	2	2
清远市	39	18	9	0	0	0	0	7	5
东莞市	991	100	115	0	460	4	89	57	166
中山市	114	2	1	0	22	1	5	7	76
潮州市	68	43	6	1	1	8	0	1	8
揭阳市	104	18	11	0	46	1	0	3	25
云浮市	78	26	12	0	8	2	5	5	20
2．按机构所属隶属关系分布									
中央部门属	2 947	294	479	208	1 357	100	44	203	262
#中国科学院	347	61	63	31	48	24	19	77	24
地方部门属	13 496	1 488	1 759	362	6 998	204	472	732	1 481
省级部门属	4 232	391	744	107	2 289	48	78	121	454
副省级城市属	954	77	78	0	613	46	14	22	104
地市级部门属	2 114	412	265	79	574	53	202	197	332
其他	6 196	608	672	176	3 522	57	178	392	591

（续上表）

指标	合计	科技成果的示范性推广工作	为用户提供可行性报告、技术方案、建议及进行技术论证等技术咨询工作	地形、地质和水文考察、天文、气象和地震的日常观察	为社会和公众提供的检验、检疫、测试、标准化、计量、计算、质量控制和专利服务	科技信息文献服务	提供孵化、平台搭建等科技服务活动	科学普及	其他科技服务活动
3．按机构从事的国民经济行业分布									
科学研究和技术服务业	16 443	1 782	2 238	570	8 355	304	516	935	1 743
研究和试验发展	8 585	1 191	1 570	174	3 613	230	335	449	1 023
专业技术服务业	6 684	176	487	395	4 670	50	94	357	455
科技推广和应用服务业	1 174	415	181	1	72	24	87	129	265
4．按机构服务的国民经济行业分布									
农、林、牧、渔业	2 118	873	252	78	90	36	27	205	557
农业	777	399	49	1	31	7	8	107	175
林业	336	150	61	0	11	2	1	41	70
畜牧业	167	78	14	0	5	0	0	1	69
渔业	326	56	68	76	34	25	9	26	32
农、林、牧、渔专业及辅助性活动	512	190	60	1	9	2	9	30	211
采矿业	34	9	0	14	9	0	0	1	1
有色金属矿采选业	20	9	0	0	9	0	0	1	1

（续上表）

指标	合计	科技成果的示范性推广工作	为用户提供可行性报告、技术方案、建议及进行技术论证等技术咨询工作	地形、地质和水文考察、天文、气象和地震的日常观察	为社会和公众提供的检验、检疫、测试、标准化、计量、计算、质量控制和专利服务	科技信息文献服务	提供孵化、平台搭建等科技服务活动	科学普及	其他科技服务活动
其他采矿业	14	0	0	14	0	0	0	0	0
制造业	590	108	88	0	248	38	17	23	68
农副食品加工业	319	57	43	0	126	28	2	8	55
石油、煤炭及其他燃料加工业	8	2	2	0	1	1	1	0	1
化学原料和化学制品制造业	25	1	1	0	23	0	0	0	0
医药制造业	64	12	7	0	36	1	3	5	0
化学纤维制造业	9	0	0	0	5	4	0	0	0
非金属矿物制品业	24	6	5	0	5	2	2	2	2
黑色金属冶炼和压延加工业	21	0	0	0	21	0	0	0	0
专用设备制造业	65	25	12	0	8	2	1	8	9
铁路、船舶、航空航天和其他运输设备制造业	8	2	4	0	0	0	1	0	1
计算机、通信和其他电子设备制造业	46	2	14	0	23	0	7	0	0

（续上表）

指标	合计	科技成果的示范性推广工作	为用户提供可行性报告、技术方案、建议及进行技术论证等技术咨询工作	地形、地质和水文考察、天文、气象和地震的日常观察	为社会和公众提供的检验、检疫、测试、标准化、计量、计算、质量控制和专利服务	科技信息文献服务	提供孵化、平台搭建等科技服务活动	科学普及	其他科技服务活动
其他制造业	1	1	0	0	0	0	0	0	0
电力、热力、燃气及水生产和供应业	10	0	6	0	2	0	0	0	2
电力、热力生产和供应业	10	0	6	0	2	0	0	0	2
建筑业	6	0	0	0	0	0	0	0	6
土木工程建筑业	6	0	0	0	0	0	0	0	6
交通运输、仓储和邮政业	9	0	1	0	8	0	0	0	0
水上运输业	9	0	1	0	8	0	0	0	0
信息传输、软件和信息技术服务业	246	42	65	0	69	1	18	13	38
电信、广播电视和卫星传输服务	74	0	41	0	0	0	0	2	31
互联网和相关服务	10	2	3	0	0	0	0	5	0
软件和信息技术服务业	162	40	21	0	69	1	18	6	7
科学研究和技术服务业	12 200	648	1 383	462	7 490	198	423	663	933
研究和试验发展	2 780	332	614	22	913	99	222	204	374
专业技术服务业	8 688	197	610	439	6 443	73	94	386	446

（续上表）

指标	合计	科技成果的示范性推广工作	为用户提供可行性报告、技术方案、建议及进行技术论证等技术咨询工作	地形、地质和水文考察、天文、气象和地震的日常观察	为社会和公众提供的检验、检疫、测试、标准化、计量、计算、质量控制和专利服务	科技信息文献服务	提供孵化、平台搭建等科技服务活动	科学普及	其他科技服务活动
科技推广和应用服务业	732	119	159	1	134	26	107	73	113
水利、环境和公共设施管理业	934	72	424	16	337	16	21	18	30
水利管理业	558	47	292	16	183	6	9	4	1
生态保护和环境治理业	376	25	132	0	154	10	12	14	29
教育	36	8	12	0	0	0	4	0	12
教育	36	8	12	0	0	0	4	0	12
卫生和社会工作	202	13	3	0	92	12	0	10	72
卫生	202	13	3	0	92	12	0	10	72
文化、体育和娱乐业	27	1	4	0	10	0	0	2	10
体育	27	1	4	0	10	0	0	2	10
公共管理、社会保障和社会组织	31	8	0	0	0	3	6	0	14
国家机构	31	8	0	0	0	3	6	0	14
5. 按机构所属学科分布									
自然科学领域	2 639	147	381	427	1 231	36	54	255	108

（续上表）

指标	合计	科技成果的示范性推广工作	为用户提供可行性报告、技术方案、建议及进行技术论证等技术咨询工作	地形、地质和水文考察、天文、气象和地震的日常观察	为社会和公众提供的检验、检疫、测试、标准化、计量、计算、质量控制和专利服务	科技信息文献服务	提供孵化、平台搭建等科技服务活动	科学普及	其他科技服务活动
信息科学与系统科学	36	10	7	0	2	0	8	5	4
物理学	17	2	3	0	7	0	2	3	0
化学	1 080	19	42	0	920	2	8	60	29
地球科学	969	46	236	407	105	20	10	127	18
生物学	537	70	93	20	197	14	26	60	57
农业科学领域	2 589	972	399	82	178	57	34	243	624
农学	1 522	663	178	6	125	30	24	160	336
林学	541	167	132	0	9	2	1	50	180
畜牧、兽医科学	196	85	20	0	9	0	0	6	76
水产学	330	57	69	76	35	25	9	27	32
医学科学领域	436	60	17	1	300	6	9	17	26
基础医学	14	10	2	0	2	0	0	0	0
临床医学	25	13	3	0	4	0	1	2	2
预防医学与公共卫生学	125	0	0	0	122	0	0	3	0
药学	187	0	0	0	157	0	0	8	22
中医学与中药学	85	37	12	1	15	6	8	4	2

（续上表）

指标	合计	科技成果的示范性推广工作	为用户提供可行性报告、技术方案、建议及进行技术论证等技术咨询工作	地形、地质和水文考察、天文、气象和地震的日常观察	为社会和公众提供的检验、检疫、测试、标准化、计量、计算、质量控制和专利服务	科技信息文献服务	提供孵化、平台搭建等科技服务活动	科学普及	其他科技服务活动
工程科学与技术领域	10 091	586	1 312	60	6 512	126	377	341	777
工程与技术科学基础学科	2 384	57	91	0	2 086	17	35	44	54
信息与系统科学相关工程与技术	258	23	37	0	118	15	27	24	14
自然科学相关工程与技术	1 459	50	189	16	963	9	71	26	135
测绘科学技术	96	26	10	5	4	2	28	3	18
材料科学	461	44	126	0	82	4	14	26	165
矿山工程技术	64	12	10	0	36	0	2	3	1
冶金工程技术	20	0	0	0	20	0	0	0	0
机械工程	536	43	180	0	246	0	37	18	12
动力与电气工程	76	21	11	0	36	0	0	0	8
能源科学技术	70	10	19	0	10	4	6	2	19
电子与通信技术	1 057	43	91	0	843	3	22	10	45
计算机科学技术	159	42	26	0	24	1	39	20	7
化学工程	60	7	5	0	31	2	6	2	7

（续上表）

指标	合计	科技成果的示范性推广工作	为用户提供可行性报告、技术方案、建议及进行技术论证等技术咨询工作	地形、地质和水文考察、天文、气象和地震的日常观察	为社会和公众提供的检验、检疫、测试、标准化、计量、计算、质量控制和专利服务	科技信息文献服务	提供孵化、平台搭建等科技服务活动	科学普及	其他科技服务活动
产品应用相关工程与技术	429	31	33	1	301	1	19	26	17
纺织科学技术	22	2	4	0	11	4	0	0	1
食品科学技术	827	46	32	0	632	29	2	9	77
水利工程	543	45	285	13	183	6	9	2	0
交通运输工程	17	0	3	0	8	0	0	0	6
航空、航天科学技术	111	10	35	0	6	7	25	3	25
环境科学技术及资源科学技术	499	10	67	25	328	10	10	7	42
安全科学技术	863	52	46	0	516	12	16	112	109
管理学	80	12	12	0	28	0	9	4	15
社会、人文科学领域	688	17	129	0	134	79	42	79	208
语言学	45	0	0	0	0	0	0	45	0
经济学	58	0	18	0	0	0	0	2	38
法学	15	0	0	0	15	0	0	0	0
社会学	9	0	0	0	0	0	0	0	9

（续上表）

指标	合计	科技成果的示范性推广工作	为用户提供可行性报告、技术方案、建议及进行技术论证等技术咨询工作	地形、地质和水文考察、天文、气象和地震的日常观察	为社会和公众提供的检验、检疫、测试、标准化、计量、计算、质量控制和专利服务	科技信息文献服务	提供孵化、平台搭建等科技服务活动	科学普及	其他科技服务活动
图书馆、情报与文献学	494	12	99	0	109	79	26	30	139
教育学	40	4	8	0	0	0	16	0	12
体育科学	27	1	4	0	10	0	0	2	10
6. 按机构从业人员规模分									
≥1000人	1 921	33	135	0	1 690	10	10	13	30
500～999人	2 757	143	283	44	1 953	28	35	164	107
300～499人	3 377	167	560	120	2 155	81	59	111	124
200～299人	1 582	162	236	0	689	11	102	107	275
100～199人	3 500	492	512	243	1 306	97	125	185	540
50～99人	1 612	276	316	127	356	33	106	121	277
30～49人	559	128	62	35	73	16	40	101	104
20～29人	366	98	51	0	91	12	15	37	62
10～19人	557	206	61	1	40	14	16	51	168
0～9人	212	77	22	0	2	2	8	45	56

大事记

2019年广东科技大事记

【1月】

3日

杨军副厅长率高新技术处有关负责同志到虎门二桥、深中通道进行项目调研，了解本省重大交通基础设施建设现代工程技术发展情况和重大需求，参观工程施工现场，了解工程建设进度以及施工过程重大工程技术创新，并与工程承建方广东省长大公路工程有限公司总经理王成皿、总法律顾问肖文通以及科研骨干座谈。

4日

杨军副厅长率高新技术处、省科技情报研究所、省标准化研究院有关同志到南沙调研广州南沙国际人工智能产业研究院、科大讯飞华南人工智能研究院、独角兽牧场科技企业孵化器、小马智行、云从科技等单位，并与南沙区工业和科技信息化局及企业代表座谈，详细了解南沙人工智能布局及发展情况。

8日

郑海涛副厅长出席在广州南沙区举行的首届广州海洋科学与产业技术高端论坛并代表省科技厅致辞，同时为南方海洋科学与工程广东省实验室（广州）揭牌。

13日

2019年度广东省重点领域研发计划“芯片、软件和计算”重大专项（软件和计算类）专家座谈会在省科技厅召开。会上，杨军副厅长作讲话；省软件协会吕晖秘书长介绍广东软件产业发展情况；与会专家对“芯片、软件和计算”重大专项（软件和计算类）的申报指南方向、内容和考核指标进行深入讨论并提出意见。

14日

王瑞军厅长、杨军副厅长分别会见到访省科技厅的北京理工大学王涌天教授、广州市大湾区虚拟现实研究院张玮理事长一行，并就广州市大湾区虚拟现实研究院建设的相关事宜进行座谈。

15日

广东省重点领域研发计划启动会在广东大厦召开。会上，郑海涛副厅长介绍了广东省重点领域研发计划启动的背景及重要意义，并对项目的启动实施和后期管理提出要求；政策法规与创新体系建设处对《进一步促进科技创新的若干政策措施》作解读；综合规划处对重点领域研发计划项目（第1批）组织实施的情况和下一步工作计划作说明；科技监督与诚信建设处对该计划的实施监督、评估评价及科技计划信用管理等提出要求；国家知识产权局专利审查协作广东中心作核心专利保护培训。厅相关业务处室按领域划分，在6个分会场与各项目负责人进行专题讨论，进一步明确工作布置。省教育厅、省市场监督管理局、省科学院、省农科院等省直单位代表，各有关地级市科技主管部门负责人，各项目承担单位科研负责人，各项目（课题）负责人等200多人参加了会议。

18日

省政府同意广东省粤科金融集团有限公司从省科技厅移交至省国资委统一监管。省人民政府为广东省粤科金融集团有限公司出资人，授权省国资委对该公司履行出资人职责。省科技厅依法履行行业管理职责。

20日

龚国平副厅长出席省实验动物监测所博士工作站和博士后科研工作站揭牌仪式并代表省科技厅致辞。

22日

王瑞军厅长出席在湛江举行的南方海洋科学与工程广东省实验室（湛江）揭牌仪式暨理事会成立大会并讲话。揭牌仪式后，南方海洋科学与工程广东省实验室（湛江）召开第一届理事会第一次会议，会上通过了理事会章程，确立了理事会和实验室的领导架构，并对实验室人才团队引进办法、过渡期财务管理制度、2019年工作计划与经费预算等事项进行了研究。省科技厅实验室与平台基地处、省平台中心、中国船舶重工集团有限公司、中国海洋石油集团有限公司、广东海洋大学、中国船舶重工集团海装风电股份有限公司、中国船舶重工集团公司第七〇二研究所等有关人员参加了会议。

△郑海涛副厅长参加在东莞松山湖大学创新城召开的松山湖材料实验室年度总结交流大会，听取实验室张广宇副主任汇报一年来松山湖材料实验室总体工作情况以及各科研团队的团队建设和科研进展情况并讲话。下午，郑海涛副厅长前往东莞中子科学中心进行调研，详细了解散裂中子源运营状况和下一步发展规划，并就进口仪器设备免税等问题进行探讨。省科技厅植沛裕、实验室与平台基地处及省平台中心相关人员参加了会议和调研活动。

23日

省科技厅副厅长、省外国专家局局长劳帜红一行3人到省科协，就省科技厅和省科协如何进一步加强合作、推动本省科普工作创新发展、加快科技创新强省建设进行座谈。省科协吴焕泉副主席，省科技厅引进智力管理处、省科协科技普及部的相关负责同志参加了座谈。

△杨军副厅长参加科技部高技术研究发展中心在北京召开的国家重点研发计划重点专项实施进展交流会并作交流发言。

25日

郑海涛副厅长在省科技厅主持召开省实验室建设工作交流会。会上，王瑞军厅长作讲话；传达了近期省领导对广东省实验室建设的指示和粤府〔2019〕1号文件有关精神，通报了省实验室2018年工作进展和2019年工作要点，以及省科技厅与相关部门就省实验室事业编制问题进行沟通的进展情况，并对省实验室建设目标、建设布局、项目对接、目标考核、宣传接待等方面工作进行了研究部署；7家省实验室和相关地市科技局负责同志交流了实验室建设进展情况，并就推进省实验室建设过程中遇到的重点难点问题进行探讨。周木堂副巡视员、温则伟、植沛裕等厅领导，厅实验室与平台基地处以及省平台中心、省监测中心相关人员，各省实验室及相关地市科技局负责同志参加了会议。

28日

王瑞军厅长在广州会见香港大学校长张翔一行，双方就香港大学融入粤港澳大湾区科技创新发展等相关事宜进行交流。劳帜红副厅长和厅相关处室负责同志参加了会谈。

【2月】

2日

王瑞军厅长在省科技厅与中国工程院院士、深圳地铁集团陈湘生总工程师座谈，双方就现代工程技术、绿色智能建筑、未来智慧城市深部空间利用等在实验室平台建设和关键核心技术攻关的布局方面进行交流。

14日

至15日，王瑞军厅长、杨军副厅长与到省科技厅就广东科技创新政策、粤港澳大湾区国际科技创新中心建设工作进行调研的中国科学院院士、复旦大学副校长金力一行座谈。

19日

杨军副厅长与到省科技厅调研的广西壮族自治区科技厅王蓓副厅长一行就推进粤桂科技创新合作推介会、两省区科技厅工作会商以及厅机关机构改革等事项进行交流座谈。

20日

王瑞军厅长、郑海涛副厅长、劳帜红副厅长在省科技厅与云浮市委书记黄汉标、市长王胜一行座谈，听取云浮市委书记黄汉标、市长王胜介绍云浮深入实施创新驱动发展战略和经济社会发展情况，以及在农业领域和氢能产业的研发优势、生产制造与应用推广等情况，并希望在省实验室未来布局中重点考虑云浮在农业和氢能领域的优势，支持和指导积极申报国家级高新区。

△下午，王瑞军厅长在省科技厅会见到访省科技厅的澳大利亚联邦科技与工业组织（CSIRO）全球署署长Nicholas James Pagett、澳大利亚驻华大使馆科技参赞邦乔安（Joanna Bunting）和澳大利亚驻广州总领事陆志成（Jason Robertson）一行，双方就广东积极参与中澳科研合作计划、加强双方青年科学家互访等方面工作进行交流。

△下午，王瑞军厅长在省科技厅会见到访省科技厅的荷兰驻广州总领事郭媚姚（MarjoCompvoets）一行，双方就共同推动荷粤科技合作交换了意见。

22日

杨军副厅长率厅产学研结合处、高新技术处有关同志赴深圳市和东莞市，先后到华讯方舟科技有限公司、深圳摩方材料科技有限公司和广东复安科技发展有限公司调研，分别听取华讯方舟有关科技发展工作和太赫兹研究建设情况、听取深圳摩方材料科技有限公司和广东复安科技发展有限公司的技术、产业发展情况和发展中遇到的问题，并与企业有关人员座谈，了解科技创新情况。

25日

至27日，王瑞军厅长、龚国平副厅长和杨军副厅长陪同到广东省调研国家工程技术研究中心、新型研发机构和国家高新区建设情况的科技部党组成员徐南平副部长一行，先后到广州、东莞市现场考察国家呼吸系统疾病临床医学研究中心、中山大学肿瘤防治中心、国家金属材料近净成形工程技术研究中心、华工国家移动超声探测工程技术研究中心、广东华中科技大学工业技术研究院、华为终端有限公司以及松山湖高新区，并在两市分别召开在粤国家工程中心建设情况座谈会和国家高新区高质量发展座谈会。科技部政策法规与创新体系建设司、社会发展科技司、成果转化与区域创新司主要负责同志参加了调研。

【3月】

1日

上午，王瑞军厅长与到访省科技厅的惠州市余金富副市长一行座谈，听取余金富副市长介绍惠州市经济发展情况和产业发展规划、2018年科技创新工作亮点和2019年工作计划，以及惠州市实施省科技创新战略专项资金、创建省级高新区、筹建省实验室和建设高水平的研发平台等工作建议。

△上午，王瑞军厅长与到省科技厅汇报交流工作的佛山市科技局周佩珊局长一行座谈，听取周佩珊局长汇报佛山在融入粤港澳国际科技创新中心建设、省市联动开展重大科技专项和自然科学基金、科技管理部门机构改革等方面工作情况，并就下一步省市共同推动粤港澳国际科技创新中心建设等工作给予指导。

△下午，王瑞军厅长在省科技厅与广州市科技局王桂林局长一行就广州市科技局提请省科技厅支持的重点工作进行会商。

2日

省科技厅与中科院广州分院在省科技厅召开座谈会，为进一步落实中国科学院与广东省政府签署的《共同推进粤港澳大湾区国际科技创新中心建设合作协议》及下一步工作举行工作会商，就启动珠三角综合性国家科学中心建设、重大科技基础设施集群建设和重大平台、重大项目落地工作进行沟通交流，对存在问题进行协商并提出解决办法，对下一步加快引进中科院高端创新资源的工作进行部署。

5日

至7日，为进一步推动中国工程物理研究院与广东省的全面战略合作，中国工程物理研究院能源办陈宏副主任一行到广东省进行交流对接。杨军副厅长与中国工程物理研究院专家座谈；厅产学研结合处、省生产力中心有关同志陪同赴珠海、佛山、深圳进行调研对接，与当地科技主管部门围绕粤港澳大湾区国际科技创新中心建设，就联合共建大科学装置、推动中物院科技成果在广东落地转化等事项进行交流。

△至6日，郑海涛副厅长、周木堂副巡视员、温则伟副局长、植沛裕副局长等厅领导分别率厅实验室与平台基地处党支部、省科技基础条件平台中心第一党支部党员组成的调研组，前往广州、深圳、珠海、汕头、佛山、惠州、汕尾、东莞、江门、阳江、湛江等地，深入地市科技局（委）、省实验室、大科学装置等科研一线开展调研考察。实地走访和座谈，进一步了解省实验室及大科学装

置等平台的建设现状和面临的问题，与陈大可院士、俞大鹏院士、张偲院士等科学家及地市科技主管部门进行交流，研究探讨相关解决方法，进一步服务创新驱动，加快推进广东省实验室、大科学装置等创新平台的建设。

6日

至8日，杨军副厅长率厅成果转化与区域创新处、省科技情报研究所有关负责同志到湛江、茂名、阳江调研三地市科技创新和高新区建设情况，先后考察了湛江市高新区、茂名高新区重大产业项目、研发平台和创新型企业，实地检查了阳江高新区迎接科技部专家调研的工作准备情况，并分别召开座谈会，听取三市科技创新工作及高新区建设情况汇报。

11日

广东省科技厅与广西壮族自治区科技厅共同在广州举办以“全面对接粤港澳大湾区，加快推动桂粤创新合作”为主题的粤桂科技创新合作推介会。会议由广西壮族自治区科技厅王蓓副厅长主持。会上，广西壮族自治区科技厅曹坤华厅长作主旨发言；省科技厅龚国平副厅长致辞并见证两省区合作单位签订合作协议；10位代表分别推介分享两省区合作经验，共达成30多项合作意向，6个合作项目签约。广西壮族自治区人民政府原副主席雷宇，来自两省区科技管理部门、科研机构、高校、商协会、企业、科技服务机构和资本金融机构300多家单位400多人参加了会议。推介会前后，杨军副厅长、周木堂副巡视员分别陪同广西壮族自治区科技厅一行到中科院广州分院、广州医药集团和华南理工大学等单位调研。

13日

龚国平副厅长、劳帜红副厅长在省科技厅与四川省科技厅刘东厅长一行座谈，并介绍广东省科技厅推进粤港澳大湾区国际科技创新中心建设的有关工作，以及广东省科技厅联合相关部门推进省财政科研资金过境港澳、促进创新要素便利流通、加强人才团队引进和服务的做法，双方就落实两省政府合作协议中有关科技合作的内容进行磋商，并就下一步推进落实协议内容达成了一致意见，建立了有关的工作机制。

△杨军副厅长参加在佛山召开的中国科学院佛山产业技术创新与育成中心暨佛山中国科学院产业技术研究院第二届理事会第二次会议。

14日

至15日，李旭东副厅长率省科技创新监测研究中心负责同志到梅州、河源开展服务创新驱动深调研活动，实地考察了梅州市广东李金柚农业科技有限公司、梅州市农科院科研基地和世界客属青年创新创业中心等单位，并分别召开座谈会听取两市科技扶贫、农业科技等科技创新工作情况汇报。梅州市副市长闫景军，梅州市科技局、河源市科技局相关负责同志参加了调研。

15日

周木堂副巡视员参加在东莞召开的中国科学院云计算产业技术创新与育成中心第二届理事会第五次会议并讲话。

20日

杨军副厅长参加中国石化销售华南分公司召开的第四届科技发展与管理创新大会并代表省科技

厅致辞，同时为广东省管道工程技术研究中心授牌。

24日

王瑞军厅长、杨军副厅长与中国工程院郑南宁院士及广东工业大学陈新书记一行座谈，并介绍广东科技计划体系改革、广东推动新一代人工智能创新发展及支持高水平研究院建设等进展情况，听取郑南宁院士分析人工智能的战略地位和对经济社会发展的重要意义以及西安交通大学在人工智能领域的学科建设、人才培养和科研成果等方面取得的初步成效。

27日

全省科技创新大会在广州召开。会议深入贯彻落实习近平总书记对广东重要讲话、重要指示批示精神和全国"两会"、国家科学技术奖励大会精神，按照省委十二届六次全会要求，抓住粤港澳大湾区建设重大历史机遇，部署推进全省科技创新工作。会议由马兴瑞省长主持。会上，中共中央政治局委员、广东省委书记李希作讲话；颁发2018年度广东省科学技术奖；省委常委、统战部部长黄宁生宣读通报。会议以电视电话会议形式开至各地级以上市。省委副书记、深圳市委书记王伟中，省领导张硕辅、张义珍、傅华、郑雁雄，省委有关部委、省直有关单位、省有关人民团体、中直驻粤有关单位主要负责同志，省实验室及部分科研院所、高等院校主要负责人，高新技术企业、新型研发机构代表，部分省科学技术奖评审委员会委员及获奖代表等参加了会议。

△省政府召开新闻发布会向媒体介绍省政府《关于进一步促进科技创新的若干政策措施》（粤府〔2019〕1号）及配套政策和实施指引相关情况，省政府副秘书长李雅林出席发布会作主发布，省科技厅、公安厅、财政厅、人力资源和社会保障厅等部门负责人出席发布会并回答记者提问。

△至28日，由科技部资源配置与管理司、成果转化与区域创新司共同指导，国家科技评估中心、广东省科技厅主办，广州市科技局、广州高新区管委会承办的国家重大科学仪器设备开发专项成果转化项目对接会在广州举行。会上，杨军副厅长作讲话；广州、珠海、佛山、惠州、中山、东莞等地市作区域营商环境推介；广州高新区管委会与国家科技评估中心签署合作协议；2个国家重大科学仪器设备开发专项成果转化项目与广州、中山等地市签约。会前，王瑞军厅长与参会代表会面并感谢其对广东科技工作的支持；会后，主办方邀请项目方代表赴广州高新区及中山翠亨新区的有关园区企业实地参观考察并深入对接交流。科技部资源配置与管理司刘春晓调研员、国家科技评估中心韩军副总评估师、广州市科技局李洪庆副巡视员，厅产学研结合处及省科技评估中心相关同志，珠海、佛山、惠州、东莞、中山等地市科技局负责同志，广州市各区科技部门负责同志以及风险投资机构、招商机构、孵化器、产业园相关负责人，仪器生产、制造、使用等上下游企业代表和新闻媒体代表共200多人参加了会议。

△广东省基础与应用基础研究基金委员会在省科技厅举行启动活动。马兴瑞省长出席启动活动并到省科技厅调研，详细了解全省科技创新、推进粤港澳大湾区国际科技创新中心建设等方面的情况。省领导黄宁生参加了活动。

△下午，为贯彻落实全省科技创新大会精神，在省基础与应用基础研究基金委员会成立启动活动后，郑海涛副厅长在省科技厅主持召开专家座谈会，围绕省委、省政府对基础与应用基础研究的战略部署和省基金管理、资助体系，以及省基金委定位和发展，听取专家们结合自身工作提出的宝贵意见。省内主要高校、科研院所和省实验室代表参加了座谈会。

28日

何棣华副巡视员与到访省科技厅的广东以色列理工学院常务副校长Eliezer Shalev教授一行座谈，并向客人介绍广东省科技发展历程、科技创新政策以及广东省对于科技创新合作的相关支持情况，听取Eliezer Shalev副校长介绍广东以色列理工学院在学科建设、人才培养、科研成果及未来发展方向等方面的相关情况。

29日

龚国平副厅长在省科技厅与到访省科技厅的中国电力建设集团有限公司副总经理、中电建水环境治理技术有限公司董事长王民浩一行座谈，双方就茅洲河流域水环境综合整治相关事宜进行交流。

△杨军副厅长陪同科技部成果转化与区域创新司杨咸武副司长及专家组赴阳江高新区调研，先后到阳江高新区创新交流中心、明阳新能源、广青金属、昌龙科技、阳江高新区科技企业孵化器、阳江市五金刀剪产业技术研究院等地，实地考察阳江高新区建设情况；召开阳江高新区升级国家高新区专家咨询调研座谈会，听取阳江市委书记焦兰生作阳江高新区升级国家高新区工作情况汇报。

【4月】

1日

省科技厅开展粤港澳大湾区国际科技创新中心建设培训暨贯彻落实全省科技创新大会精神座谈会。会上，长城战略研究所专家王德禄作专题培训；有关业务处室就重点领域研发计划、基础研究与应用基础研究、创新政策、创新人才等重点工作作通报和部署；有关地市科技局和高新区管委会参会代表作经验交流发言；王瑞军厅长作讲话。全体厅领导、业务处室和厅属单位负责人，有关地市科技局、高新区负责人参加了本次会议。座谈会设主分会场，分会场通过视频会议形式开到厅机关各处室、厅属各单位、全省各地级以上市科技局（委），覆盖全省科技管理部门工作人员达700多人。

△高新区高质量发展座谈会在广州召开。会上，相关处室解读了《关于促进高新技术产业开发区发展的意见》并公布了2018年度广东省高新区监测评价情况；广州、东莞、惠州、茂名、阳江高新区分别从世界一流高科技园区建设、创新资源集聚、一区多园模式创新、体制机制改革、以升促建等方面作经验交流；杨军副厅长作讲话。厅成果转化与区域创新处、省科技情报研究所、有关高新区管委会主要负责同志约50人参加了会议。

2日

省科技厅开展部分科研单位贯彻落实全省科技创新大会精神座谈会。会上，王瑞军厅长对全省重点创新工作进行部署；有关业务处室介绍了省“科创12条”配套政策、重点领域研发计划、省实验室建设、创新人才服务、省自然科学基金项目等重点工作；部分参会代表作交流发言。郑海涛副厅长、周木堂副巡视员，厅机关各处室、厅属各单位、部分在粤高校、科研院所，部分省级新型研发机构、省级以上孵化器、高新技术企业代表参加了本次座谈。

△何棣华副巡视员与到省科技厅调研的浙江省科技厅章一文副厅长一行，围绕粤港澳大湾区国际科技创新中心和广深港澳科技创新走廊建设等相关工作进行座谈。

3日

郑海涛副厅长出席在潮州举行的化学与精细化工广东省实验室潮州分中心揭牌仪式暨理事会第一次会议并代表省科技厅致辞。

4日

龚国平副厅长率厅综合规划处、产学研结合处、高新技术处相关负责同志到东莞理工学院调研，参观东莞理工学院智能制造创新中心、3D打印与智能制造研究中心和生态环境工程技术研发中心，听取东莞理工学院李忠红副校长介绍学校高层次人才引进、科技创新成果、重大科技创新平台等方面工作的情况。

△科技部高技术中心袁建湘副主任、傅耀威处长一行4人到广州调研并召开国家重点研发计划“宽带通信和新型网络”重点专项部省联动项目管理工作组会议，就部省联动项目申报、评审、立项等管理程序进行商议。

8日

王瑞军厅长、龚国平副厅长、郑海涛副厅长在省科技厅与到省科技厅调研的省人大王学成副主任，省人大教育科学文化卫生委主任委员何丽娟、副主任委员刘鸣等一行座谈，双方围绕《广东省自主创新促进条例》的修改内容和省科技厅在推进粤港澳大湾区国际科技创新中心建设工作中需要人大立法给予支持的内容展开讨论并达成共识。

△2019年全国科技管理系统政务工作片区会议在广州召开。会上，科技部办公厅马连芳主任传达了2019年全国科技工作会议精神，介绍了科技部办公厅服务科技部中心工作和机构改革大局等方面所做的各项工作；李旭东副厅长作讲话；办公厅各处室相关负责同志围绕综合协调、督查督办、保密管理、科技宣传、重大调研、公文办理、网络安全和信息化、值班信访等方面工作进行了介绍；与会代表围绕如何进一步提高服务保障能力、全面做好科技政务管理工作进行了交流。厅办公室负责同志以及来自南部片区的各省、直辖市、计划单列市、副省级城市科技厅（委、局）和科技部有关司局政务工作负责同志参加了会议。

9日

王瑞军厅长、郑海涛副厅长在省科技厅与到省科技厅就粤港澳大湾区国际科技创新中心建设相关工作展开调研的省政府参事室党组成员庄福伍、杜重年参事一行座谈。

△省科技厅在广州召开2019年创新型企业管理工作座谈会，总结2018年度全省创新型企业管理工作情况，通报省审计厅反馈的广东省2015—2017年度高新技术企业培育及相关财政补助资金使用绩效专项审计有关问题，研究讨论下一步整改措施，部署2019年创新型企业重点工作。

11日

至12日，科技部火炬中心联合国家税务总局政策法规司在广东调研万鹏高新技术企业孵化基地和华南新材料创新园，并组织召开税收政策落实情况座谈会。周木堂副巡视员参加会议，并介绍广东省孵化育成体系工作取得的成效和近几年本省创业孵化载体免税的落实情况，同时就免税情况提出建议。科技部火炬中心副主任段俊虎，国家税务总局广东省税务局、广州市科技局、国家税务总局广州市税务局、广东省科技企业孵化器协会、广州科技企业孵化协会、广州开发区科技企业孵化器协会和广东地区17家孵化机构代表共50多人参加了座谈。

12日

王瑞军厅长出席在广州开发区萝岗会议中心举行的广州市大湾区虚拟现实研究院成立大会暨首届虚拟现实与数字经济国际论坛并致辞，同时为广州市大湾区虚拟现实研究院揭牌。

△李旭东副厅长在省科技厅与到省科技厅调研的陕西省科技厅林黎明、赵怀斌副厅长一行座谈，并介绍了省科技厅科技体制改革、新型研发机构建设、科技成果转化、协同创新模式等方面的基本情况，双方还就两省科研诚信体系建设、高新区高质量发展、科技新政实施、新型研发机构建设、创建国家实验室、第三方专业机构职责和重大专项管理等方面展开讨论。

14日

至15日，科技部在深圳举办第17届中国国际人才交流大会。大会邀请了来自52个国家和地区的4 000多家专业组织、培训机构、高等院校、科技企业和人力机构参与。省科技厅积极做好大会参会参展工作，大会期间，王志刚部长、张建国副部长巡视了省科技厅展区，对展区展示的内容予以肯定；主宾国英国代表约克公爵安德鲁王子也专门到展区了解推进粤港澳大湾区建设情况；省科技厅获得大会组委会颁发的“最佳组织奖”。

15日

由西藏自治区科技厅和广东省科技厅联合主办，广东省科技干部学院承办的2019年“科技兴藏人才培养工程”西藏科技管理干部培训班在广东省科技干部学院举行开班仪式。开班仪式由广东省科技干部学院李龙图校长主持。科技部引进国外智力管理司赵慧君副巡视员、西藏自治区科技厅赤来旺杰厅长、省科技厅杨军副厅长出席开班仪式并致辞。培训班邀请科技部相关司局、业务处室负责同志现场授课，并组织安排了港珠澳大桥、东莞散裂中子源、深圳国家基因库等现场教学活动。来自西藏自治区各厅委、地方科技局、高校和科研院所等单位共70多人参加了本次培训班。

16日

王瑞军厅长、郑海涛副厅长在省科技厅与到省科技厅就国有企业积极参与粤港澳大湾区建设、推进企业高质量发展、不断加大科技创新投入等相关工作进行调研的广东省广新控股集团有限公司党委书记、董事长黄平一行座谈，并向客人介绍了省科技厅科技创新体系建设思路，双方就省实验室建设、重点领域研发计划（核心关键技术攻关）、新型研发机构建设以及国家重大科技项目成果转移转化基金等内容展开讨论。

△省科技领导小组在广州召开第一次会议，深入贯彻习近平总书记对广东重要讲话和重要指示批示精神，传达贯彻国家科技领导小组第一次会议精神，研究部署下一步科技创新重点工作。会上，省长、领导小组组长马兴瑞作讲话；王瑞军厅长汇报了本省贯彻落实国家科技领导小组第一次会议精神和广东中长期科技发展规划（2021—2035年）编制工作、省实验室建设进展及筹建等有关情况。会议讨论并原则通过了《省科技领导小组工作规则》《广东中长期科技发展规划（2021—2035年）编制初步方案》《广东省实验室建设管理办法（试行）》和第3批省实验室建设工作计划等。省领导黄宁生、覃伟中参加了会议。

17日

王瑞军厅长在省科技厅与到省科技厅调研的国家纳米科学中心主任赵宇亮院士、科技部高技术中心郑玉琪副主任、国家纳米药物工程中心杨祥良主任一行座谈，并向客人介绍本省科技创新工作和粤港澳大湾区国际科技创新中心建设情况，听取赵宇亮院士介绍我国纳米科技发展的现状、面临的机遇和挑战，科技部高技术中心郑玉琪副主任表示将积极支持国家纳米科学中心在广东搭建高水平创新平台，推动重大科技成果在广东落地转化和产业化。厅产学研结合处、引进智力管理处、资源配置与管理处、高新技术处、广州市科技局有关负责同志，学界和业界专家代表参加了座谈。

△王瑞军厅长在省科技厅会见到访省科技厅的以色列驻广州总领事馆南可安（Nadav Cohen）总领事、柯雪莉商务领事一行，并向客人介绍省科技厅深入贯彻落实粤港澳大湾区规划纲要，加快推进国际科技创新中心建设的情况；听取南可安总领事表达希望未来双方能够建立高效的沟通联络渠道，可在高层交流、人员互访、人才培养、项目合作及平台建设等方面继续积极沟通，共同推进粤港澳大湾区与以色列的科技合作；与柯雪莉商务领事就推进粤以双方执行的产业研发合作计划交换了意见。

△至18日，省科技厅、广东院士联合会、南方科技大学、中山大学、广东省基础与应用基础研究基金委员会、广州市科技局在广东迎宾馆共同主办广东重点领域研发计划院士对接会。对接会上，省科技厅向与会院士介绍了广东科技创新发展情况，以及科技创新政策、科技计划体系部署、重点领域研发计划重点专项组织实施等进展情况；与会院士围绕如何进一步优化广东重点领域研发计划布局、提升广东科技创新竞争力等提出意见和建议。对接会前举办了院士学术讲堂，邀请薛其坤院士就“量子反常霍尔效应的发现与意义”、俞大鹏院士就“量子科技趋势与挑战”、成会明院士就“石墨烯的进展与挑战”分别作主题演讲。来自清华大学、南京大学、中国科学院物理研究所、中国人民解放军军事科学院、中科院物理所、南方科技大学、南京航空航天大学等单位的11名院士及22位信息、材料及量子相关领域的高层次专家，相关负责同志、重点企业代表参加了会议。

△杨军副厅长陪同科技部成果转化与区域创新司王光辉调研员及专家组赴韶关高新区调研，先后考察了韶关高新区规划展览馆、国家级科技企业孵化器、中国广州分析测试中心韶关实验室、韶关市欧莱高新材料有限公司等地，召开韶关高新区升级国家高新区专家咨询调研座谈会，听取韶关市委副书记、市长殷焕明对韶关高新区升级国家高新区工作情况的汇报。

19日

王瑞军厅长在省科技厅与湛江市委书记郑人豪、副市长欧先伟、市委秘书长吴国雄一行，围绕推动高新区、省实验室和新型研发机构建设，加强省市联动等相关工作进行座谈。

△广东省国家科学技术奖励工作座谈会在广州召开。会上，王瑞军厅长作讲话；宣读了《关于对2018年度国家科学技术奖广东省牵头获奖成果予以配套奖励的通知》、对2019年广东省提名国家科学技术奖情况作了通报；与会领导为代表颁发国家科学技术奖配套奖励证书；中山大学附属肿瘤医院马骏副院长、广东省农业科学院蚕业与农产品加工研究所张名位所长等往年获得国家科学技术奖的专家学者现场畅谈获奖感言及介绍经验；中国科学院广州分院、暨南大学等单位代表分别作交流发言。省科技厅杨军副厅长、郑海涛副厅长，省科协唐毅巡视员，省财政厅郑贤操副厅长，相关获奖代表，相关高校院所、来自企业的科技管理负责人、新闻媒体代表等100多人参加了会议。

△杨军副厅长与到省科技厅调研的重庆市科技局牟小云一行，就如何促进科技创新和激发民营企业创新实现高质量发展等相关问题进行座谈。厅成果转化与区域创新处等有关处室，省生产力促进中心、省技术经济研究发展中心相关同志参加了座谈。

△省科技厅在省科技厅举办“人工智能的技术简介和发展趋势”学习论坛暨主题联学活动，劳帜红副厅长主持。会上，科大讯飞研究院首席科学家、科大讯飞华南人工智能研究院魏思院长从遗传学、神经元工作机理、视觉感知机理、人工智能基本数学原理等方面进行讲述，从人工智能的三次浪潮再到人工智能的三个阶段阐明了人工智能的发展历程，以及对人工智能的技术本质以及未来发展趋势展开深入浅出的讲解，并在问答互动交流环节对现场提问进行了解答。专题讲座通过视频开设到全省地级市科技局（委），主会场设在省科技厅，各地级市科技局（委）设分会场。

21日

杨军副厅长参加由香港大学、香港科技大学、香港中文大学等香港六大高校及香港工程科学院，澳门大学、澳门科技大学和中山大学、华南理工大学、中科院广州分院、广东省科学院等粤港澳三地主要高校科研院所及广东院士联合会22个单位共同发起的粤港澳院士专家创新创业联盟在广州举行的成立大会并讲话。

22日

省科技厅组织召开国家科技重大专项成果转化基金推介会。会上，王瑞军厅长作讲话；相关处室介绍了广东省科技创新发展情况和科技金融创新政策；国投创业投资管理有限公司介绍了国家科技重大专项成果转化基金一期运营情况及二期募资方案；各参会单位围绕推动国家科技重大专项成果转化基金在广东的落地进行了深入探讨。郑海涛副厅长，35家金融和创投机构、行业龙头企业，以及来自广州、深圳、佛山和东莞等地市科技部门和高新区的负责同志共100多人参加了会议。

23日

王瑞军厅长在省科技厅与到访省科技厅的北京大学校长郝平、常务副校长詹启敏一行座谈，并向客人介绍粤港澳大湾区国际科技创新中心建设、省重点领域研发计划、省实验室和高水平创新研究院建设等重点工作开展情况，听取郝平校长、詹启敏常务副校长介绍北京大学对接粤港澳大湾区国家战略和在广东发展布局的总体考虑情况。杨军副厅长、郑海涛副厅长、劳帜红副厅长，厅综合规划处、政策法规与创新体系建设处、资源配置与管理处、产学研结合处、基础研究处、实验室与平台基地处、引进智力管理处、科学中心、广州市科技局有关负责同志参加了座谈。

25日

至26日，杨军副厅长参加科技部高新司在河南郑州召开的2019年度全国高新技术工作会议并作交流发言。

26日

龚国平副厅长在省科技厅与到访省科技厅的江西省科技厅刘青副厅长一行座谈，并就省科技厅在推进粤港澳大湾区国际科技创新中心建设方面所做的体制机制创新、关键核心技术攻关、加强基础与应用基础研究等一系列工作进行了详细介绍，双方还就未来合作方向展开交流。

△省科技厅组织召开2018—2019年度国际科技合作领域“科研人员国际交流与培训”专题项目推进会议。会上，何棣华副巡视员作讲话；专题项目人员就项目成果、执行难点及解决办法等内容

进行经验分享；中科院先进技术研究院项目管理部门介绍了该院管理人员交流类项目的做法。厅交流合作处及合作中心相关同志，中外方项目组成员及科研管理人员约40人参加了会议。

28日

至29日，王瑞军厅长参加科技部在佛山召开的2019年国家科技重大专项成果转移转化工作会，杨军副厅长在会上介绍广东推动科技成果落地的举措与效果。

【5月】

6日

至8日，王瑞军厅长率广东科技代表团访问巴基斯坦，与巴基斯坦总理国家科技工作组主席、科技部前部长阿塔拉曼教授（Atta-ur-Rahman）签署了巴基斯坦总理国家科技工作组与广东省科技厅共建信息技术与人工智能卓越中心的合作谅解备忘录，并见证粤巴双方项目承接单位签约（粤方现场签约的项目承接单位是中科院深圳先进技术研究院和广东工业大学，巴方是巴奥应用技术大学和卡拉奇大学），双方还就项目具体实施方案步骤交换了意见；巴基斯坦总统阿尔维在伊斯兰堡总统府接见了广东科技代表团，王瑞军厅长表示省科技厅将借双方共建人工智能卓越中心项目，推动粤巴双方在包括科研教育人员交流、研发项目合作、技术转移产业化等领域全方位的合作，打造粤港澳大湾区支撑一带一路建设的示范项目。

代表团赴卡拉奇大学访问，与卡拉奇大学国际化学与生物科学中心（ICCBS）主任乔杜里教授为首的中心科研团队进行深入交流并参观了大学主要实验室和配套设施，为卡拉奇大学与广东省科学院、中科院深圳先进技术研究院和广东工业大学等广东本地高校科研院所建立交流机制奠定了基础。

7日

2019年全省生产力促进机构主任培训班在广州召开。杨军副厅长出席开班仪式并作《深入贯彻落实粤港澳大湾区规划纲要和政府工作报告，勇当重任，做好全年工作规划》的主题报告；厅人事处、政策法规与创新体系建设处相关负责同志和省生产力促进中心陈金德主任分别作《省科技厅机构改革与职能优化》《关于进一步促进科技创新的若干政策措施》《新时期广东省生产力促进机构面临的形势与任务》专题报告；厅资源配置与管理处有关负责同志介绍了下一步全省科技金融重点工作并提出要求。来自全省各地市、县（区）的生产力促进中心、科技金融服务中心和高新区创业服务中心等相关科技服务机构的负责同志共计120多人参加了培训。

8日

杨军副厅长出席在广州南沙举行的2019年第三代半导体支撑新能源汽车创新发展高峰论坛并代表省科技厅致辞。

9日

至11日，王瑞军厅长率广东科技代表团访问白俄罗斯，与白俄罗斯国家科学院第一副院长齐日科签署广东省科技厅和白俄罗斯国家科学院科技合作框架协议，建立新时期双方常态化工作机制，在新材料、信息技术、生物医药等重点领域共同推进双方多种形式的合作。代表团先后访问了白俄罗斯高技术园和中白巨石工业园，就高新园区优惠政策、科技孵化、园区内中国企业与本地园区合作模式等情况进行了交流和实地考察；访问白俄罗斯国立技术大学，参加佛山中国发明成果转化研究院和白俄罗斯国立技术大学科技园的“广东省（白俄罗斯）海外离岸孵化器”揭牌仪式，并与白俄罗斯国立技术大学副校长兼白俄罗斯国家科技园总经理阿列克谢耶夫·尤里、白俄罗斯国立技术大学教学副校长尼古拉奇科·尤里等白方代表就共建研究院、互设分支机构及孵化器情况进行交流。

10日

龚国平副厅长参加在梅州市大埔县召开的全省推动老区苏区振兴发展工作现场会。

12日

至14日，王瑞军厅长率广东科技代表团赴瑞士日内瓦参加联合国科技促进发展委员会（UNCSTD）第22届年会，作为该组织本届副主席履行UNCSTD工作职责，同时为中国代表主持了有关边会，介绍中国科技创新发展最新成就，重点介绍广东科技创新和粤港澳大湾区国际科技创新中心建设相关情况，继续推动中国政府与UNCSTD合作措施的落实。由于本届年会期间UNCSTD亚太组成员国内部未就推荐新任副主席人选达成一致意见，王瑞军厅长将留任UNCSTD第22届副主席，代表中国继续在联合国系统发挥作用。

13日

至14日，科技部战略规划司余健副司长一行赴广东调研，并在省科技厅召开创科博览2019“湾”展区协调筹备会。会议由劳帜红副厅长主持。会上，余健副司长介绍了粤港澳大湾区科技创新规划及“创科博览2019”背景，与省科技厅、深圳市科创委、团结香港基金会、澳门科学技术发展基金代表就工作方案交换意见，同时布置下一步工作推进任务。

△周木堂副巡视员参加在广州召开的全国工商联民营企业参与“一带一路”建设综合调研座谈会，并就积极推动与“一带一路”国家开展科技合作、支持高新技术企业参与“一带一路”建设、下一步工作建议等作发言。

14日

龚国平副厅长、郑海涛副厅长率厅政策法规与创新体系建设处、社会发展科技处、交流合作处、机关党委相关负责同志与省工信厅联合上线广东“民声热线”节目，并就社会各界广泛关注的“粤港澳大湾区国际科技创新中心建设最迫切要推进解决的问题”“广东省针对本土高层次人才有哪些人才项目支持”等话题与主持人、特邀评议团、媒体观察团进行现场交流互动，回应2019年出台的“科技创新12条”政策中有关热点难点问题。

△由省科技厅主办、广东省生产力促进中心承办的第八届中国创新创业大赛（广东赛区）暨第七届“珠江天使杯”科技创新创业大赛启动会在广东国际科技中心召开。会议由广东省生产力促进中心陈金德主任主持。会上，周木堂副巡视员作讲话；总结了第七届中国创新创业大赛（广东赛区）的工作情况，介绍了第八届中国创新创业大赛（广东赛区）的工作方案；广州、中山、江门三个地市分享了组织地方赛的工作经验。全省有关地市科技局、省级以上高新区管委会以及有关地市负责承办地方赛的相关单位负责人和业务骨干近80人参加了会议。

15日

2019年出国（境）培训项目执行说明会在广州召开。会上，省科技厅副厅长、省外专局局长劳帜红作讲话；通报了2018年广东省出国（境）培训项目的执行情况以及2019年培训计划批复情况，布置了2019年出国（境）培训项目执行工作，并现场解答各单位培训项目执行中遇到的实际问题。

16日

王瑞军厅长率广东科技代表团应邀拜访中国驻瑞士苏黎世总领事馆，以粤港澳科技创新发展为题向领馆同志作讲座报告，与中国驻苏黎世兼驻列支敦士登公国总领事赵清华就推动粤港澳大湾区与瑞士苏黎世的科技创新合作交换了意见。

18日

由省科技厅和省科协共同主办的2019“岭南科学论坛·双周创新论坛”系列活动首场论坛在华南理工大学五山校区举行。本次论坛围绕毫米波与太赫兹技术，面向未来移动通信和雷达等新一代信息技术领域的应用，邀请全球该领域的顶尖专家参与，介绍目前毫米波与太赫兹技术的最新进展、共同探讨未来的技术发展趋势，推动该领域世界级专家学者与广东科技界的学术交流及科研合作。专家们将在为时两天的论坛作12场学术报告。

19日

王瑞军厅长参加中医药现代化发展战略研讨会并讲话。

20日

杨军副厅长出席在北京举行的首届“创新中国·年度评选”颁奖典礼并为获奖代表颁奖。

22日

杨军副厅长出席在云南举行的2019年度腾讯全球数字生态大会量子技术论坛并讲话。会后，杨军副厅长率厅高新技术处、省科技情报研究所有关同志前往贵研铂业股份有限公司调研，详细了解其在贵金属新材料布局、产品研发、技术水平和市场分布等情况。

△劳帜红副厅长在省科技厅与到访省科技厅的香港生产力促进局林宣武主席、毕坚文总裁、黎少斌副总裁一行座谈，并向香港代表介绍了广东省对推进粤港澳大湾区科技创新发展的相关政策措施，双方就先进制造、智慧城市、再工业化、成果转化、创新券及科技型中小企业服务等进行交流。

△至24日，副厅长、省外国专家局局长劳帜红率引进智力管理处负责同志等一行3人赴科技部，就广东引智工作和科普工作向科技部引进国外智力管理司作汇报和业务对接。

23日

2019年高新技术企业申报认定培训会在广州召开。广东省生产力促进中心陈金德主任主持培训会。会上，杨军副厅长作讲话；中国民营科技促进会郭建平副会长、高新技术处张相年副处长分别作《2019年国家高新技术企业认定常见问题及采取的措施》《2019年广东省高企申报认定的申报程序及注意事项》专题报告并对现场提问进行了解答。来自全省科技系统、各地市高新区、高新技术企业和有关科技型企业的代表共1 800多人参加了培训。

29日

王瑞军厅长、龚国平副厅长、郑海涛副厅长在省科技厅与到访省科技厅的华南农业大学、东莞理工学院、深圳职业技术学院等院校领导一行，就共同推进粤港澳大湾区国际科技创新中心建设进行座谈。中国科学院刘耀光院士，华南农业大学刘雅红校长、咸春龙副校长，东莞理工学院党委成洪波书记、李琳校长、李忠红副校长，深圳职业技术学院杨欣斌校长，厅相关处室，以及有关院校负责同志参加了座谈。

△李旭东副厅长、原广东省外国专家局植沛裕副局长在省科技厅主持原广东省外国专家局档案交接仪式，并分别代表广东省科技厅和广东省外国专家局在档案交接文据上签字。

【6月】

1日

王瑞军厅长率厅农业农村处、省生产力促进中心有关同志到定点帮扶村河源市东源县黄村镇三洞村调研指导脱贫攻坚工作，与河源市科技局人员、东源县县长、黄村镇党委主要负责同志以及三洞村“两委”干部召开三洞村脱贫攻坚工作座谈会，宣布新的轮换驻村第一书记和队员名单，并向新一轮扶贫工作队提出要求。会后，王瑞军厅长到贫困户家中看望了解他们的生活情况，并向儿童送上节日慰问。

△至6日，由省科技厅主办，中共广东省委统战部、省教育厅、省文化和旅游厅、省总工会、团省委、省科协协办的广东省首届科普讲解大赛在广东科学中心举办，来自全省各地21个代表队124位选手同台竞技。本次大赛主题为“科技创新，科普惠民”，分为高校科研院所组、高新技术企业组、中小学组、其他组（科技场馆、科普基地等）4个组别进行角逐。

6日

劳帜红副厅长在省科技厅会见到访省科技厅的英国驻广州总领事馆副总领事唐宜婷（Liberty Timewell）女士等一行，双方就粤英科技合作开展交流活动交换了意见。厅交流合作处和省科技合作研究促进中心有关同志参加了会见。

10日

由省生态环境厅、省科技厅、省住房和城乡建设厅、省农业农村厅联合主办的广东省污染防治攻坚战治理技术、装备、服务展示交流对接会在东莞召开。本次对接会以农村生活污水治理、土壤修复和地下水治理、生活垃圾处理处置、畜禽养殖业配套治污、农村生态环境监管能力5个方面的新技术、新设备与新模式为重点，组织县（区、市）政府与参展环保企业进行技术、装备、服务等供需对接，为聚力打好打赢全省农村污染防治攻坚战提供科技支撑。张光军副省长参加会议并讲话。生态环境部、省市县（区）有关部门及国内环保企业代表1 000多人参加了会议。

15日

由省科技厅和省科协共同主办的2019“岭南科学论坛·双周创新论坛”之“科技型中小企业技术创新大家谈”专场在省科技合作研究促进中心召开。会上，与会代表围绕着科技型中小企业人才、资金以及知识产权保护等问题展开讨论；省科技厅同志对与会代表提出的建议分别给予回应，并谈了下一步工作思路。省工商联及省社科院相关负责同志，来自科技领域的专家，以及高校、科研院所、企业代表共100多人参加了会议。

17日

王瑞军厅长在省科技厅会见到访省科技厅就“智慧城市”建设相关课题进行调研的美国艾森豪威尔基金会“知行中国—中美青年菁英项目”学者达斯丁·海斯勒一行，并介绍目前广东省推进粤港澳大湾区建设的有关情况，以及大湾区国际科创中心建设为中美两国科技界提供的巨大开放合作机遇。知行中国学者达斯丁·海斯勒先生与惠特尼·森克森女士分别来自美国的企业与州政府部门，与来自广东省高性能计算机重点实验室、暨南大学物联网与物流工程研究院、广东工业大学土木与交通工程学院、中国科学院广州能源研究所及佳都科技的相关领域专家学者就中国城市的技术生态系统、科技生态系统及中国在智慧城市、绿色城市领域的新技术和典型案例进行交流，并讨论中美两国在智慧城市建设中共同的挑战和合作的空间。

△劳帜红副厅长、何棣华副巡视员在省科技厅与到访省科技厅的德国中国研发创新联盟雷宪章主席一行座谈，并向客人介绍省科技厅与包括德国在内的创新型国家开展科技创新合作的情况、省科技厅推进粤港澳大湾区国际科技创新中心建设情况，双方就共建科技合作平台、设立海外孵化机构、促进科技项目落户广东进行交流讨论。

18日

王瑞军厅长、杨军副厅长在省科技厅与到省科技厅调研的青海省科技厅党组书记、厅长莫重明一行座谈，并向客人介绍了省科技厅科技创新体系建设的思路，重点介绍了科技体制改革、科技成果转化、协同创新模式等方面的基本情况，双方围绕推动《“十三五”科技援青规划》相关科技合作任务落实、粤青两省建立长期稳定的科技合作机制、共同推动产业创新发展、加强粤青两省人才交流合作、加强创新创业合作交流等方面展开讨论。

20日

至21日，劳帜红副厅长出席全国科技活动周组委会在广东科学中心举办的2019年全国科普讲解大赛并为获奖选手颁奖。

△王瑞军厅长出席在广东科学中心开展的西班牙FOTciencia科学摄影展开幕式并致辞，与西班牙驻华大使拉法尔·德斯卡亚·德·马萨雷多、西班牙驻广州总领事耶稣斯·格拉西亚会谈，就推动广东省与西班牙和西语国家的科技创新合作交流相关事宜进行讨论。

25日

王瑞军厅长率成果转化与区域创新处、省生产力促进中心有关负责同志到中国南方电网公司开展工作调研，与南方电网毕亚雄副总经理等公司高管就粤港澳大湾区国际科技创新中心建设、防范化解科技领域重大风险以及科技奖励等事项进行座谈。

26日

至27日，杨军副厅长率厅机关和厅属单位相关同志到梅州市高新区调研，实地考察了梅州高新区读享空间、广东紫晶存储股份公司、梅州广汽华德汽车零部件有限公司等单位，分别听取智能家电产业集群、广汽零部件产业园三期、广州酒家利口福、广梅开发区中心小学、中山大学附属医院广梅开发区医院等重点在建项目介绍，听取梅州市科技局、梅州市高新区汇报2019年科技创新成效、存在瓶颈和问题，以及创建国家高新区工作进展情况。

△中科院科技促进发展局及科学传播局、省科技厅、深圳证券交易所联合主办“科技让生活更美好”2019年度中科院科技成果路演活动在深圳证券交易所举行，以“科技让生活更美好”为主题，围绕关键技术突破、产业转型升级和科技资本对接，公开发布一批中科院应用科技创新成果，探索科技与金融有效融合，推动科研机构与产业资本深化合作，加强研究成果转移转化，更好落实金融服务实体经济作为根本任务。郑海涛副厅长参加活动并代表省科技厅致辞。中科院副院长张亚平、深交所理事长吴利军及广东省、深圳市相关领导，包括院所专家、行业专家、路演团队、投资机构、上市公司、高科技企业代表及媒体记者等500多人参加现场活动。

30日

郑海涛副厅长出席化学与精细化工广东省实验室与北京大学深圳研究生院在深圳举行的合作签约仪式并讲话。

【7月】

2日

国家重点研发计划“宽带通信和新型网络”重点专项部省联动任务2018年度项目任务书洽谈会在中山大学召开。会上，周木堂二级巡视员介绍“宽带通信和新型网络”重点专项部省联动任务工作进展并提出下一阶段工作重点；科技部高技术研究发展中心傅耀威处长对任务书洽谈应遵循的原则、注意事项提出要求；审核了10个部省联动任务项目的任务书，各项目负责人分别汇报了项目和课题预期成果、目标、实施方案；与会专家就项目考核指标等提出修改意见和建议。

6日

以“科技成果转化和职务成果所有权混改大家谈”为主题的第二期“岭南科学论坛·双周创新论坛”在广东工业大学举行。会上，王瑞军厅长、广东工业大学陈新校长分别致辞；与会嘉宾围绕高校、科研院所、科技成果转化展开讨论。省人大教科文卫委、省教育厅、省司法厅、省科协、省工商联、省社科院以及来自各高校、科研单位、法律和知识产权保护机构、民营企业等相关单位负责同志参加了论坛。

9日

杨军副厅长率成果转化与区域创新处党支部到华南技术转移中心开展“不忘初心、牢记使命”主题教育活动调研，参观华南技术转移中心新落成的总部大楼，了解创新资源集聚、平台推广以及重大技术项目落地情况，听取周海涛董事长介绍中心的组织架构、业务布局、建设进展、建设成效，观看了“华转网”“8分钟路演平台”建设运营情况。

10日

王瑞军厅长向到省科技厅调研的北京怀柔科学城余京学董事长一行介绍广东在孵化育成体系建设、基础与应用基础研究、综合性国家科学中心等方面的科技创新工作情况，以及广东省建设粤港澳国际科技创新中心总体考虑，双方还就推进两地科学城建设开展交流与合作进行探讨。

△龚国平副厅长在广东大厦主持召开“奋进新时代·科技做先锋”2019年农村科技特派员“暑

期大下乡”活动启动会。会上，覃伟中副省长作讲话；王瑞军厅长介绍开展农业农村科技工作及农村科技特派员工作情况；为2019年第1批农村科技特派员代表颁发证书，向农村科技特派员派出单位授旗；农村科技特派员派出单位代表、农村科技特派员个人代表、服务对象代表分别作发言；宣读《农村科技特派员暑期大下乡倡议书》。省科协党组书记郑庆顺、省教育厅主任督学李璧亮、省农业农村厅总经济师程文章，各农村科技特派员派出单位领导及农村科技特派员队伍，粤东西北地区及江门、惠州、肇庆等15个地市科技局领导及相关业务部门负责同志共200多人参加了活动。

15日

王瑞军厅长在省科技厅与到访省科技厅的同济大学中德论坛项目组一行7人，就广东如何推动新能源汽车产业发展、推进先进制造业转型升级，以及广东在科研管理和评估方面的情况进行座谈。

17日

高新技术企业管理工作座谈会在省科技厅召开。会上，通报了2019年全省第1批高新技术企业申报及2018年高新技术企业审计整改工作情况、高新技术企业认定审计整改工作进展，并提出下一步高新技术企业树标提质、规范管理工作要点；相关地市科技局代表围绕如何推动高企量质双提升、如何做好“放管服”与如何进一步规范高企管理等问题进行讨论发言；王瑞军厅长、杨军副厅长分别作讲话。

19日

王瑞军厅长向到省科技厅调研的香港大学张翔校长一行介绍广东科技创新工作及粤港澳大湾区国际科技创新中心建设的进展情况，双方围绕进一步加强基础研究、省实验室和高端创新平台建设等方面合作进行交流。

△第三批广东省实验室筹建协调会在省科技厅召开。会议由郑海涛副厅长主持。会上，第3批广东省实验室建设牵头单位、拟参与承建地市的主要领导和共建单位、推进小组成员就省实验室组建方案进行分组研究讨论；王瑞军厅长传达省政府主要领导同志关于加快启动第3批省实验室建设的指示精神，并对下一步工作提出要求。省财政厅、发改委、工业和信息化厅、农业农村厅，广州、茂名、云浮、肇庆、深圳、惠州、阳江、汕尾、佛山等地市科技局（委）相关负责同志，华南农业大学、华南理工大学、中科院近物所等单位代表参加了会议。

22日

上午，杨军副厅长出席中国国家航天局和中国科学院联合在珠海召开的第4届月球与深空探测国际会议开幕式。

△杨军副厅长陪同中科院相里斌副院长到珠海横琴新区调研，在横琴智能超算中心施工现场了解项目建设进展情况，与有关单位代表座谈，听取中科院计算所建设团队汇报建设工作情况，并与珠海市、横琴新区有关部门代表就项目建设中的资金、进度、选址等问题进行交流。中科院重大科技任务局局长于英杰、珠海市副市长阎武、横琴新区管委会主任杨川等领导同志陪同调研。

△劳帜红副厅长在省科技厅会见到访省科技厅的日本经济产业省近畿经济产业局前田淳课长一行3人，听取前田淳课长介绍近畿经济产业局在促进中日科技交流合作所做的努力以及双方在节能环保领域合作取得的务实成效，双方就合作框架备忘录文本交换事宜以及下一步科技交流活动进行讨

论。厅交流合作处和省科技合作研究促进中心有关同志参加了会见。25日上午，双方在佛山市南海“广东2019智能制造展示交流会”现场，举行了合作框架备忘录文本现场交换仪式。

25日

龚国平副厅长向到省科技厅开展“不忘初心、牢记使命”主题教育活动调研的中国工程院党组成员、副院长钟志华，党组成员、副院长何华武等一行，介绍广东科技创新工作和粤港澳大湾区国际科技创新中心建设进展情况。随后，杨军副厅长陪同调研组在广东科学馆与中国工程科技发展战略广州研究院王迎军院长、省科协党组书记郑庆顺以及工程院李立浧、孙玉、王复明、陈湘生院士等有关人员座谈。

△2019年科技成果直通车（佛山站智能制造领域）工作推介会在中关村科技装备创新创业基地举行。科技部火炬中心副主任盛延林、省科技厅二级巡视员周木堂出席会议并致辞。佛山市需求单位和驻京高校、科研机构、科技型企业近40家单位代表参加了会议。

26日

杨军副厅长在省科技厅与到访省科技厅的粤澳合作中医药科技产业园吕红董事长一行3人，就搭建粤港澳大湾区中医药科技成果转移转化基地、促进大湾区大学和科研院所的中医药科技成果转移转化等相关问题进行座谈。厅成果转化与区域创新处等有关处室，珠海市科技创新局、华南技术转移中心相关同志参加了座谈。

△劳帜红副厅长在省科技厅会见到访省科技厅的新西兰奥克兰大学莫里斯·威尔金斯中心国际顾问赖传钧先生和新西兰驻广州代总领事霍博安（Paul Hawkes）先生等一行3人，双方就合作谅解备忘录的更新以及拓展新西兰与广东科研合作的方式以及下半年拟开展的互访及相关合作进行商讨。

29日

杨军副厅长率厅高新技术处党支部和省科学技术情报研究所党总支及第四支部代表赴清远英德市开展“不忘初心、牢记使命”主题教育联合党建活动，到连樟村、英德市电子商务产业园参观学习，实地调研广东（英德）万洋众创城及清远华侨工业园并在清远华侨工业园管委会召开座谈会，就清远市创建省实验室、国家可持续发展试验区、省级高新区、高水平创新研究院及技术创新中心等工作进行研讨。清远市科技局、英德市及有关园区负责同志参加了活动。

【8月】

5日

王瑞军厅长率社会发展科技处、成果转化与区域创新处以及省生产力促进中心、科技基础条件平台中心、科技创新监测研究中心、实验动物监测所有关负责同志到北京中国生物技术发展中心、中国21世纪议程管理中心开展国家重大科技项目对接工作，分别与中国生物技术发展中心沈建忠副主任等就广东省主动承接生物技术领域国家重大科技项目、广东省科技厅与中国生物技术发展中心合作框架协议以及广东省承办人类遗传资源管理条例全国宣讲培训会议等工作进行交流，与中国21世纪议程管理中心黄晶主任就广东省主动承接资源环境、绿色技术、海洋科技、国家质量基础设施等领域的国家重大科技项目以及国家可持续发展议程创新示范区等工作进行交流。随后分头赴科技部社发司、重大科技专项司、国家评估中心、国家卫健委医药卫生科技发展研究中心等单位开展对接工作。

7日

龚国平副厅长率政策法规与创新体系建设处党支部到河源市东源县三洞村，开展“不忘初心、牢记使命”主题教育活动，调研精准扶贫工作，参观三洞村养鸡场，听取驻村科技特派员介绍养鸡场经营状况，走访慰问结对贫困户，看望科技厅驻村扶贫干部，了解其工作与生活情况，并与村委及驻村干部进行座谈。河源市科技局、东源县有关负责同志参加了此次调研活动。

△省科技厅在广州召开2019年第1期高新技术企业评审专家培训会。会上，杨军副厅长总结近年来全省高新技术企业发展所取得的成效，并就下一步加强高新技术企业评审专家队伍建设提出要求；高新技术处代表介绍了高新技术企业评审专家队伍建设的具体要求和有关举措；省技术经济研究发展中心代表介绍了高新技术企业评审系统和评审注意事项；2位高新技术企业评审专家就认定评审中需要把握的要点、审核重点等内容作交流发言。120多位评审专家参加了本期培训会。

8日

王瑞军厅长率政策法规与创新体系建设处有关负责同志到省社会主义学院向50多名归国留学人员宣讲广东科技创新发展和人才智力支撑政策，从学懂悟透习近平总书记关于科技创新工作的新论述新要求、奋力开创广东省科技创新工作新局面、努力构建粤港澳大湾区国际科技创新中心四梁八柱、积极践行聚天下英才而用之的战略思想等四个方面介绍广东科技创新工作和人才智力支撑政策的工作进展情况，并与学员们互动现场解答人才关注的热点问题。

9日

杨军副厅长出席广东华南智慧管道研究院在广州召开的第一届智慧管网学术交流会暨广东华南智慧管道研究院揭牌仪式并代表省科技厅致辞。

10日

至12日，王瑞军厅长、杨军副厅长率相关业务处室赴深圳市、珠海市开展科技创新调研。在深圳分别到优特普科技公司、魔方科技材料公司、深圳市城市运行管理中心等实地了解企业开展研发和生产情况，听取科研机构关于鼓励和扶持核心技术攻关的意见和建议，广东省统计局局长杨新洪、恒健投资控股有限公司副总经理胡军梅，联合国可持续发展资深官员刘巍等参加调研；在珠海调研期间，分别到高新区、香洲区、富山工业园考察南方海洋实验室、香山海洋科技港、格力电器等重点企业和创新平台，详细了解省实验室建设推进情况，参加重点领域研发计划项目启动，并与企业和平台负责人进行座谈交流，市政府阎武副市长、周慧珍副秘书长、袁学东副秘书长、市科技创新局王雷局长、高新区党委书记闫昊波参加了考察活动。

△龚国平副厅长参加“农村科技特派员工作大家谈”为主题的2019年“岭南科学论坛·双周创新论坛”并致辞。论坛为深入推进农村科技特派员行动，充分发挥科技支撑作用，运用科技知识帮助农民提高素质、促进生产，运用科研成果为现代农业提供支撑，引领农业高质量发展建言献策，探讨农村科技特派员工作的创新体系；介绍主要经验做法；探索对农村科技特派员的服务与管理模式；探索如何更好地把农民需求反应给农村科技特派员的途径。华南农业大学校长刘雅红、广东省科学院副院长李定强、广东省农科院副院长何秀古，省直各有关部门、地市科技局相关负责同志等近80名代表出席。

13日

省技术合同认定登记工作研讨会在广州召开。会上，杨军副厅长、省生产力促进中心陈金德主任分别作讲话；通报了2019年上半年全省技术合同认定登记情况，并对全省技术市场工作特别是加强全省技术合同认定登记工作进行了安排；广州、深圳、汕头等地市科技管理部门和华南理工大学等技术合同认定登记点代表作交流发言。全省各地市科技管理部门和技术合同认定登记点代表参加了会议。

△劳帜红副厅长会见来访的国际原子能机构（IAEA）副总干事杨大助先生一行，听取杨大助先生介绍国际原子能机构的主要职能及目前核技术在不同领域的应用情况，并就包括中山大学奚志勇教授团队"以蚊治蚊"项目的应用前景等双方有潜力开展相关合作的领域交换意见。

19日

王瑞军厅长、龚国平副厅长、杨军副厅长在省科技厅与韶关市委、市政府主要领导座谈，听取韶关市委书记李红军、市长殷焕明分别介绍韶关市科技创新工作的最新情况和下一步工作举措，双方还就韶关建设国家级和省级高新区、建设国家农业科技园区和省实验室，以及如何以"大专项+任务清单"形式对韶关科技创新工作提供支持等议题进行探讨。

20日

王瑞军厅长带队到深圳华为总部调研信息技术创新发展应用工作，深入了解5G、人工智能、云计算等新一代信息技术在智慧城市、公共安全、智能制造等行业场景应用落地情况，共同研究围绕华为鲲鹏打造国产计算生态相关事宜。

△广东省社会发展科技协同创新中心启动会在广东国际科技中心召开。会议由龚国平副厅长主持。会上，覃伟中副省长作讲话；王瑞军厅长介绍省协同创新中心建设背景和社会发展科技协同创新工作情况；省公安厅和省地震局做典型发言；覃伟中副省长、陈岸明副秘书长为19家省协同创新中心授牌。省教育厅、省公安厅、省司法厅、省自然资源厅、省生态环境厅等18个省直有关部门（中直驻粤有关单位）负责同志参加了会议。

21日

王瑞军厅长、龚国平副厅长与到省科技厅调研的北京大学谢晓亮院士一行座谈。王瑞军厅长向谢晓亮院士一行介绍了粤港澳大湾区国际科技创新中心建设进展、广东科技计划体系改革、人才及团队引进政策等情况，双方就进一步加强科技合作、推动科研成果产业化进行了深入交流。

22日

杨军副厅长在省科技厅会见到访省科技厅的西门子（中国）有限公司高级副总裁商慧杰一行，听取商慧杰先生介绍西门子（中国）有限公司的主要业务、公司技术在不同领域的应用情况，并就进一步探讨通过创新和数字化技术促进大湾区创新协同发展、打造中德创新合作典范等相关事宜交换意见。

26日

省科技厅在广东软件科学园举行"广东科技创新券官方平台"正式上线运营启动仪式，标志着2019年广东省科技创新券申领、使用和兑换工作即将全面展开。覃伟中副省长、陈岸明副秘书长、王瑞军厅长出席启动仪式。

28日

上午，王瑞军厅长、劳帜红副厅长在省科技厅与香港大学张翔校长一行座谈。王瑞军厅长向张翔校长一行介绍了广东省科技创新工作和粤港澳大湾区国际科技创新中心建设情况，希望香港大学积极参与粤港澳大湾区国际科技创新中心建设；张翔校长表示将积极参与粤港澳大湾区建设，将在实验室建设、人工智能、机器人、大数据、金融科技等方面与广东开展合作。

△杨军副厅长率成果与区域处、省科技情报研究所有关负责同志到天河智慧城调研，实地考察小鹏汽车、佳都公司、宏太智慧谷等行业龙头企业和创新创业平台，了解天河智慧城创建省级高新区基础条件和“以申促建”相关工作开展情况。广州市科技局副巡视员梁加宁，广州市天河区委常委黄凯旋，天河智慧城管委会党委书记詹延遵、主任邹彦庭陪同参加调研。

29日

广东省实验室（第3批）建设启动会在珠岛宾馆召开。会议由覃伟中副省长主持。会上，宣布第3批省实验室启动建设名单；马兴瑞省长作讲话；中共中央政治局委员、广东省委书记李希等省领导为岭南现代农业科学与技术、先进能源科学与技术、人工智能与数字经济3家省实验室授牌。省领导郑雁雄、广州市市长温国辉，省实验室建设工作领导小组成员单位以及广州、深圳、佛山等地市市政府和科技局（委）主要负责同志参加了启动会。

△广东省基础与应用基础研究基金（省市、省企）联合基金签约启动会在广州召开。会上，省科技厅、省基金委与广州、深圳、佛山、东莞市人民政府签署省市联合基金实施协议，与温氏食品集团股份有限公司签署省企联合基金实施协议，各方联合投入资金2.5亿元支持基础与应用基础研究；覃伟中副省长、省政府陈岸明副秘书长见证签约；王瑞军厅长介绍省基金基本情况。省直有关单位代表，广州、深圳、佛山等地市市政府、科技局（委）代表，有关省实验室的院士和科学家代表，有关高校、科研院所、企业代表等100多人见证签约活动。

△周木堂二级巡视员参加在乌鲁木齐召开的第6次全国科技援疆暨四方合作推进会议。

31日

以“聚焦孵化育成·打造双创升级”为主题的第4期“岭南科学论坛·双周创新论坛”在广州科学城举行。会上，省科技厅杨军副厅长致辞；与会嘉宾围绕省内孵化载体的专业化、国际化、链条化发展，对接港澳双创资源，优化孵化服务，助力粤港澳大湾区国际科技创新中心建设展开讨论。省科技厅、省科学技术协会、广东省工商业联合会、广东省社会科学院、广东科学中心、省科学技术情报研究所、省生产力促进中心、广州市科技局、南方报业传媒集团、省科技企业孵化器协会有关领导及业务骨干，以及来自省内孵化协会、孵化载体、创投机构的代表参加了论坛。

【9月】

3日

杨军副厅长参加在佛山召开的半导体集成电路零部件产业佛山峰会并作讲话。

9日

至12日，国家自然科学基金地方联合基金2019年度项目评审会议在广州召开。开幕式由国家基金委计划局王长锐局长主持。会上，郑海涛副厅长介绍广东省委、省政府加强基础研究的系列重大举措；广东、云南、河南和山东等5个联合基金的312个项目（集成项目3项、重点支持项目157项、培育项目152项）参加此次会议评审。国家基金委计划局王岩副局长、相关科学学部负责人，各省科技厅、广东省基金委、广州市科技局、深圳市科创委代表以及来自全国各地的评审专家共200多人参加了会议。

11日

劳帜红副厅长在省科技厅主持召开粤港科技创新合作专责小组第16次会议。会议总结了2018—2019年度的粤港科技合作工作，并就下一阶段有关重点工作达成共识。香港特区政府创新及科技局常任秘书长蔡淑娴女士率团参会，中央人民政府驻香港特别行政区联络办公室教育科技部副巡视员刘志明，省基金委主任曾路，厅相关处室、厅属单位，以及省工信厅、省教育厅、省商务厅、省港澳办等单位有关负责同志参加了会议。

17日

龚国平副厅长出席在广州举办的“全国科普日粤港澳大湾区分会场”活动。

△科技部与联合国科技促进发展委员会（UNCSTD）共同举办的“促进可持续发展的科技创新战略与政策培训班”在广州开班。联合国贸易和发展会议（UNCTAD）技术与物流司司长、UNCSTD秘书处负责人莎米卡·西里曼纳（ShamikaSirimanne）、科技部国际合作司二级巡视员李昕、国家科技评估中心副主任邢怀滨、广东省科技厅副厅长劳帜红等出席了开班仪式并致辞。本次培训邀请联合国科技促进发展委员会、科技部国际合作司、国家科技评估中心、广东省科技厅、科大讯飞华南公司等机构的专家，就中国科技创新政策、科技金融的发展经验、广东可持续发展与乡村振兴、人工智能发展等主题进行授课，并组织学员前往深圳、佛山、中山、江门、珠海等地进行实地考察。来自埃塞俄比亚、尼泊尔、伊朗、巴西等16个发展中国家的17名高级官员与学者参加了培训。

18日

广东省非洲猪瘟科技应急防控专题项目启动会在广州召开。会上，龚国平副厅长作讲话；中国工程院院士、中山大学生命科学院水生经济动物研究所教授林浩然，中国动物卫生与流行病学中心研究员王幼明、南方医科大学实验动物中心教授顾为望、河南省农业科学院动物免疫学重点实验室研究员郭军庆、拱北海关检验检疫技术中心研究员罗宝正等多位专家教授对专题项目进行点评；华南农业大学兽医学院教授张桂红、广东省农业科学院动物卫生研究所副所长孙铭飞研究员、肇庆大华农生物药品有限公司董事长陈瑞爱分别汇报了项目实施方案；与会人员就项目技术问题进行交流。

19日

杨军、郑海涛副厅长参加在广州召开的国家重点研发计划项目“珠三角城市群综合科技服务平台研发与应用”实施启动研讨会。

20日

杨军副厅长到广西南宁高新区调研，参观南宁高新区建设发展展厅、力合项目孵化器、产业及工业载体待建场地，详细了解项目选址、基础保障、项目预期的经济及社会效益等，并与广西壮族自治区科技厅廖文军副厅长座谈。深圳市科技创新委、深圳国家自主创新示范区服务中心、深圳力合科创集团有限公司、南宁高新区、广东省生产力促进中心，以及广东、广西科技厅相关同志陪同考察座谈。

21日

郑海涛副厅长率厅机关处室、厅属单位相关负责人，到省科技厅定点帮扶村河源市东源县黄村镇三洞村调研指导脱贫攻坚工作，召开三洞村脱贫攻坚工作座谈会。

23日

至25日，劳帜红副厅长陪同全国人大代表、澳门科学技术协进会理事长崔世平率领的澳门粤港澳大湾区科技成果转化考察团，先后到广州、深圳、东莞、佛山，参观深圳清华大学研究院、中科院深圳先进技术研究院、中国散裂中子源、国家超级计算机广州中心、华南技术转移中心，了解珠三角科技成果产业化现状。期间，考察团一行还到省科技厅与中山大学、华南理工大学、广东工业大学、南方科技大学及省直有关部门的相关同志开展交流与座谈。

27日

杨军副厅长与到访省科技厅的成都国民天成半导体产业公司陈亚平董事长一行座谈，就吸引集聚高端人才及团队落户广东，推动第三代半导体产业创新发展展开研讨。

△第6期“岭南科学论坛·双周论坛”——“促进可持续发展的科技创新战略与政策培训班交流报告会”在广东国际科技中心举办。论坛上，来自联合国科技促进发展委员会（UNCSTD）、科技部国际合作司、国家科技评估中心、中山大学、科大讯飞华南公司等机构的专家进行授课；劳帜红副厅长作讲话；各国学员分享了培训班的收获与感想，介绍了本国科技创新的战略与政策，并和中方参会人员进行现场交流。来自埃塞俄比亚、尼泊尔、伊朗等15个发展中国家的科技官员与学者参加了培训班。

【10月】

10日

劳帜红副厅长参加在澳门召开的内地与澳门科技合作委员会第13次会议，并作题为《粤澳携手、推进粤港澳大湾区国际科技创新中心建设》的汇报。

11日

第6届全球集成电路·传感器高峰论坛在广州举行。开幕式上，科技部原副部长、全国政协教科卫体委员会副主任、集成电路产业技术创新战略联盟理事长曹健林，省科技厅副厅长杨军，广州开发区管委会巡视员孙学伟，中国科学院微电子研究所副所长、无锡物联网创新中心有限公司总经理陈大鹏分别致辞；论坛设集成电路技术与产业发展、无人驾驶·智能网联·新能源汽车、智能传感器技术与知识产权、前沿科技芯片（人工智能·神经网络·新型存储器）、未来通信·物联网IoT、大健康·智能硬件、商业航天·北斗导航7大分论坛，就物联网如何与产业融合、实现更好落地及解决制约我国高技术发展的“卡脖子”问题等议题进行深入的交流探讨。厅机关处室、厅属单位相关负责同志，以及来自相关行业的企业、高校、科研机构、金融机构、高层次人才代表等800多人参加了论坛。

△下午，第2届中国（广东）人工智能发展高峰论坛新闻发布会在南沙召开。发布会上，杨军副厅长介绍了本届峰会的基本情况。本届峰会包括一场高级别主题大会、5场平行论坛和3场专业论坛，峰会将对业内具有重要影响力的技术和产品进行发布、举行重大项目及战略合作协议签约仪式，并对一批开放创新平台进行授牌。广州市南沙区委常委、常务副区长谢明，华为技术有限公司广东企业华为云业务部解决方案部部长胡毅，科大讯飞华南公司副总裁吴骏华，广州国际人工智能产业研究院首席技术官刘琪，厅机关处室、厅属单位相关负责同志以及30多家主流媒体记者近百人参加了发布会。

△劳帜红副厅长会见到访省科技厅的香港大学校长资深顾问孙仁教授、何亦武教授一行5人，听取孙仁教授介绍香港大学与广东省的科技交流合作情况以及拓展与大湾区内地全方位创新技合作的构想和最新进展，双方希望借《粤港澳大湾区发展规划纲要》带来的重要机遇，发挥香港大学科研、教育和国际化优势，在粤港澳国际科技创新中心建设中寻找新的发展机遇，通过创新合作促进粤港两地经济社会共同发展。

12日

2019年度广东省基础与应用基础研究基金联合基金联席工作会议在省科技厅召开。会议由省基金委曾路主任主持。会上，郑海涛副厅长作讲话；省基金委对2019年度省联合基金项目申报指南编制的总体思路、过程及基本情况等作汇报和说明；研究讨论了2019年度省联合基金项目申报指南有关事宜。厅机关处室、厅属单位有关同志，以及来自广州、深圳、佛山、东莞等有关地市科技局和温氏集团负责同志参加了会议。

△厅党组成员、副厅长、外国专家管理局局长劳帜红出席并主持在广东科学中心举办的第2届广东科普嘉年华暨2019年广东省科技进步活动月开幕式。

21日

龚国平副厅长参加在北京召开的科技特派员制度推行20周年总结会议。

22日

由省科技厅、佛山市政府、商务部投资促进事务局、中国发明协会共同主办，佛山高新技术产业开发区管理委员会、佛山中国发明成果转化研究院承办的2019中国（佛山）人工智能与智能制造国际合作发展大会在佛山召开。会上，何棣华二级巡视员代表省科技厅致辞；与会专家就人工智能与智能制造产业的应用和发展展开讨论；人才、项目、平台引进等方面11个项目现场签约。

23日

由科技部和广东省政府共同指导，广东省科技厅、南沙开发区管委会、华为技术有限公司、科大讯飞股份有限公司共同主办的第2届中国（广东）人工智能发展高峰论坛在广州南沙举行。本届峰会，以“AI&ALL”（人工智能无处不在）为主题，通过一场高级别主题大会和5场专业平行论坛，围绕AI 2.0和工业经济发展智能化、智慧交通、智能金融、智能教育等专题，分别从基础层、技术层、应用层等方面全面展开研讨，为推动广东省人工智能产业发展分析把脉、建言献策。广东省人民政府副省长覃伟中，科技部战略规划司副司长余健，广州市委常委、南沙区委书记蔡朝林，广东省科协党组书记、副主席郑庆顺，省科技厅党组副书记、副厅长龚国平，副厅长杨军，英国皇家科学院院士、国际计算机学会（ACM）前主席达梅・温迪・霍尔（Dame Wendy Hall ），华为公司高级副总裁张顺茂，科大讯飞公司高级副总裁杜兰等，以及国内外人工智能产业领域的知名科学家、学者、产业界代表约1 600人参加了会议。

28日

由省科技厅与广东留学人员联谊会・广东欧美同学会共同主办，广东省科技合作研究促进中心承办的“首届百名海外博士博士后南粤行——走进大湾区 同行创新路”活动主题大会在广州召开。会议由省科技厅副厅长、省外国专家局局长劳帜红主持。会上，广东省政协原副主席、广东留学人员联谊会・广东欧美同学会会长王珣章，龚国平副厅长分别致辞；作粤港澳大湾区创新环境、人才政策宣讲；海外回国创新创业典型经验分享；海外博士代表作发言；举行海外博士人才工作联盟成立仪式及海外博士技术对接线上平台启动仪式。广东省新闻出版广电局巡视员黄玲、广东省委统战部副巡视员黄石松、广东省科学院副院长周舟宇、广州市科技局副局长王越西，百名海外博士博士后，省直单位、地市科技部门和有关科研机构及企业代表近400人参加了会议。下午，海外博士博士后与省内重点创新平台进行了路演和现场推介。100多位博士博士后与省内高校、科研机构、省重点实验室、大型科技企业等20多家单位进行了现场对接交流。随后，百名海外博士博士后分别前往广州、深圳、珠海、佛山、东莞5市，开展实地探访和深入交流。

30日

至11月1日，杨军副厅长、周木堂二级巡视员陪同到广东省调研国家科技奖励制度实施效果的国家科学技术奖励工作办公室高洪善副主任一行，实地考察了中国科学院南海海洋研究所、中国南方电网有限责任公司等单位，并就国家科技奖励制度实施效果评价、国家科技奖励条例实施细则修订以及2020年度国家科技奖励提名评审工作等进行座谈。厅机关处室、厅属单位有关负责同志，以及来自省直有关单位、重点高校、科研院所、医院和企业的负责人40多人参加了座谈。

【11月】

4日

龚国平副厅长、杨军副厅长与到访省科技厅的北京华大九天软件有限公司董事长刘伟平、常务副总经理吕霖、广东工业大学教授熊晓明等一行5人座谈，听取刘伟平董事长介绍华大九天的主要业务、发展历程、参与广东省重点领域研发计划项目实施进展情况以及未来的发展思路，对广东如何培育国产EDA市场、发挥龙头企业应用牵引作用提出的意见。

6日

劳帜红副厅长率厅机关处室、厅属单位相关同志赴河源市东源县黄村镇三洞村调研科技精准扶贫工作，听取驻村扶贫工作队介绍扶贫情况，走访慰问结对贫困户；同时到黄村中学开展河源市农村中小学校园科学馆（室）建设情况专项调研，并为省科技厅立项支持的学校授牌；实地调研黄村镇中心小学和黄村中学两所农村中小学校，并在黄村中学与河源市各级科技教育行政主管部门、学校老师就农村校园科学馆的建设试点示范推进情况进行座谈交流。

△由广东省科技服务业研究院牵头组织实施的国家重点研发计划“珠三角城市群综合科技服务平台研发与应用示范”项目启动暨实施方案咨询会在广州召开。会上，郑海涛副厅长作讲话；科技

部高技术研究发展中心介绍2017年度现代服务业领域国家重点研发计划专项实施进展和初步成效，系统讲解了国家重点研发计划专项和项目管理的流程与要求，并对项目实施过程中可能出现的问题进行了剖析和指导；现代服务业重点专项咨询专家组对项目实施工作提出了具体的意见和建议。

11日

黑龙江省提升科技创新能力广东专题培训班在广东省科技厅开班。开班仪式上，黑龙江省科技厅韩金华副厅长、广东省科技厅杨军副厅长分别致辞；广东省科技厅相关处室同志分别作题为《科技创新工作进展及粤港澳大湾区国际科技创新中心建设布局考虑》和《广东省科研院所改革发展情况及有关创新扶持政策简介》的专题讲座。培训期间邀请广东省农业科学院、广东省科学院、广东华中科技大学工业技术研究院等机构的专家，重点就广东科技体制改革和政策创新、科技服务模式创新和科技成果转化等专题为学员进行授课和交流，并组织前往广州、东莞、深圳等地考察和参观第21届中国国际高新技术成果交易会。来自黑龙江省科研院所干部约60人参加了培训。

13日

以“共建活力湾区，携手开放创新”为主题的第21届中国国际高新技术成果交易会在深圳会展中心开幕。杨军副厅长代表广东团参加高交会开幕论坛。开幕式前的巡馆环节，杨军副厅长向到广东展位参观的丁仲礼、周济、王伟中、任洪斌、覃伟中、苗少波等领导汇报了广东团的整体情况。

16日

龚国平副厅长参加广东省人民政府、深圳市人民政府支持，中粮集团、中国软科学研究会在深圳中粮创芯研发中心召开的“食养天下 健康中国——食品与营养智能信息技术（深圳）研讨峰会”。

17日

2019第八届中国创新创业大赛暨第七届“珠江天使杯”科技创新创业大赛现代农业省级专业赛决赛在华南农业大学举行。

18日

龚国平副厅长与到访省科技厅的粤科金融集团唐军董事长、黎全辉副总经理一行4人座谈，听取唐军董事长介绍粤科金融集团的主营业务、集团战略规划、与央企和高校的合作以及粤港澳大湾区绿色技术银行筹建工作进展情况，双方就提升科技金融对经济高质量发展的支撑作用、推动绿色技术产业高质量发展进行座谈。

△由省科技厅、英国创新署和英国驻广州总领事馆共同主办，广东省科技合作研究促进中心承办的“广东—英国城市创新挑战项目”研讨会在广州举行。会上，何棣华二级巡视员和英国驻广州总领事馆唐宜婷代总领事分别讲话；项目负责人员及研究骨干就项目进展、研究难点及解决办法等内容进行了经验分享。

24日

科技部组织近60名在华的高端外国专家及其配偶来粤调研交流，龚国平副厅长向专家们介绍了广东科技创新工作进展、科技创新人才培养等情况，希望专家们为广东省社会经济发展建言献策，支持和关心广东科技创新发展工作。

25日

省长马兴瑞在广州会见参加2019高端外国专家广东行活动的专家一行。马兴瑞代表省委、省政府欢迎外国专家们的到来，希望各位专家借此次广东行的机会，加深对广东、对粤港澳大湾区的了解，进一步加强合作交流，为广东创新发展多提宝贵意见。副省长覃伟中参加会见。

26日

省委组织部和省科技厅主办的“新时代广东科技创新发展专题培训班”在广州开班。本次培训为期3天，郑海涛副厅长、杨军副厅长以及国际欧亚科学院赵新力院士、科技部农村中心孙传范副主任、同济大学张玉臣教授分别围绕广东科技创新工作形势与任务、科技创新政策、创新人才、创新资源、农村科技工作以及新技术革命与产业变革等内容作专题辅导报告；培训班组织学员到科大讯飞华南人工智能研究院调研。各地级以上市分管科技工作的副市长、市科技局（委）、高新区管委会主要负责同志共计60名学员及厅系统80多名业务骨干参加了培训。

△“岭南科学论坛·双周创新论坛”第18期专场活动——外国专家建言献策座谈会在广东迎宾馆召开。本次论坛的主题为“融汇全球智力，擎画创新未来”，来自美国、俄罗斯、法国、乌克兰、英国、韩国、日本等近20个国家的40多名外国专家出席了座谈会，对粤港澳大湾区建设、广东经济社会发展、科技创新发展等建言献策，并就全球科技发展趋势、深化国际科技合作等方面进行研讨。科技部引进国外智力管理司副司长高翔等出席座谈会，与专家们深入交流。来自省内高校、科研机构、新型研发机构、省实验室、科技管理部门、企业、媒体等机构的代表80余人参加了论坛。

29日

广东省实验室建设工作现场会在深圳召开。会上，马兴瑞省长作讲话；网络空间科学与技术广东省实验室（鹏城实验室）、再生医学与健康广东省实验室、材料科学与技术广东省实验室（松山湖材料实验室）、先进制造科学与技术广东省实验室（季华实验室）首批4家省实验室领衔科学家代表分别对推动省实验室建设作情况介绍。会前，马兴瑞省长参观了省实验室建设工作综合展览。省政府陈岸明副秘书长、郑海涛副厅长分别带领省直有关单位以及承建地市、省实验室等机构代表分组参观了鹏城实验室展厅和网络靶场、省实验室建设进展展厅等。会后，马兴瑞省长见证了鹏城云脑2期建设启动。副省长覃伟中，深圳市市长陈如桂，赵忠贤、高文、徐涛、王恩哥等院士参加了有关活动。

△下午，集成电路FDSOI创新发展座谈会在鹏城实验室召开。马兴瑞省长作讲话；研究与科技部协同发展FDSOI重大布局，部署FDSOI项目下一步重点推进工作。覃伟中副省长，科技部、中国电子信息产业集团、中科院微电子所、省发展和改革委、省工业和信息化厅、省科技厅、省市场监管局（知识产权局）、广州市委、广州市人民政府、广州市科技局、广州开发区、大湾区集成电路与系统应用研究院、澳门豆萁集成电路制造有限公司、礼达联马（珠海）股权投资管理有限公司马、首建投资本管理（北京）股份有限公司等机构有关同志参加了座谈会。

30日

由科技部高技术中心与省科技厅联合组织的国家重点研发计划“宽带通信和新型网络”重点专项总体专家组及部省联动任务工作组年度会议在广州召开。会上，科技部高技术中心信息处负责同志介绍了国家重点研发计划“宽带通信和新型网络”重点专项总体情况、管理措施与流程、项目组织实施和管理面临的新形势、下一步工作计划；该专项总体专家组组长、东南大学尤肖虎教授代表专家组对重点专项总体专家组2019年度工作进行总结，并提出2020年度工作重点；科技部高技术中心袁建湘副主任传达习近平总书记对科技部工作的9项重要指示并提出要求；杨军副厅长作讲话；会议还就广东省重点领域研发计划2020年度“新一代通信与网络”重大科技专项申报指南编制征集建议并研究部省联动任务工作组下一阶段工作计划和要点。广州市科技局王桂林局长以及重点专项总体专家组近20位高层次专家参加了会议。

【12月】

2日

杨军副厅长带队到中山新诺科技股份有限公司实地考察，落实覃伟中副省长关于建立芯片微型生产线的批示。深入了解无掩膜光刻技术现状、未来发展趋势以及建立微型生产线的意义和可行性。

3日

劳帜红副厅长参加中国科学技术交流中心在深圳召开的内地与香港科技合作委员会第14次会议，并以《加强粤港合作、推进粤港澳大湾区国际科技创新中心建设》为主题作重点合作成果汇报。

4日

省科技厅组织开展学法培训讲座，邀请省司法厅行政执法监督协调处曾洁副处长和暨南大学法学院副教授、硕士生导师邱新博士分别对行政执法三项制度进行导读以及对新《政府信息公开条例》进行解读。

6日

国产技术产品市场化和产学研合作专项项目后续管理工作安排会议在省科技厅召开。会上，杨军副厅长就应急专项的管理以及移交作了具体指示和部署，相关处室和专业机构针对具体的移交事宜展开了研讨。

9日

广东省社会发展科技协同创新中心5G垂直应用工作座谈会在省科技厅召开。会上，龚国平副厅长作讲话；中国电科七所副总工程师沈勇介绍5G垂直应用相关技术进展情况和应用前景；厅社会发展科技处、高新技术处负责同志介绍广东省5G垂直应用的总体考虑和省协同创新中心的相关工作安排；与会代表作讨论发言。省教育厅、省公安厅、省司法厅等18个省直有关部门，中直驻粤有关单位科技业务处负责同志，19个省协同创新中心负责人，以及厅有关处室负责同志参加了会议。

11日

劳帜红副厅长在省科技厅会见了到访省科技厅的法国格勒诺布尔市代表团，听取代表团团长格勒诺布尔市经济发展署署长尼古拉斯·劳伦·贝尔伍德（Nicolas Laurent Beroud）介绍格勒诺布尔市的科技发展情况及国际合作情况、格勒高科技园区MINATECH代表及企业代表分别介绍所在机构进行科技创新发展与技术合作的构想和最新进展，并向代表团介绍了广东科技创新的情况。会上，来自广州高新区科技局、中国科学院微电子研究所、广汽研究院、拓思软件园、中山大学科技园、广州瑞粤科技企业孵化器、广州励丰文化科技股份有限公司等参加座谈的广东本地科技园区、科研院所及科创企业的代表就智能交通、微电子技术等感兴趣的问题与外方代表进行了热烈的讨论。

12日

广东省与国家自然科学基金委员会在北京签署《广东省加入国家自然科学基金区域创新发展联合基金协议》，共同促进跨区域协同创新，推动区域自主创新能力提升。广东省省长马兴瑞与国家自然科学基金委员会主任李静海见证签约。签约前，双方围绕更好发挥区域创新发展联合基金作用、提升广东原始创新能力和基础研究水平等进行了深入交流。广东省副省长覃伟中、国家自然科学基金委员会副主任高瑞平，广东省直有关部门及广州、深圳等有关地市负责同志，国家自然科学基金委员会、省科技厅有关负责同志，部分高校科研院所代表参加了活动。

△劳帜红副厅长在省科技厅会见到访省科技厅的新西兰驻华科技创新参赞蒋骏华（Clinton Watson）先生、新西兰驻广州总领事馆副总领事霍博安（Paul Hawkes）先生、新西兰奥克兰大学莫里斯·威尔金斯中心国际顾问赖传钧先生等一行4人，双方分别介绍了新西兰和广东科技创新发展的情况和新动态，就发展新时期粤新双方科技交流合作、特别是广东省科技厅与新西兰奥克兰大学在合作备忘录续签、合作内容深化、合作机制升级等方面内容进行了交流。

△第17届“泛珠三角”区域科技合作联席会议在四川省成都市召开。会议由省科技厅周木堂二级巡视员主持。会上，四川省科技厅刘东厅长致辞；湖南省科技厅作为“泛珠三角”区域科技合作第16届联席会议轮值主席单位作2019年度工作报告；第17届“泛珠三角”区域科技合作联席单位、四川省科技厅介绍2020年度工作设想。本次会议明确2020海丝科技创新合作暨科技外交官跨国技术转移专场活动、“泛珠三角”区域技术转移联盟建设及人才联合培养、“泛珠三角”区域内科技成果转移转化平台全网链接、面向港澳的泛珠区域产业集群协同创新服务交流活动、面向东盟的国际科技合作实务培训五项工作任务；第18届“泛珠三角”区域科技合作联席会议主席单位由贵州省科技厅担任，2021年联席会议由贵州省科技厅承办。泛珠三角区域“9+2”各省区科技部门领导、处室代表共40多人参加了会议。会后，代表们考察了国家技术转移西南中心、清华四川能源互联网研究院科技成果转移转化情况。

14日

2019年第8届中国创新创业大赛港澳台赛及广东省赛颁奖暨广东省普惠性科技金融推广会在佛山举行。科技部火炬中心，广东省台湾事务办公室，广东省港澳事务办公室，佛山市委、市政府等单位领导参加活动并颁奖。2019年第8届中国创新创业大赛广东省赛共有7 031家企业报名参加，报名总数位居全国第1。经初赛、地方赛和行业决赛角逐，共推荐176个优质项目参加全国六大行业总决赛，有121家企业获奖，获奖比率高达68.75%。在广东省普惠性科技金融推广会上，省科技厅相关负责同志作全省普惠性科技金融工作的情况报告，并就下一阶段重点工作做部署；为省内5家银行颁发了“2018年度普惠性科技金融优秀服务机构”奖；获奖单位代表中国建设银行广东省分行有关负责同志发言并推介了建设银行科技企业“技术流”2.0分析系统；省生产力促进中心发布了《2018广东省科技金融发展报告》和《广东省创业投资行业发展报告2018》。省直及佛山市相关单位，各有关地市科技局、高新区管委会相关负责同志，大赛各分赛区承办单位、地市科技金融服务中心负责人，大赛获奖企业、银行、投资机构和媒体代表近800人参加了活动。

15日

广东广西两省区科技创新合作共促粤桂合作特别试验区高质量发展推进会在广西梧州召开。两省区科技厅共同签署《加快粤桂合作特别试验区协同创新发展行动计划》，行动计划合作期5年，5年内将在六个方面开展合作。一是联合共建试验区科技创新综合服务中心；二是设立粤桂科技合作联合资金；三是协同推进落实相关配套科技政策；四是协作共建国家级科技企业孵化器；五是开展各类科技创新服务培训；六是联合举办技术转移与科技创新交流对接活动。行动计划还明确了领导小组和联席会议等相关工作机制。会上，两省区科技厅主要领导分别讲话，梧州、肇庆市委、市政府相关领导出席会议。会前，与会人员实地考察了粤桂合作特别试验区公共服务中心、梧州三杰电子科技发展有限公司、广西宇球科技有限公司。

18日

龚国平副厅长率农业农村科技处、人事处、政策法规与创新体系建设处相关同志到定点帮扶村河源市东源县黄村镇三洞村，调研指导脱贫攻坚工作，召开三洞村脱贫攻坚工作座谈会，并看望贫困户、实地察看碧桂园集团帮扶项目建设情况。

△劳帜红副厅长出席在广州白云国际会议中心举行的2019中国海外人才交流大会暨第21届中国留学人员广州科技交流会开幕式。

19日

广东省基础与应用基础研究重大项目系列启动会在广州召开。会上，通报了首批省基础与应用基础研究重大项目、国际应用数学中心、区域创新发展联合基金协议、粤港澳联合实验室等方面的工作进展情况；向首批省基础与应用基础研究重大项目负责人颁发证书，并为粤港澳联合实验室授牌。覃伟中副省长、科技部基础司周文能副司长、国家基金委计划局王岩副局长，省直有关部门及广州、深圳等地市有关同志，首批省基础与应用基础研究重大项目、国际应用数学中心、粤港澳联合实验室负责人，部分高校科研院所及企业代表近150人参加了会议。

23日

广东省实验室体系创新赋能计划启动会暨方法赋能专家辅导报告会在广州召开。会上，国务院参事、科技部原副部长刘燕华作创新软实力建设主题报告；郑海涛副厅长作讲话。中山大学郜忠智副校长，厅相关处室及厅属单位相关负责同志以及来自全省各实验室的相关负责同志共计120多人参加了会议。

24日

杨军副厅长与到访省科技厅的华南理工大学朱敏副校长一行座谈，听取微电子学院代伐院长介绍芯片研发基础与未来布局等工作情况，双方就模拟集成电路领域人才引进、关键核心技术攻关，推动广东省集成电路创新发展进行了座谈。

26日

杨军副厅长带队前往深圳调研相关单位5G创新示范应用工作，先后到华润燃气控股有限公司、华为技术有限公司、深圳中科飞测科技有限公司、深圳国人通信有限公司，深入了解相关行业代表性企业推动5G产业关键技术攻关、5G技术行业领域示范应用进展情况，以及在牵头解决行业领域“卡脖子”技术问题的情况和5G+垂直领域应用重点需求；与深圳市科创委、鹏城实验室共同研究部省联动实施国家重点研发计划“宽带通信和新型网络”重点专项应用示范项目落地实施相关事宜。

△广东省科学技术厅特邀监督员聘任仪式暨工作推进会在省科技厅召开。会上，省科技厅党组成员、驻厅纪检监察组组长肖叶宣读《广东省科技厅关于聘任第一届特邀监督员的决定》；全国政协委员、港珠澳大桥管理局党委委员、总工程师苏权科代表特邀监督员作表态发言；省科技厅党组副书记、副厅长龚国平作讲话；省科技厅党组成员、副厅长郑海涛对贯彻落实会议精神作具体部署。受聘的22位第一届特邀监督员参加了会议。

△何棣华二级巡视员会见到访省科技厅的白俄罗斯驻广州总领事馆新任总领事安德烈·波波夫先生等一行4人，双方就继续按照框架协议内容，推动深化在基础研究、科技成果转化和产业技术转移、科技人员研发交流等领域的合作进行交流。

30日

龚国平副厅长参加省人大常委会举办的《广东省自主创新促进条例》新闻发布会，并代表省科技厅介绍条例宣贯计划安排、省科技厅推动条例贯彻落实的思路举措，同时回答了记者提问。发布会由省人大常委会新闻发言人、一级巡视员黄学群主持，省人大法制委副主任委员黄伟忠介绍了条例修订的背景和主要内容。国家、省、市有关媒体代表参加了发布会。省科技厅积极配合协助召开发布会，编印了条例单行本、重点条款解读、条例宣传手册、条例有关政策文件汇编等材料。

附录

表格索引

主题索引

说　明

1. 本索引采用主题分析法，按主题词汉语拼音字母顺序排列。

2. 索引的主题词后面的数字表示内容所在页码，数字后面的英文字母（a、b）表示该页自左至右的栏别。

N

P

Q

S

X

Z